Georgens und Deinhardt

Die Heilpädagogik 1861

Reihe: „Giessener Dokumentationsreihe"
Heil- und Sonderpädagogik
Band 3

DIE

HEILPAEDAGOGIK

MIT BESONDERER

BERÜCKSICHTIGUNG DER IDIOTIE UND DER IDIOTENANSTALTEN.

VON

Dr. GEORGENS UND H. DEINHARDT

GRÜNDERN UND VORSTEHERN DER „LEVANA" HEILPFLEGE- UND ERZIEHANSTALT FÜR
GEISTES- UND KÖRPERSCHWACHE KINDER
IN WIEN.

ERSTER BAND.

ZWÖLF VORTRÄGE ZUR EINLEITUNG UND BEGRÜNDUNG EINER
HEILPÄDAGOGISCHEN GESAMMTWISSENSCHAFT.

LEIPZIG.

FRIEDRICH FLEISCHER.

1861.

Dieses Buch entstand mit Unterstützung
der fischer-werke, Tumlingen, im Rahmen der
Förderung von pädagogischen und
heilpädagogischen Informationen und Maßnahmen.

Nicht im Buchhandel erhältlich.
Bestellungen nur über das
„Institut für Heil- und Sonderpädagogik
der Justus-Liebig-Universität
(Prof. Dr. W. Bachmann),
Karl-Glöckner-Str. 21, 6300 Giessen"

1979

ISBN 3-922 346-02-2

Institut für Heil- und Sonderpädagogik Giessen

Gesamtherstellung: Gahmig Druck Giessen

Printed in Germany

Vorwort des Herausgebers:

JAN DANIEL GEORGENS (1823–1973):
150 JAHRE DEUTSCHE HEILPÄDAGOGIK*

Die anläßlich der Einweihung von Schulen, Heimen, Gebäuden oder anderen Einrichtungen kulturellen Lebens sich verbindende Namensgebung gehört, so auch bei der heutigen Feierstunde, zur guten »alten« Sitte, der man sich nicht entziehen möchte.

Denn ungeachtet einer sich mehr und mehr verfestigenden rein noetischen Einstellung des Menschen zu sich selbst und seiner Welt, wo vordergründige pragmatische und utilitaristische Zielprojektionen traditionelle und historische Bezüge überflüssig erscheinen lassen, unterliegt der Mensch dennoch der Faszination des Schicksalhaften, des Unerklärbaren, des Erahnens seiner ihm auferlegten Grenzen.

Eine Namensgebung ist somit nicht nur ein ehrendes Gedenken, sondern im Sinne eines Patronats gleichsam ein ritueller Akt, wo man sich der Mächtigkeiten verpflichtet fühlt bzw. sie in Anspruch nehmen will, die vorweg schon gewaltet haben.

Wie der Vater das Vorbild für Gestalt und Art des Sohnes abgibt, so wird der Patron (patronus, lat.) zum väterlichen Beschützer, Schutzherr, Verteidiger, zur Musterform, zum Vorbild.

Während im Bereich der Technik und der Werkherstellung gleichfalls nach Vorlagen (Vorbildern) gearbeitet wird, damit die Nachbildung formgerecht (formgetreu) erfolgt, hat der Begriff Vorbild im Bereich der Menschenbildung eine weitergehende Bedeutung.

Das Vorbild bei einem Patronat beinhaltet nämlich mit dem Modellhaften gleichzeitig etwas Exemplarisches, etwas Einmaliges, das eben nicht wie in der Werkherstellung einfach nachgeahmt, nachgebildet, sondern allenfalls nur idealisiert angegangen werden kann.

Und so gereicht es mir persönlich zur Ehre, Ihnen – sehr geehrte Festversammlung – zum Anlaß des heutigen Tages zugleich mit dem Leben Jan Daniel Georgens auch das Modellhafte und Exemplarische dieses Mannes vorzustellen, dem nachzueifern er als Vorbild verdient.

Curriculum vitae

Jan Daniel Georgens wurde, wie die Annalen berichten, vor genau 150 Jahren am 12. Juni 1823, in dem »rheinpfälzischen Städtchen Dürkheim an der Hardt« geboren.

---

* Festvortrag anläßlich der Eröffnung des Jan-Daniel-Georgens-Haus am 28. August 1973 in Bad Dürkheim

Er besuchte das Lehrerseminar und legte danach zusätzlich das Maturitäts-
examen ab, das auch damals die Voraussetzung für das Studium an einer
deutschen Universität bildete. Seine Studien in »Natur- und Heilwissen-
schaften« schloß er mit der Promotion ab.

Bereits 1848 gründete er in Worms eine höhere Töchterschule und zwei Jahre
darauf, im Jahre 1850, den ersten Fröbel'schen Kindergarten in Baden-Baden.
In jener Zeit lernte er durch einen Freund Fröbels, den damals bekannten
Naturforscher Karl Schimper, Fröbel selbst kennen. Diese erste Begegnung
zwischen Fröbel und Georgens fand im Jahre 1851 in Marienthal, im Groß-
herzogtum Baden, statt. Außerdem plante er, gemeinsam mit Fröbel, ein
»Familienhaus zu allseitiger Lebenseinigung« zu schaffen.

Georgens mußte 1852 den Kindergarten auflösen und Baden-Baden verlassen.

Trotz der ständigen Mißerfolge müssen dem Schaffensdurstigen immer wieder
glückliche Umstände zu neuen Möglichkeiten verholfen haben, seine vielen
pädagogischen Pläne und Ideen zu verwirklichen. Denn bereits im Spätherbst
des Jahres 1852 befindet sich Georgens in Wien, wo er eine Stelle als Hauslehrer für die zehn Kinder des Grafen Friedrich Deym annimmt. Schon während seiner Hauslehrertätigkeit bei der Familie Deym nahm er Kontakt auf
zu dem Pädiater Wilhelm Mauthner von Mautstein, der ihm von der
von C. W. Saegert in Berlin gegründeten »Heil- und Bildungsanstalt für
Blödsinnige« berichtete und Georgens zu einer ähnlichen Gründung in Wien
anregte. In jener Zeit muß auch bei Georgens der Plan für die Gründung
einer solchen Anstalt gereift sein, in der er seine Idee von einer einheitlichen
Erziehung vom Kindergarten bis zur Berufsausbildung verwirklichen konnte.

Auf einer Besuchsreise durch die deutschen Idiotenanstalten zusammen mit
seiner späteren Frau, der Schriftstellerin Jeanne Marie von Gayette, lernte er
in Weimar Heinrich Marianus Deinhardt kennen, den er für den Plan gewann.

Im Jahre 1856 eröffneten alle drei gemeinsam die »Heilpflege- und
Erziehungsanstalt Levana« in Baden bei Wien, wo sie mit Hilfe Mauthners
und Löbichs eine Villa mieten konnten.

In der ersten Zeit des Bestehens der »Levana« fanden sich keine Patienten
für eine heilpädagogische Betreuung. Als Objekte der pädagogischen Bemühungen dienten die Kinder der in Baden weilenden Kur- und Badegäste, die
unsere Pädagogen zu Beschäftigung, Spiel und Gymnastik in ihre gemietete
Villa baten. Diese Art der Beschäftigungstherapie oder Freizeitgestaltung
erfreute sich allgemeiner Beliebtheit bis zu jenem Moment, als sich herum-
gesprochen hatte, das Institut sei für »Blödsinnige« bestimmt.

Die anfänglichen Schwierigkeiten waren nur vorübergehend. Denn bereits im gleichen Jahr, im Juni 1856, fand sich der erste Patient, eine Gräfin C., in der Anstalt ein und der Zustrom wuchs beachtlich.

Da die Villa für eine größere Schüler- und Lehrerkolonie nicht genügend Raum bot, wurde im März 1857 das Schloß Liesing, südlich von Wien, früher einem Klosterorden zugehörig, bezogen.

Die zahlreichen Zimmer und Säle erhielten reiche Illustration von Künstlerhänden. Bildhauer schufen zu dem Zwecke Büsten und Statuen, unter anderem eine Pestalozzistatue. Der Kreis der Mitarbeiter, Lehrer, Ärzte, Künstler, Erzieherinnen erweiterte sich mehr und mehr, es herrschte ein höchst interessantes Zusammenleben in der Levana. Einige Gönner beeilten sich sogar, Freistellen zu stiften.

Zur Namensgebung der Anstalt, der von dem Dichter Jean Paul's gleichnamigen, im Jahre 1807 erschienenen Werk übernommen wurde, sei bemerkt: Nach der römischen Mythologie war die Levana jene Gottheit, die die Frauen anflehten, daß sie nach der Geburt eines Kindes den Vater geneigt machen möge, das Neugeborene vom Boden aufzuheben ($=$ levare) und es damit als das seinige anzuerkennen.

Das Anliegen Georgens bestand darin, die Levana zu einer Musteranstalt auszubauen, die der Verwirklichung hoher heilpädagogischer Zielvorstellungen dienen sollte, z. B. Erziehung durch konkrete, lebenspraktische Umweltbezüge.

Dennoch war dem gemeinsamen pädagogischen Bemühen, was die Idiotenerziehung anbetrifft, ein Mißerfolg beschieden. Bereits im Jahre 1859 mußte das Schloß Liesing wieder aufgegeben werden. Man begnügte sich bis zum Jahre 1865 mit einer kleinen, bescheidenen Anstalt auf dem Kahlenberg bei Wien, die dann ebenfalls aufgegeben werden mußte, weil der Versuch, die Anstalt durch »Zuweisung von Staats-Pfleglingen« und durch die Angliederung einer Abteilung für Stotternde ebenfalls fehlschlugen.

Wohl versuchten Georgens und seine Gattin den Fortbestand der Levana durch Einkünfte aus schriftstellerischen Arbeiten zu sichern, aber der wirtschaftliche Untergang war nicht mehr aufzuhalten.

Für Jan Daniel Georgens und seine Gattin Marie von Gayette begannen nun ruhelose Wanderjahre. Von der Verwirklichung pädagogischer Ideen getrieben, finden wir das Paar zeitweise in der Schweiz mit der Einrichtung von Kindergärten im Sinne Fröbels beschäftigt, dann in Weimar und in Berlin, wo sie sich der schriftstellerischen Arbeit widmen und Georgens sich um die

Einrichtung von Schulmuseen bemüht. Nachhaltig setzt er sich dort für die Einrichtung von Schulgärten ein, um den Arbeitsunterricht besonders in der Volksschule durchzusetzen. Wohl fand er hierfür das Verständnis Fr. Diesterwegs, nicht aber das Verständnis der Lehrerschaft. Er mußte sich im Gegenteil große Anfeindungen gefallen lassen.

Jan Daniel Georgens starb am 9. November 1886 in Bad Doberan an der Ostsee. Seine Gattin, die an einigen Publikationen Georgens' mitgewirkt hat, siedelte nach Leipzig um, wo sie sich »einer langen Reihe literarischer Unternehmungen« widmete, »bis sie endlich als hochbetagte Greisin ihr Leben am 11. Juni 1895 in Leipzig beschloß«.

»Heilpflege- und Erziehungsanstalt Levana« in Baden bei Wien

Die Bedeutung Georgens' für die Pädagogik und Heilpädagogik

Zunächst ist man geneigt, Georgens' geistiges Schaffen und seine pädagogischen Ideen im Hinblick auf den ständig wiederkehrenden Namen »Levana« (Levana-Anstalt, Levana-Kindergarten, Levana-Fibel) an jenem geistigen Standort anzusiedeln, der 1807 seine Begründung mit der »Levana oder Erziehlehre« Jean Paul Friedrich Richters (er lebte von 1763–1825) fand. In der Tat finden wir bei Georgens Parallelen zu dem Werk Jean Pauls. Dennoch muß man zu der Feststellung gelangen, daß Jean Pauls Levana wenig Einfluß auf Georgens nahm, daß sowohl die »Levana-Anstalt« als auch die »Levana-Fibel« und der »Levana-Kindergarten« ureigene Schöpfungen Georgens' sind. Lediglich der Name ist dem Werk Jean Pauls entliehen, was auf die Verehrung seiner Gattin diesem Schriftsteller gegenüber zurückzuführen ist.

Wenn auch der Einfluß geistiger Strömungen jener Zeit auf die Pädagogik Georgens' unverkennbar ist, so muß man seine Werke und Ideen schon sehr mißdeuten, wenn man ihn als »Schüler« oder »Jünger« Fröbels, Pestalozzis oder Rousseaus darstellen möchte. Seine Vorbildung unterscheidet ihn wesentlich von den drei genannten Pädagogen, und eben dieser Gegensatz trennt ihn auch von ihren pädagogischen Bestrebungen, so daß die pädagogische Praxis Georgens' unvereinbar ist mit dem im Hinblick auf die Erziehung in der Gemeinschaft negativistischen Standpunkt Rousseaus, mit der schwärmerischen, religiös orientierten Pädagogik Fröbels, mit der psychologisierenden Richtung Pestalozzis. Denn im Gegensatz zu Rousseau war er der in der praktischen Schularbeit erfahrene Pädagoge und im Gegensatz zu Fröbel und Pestalozzi der kritisch denkende Naturwissenschaftler und Mediziner mit fundierten anthropologischen Kenntnissen.

Während die pädagogischen Gedanken Pestalozzis und Fröbels in einem tiefen, religiösen Gefühl wurzelten und von dort her die Erziehungsgrundsätze ihre Bestimmung erfahren, wo Gott und Christus der pädagogischen Praxis die Richtung wiesen, ist Georgens heilpädagogisches Wirken getragen von der weitaus realistischeren und religiös ungebundenen humanistischen Idee, wie sie Goethe zu eigen war.

Während Rousseaus Erziehungslehre eine gesellschaftsfeindliche Stellung bezieht und die sozialen, technischen und politischen Erscheinungen der Umwelt negiert, will Georgens den Zögling auf diese Umwelt vorbereiten, will er darauf hinwirken, daß sich der Zögling in der Umwelt orientieren kann und an ihr verbessernd mitgestalten hilft. Auch daß Georgens sich lobend über die Ideen Fichtes äußert und gewisse Gedankengänge eine Parallelität der Ideen aufweisen, kann nicht als Beweis einer geistigen Anlehnung bzw. Subordination angesehen werden.

Seine Grundidee bestand in der einheitlichen Erziehung des Kindes von Geburt an bis zur Berufsausbildung, wobei der Behinderte nicht ausgeschlossen, sondern miteinbezogen wurde.

Namentlich in der heilpädagogischen Praxis der Levana-Anstalt wollte Georgens »in einem medizinisch und pädagogischen Doppelwirken für die geistige und körperliche Entwicklung das Idealste« erreichen. Dem Arzt stand der Heilpädagoge zur Seite. Beide bilden eine Arbeitsgemeinschaft auf Grund einer Arbeitsteilung. Die medizinische und pädagogische Behandlung begleiten und ergänzen einander. Von großer Bedeutung sind dabei eine zweckmäßige Ernährung, eine entsprechende Lebensführung und eine ausgedehnte Gymnastik. Durch die Gymnastik soll das Kind spielfähig, durch das Spiel wiederum allseitig entwickelt und zur sinnvollen Betätigung geführt werden. Hier griff Georgens auf die Spielgaben und Beschäftigungsmittel Fröbels zurück, die er aber von sich aus vielseitig variierte und bis zu Spielliedern weiter entwickelte und ausbaute. Sein Unterricht baute auf Betätigung und Sachanschauung auf und folgte weniger doktrinären Grundsätzen, sondern mehr den durch Beobachtung und Experiment als brauchbar gewiesenen Wegen.

Sicherlich war Georgens nicht nur ein kühner Spekulant, sondern auch ein Eklektiker mit hervorragend vorahnender Begabung, der aus den zeitgenössischen Ideen und der in jener Zeit allmählich einsetzenden Anstaltsbehandlung der »Schwachsinnigen« und der nur rudimentär vorhandenen Kinderforschung geschickt ein Neues zu schaffen suchte.

Nur zögernd und erst nach sorgfältigem Studium der sogenannten »Blödlingserziehung« freundete sich Georgens mit der Arbeit am behinderten Kinde an. Selbst nach der Gründung der Levana-Anstalt galt sein Einsatz nicht ausschließlich der Behindertenpädagogik, sondern er widmete sich weiterhin der sogenannten »Gesundenerziehung«, dem Problem der Vorschulerziehung und der Idee des Arbeitsunterrichts in der Volksschule. Alle Problemkreise versuchte er in seiner Levana-Anstalt praktisch anzugehen und zu lösen.

Vielleicht ist deshalb seine »Heilpädagogik« so modern, und vielleicht erschien sie deshalb seinen Zeitgenossen so revolutionär, weil er über die übliche Betreuung der Behinderten hinaus Probleme mit der Heilpädagogik einbezog und kombinierte, die ursprünglich der sogenannten »Normalerziehung« vorbehalten sein sollten.

In einer erstaunlichen pädagogischen Gesamtschau weist Georgens, der den Namen »Heilpädagogik« erstmals geprägt hat, den Vertretern der verschiedenen Wissenschaften und der Gesellschaft unerläßliche Aufgaben zu. Nur so ist es nach seiner Ansicht möglich, »eine gesunde Cultur gegenüber der Verwilderung, Erschlaffung und Ausartung, die trotz den Fortschritten der Zivilisation zurückbleiben und theilweise durch sie bedingt sind, zu begründen und zu gestalten«.

Dieser Gedanke ist zugleich das Manifest seiner heilpädagogischen Idee. Heilpädagogik ist kein wissenschaftlicher Kunstgriff, die um ihrer selbst willen betrieben wird. Sie ist notwendig, um genannte Übel zu beseitigen oder auszugleichen.

Unleugbar ist so eine Heilpädagogik entstanden, die in pädagogischer, soziologischer und psychologischer, medizinischer und unterrichtspraktischer Sicht für die Zeit von 1860 einmalig und selbst noch für unsere gegenwärtige Behindertenpädagogik bedeutsam ist.

Heinrich Marianus Deinhardt,
geb. 29. 1. 1821
in Niederzimmern/Weimar,
gest. 10. 3. 1880 in Wien
Mitarbeiter von Georgens

Gerade der unterrichtspraktische Aspekt mit besonderer Betonung des individualpädagogischen Prinzips, der heilpädagogischen Mittel und der Didaktik und Methodik der Unterrichtsfächer bei Georgens ist bedeutsam, weil hier bahnbrechende Neuerungen eingeleitet wurden, die in der Allgemeinen Pädagogik erst in den letzten Jahrzehnten zum Tragen kamen. Die erst in den letzten Jahren zur Regel gewordene Koedukation war für Georgens bereits vor 120 Jahren eine Selbstverständlichkeit. Der Begriff der »Arbeitsschule« (Arbeitslehre, polytechnischer Unterricht), der vor allem mit dem Namen Kerschensteiner in Verbindung gebracht wird, wurde von Georgens nicht nur vorkonzipiert, sondern auch praktiziert. Die heute so bedeutsame und bildungspolitisch aktuelle Zielprojektion der »Gesamtschule« wurde gleichfalls in einer genialen Voraussicht gefordert, wenn er aus sozialen, politischen und pädagogischen Gründen eine allgemeine Erziehung der Kinder und Jugendlichen vom Kindergarten bis zur Berufsausbildung »in einem Schulsystem« verwirklicht sehen wollte.

All jene Neuerungen, die – mit den zwanziger Jahren beginnend – die sogenannte Reformpädagogik entwickelte, sind somit bei Georgens in weitaus konsequenterer Weise vorkonzipiert. Von allen Pädagogen des 19. und 20. Jahrhunderts ist somit Georgens derjenige Pädagoge, der im Sinne einer Enkyklios paideia als einziger ein solch umfassendes pädagogisches Modell entwickelte, wie es keiner der ihm nachfolgenden Pädagogen (Kerschensteiner, Gaudig, Wagenschein, Flitner, Weniger u. a.) in e i n e r Konzeption angegangen hat.

Diese Laudatio für den Nestor der Deutschen Heilpädagogik ist, gerade weil er innerhalb der allgemeinen Erziehungswissenschaft fast gänzlich unbekannt, bewußt von einem möglichen Enthusiasmus zu trennen, zumal die Gefahr vom Relativismus einer Wahrheit, wenn man den Wahrheitsgehalt mit subjektivem Vorstellen verwechselt und in eins setzt, sehr nahe liegt. Gewiß unterliegt die Wahrheit dem Wandel, den wir Geschichte nennen. Wahrheit aber liegt dann vor, wenn etwas angemessen ist, d. h. nach dem Maß des Ganzen, dem es angehört, unverstellt und unverhüllt in Erscheinung tritt und anwesend sein kann, damit aber zugleich auch seine Herkunft und damit sein geschichtlicher Ort unvergessen bleiben.

Die hier aufgewiesene Konzeption Georgens' ist ein Appell an die Humanität; denn das Problem der wirklichen Anteilnahme der Gesellschaft an dem Schicksal der Behinderten ist heute genau so aktuell wie damals. Die Gründung des Vereins »Lebenshilfe für Geistigbehinderte« e. V. und die derzeitigen Maßnahmen der »Aktion Sorgenkind« zeigen, welch zähen Kampfes es selbst noch in unserer Zeit bedarf, um den Blick und das Humangefühl der Öffentlichkeit für diesen Problemkreis über ein mehr in Mode gekommenes Wohltätigkeitsdenken einer saturierten Gesellschaft hinaus zu öffnen.

So lassen sich die Bemühungen Georgens' mit den auch heute noch erforderlichen Bestrebungen der Habilitation, der Rehabilitation, der Sozialisation und der Resozialisierung umschreiben.

Daß Georgens der »Allgemeinen Pädagogik« eine »Heilpädagogik« gegenüberstellt, ist nicht nur ein Kontrapunkt, sondern auch eine Vermahnung im lutherischen Sinne, »weil die Pädagogik« – früher wie heute – »sich häufig in den Mantel der Bequemlichkeit und eines übel angebrachten Stolzes ... hüllt und gewisse Aufgaben ... nicht an sich herankommen läßt«.

Die Heilpädagogik als Wissenschaft erweist sich hierdurch als Parameter für eine allgemeine Erziehungswissenschaft und kann somit als »Urpädagogik« (Bachmann) verstanden werden. Auch diese fundamentale Erkenntnis

Georgens wird erst heute in ihrer vollen Tragweite erkannt; denn die Erfahrung zeigt, daß im Hinblick auf den behinderten Menschen die Studieninhalte im Primar- und Sekundarstufenbereich nicht ausreichen und die Lehre der Behindertenpädagogik – zumindest als Propädeutikum – in das Gesamtstudium aufgenommen werden muß.

Der Modellcharakter und das Exemplarische bei J. D. Georgens

Das Vorteilhafte bei Georgens zeigt sich vor allem in der Art und Weise, wie er sein Leben gemeistert hat. Im Gegensatz zu anderen Sonntagskindern war der Mißerfolg sein ständiger Lebensbegleiter: Angefangen bei seinem pädagogischen Erstversuch, der Einrichtung einer höheren Töchterschule 1850 in Worms, der Einrichtung eines Fröbelschen Kindergartens in Baden, der nur kurzen Existenz seiner Levana-Anstalt auf Schloß Liesing, ausgelöst durch wirtschaftliche Schwierigkeiten und die Unfähigkeit, mit diesen fertig zu werden, verbunden mit der Ablehnung durch die Jesuiten-Congregation zu Wien und Kalksburg, der Trennung von seinem Mitarbeiter Deinhardt und seiner späteren Gegnerschaft, seiner Feindschaft mit Wichard Langes, dem

Jeanne Marie von Gayette-Georgens
geb. 11. 10. 1817 zu Kolberg, gest. 14. 6. 1895 zu Leipzig
Gattin Georgens', Schriftstellerin, Verehrerin von Jean Paul. Sie beeinflußte nicht unmaßgeblich das erste von Georgens 1861-63 herausgegebene Buch der Heilpädagogik

17

wissenschaftlichen Sachwalter von Fröbels Nachlaß, den vergeblichen Bemühungen in der Schweiz, in Weimar und Berlin bis zur Ablehnung durch die Volksschullehrerschaft war er stets in Bedrängnis.

Gerade weil ihm kein nachhaltiger Erfolg beschieden wurde und er keine äußeren Vorzüge aufzuweisen hatte, vermag er durch seine innere Glut, durch sein Engagement zu überzeugen, mit der er einerseits seine Ideen vorbringt, andererseits aber die widrigen Umstände seines Lebens meistert.

Allein im Wissen, daß auch dieser Einrichtung mögliche Rückschläge und Mißerfolge beschieden sein können, zeigt sich der Modellcharakter, sich wie der Namenspatron dennoch mit diesen auseinanderzusetzen, um sie zu meistern und nicht zu resignieren.

Das Vorbildhafte bei Georgens zeigt sich ferner in der Nichtbeschränkung der Bildungssphäre und der Ausdehnung der Erziehung auf das allgemein Menschliche, wie auch in der Liebe und Hinwendung zum notleidenden und behinderten Menschen. Der Modellcharakter seiner brillanten Überlegungen, sein groß angelegter Entwurf einer emanzipatorischen Erziehung mit besonderer Betonung einer sozialpädagogischen Komponente und der geniale Blick einer umfassenden Erziehung bieten Anreiz genug, um sie innerhalb dieser »Bildwerkstatt« optimal zu verifizieren.

Letztlich aber zeigt sich das Vorbildliche dieses Mannes, um ein modernes Wort zu gebrauchen, im Existentiellen, d. h. sein ganzes Dasein zeugte von der wissentlichen Identität von Wort und Tun, in der Übereinstimmung von Erkenntnis und Tun. Mit und in dieser existentiellen Haltung aber offenbart sich zugleich mit einer sokratischen Bescheidung auch der Gehorsam des Gewissens, stets so zu handeln, daß die Maximen des eigenen Wollens jederzeit zur allgemeinen Gesetzgebung werden können. Diesem nachzueifern, das lohnt!

✶　　✶

Vorwort.

Die Vorträge, welche wir hiermit dem Publicum darbieten und von denen nebenbei bemerkt sein mag, dass sie in dem Hörsaale der ·k. k. Akademie der Wissenschaften zu Wien in den Monaten Mai und Juni des vergangenen Sommers gehalten wurden, erörtern Fragen und Aufgaben, die nach unserer Ansicht für die gegenwärtige, d. h. in der Gegenwart nothwendig gewordene Culturgestaltung sehr wesentlich sind, von einem bestimmten Standpuncte.

Der praktische Boden, auf‚dem wir stehen und das nächste Interesse, das wir vertreten, sind der Boden und das Interesse der Heilpädagogik, die als ein Ganzes aufzufassen und darzustellen eine durch unsere specielle Praxis — die Idiotenerziehung — uns nahe gelegte theoretische Aufgabe war. Indem wir aber den Zusammenhang der heilpädagogischen Bestrebungen, der an sich besteht und daher verwirklicht werden muss, herauszustellen hatten, konnten wir unmöglich von dem Verhältniss der heilpädagogischen Praxis zu den Wohlthätigkeitsbestrebungen überhaupt auf der einen, von ihrem Verhältniss zu der allgemeinen oder normalen Erziehung auf der andern Seite absehen. Wir konnten und wollten es nicht,

weil nach unserer Überzeugung die heilpädagogischen Leistungen isolirte und durch diese Isolirtheit verschwindende bleiben,
so lange ihre gemeinsame Beziehung zu der organisirten Wohlthätigkeit und zu der Volksschule den Heilpädagogen nicht
zum Bewusstsein und zu praktischer, wie zu theoretischer
Geltung gekommen ist, weil ferner, was damit zusammenhängt, die eigentliche Bedeutung der Heilpädagogik nicht in
ihren nächsten Erfolgen bei den heil- und besserungsbedürftigen Individuen, sondern in der Vorarbeit liegt, die sie der
pädagogischen Reform und dem systematischen Kampfe gegen
bedrohliche Gesellschaftsübel zu leisten vermag und leisten
muss.

Aus dem Gesagten und daraus, dass wir zu unsern Erörterungen die Form des Vortrags gewählt haben, geht hervor, dass wir als „Leser" keineswegs blos die Fachleute, d. h.
diejenigen, welche die Heilpädagogik üben, und diejenigen, an
deren Fachgebiet sie vermittelnd angrenzt, die Ärzte, Pädagogen und Seelsorger im Auge haben, sondern, indem wir
an den Wohlthätigkeitssinn, an den Patriotismus, an den Gedanken, den die socialen Zustände und Fragen ernst beschäftigen, appelliren, ein allgemeines Interesse für die heilpädagogischen und die Nothanstalten hervorrufen, damit aber die
sociale Gesinnung kräftigen und ihr eine bestimmte Richtung
geben möchten. Dass das Vermögen an den Willen selten
hinanreicht, braucht uns nicht gesagt zu werden, aber Jeder
hat das zu thun, was an ihm ist, und wir glauben, indem
wir unsrerseits und von unserem Standpunkte aus die Nothwendigkeit der socialen Reform geltend machen und ihre Aufgaben umzeichnen, eine Pflicht zu erfüllen. Wir wollen förderlich anregen und erwarten daher wie den Widerspruch, so
das Hervortreten ergänzender Ansichten. Aufzuregen, d. h.

herrschenden Meinungen und Vorurtheilen, so wie der Selbstgefälligkeit und dem Egoismus von Personen und Classen
hart zu begegnen, ist nicht unsere Absicht gewesen, aber wer
anregen will, kann es nicht immer vermeiden, unangenehm
zu werden.

Was die Ärzte und Pädagogen insbesondere anbetrifft,
so verlangt die praktische Heilpädagogik ihr Zusammenwirken
und ihre Verständigung; wir sind aber der Ansicht, dass diese
Verständigung wie jenes Zusammenwirken über den nächsten
heilpädagogischen Zweck weit hinausgreifen kann und muss,
dass es vor allen Dingen nothwendig ist, um die anthropologische Wissenschaft an sich und für die praktische Verwerthung durchzubilden und dass diese Verwerthung als sociale
Aufgabe begriffen werden muss. Wir haben daher die Gesichtspuncte, welche uns zur Verknüpfung des ärztlichen und
pädagogischen Interesses wesentlich erscheinen, hervorzuheben
gesucht, wobei wir uns wohl bewusst waren und sind, in
dieser Beziehung bei einem grossen Theile der Ärzte und
Pädagogen nicht nur der Apathie, sondern auch der Anti-
pathie zu begegnen. Indessen darf es uns zur Ermuthigung
dienen, dass sich wenigstens hier und da auf pädagogischer
Seite das Streben zeigt, für die Pädagogik eine anthropologische Basis zu gewinnen — die eine andere ist als die enge
und sterile der in pädagogischen Kreisen populären Psychologie
— und die Gesundheitsfrage ernster anzufassen als es bis jetzt
geschehen, während sich erst neuerlich wieder anerkannte
ärztliche Stimmen für eine positivere Auffassung des ärztlichen
Berufes und die Nothwendigkeit umfassender medicinisch-pro-
phylaktischer Maassnahmen ausgesprochen haben — eine Nothwendigkeit, die an sich auf die Leistungen organisirter Wohlthätigkeit und auf die gesundheitsgemässe Gestaltung des

Erziehungswesens hinweist. — Es giebt aber auch Ärzte, wie
Dr. Schreber, welche mit uns schon längst auf dem gleichen
Boden des Strebens und Wirkens stehen und uns wesentlich
vorgearbeitet haben, indem sie, vom Heilzwecke und der heilenden Thätigkeitsregelung ausgehend, pädagogische Interessen
warm vertreten und entschieden geltend machen. Sie und
die Geltung, welche sie sich verschafft haben, geben uns die
unmittelbarste Bürgschaft, dass unser Verlangen nach einem
ergiebigen Zusammengreifen der medicinischen und pädagogischen Theorie und Praxis mehr als ein frommer Wunsch ist.

Den positiven Beitrag, den wir in den vorliegenden Vorträgen zur Förderung der anthropologischen Wissenschaft gegeben
haben, schlagen wir nicht sehr hoch an, und können es um
so weniger, als uns nach dieser Seite die weitere, begründende
und zusammenfassende Ausführung versagt war, glauben aber
den Zusammenhang, in welchem der Fortschritt des anthropologischen Wissens mit den dringendsten wie mit den höchsten Aufgaben der Praxis steht, nicht blos oberflächlich angedeutet und nicht belanglose Gesichtspuncte für die Forschung
und Verständigung auf dem anthropologischen Gebiete eröffnet
zu haben. Hierbei sei ausgesprochen, dass wir die Beiträge, welche
ausser den Gemeindeverwaltungen diejenigen Seelsorger, die sich
in der That um die Einzelnen und ihr „Heil bekümmern", zur Erweiterung des anthropologischen Wissens — wie zur Kenntniss
der Gesellschaftszustände — liefern könnten, nicht gering an-
schlagen, und es für einen sehr erfreulichen Fortschritt halten
würden, wenn sie sich, die den meisten noch eigene theologische
Abgeschlossenheit aufgebend, zur Theilnahme an der wissenschaftlichen Arbeit grade nach dieser Seite entschliessen wollten. Im Allgemeinen bleibt zu betonen, dass die „Anthropologie" nicht das Product einer abgesperrten und dadurch

einseitigen Wissenschaft sein kann, und dass selbst die Physiologie, obgleich die betreffenden „Fachmänner" diejenigen sind und bleiben, welche auf dem Wege des exact-wissenschaftlichen Experiments zu ihren Resultaten gelangen, sofern wir die Nothwendigkeit der wissenschaftlichen Arbeitstheilung annehmen, einer ergänzenden Beihülfe, und zwar von Seiten Solcher, die zur systematischen Beobachtung der Lebenserscheinungen und Kraftäusserungen berufen sind, ohne auf die naturwissenschaftliche Analyse eingehen zu wollen und zu dürfen, unzweifelhaft bedarf. Die Grenzen, welche das exactwissenschaftliche Experiment an sich hat, werden auch je länger je mehr von Fachmännern, und zwar — wie erst neuerdings — von solchen, die einen ausgezeichneten Ruf besitzen, anerkannt.

Der zweite Cyclus der Vorträge wird sich mit dem Idiotismus und den Idiotenanstalten besonders beschäftigen und insbesondere auch auf die Heil- und Erziehungsmittel eingehen, durchgehends aber alle übrigen Zweige der Heilpädagogik sowie die Nothanstalten und Nothveranstaltungen berücksichtigen. Vieles was im ersten Cyclus nur berührt oder vorläufig besprochen ist, werden wir im zweiten Cyclus näher auszuführen Gelegenheit haben und dabei auf kritische Gegenäusserungen, die uns bis zum Erscheinen des zweiten Bandes begegnen und beachtenswerth erscheinen, gebührende Rücksicht nehmen.

Wien, Weihnachten 1860.

Dr. Georgens. Heinrich Deinhardt.

Inhalt.

Erster Vortrag.

Zweiter Vortrag.

Dritter Vortrag.

Vierter Vortrag.

Fünfter Vortrag.

Sechster Vortrag.

Siebenter Vortrag.

Achter Vortrag.

Neunter Vortrag.

Zehnter Vortrag.

Elfter Vortrag.

Zwölfter Vortrag.

Erster Vortrag.

1.

Die „Rechtfertigung" einer besonderen Heilpädagogik. — Das unmittelbare und das sich entwickelnde Interesse für heilpädagogische Bestrebungen. — Der nationalökonomische und der sociale Gesichtspunkt. — Das wissenschaftliche Bedürfniss und die Nothwendigkeit des Kampfes gegen sich ausbreitende Uebel. — Die Erhaltung der Gesundheit als allgemein pädagogische Aufgabe, und die herrschende Erziehungsweise. — Das Verhältniss der Heilpädagogik zur Medicin; die gemeinsame Aufgabe der pädagogischen und medicinischen Gesammtpraxis. — Die Gegenwart und Zukunft der „Wissenschaft vom Menschen". — Der specifische Unterschied des Menschen vom Thiere; Aristoteles und Rousseau. — Der Offenbarungstrieb als specifischer Trieb der Menschlichkeit. — Die Normalität, Abnormität und Deformität des menschlichen Individuums. —

Bevor ich auf das Thema, das der erste unserer Vorträge behandeln soll, eingehe, fühle ich mich gedrungen, die im Voraus festgestellte Folge der Themen, die vielleicht für manchen Leser unseres Programmes eine auffallende gewesen ist, einigermaassen zu motiviren, und zugleich den Anspruch, den unser Gegenstand, die Heilpädagogik, an das allgemeine Interesse — das Interesse eines nicht bloss aus Fachmännern bestehenden Publikums, an welches wir unsere Einladung gerichtet haben — in sich selber trägt, kurz herauszustellen. Die Aufgaben der Heilpädagogik auseinanderzusetzen, ihren Begriff näher zu bestimmen und concret zu vergegenwärtigen, ist nach unserem Plane den letzten Vorträgen vorbehalten worden, und ich meine nicht mit Unrecht, insofern wir diesmal noch auf keinen besonderen Zweig derselben speciell eingehen, sondern sie als ein Ganzes betrachten wollen, so dass

der erste Cyklus unserer Vorträge den Charakter einer allgemeinen Einleitung haben wird. Die Heilpädagogik im Ganzen ist ein Zweig der allgemeinen Pädagogik; wir können also
ihre Aufgaben nicht formuliren, ohne dass eine gemeinsame
Verständigung über das Object und den Zweck der Erziehung
schlechthin, oder, wenn wir von einer Erziehungskunst sprechen wollen, über das Material, die Mittel und die nothwendigen wie möglichen Wirkungen dieser Kunst stattgefunden
hätte. Erst dann lässt sich das Verhältniss, welches die Heilpädagogik zu der allgemeinen Pädagogik hat oder haben soll,
bestimmen, eine Bestimmung, welche hier zugleich dazu dienen muss, die Abzweigung und Besonderung der ersteren —
die sich als den Anbau eines Zwischengebietes zwischen Medicin und Pädagogik darstellt — zu rechtfertigen. Diese
Rechtfertigung liegt uns unzweifelhaft ob, weil es sich nicht
um eine Praxis handelt, die sich durch ihren historischen Bestand von selbst rechtfertigt, sondern um eine solche, welche
bis jetzt nur bruchstückweise besteht, also zu einem Ganzen
gestaltet und ins Leben eingeführt werden soll. Während
wir aber von einer billigen Kritik fordern können, dass
sie uns zu einer solchen Rechtfertigung den nöthigen Raum
gestattet — also uns, so zu sagen, so weit ausholen lässt, als
wir es für unerlässlich halten — dürfen wir andrerseits voraussetzen, dass sich das Interesse, welches uns unmittelbar
entgegenkommt, seiner eigenen Vermittlung und Erweiterung
nicht widersetzen wird.

Ein solch unmittelbares Interesse finden wir — von den
Fachmännern, die sich als Pädagogen für die pädagogische,
als Mediciner für die medicinische Seite unserer Bestrebungen
interessiren, abgesehen — allerdings vor; und zwar ist es als
Interesse für den einzelnen Fall und Erfolg ein bei den Eltern und Verwandten der Kinder, die einer heilpädagogischen
Behandlung bedürfen, natürlich gegebenes, es findet sich aber
auch bei ferner Stehenden, und stellt sich nach unserer Erfahrung allmählig selbst bei denen ein, welche anfangs durch
die Erscheinung des Übels abgestossen wurden. Schon in
diesem unmittelbarsten und persönlichen Interesse erscheinen

die Momente der humanen Theilnahme und der Beobach-
tungstendenz — Momente, welche der Entwicklung und Erweiterung, und zwar mit und durch einander, fähig sind. Insofern aber eine solche Entwicklung und Erweiterung des
Interesses an den praktischen Bestrebungen der Heilpädagogik eintritt, macht sich auch sogleich eine sociale Auffassung der Sache geltend; es entsteht die Vorstellung, dass es
sich darum handelt, der physischen, seelischen und sittlichen
Entartung des Menschenwesens entgegenzuwirken; und wie es
dem Bildungszustande der Gegenwart — der Humanität, die
trotz alledem, was Inhumanes Bestand und Herrschaft hat, in
den Gemüthern lebt — widerspricht, dieses Entgegenwirken als
einen fortgesetzten Akt der Unterdrückung und Ausscheidung,
als einen Vernichtungskrieg — der freilich noch immer besser ist als die Gleichgültigkeit und die aus ihr hervorgehende
Vernachlässigung — aufzufassen, so dürfen wir auch mit Fug
bei jedem Gebildeten das Bewusstsein voraussetzen und an
dasselbe appelliren, dass die Fälle trauriger Gebrechlichkeit
oder einer ausgeprägten physisch-geistigen Entartung, wo sie
in grösserer Häufigkeit auftreten, eine symptomatische Bedeutung, d. h. den Boden eines in mannichfacher Abstufung
ausgebreiteten Übels, das sie besonders frappant darstellen, und den Hintergrund weithin wirksamer Ursachen haben.

Für die heilpädagogischen Bestrebungen selbst ist dieses
Bewusstsein die eigentliche Triebkraft, die zum Vorwärtsgehen
auf einer Bahn, deren Schwierigkeiten und Hemmnisse jeder
neue Schritt hervortreten lässt, nöthigt und ermuthigt. Denn
das Geständniss haben wir, die wir auf dem Felde der Heilpädagogik schon eine so geraume Zeit angestrengt thätig gewesen sind, abzulegen, dass der Geduld-, Kraft- und Mittelaufwand, den die heilpädagogische Thätigkeit insbesondere auf
demjenigen engeren Gebiete derselben, welches das unserer
Praxis war, in Anspruch nimmt, zu den Erfolgen, die erzielt
worden sind und nach unserer Ansicht erzielt werden können,
an sich betrachtet in einem entschieden ungünstigen Verhältnisse steht, also nationalökonomisch — d. h. von einem
beschränkten nationalökonomischen Gesichtspunkte aus — als

ungerechtfertigt erscheint, wobei ich jedoch nicht unterlassen
will, zu bemerken, dass wir uns einzelner wahrhaft überraschender Erfolge erfreuen durften, obgleich wir mit Schwierigkeiten zu kämpfen hatten, die für Andere geebnet sein werden, und dass hier wie überall die Concentration der Mittel
und Kräfte eine wesentliche Ersparung des Aufwandes bedingt und herbeiführen wird. Dessenungeachtet wird das ausgesprochene, aus der Berechnung der Kosten und des Ertrags
sich ergebende Missverhältniss voraussichtlich — und man wird
uns zutrauen, dass wir das Gegentheil gern voraussähen! —
nicht zu überwinden sein, und desshalb kann die Heilpädagogik im Allgemeinen und die sich dem Idiotismus widmende
insbesondere in ihrem nächsten praktischen Zwecke, dem der
Heilung Einzelner, nicht aufgehen, sofern sie es verschmäht, das
gläubige Bedürfniss der Privaten auszubeuten, und sich einer
für die Gesellschaft fruchtbaren Aufgabe und Wirksamkeit
bewusst sein will. Sie kann es weiterhin desshalb nicht, weil
sie als Praxis einen wissenschaftlichen Betrieb verlangt
— ohne welchen ihre Erfolge theils scheinbare, theils zufällige und verschwindende bleiben würden — der wahrhaft
wissenschaftliche Betrieb aber die Nöthigung enthält, die Formen des Übels in seiner Ausbreitung, also auch ausserhalb des heilpädagogischen Gebietes, aufzufassen und den
ursächlichen Momenten desselben in ihren Modificationen nachzuforschen, woraus sich dann von selbst erweiterte Gesichtspunkte für den Zweck der praktischen Thätigkeit ergeben,
indem sich diese als das nächste und unerlässliche Mittel darstellt, um durch den Angriff des Übels zur Erkenntniss desselben zu gelangen und es in seiner Ausbreitung bekämpfen,
seine Entwicklung hemmen zu können. Für diese erweiterte,
wesentlich prophylaktische Thätigkeit, die allerdings nicht unmittelbar die ihre ist und werden kann, hat die Heilpädagogik
als einen Hauptfactor die allgemeine Erziehung, von welcher sie, sich abzweigend, ausgegangen ist, in das Auge zu
fassen, und durch diese Betrachtung das Verhältniss, welches
sie zu der allgemeinen Pädagogik hat und herstellen muss,
zu bestimmen. Sie hält dieses Verhältniss fest, indem sie

pädagogisch, d. h. durch Thätigkeitsregelung heilen will, sie muss also zunächst ihre Aufgaben und Mittel als durch den Heilzweck bedingte Modificationen der Aufgaben und Mittel, welche die allgemeine Pädagogik hat oder haben sollte, auffassen, weiterhin aber — nach dem eben Gesagten — die allgemeine pädagogische Thätigkeitsregelung unter ihren Gesichtspunkt bringen, d. h. als eine die Entartung in ihrem Grunde aufhebende, für die gesunde Entwicklung der Einzelnen und der Gesellschaft nothwendige Thätigkeit erkennen und fordern.

Da die allgemeine Erziehung an sich und überall ein punkt- und zeitweise hervortretendes heilpädagogisches Moment, weil mit physischer und geistiger Schwäche, mit moralischer Erschlaffung oder Verwilderung, mit krankhaften Neigungen vielfach zu kämpfen hat, so können und dürfen der allgemeinen Pädagogik heilpädagogische Gesichtspunkte und Grundsätze nicht fehlen. Sobald sich aber eine besondere heilpädagogische Praxis und Theorie entwickelt und gestaltet hat, entsteht zunächst die Frage, ob und inwieweit sich die allgemeine Erziehung, die Schule, auf eine besondere Behandlung hervortretender Entartungen einlassen kann und soll, ob und inwieweit demnach die Anwendung der normalen Erziehungs- und Bildungsmittel ausreicht, um erst im Werden begriffene Übel zu heben — eine Frage, deren unmittelbare praktische Wichtigkeit sich nicht verkennen lässt —; und weiterhin, sofern der Zweck der Gesundheitserhaltung als ein allgemein pädagogischer anerkannt ist und die Erörterung desselben keine oberflächliche bleibt, die weiter und tiefer gehende Frage, ob die herrschende Erziehungsweise an sich selbst eine die Gesundheit erhaltende ist oder nicht, ob sie also den Organismus zu einer naturgemässen Entwicklung bringt, oder nicht vielmehr naturwidrig, folglich schwächend und störend einwirkt? Dass wir auf diese Frage in unseren Vorträgen näher eingehen müssen, während sie jetzt nur berührt werden kann, versteht sich wohl von selbst; ich darf und muss aber im Voraus bemerken, dass unser Standpunkt in Bezug auf die aufgeworfene Gesundheitsfrage. der herrschen-

den Erziehungsweise gegenüber ein kritisch negirender ist, und
dass es nicht in unserem Belieben steht, diesen Standpunkt
geltend zu machen oder nicht, weil der heilpädagogischen
Theorie, sofern sie eine selbständige und wesentliche Bedeutung gewinnen soll, die von der Gesundheitsfrage ausgehende Kritik der herrschenden Erziehung nach unserer Ansicht
obliegt. Eine solche Kritik berührt und betrifft — dies folgt
aus ihrer Natur — den wesentlichen Charakter der herrschenden Erziehung, sie muss also eine principielle sein und positive Forderungen im Hintergrunde haben und herausstellen.
Damit aber ist gesagt, dass sich die theoretische Heilpädagogik,
wenn sie überhaupt zum Bewusstsein ihrer Aufgabe gelangt,
im Dienste des pädagogischen Fortschrittes wissen oder —
da der letztere Ausdruck häufig genug gemissbraucht wird —
eine pädagogische Idee, zu der sie gelangt, weil sie im Grunde
von ihr ausgeht, vertreten muss.

Was das Verhältniss der Heilpädagogik zur Medicin, zur
medicinischen Wissenschaft und Praxis anbetrifft, in deren Gebiet sie übergreift, so muss sie sich einestheils, und zwar
unzweifelhaft zuerst, empfangend verhalten, weil sie die Resultate der ärztlichen Erfahrung, Beobachtung und Forschung
als solche anzunehmen hat, anderntheils aber gewährend
und anregend, weil sie ihr pädagogisches Vermögen mit-
bringt, um es da zu verwerthen, wo die ärztliche Hülfeleistung
thatsächlich eine ansatzweise, unzulängliche und resignirende
geblieben ist. Aber das Empfangen und Gewähren darf den
Charakter der Äusserlichkeit, wenn es ihn auch vielleicht anfangs hat, nicht behalten; der Pädagog und Arzt müssen sich
vielmehr für die Praxis, in der sie zusammenwirken sollen
und wollen, wahrhaft verständigen, und diese Verständigung,
wenn sie eine wahrhafte ist, reicht über ihren nächsten Zweck
weit hinaus. Auch dies ist ein Thema, auf welches wir in
unseren Vorträgen ausführlich einzugehen haben, und ich will
daher jetzt nur hervorheben, dass die Medicin von der Thätigkeitsregelung, die in der Erziehung und nur in ihr eine
allseitige und zusammenhängende ist oder sein kann, bis jetzt
für den Heilzweck nur einen sehr beschränkten Gebrauch

macht, welcher der Ausdehnung fähig ist und sie bedarf, dass es sich aber weiterhin und im Allgemeinen für den zeitgemässen Fortschritt oder vielmehr die nothwendige Erhebung der medicinischen Theorie und Praxis — wie energische Stimmen aus den medicinischen Kreisen selbst geltend machen — darum handelt, die positive Seite ihrer Aufgabe, die in der vorbeugenden und die Bedingungen der Volksgesundheit herstellenden Wirksamkeit liegt, entschieden herauszukehren. In dem Maasse, in welchem dies geschehen, also die positive, nicht in der Bekämpfung der Einzelübel aufgehende, öffentliche Gesundheitssorge als Aufgabe der medicinischen Gesammtwissenschaft und Gesammtpraxis anerkannt und geübt werden wird, muss sich auch das nahe Verhältniss, welches diese Aufgabe zu derjenigen der Volkserziehung an sich hat, herausstellen und bestimmen. Unter ihren höheren, d. h. socialen Gesichtspunkt gestellt, sind beide die verschiedenen Seiten der einen Aufgabe: eine gesunde Cultur gegenüber der Verwilderung, Erschlaffung und Ausartung, die trotz den Fortschritten der Civilisation zurückbleiben und theilweise durch sie bedingt sind, zu begründen und zu gestalten. In diese Aufgabe aber münden zuletzt alle Bestrebungen, die über die Beschränktheit der praktisch-egoistischen Interessen entschieden hinausgehen, die von sittlichen Ideen getragen sind und die Energie des wissenschaftlichen Erkennens in Anspruch nehmen. Gegen diese Aufgabe kann sich Niemand, der mit einem gebildeten Bewusstsein seiner Zeit und seinem Volke angehört, gleichgültig verhalten, und wer eine solche Indifferenz hat und zur Schau trägt, richtet sich selbst. Wir dürfen also in der That für die Erörterungen, die unser Programm in Aussicht stellt, ein wirkliches Interesse theils voraussetzen, theils in Anspruch nehmen, obgleich wir nicht sicher sind, dasselbe fesseln und den Ansprüchen, die von verschiedenen Seiten an uns gemacht werden möchten, durchweg genügen zu können.

Um ihrem Begriffe zu entsprechen, muss die humane Cultur in jedem Individuum — zunächst nach Maassgabe der vorhandenen Anlage und der bestehenden Verhältnisse

— den Menschen verwirklichen. Für diese Verwirklichung des Menschen, d. h. dessen, was der Mensch seiner
Bestimmung nach ist, müssen verschiedene Factoren zusammengreifen; ein Hauptfactor derselben aber ist unläugbar die Erziehung im engeren Sinne, die es mit dem werdenden Menschen, dem aufwachsenden Geschlechte zu thun hat. Um
aber sowohl des Zieles, das sie sich zu setzen, wie der Mittel,
die durch dieses Ziel und das gegebene Erziehungsobject bedingt sind, gewiss zu werden, muss der Erzieher — ich
brauche das Wort als Collectivnamen — mit der menschlichen
Natur und Organisation, die der natürliche oder gegebene
Ausdruck der menschlichen Bestimmung sind, sich vertraut
machen; er muss Anthropolog werden. Die historische Erfahrung, welche uns zeigt, wozu sich der Mensch unter bestimmten Verhältnissen èntwickelt hat, also bedingungsweise
entwickeln kann, reicht für die Gewissheit der menschlichen
Bestimmung — folglich für die bewusste und wissenschaftliche
Pädagogik, wie sie die Gegenwart anders als die Vergangenheit fordert — nicht aus, da sich aus oder mittelst der historischen Erfahrung die Grenzen des Normalen und Abnormen wie die des Nothwendigen und Willkürlichen — denn
die Willkür eignet dem Menschen, weil ihm die Selbstbestimmung eignet — mit irgend welcher Sicherheit nicht ziehen
lassen. Die menschliche Bestimmung und die naturgemässen
Mittel ihrer Verwirklichung müssen also zugleich — denn
wir wollen keine Einseitigkeit, sondern die Ergänzung des
historischen und des im engeren Sinne anthropologischen
Wissens durcheinander — aus der gegebenen menschlichen
Bestimmtheit, die eine organische ist, erkannt werden. Hierbei kommt es offenbar zuletzt nicht auf die allgemeine
Bestimmtheit der menschlichen Organisation, die schon im Begriff des thierischen Organismus liegt, auch nicht auf diejenigen Eigenthümlichkeiten derselben, die als Modificationen des
animalen Organismus erscheinen, sondern auf das an, was
den specifischen Unterschied des Menschen vom Thiere begründet, was ihn also ursprünglich über das Thier erhebt.
Denn ist der Mensch im Menschen ausdrücklich zu verwirk-

lichen — und wäre er es nicht, so fehlte die Nothwendigkeit
der Erziehung — so kann es sich nur um die Verwirklichung
seines an sich gegebenen, aber nicht von selbst realisiren-
den überthierischen Charakters handeln, da der thierische
Organismus mit allen seinen Vermögen nur des Vorhandenseins der natürlichen, also nicht erst zu schaffenden Lebens-
und Entwicklungsbedingungen bedarf, um sich zu realisiren.
Ich sage: es kommt zuletzt auf den schon organisch ausgeprägten, specifischen Unterschied des Menschen vom Thiere
an, da es sich von selbst versteht, dass die Kenntniss der
allgemeinen, also hier animalen Bestimmtheit, die nothwendige
Voraussetzung für die Erkenntniss der besonderen und specifischen ist. Sonach müssen die Physiologie und die Psychologie, welche letztere es insbesondere mit der überthierischen
Form der menschlichen Vermögen zu thun, aber sich bis jetzt
gegen die organische Voraussetzung dieser Vermögen abstract
verhalten hat, während die Physiologie die psychologischen
Thatsachen vorläufig auf sich beruhen lässt, schliesslich zusammentreffen und zusammengreifen, um die Anthropologie
die Wissenschaft vom Menschen, darzustellen. Indessen lässt
sich der specifische Unterschied des Menschen vom Thiere
unabhängig von dem, was die anthropologische Wissenschaft
zu leisten und zu erfüllen hat, als eine historische Thatsache aussprechen und bestimmen, und muss als solche —
nach dem vorher Gesagten — ausgesprochen und bestimmt
werden.

Von einer metaphysischen Erörterung der Frage, ob der
Unterschied des Menschen vom Thiere ein bloss quantitativer
oder ein qualitativer ist, habe ich hier abzusehen; es genügt
uns, den faktisch bestehenden Unterschied zu einem vorläufigen, möglichst kurzen und entschiedenen Ausdruck zu
bringen. Von den Thatsachen aber, welche die zwischen
Menschheit und Thierheit bestehende Kluft bezeichnen oder
ausmachen, ist die alle andern umfassende, als Bedingungen
oder Consequenzen einschliessende die, dass keine Thiergattung eine zusammenhängende Geschichte, d. h. eine
spontane Entwicklung als Gattung hat. Es giebt grössere

Thiergesellschaften oder Thierstaaten, aber, was an sich schon bedeutsam ist, nicht vorzugsweise unter den Ordnungen höherer, sondern unter denen niederer Organisation — wobei freilich der herrschende Begriff der niederen und höheren Organisation über die Kritik keineswegs erhaben ist und sie noch zu erwarten haben möchte. Jedenfalls jedoch besteht zwischen den Gesellschaften derselben Gattung einerseits keine dauernde und wirksame Beziehung, andrerseits kein anderer Unterschied als der durch zufällige Umstände und Einwirkungen bedingte, auf äusserliche Modificationen hinauslaufende, falls nicht Abarten entstehen, die mit einander Nichts mehr gemein zu haben scheinen. Es findet also ebenso wenig ein sich fortsetzender oder herstellender Zusammenhang der Gattung als eine Auseinandersetzung und Gliederung derselben, bei welcher sich der Gattungscharakter erhielte, statt, sodass nicht einmal von einer objectiven, d. h. im Sinne der Äusserlichkeit und Bewusstlosigkeit objectiven Geschichte der Thiergattungen die Rede sein kann. Entsprechend bleibt die einzelne Thiergesellschaft in der gegebenen Lebensform befangen, und es lassen sich höchstens die Perioden der Bildung, des Bestandes und der Auflösung unterscheiden, aber nur als äusserliche Thatsachen ohne qualitative Bestimmtheit, sodass der Begriff der Entwicklung keine Anwendung findet. Dass die Thiergattungen, die unpolitischen und politischen, allmählige Veränderungen erlitten haben und theilweise noch erleiden, lässt sich allerdings nachweisen, und zwar sind diese Veränderungen theils von den Umgestaltungen des Naturseins und Naturlebens im Allgemeinen, theils von der Einwirkung des Menschen bedingt; eben desshalb aber fehlt ihnen der Charakter der Spontaneität, der für die Geschichte wesentlich ist.

Wenn also Aristoteles den Menschen vom Thiere nicht bestimmt genug unterscheidet, indem er ihn das Ζῶον πολιτικὸν nennt, so wird doch der Unterschied zum Gegensatze, wenn sich mit dem Begriff des Politischen der des Historischen verknüpft, und dieser Gegensatz muss ein ursprünglich gegebener sein, weil sich sonst nicht absehen lässt, wie er sich entwickeln konnte. Rousseau, der die natürliche Bestimmung des

Menschen zum gesellschaftlichen, politischen und historischen Leben verläugnet, unterlässt es durchaus, die eben negirte Möglichkeit zu begründen. Denn ist das Hinausgehen über den von ihm angenommenen Naturzustand — einen Zustand, dem er die höhere Form der Menschlichkeit ohne ihren Inhalt leiht — ein Akt der Willkür, so musste diese Willkür in der Natur des Menschen als Vermögen gegeben sein, und wenn ein gegebenes Vermögen nicht zur Bethätigung und Entwicklung kommt, so ist das offenbar die Folge einer äusserlichen, aber eingreifenden und innerlich werdenden Hemmung, d. h. einfach ein unnatürlicher Zustand. Die Rousseau'sche Anschauung leidet demnach an einem Grundwiderspruch, der sich überall, wo er den Begriff und die Forderung der Naturgemässheit in bestimmter Richtung entwickeln will, modificirt wiederholt und offenbart, also insbesondere auch die Schwäche seines „contract social" und seines „Emil" ausmacht, auf die wir später noch einmal zurückkommen werden.

Ein nothwendiges Medium für die Geschichtsfähigkeit der menschlichen Gattung ist die menschliche Sprache, die sich als solche von den Sprachen der Thiere — was nur eine uneigentliche Bezeichnung sein kann — wesentlich unterscheidet. Die Thiere haben verschiedene Mittel, um die innere Bewegung oder Reflexion zu veräussern, und zwar ist diese Veräusserung, die durch äussere Bewegungen und Geberden oder durch Töne stattfindet, theils eine unwillkürliche, theils aber auch eine willkürliche also wirkliche Mittheilung. Aber nur in der menschlichen Sprache ist die Möglichkeit, die unendlichen Complicationen fixirter Begriffe durch eine geregelte Verknüpfung conventioneller Tonzeichen zu veräussern, realisirt — wobei der Ausdruck conventionell, nebenbei bemerkt, nicht in dem gewöhnlichen, ein ausdrückliches Übereinkommen bezeichnenden Sinne zu nehmen ist, da die Sprachen nicht gemacht, sondern geworden sind; — nur in der menschlichen Sprache findet demnach ein durch seine Gesetzlichkeit freies Offenbaren und Vernehmen innerlich verlaufender, zusammengesetzter und bestimmter Vorstellungsprocesse statt. Das Vermögen aber, das in der menschlichen Sprache

gegeben ist und sich entwickelt, während es in den thierischen
Äusserungen nur partiell und ansatzweise hervortritt, hat als
solches den Trieb der freien, nicht durch beschränkte, praktische Zwecke bedingten Mittheilung — den Trieb, Anschauungen und Vorstellungen als solche oder um ihrer selbst willen
zu produciren und, um sie zu fortgesetzter Reflexion zu
bringen, fortzupflanzen — hinter sich, und dieser Trieb ist
ein specifisch menschlicher, wenn sich eben Trieb und Vermögen entsprechen und nicht anzunehmen ist, dass das Thier
sich in seinem Äusserungsbedürfniss gehemmt fühlt. Denn
soweit die Mittheilung des Thieres den Charakter der Bestimmtheit hat, ist sie durch einen praktischen Zweck bedingt,
der unmittelbar realisirt werden soll, soweit aber ein solcher
Zweck fehlt, also das Äusserungsbedürfniss sich als solches
geltend macht, erscheint die Äusserung, sei es Ton oder Bewegung, entweder als unwillkürlich und unbeherrscht, oder
hat doch keinen bestimmten Vorstellungsinhalt, sondern nur
das unbestimmte Gefühl hinter sich. Die menschliche Sprache
aber ist nicht das einzige, wenn auch das für sich am weitesten
reichende, schlechthin allgemeine Mittel der freien Darstellung;
vielmehr setzt sich im Menschen jedes Bethätigungsvermögen
zum Darstellungsvermögen um und fort, eine Fortsetzung,
durch welche da, wo sich das Vermögen sammelt und potenzirt, die künstlerische Production bedingt ist. Bei den Thieren
dagegen kann auch von dem Kunsttriebe und der Kunstfähig-
keit nur im uneigentlichen Sinne die Rede sein. Wo das
Thier zum Beispiel baut, bleibt seine Thätigkeit von dem praktischen Zwecke bedingt und bestimmt, wie dieser Zweck aber
ein beschränkter und gegebener ist, so erleiden auch Plan
und Ausführung des Baus keine anderen Modificationen als
diejenigen, welche durch zufällige äussere Umstände, durch
den Ort, wo der Anbau stattfindet, durch das grade vorhandene Material u. s. w. bedingt sind. Wir können also wohl
die Baue einzelner Thiere künstlich, aber niemals künstlerisch
nennen, während sich von der Tendenz der freien, für die
Anschauung bestimmten Nachbildung bei keiner Thiergattung die leiseste Spur findet.

Die Frage des specifischen Unterschiedes zwischen Mensch und Thier lässt allerdings noch weit gehende Erörterungen zu, und zwar einerseits in Bezug auf einzelne der berührten Punkte und Momente — z. B. auf das Verhältniss, in welchem der Gesang der Vögel zu dem menschlichen Gesange und Tonspiele, die Nachahmungssucht und Nachahmungsfähigkeit des Affen zu dem menschlichen Spieltriebe, der sich gleichfalls als Nachahmungstrieb äussert, stehen — andrerseits in Bezug auf den Grund des Unterschiedes, wobei die Gegensätze von Geist und Materie, von Geist und Seele, von Vernunft und Instinct in Spiel kommen. Wir werden auf Manches, was zu dieser Erörterung gehört, zurückkommen, z. B., um bei dem letzten Gegensatze stehen zu bleiben, den Begriff des Instinctes, der vielfach ein unklarer, ein Wort, mit dem man Erörterungen abschneidet, bleibt, etwas näher bestimmen müssen. Jetzt kommt es mir, wie gesagt, nur auf den Ausdruck der Thatsache an, und zwar auf einen Ausdruck, welcher für · unsere späteren Auseinandersetzungen die vorläufig nöthigen Begriffsbestimmungen abgiebt. —

Wollen wir das ursprüngliche Erhabensein des Menschen über das Thier durch einen ihm eigenen Trieb bezeichnen, der den übrigen im thierischen Organismus gleichfalls vertretenen Trieben seine Form giebt und sie dadurch erhöht und vermenschlicht — wie es denn bei den neueren Psychologen Sitte wird, den Trieb als Fundamentalbegriff einzuführen oder zu benutzen — so scheint mir keine Bezeichnung zugleich so umfassend und bestimmt wie die des Offenbarungstriebes, wobei ich sogleich bemerken will, dass Trieb und Vermögen — welche letztere Bezeichnung erst im Gebiete des organischen Lebens berechtigt ist — zwar sich bedingende Begriffe sind, indem es keinen Trieb ohne ein entsprechendes Vermögen, kein Vermögen ohne einen entsprechenden Trieb geben kann, dass sie aber keineswegs in einander aufgehen, und dass die menschliche Organisation insbesondere ein Überragen des Triebes über das Vermögen und nicht minder des Vermögens über den Trieb ermöglicht.

Die in dem animalen Organismus gegebenen Triebe sind

der Empfindungstrieb, der durch seine objective Richtung
zum Objectsinne wird, der Bewegungstrieb, der gleichfalls als Trieb der Selbstbewegung und der Objectbewegung
zu unterscheiden und in-der letzteren Richtung als Wirktrieb
zu bezeichnen ist, und der Assimilationstrieb, der die
beiden ersteren unmittelbar vereinigt, sodass sie in Bezug auf
ihn secundäre Triebe sind, die seine höhere Form darstellen.
Die Assimilation ist die Selbstgestaltung des Organismus, in
welcher er die Bestimmtheit seiner Existenz durch die fortgesetzte Metamorphose eingehender Stoffe behauptet und herstellt, und mit den Hauptmomenten derselben, der fortgesetzten Aufnahme und Verinnerung und der fortgesetzten Veräusserung und Ausscheidung, correspondiren, wie leicht zu
sehen, die gegensätzlichen, specifisch animalen Functionen der
Empfindung und Bewegung. Das System der Assimilations-
organe wird auch als das vegetative bezeichnet, weil es den
im thierischen Organismus durch das Ausschlagen der Em-
pfindungs- und Bewegungsorgane zugleich erhöhten·und her-
abgesetzten Vegetationsprocess vermittelt. Die Empfindung
concentrirt sich einerseits im Selbstgefühle, dessen Gegenstand
die unmittelbare Existenz ist, tritt also in einen vermittelten Zusammenhang mit der Assimilation als solcher, während
sie andrerseits die Objectivität nicht stofflich, sondern durch
fortgepflanzte Erregungen, soweit es also durch diese geschehen
kann, verinnert und eben hierdurch zu einer erhöhten Assimilation wird, deren Bewegungen und Resultate in das Selbstgefühl übergehen. Entsprechend dient die nach aussen tretende Bewegung der Selbstgestaltung, indem sie den Trieb
derselben hinter sich hat, und da sie den Charakter der Will-
kürlichkeit hat oder gewinnt, vertritt sie zunächst die willkürliche, folglich erhöhte Selbstgestaltung, und weiterhin, sofern
und soweit sie eine wirkende, die Objecte verändernde und
umbildende ist, die Willkür aber zum Zweck wird, die sich
in die Objectivität hinein fortsetzende und dadurch erhöhte
Assimilation, welche als das Heraustreten der Kraft und als
dem Existenzzwecke gemässe Formgebung den Charakter der
Ausscheidung und Veräusserung behält. Fragen wir aber

nach dem substantiellen Unterschiede des thierischen vom
pflanzlichen Organismus, also nach demjenigen, der alle andern
als ursprünglich gegebener bedingt, so liegt er in der Nervosität, und wir finden, den eben auseinandergesetzten Verhältnissen entsprechend, in dem Gangliensysteme, welches die
Assimilation beherrscht, die noch ungeschiedene und unentwickelte Einheit der sensibeln und motorischen Nervosität, deren organische Centralisation als Blüthe, aber auch als Wurzel des animalen Organismus bezeichnet werden kann.

Insofern die thierische Wirk- und Äusserungsfähigkeit
ein Product hervorbringt, welches für die Anschauung und
Empfindung selbständiges Object werden kann, hat und zeigt
sie einen Ansatz zur Productivität. Über solche Ansätze
aber gelangt das Thier nach dem, was ich vorhin in der Kürze
auseinandergesetzt, nicht hinaus, und es besitzt nur in der
Sphäre der Assimilation, und zwar in der besonderen der Ausscheidung, wie sich von selbst versteht, eine vollkommene
Productivität, nämlich Trieb und Vermögen der Zeugung.
Wenigstens kann diese thierische Productivität nur relativ,
d. h. nur insofern eine unvollkommene genannt werden, als
sie im Menschen eine freiere und höhere Form annimmt, während ihr auch bei dem unvollkommensten Thiere der Charakter
einer empfindungsvollen Selbstveräusserung nicht fehlt. Bei
dem Menschen entwickelt sich die Productivität in der Sphäre
der Empfindung und Bewegung, und zwar ist diese Entwicklung durch denjenigen Trieb — mit dem entsprechenden Vermögen — bedingt, den wir vorhin den Offenbarungstrieb
genannt haben. Der Offenbarungstrieb und das Offenbarungsvermögen liegen im Begriff des Menschen, sind also in jeder
menschlichen Organisation ursprünglich gegeben, ihre Entwickelung und Bethätigung aber sind bedingte, wobei die Schwäche
oder Ausartung einzelner Triebe und Vermögen, die dem animalen Organismus zukommen, theils als Hemmungsursache,
theils als Folge der Gehemmtheit aufgefasst werden kann und
muss. Die Offenbarung schlechthin ist die bezweckte Objectivirung dessen, was an sich — als ein Innerliches — nicht
gegenständlich ist; sie hebt also die gegebene Äusserlichkeit

auf, indem sie das an sich nicht Erscheinende für die Empfindung und Anschauung — deren Verlangen sie voraussetzt — ausdrücklich zur Erscheinung bringt. Hiernach ist der Offenbarungstrieb der Trieb, dem Gegebenen das Nichtgegebene entgegenzusetzen, das an sich Verborgene herauszustellen, das Innerliche zu veräussern, um es zur Reflexion, und zwar nicht nur zur eigenen, welcher es schon, wenn auch nur unbestimmt, gegenständlich ist, sondern auch, und zwar insbesondere, zur Reflexion der Anderen zu bringen, folglich die an sich vorhandene Gemeinsamkeit des Bewusstseins zu bethätigen und zu entwickeln. Indem dieser Trieb, der die Menschlichkeit ausmacht und auf dessen metaphysischen Grund ich hier nicht eingehen will und kann, die animalen Triebe von vornherein beherrscht und in ihnen wirksam ist, erhebt er sie zu menschlichen Trieben. Er bedingt also, indem er in dem Triebe der Selbstbewegung wirksam ist, die Tendenz der Selbstdarstellung, indem er den Wirktrieb beherrscht, die Tendenz der objectiven Darstellung in dem Sinne der Reproduction, indem er den Trieb der objectiven Empfindung oder den Objectsinn ergriffen hat, den Trieb der Erkenntniss, und indem er das Äusserungsbedürfniss befreit und erhebt, den Sprachtrieb. Diejenige Form desselben aber, in welcher er seine einheitliche und zusammengehaltene Wirksamkeit hat und übt, indem er den allgemeinen Bethätigungstrieb concentrirt, ist der Spieltrieb, der von Schiller in seinen Briefen über die ästhetische Erziehung als derjenige charakterisirt wird, in und mit welchem die Menschlichkeit zur Existenz gelangt.

Ich darf jetzt über diese Andeutungen, so ungenügend sie erscheinen, nicht hinausgehen, und muss es mir insbesondere versagen, einerseits auszuführen, wie die Anlage des Menschen, die ich Offenbarungsvermögen nenne, organisch gegeben und ausgeprägt ist, andrerseits auf das Verhältniss einzugehen, welches das menschliche Individuum zur Gattung hat. Auf beide Themen zurückzukommen, werden die folgenden Vorträge, verschiedene Gelegenheiten und Veranlassungen bieten; gegenwärtig aber liegt mir noch ob, die Begriffe der Normalität, Abnormität und Deformität, mit denen wir bald zu thun haben werden, einigermaassen zu bestimmen. Der Begriff der Normalität schliesst den der Gesundheit überall ein, und diese besteht in demjenigen Zusammenhalte der organischen Functionen, durch welche sich die Selbständigkeit des in sich bestimmten Lebens in dem nothwendigen Verhältnisse zu dem Natursein behauptet und entwickelt. Eine zweite Bestimmung der Normalität, die in der ersten, der Gesundheit, nicht eingeschlossen ist, ist die volle Entwickelung der specifischen Gattungsvermögen, die allerdings grade bei dem Menschen, weil er als einzelnes Individuum nicht wie das Thierindividuum die Gattung schlechthin, sondern nur ein Glied derselben repräsentirt, nur eine relative sein kann. Die Gesundheit wird gestört oder aufgehoben, wenn der Zusammenhang der organischen Functionen unterbrochen ,und in diesem Zusammenhange aufgehende Processe zur Selbständigkeit entbunden werden, was ebensowohl stattfinden kann, wenn die Reactionskraft gegen die äussern Einflüsse von Haus aus eine energische, als wenn sie eine schwache war, wobei jedoch zur Beurtheilung der ursprünglichen Constitution die allgemeine oder gleichmässige und die partielle oder ungleichmässige Stärke und Schwäche der gegebenen Reactionskraft unterschieden werden müssen. Eine dauernde Hemmung oder Störung der organischen Functionen, welche indessen ihr für die Erhaltung des Organismus nothwendiges Zusammengreifen nicht aufhebt, begründet die Krankhaftigkeit, die weder mit der Schwäche desselben, noch mit dem, was wir Abnormität nennen, schon gegeben ist. Die Abnormität ist eine entschiedene Disproportion in der Stärke der Organe, welche weder die Normalität der einzelnen Functionen, noch ihr Zusammengreifen ausschliesst, so dass vielmehr abnorme Individuen sich nicht selten einer kräftigen Gesundheit erfreuen. Dagegen ist die Abnormität allerdings und zwar ihrem Begriff gemäss ein wesentliches Hemmniss für die gleichmässige und harmonische Entwickelung der specifischen Vermögen. Die Deformität aber bedingt immer eine bestimmte Form der Krankhaftigkeit, wie sie von ihr bedingt ist, weil sie nicht nur eine Disproportion in der Stärke der Organe, sondern die Ent-

artung des einen oder des andern in der Form der Verkümmerung oder Wucherung einschliesst und bezeichnet. Hieraus folgt unter Anderem, dass sich der Begriff der Abnormität sehr wohl auf die zusammenhängenden Massen anwenden
lässt, in welche sich die Gattung theilt und gliedert, also zunächst auf die Rassen, der Begriff der Deformität aber zwar
nicht nur auf vereinzelte Individuen — denn es giebt eine
endemische Krankhaftigkeit — aber nicht auf die naturgemässen Abgliederungen der Gattung als solche. Ferner
ist klar, dass, weil sich die normale menschliche Individualität nicht von selbst realisirt, sondern die Erziehung für
die Herstellung derselben nothwendig ist, dieselben Factoren,
welche die Eigenartigkeit des menschlichen Individuums —
die sich in der Normalität nicht aufhebt, sondern ihre höhere
Form erhält — begründen und ausprägen, als unbeherrschte
die Abnormität und Deformität nicht nur hervorbringen können, sondern, wenn sie keine andere Opposition als die der
Willkür finden, hervorbringen müssen. Hiernach wird die
Erziehung mit hervortretenden Abnormitäten und Deformitäten
stets zu kämpfen haben; ihre negative und positive Aufgabe
aber kann nicht darin bestehen, die an sich gegebene Eigenartigkeit auszuprägen, sondern ist vielmehr die, sie in der
Normalität, so weit dies möglich und nothwendig ist, aufzuheben. Die erzieherische Thätigkeit ist demnach wesentlich
eine ausgleichende, obgleich sie grade als solche auf die
gegebene Individualität eingehen muss.

2.

Der anthropologische Instinkt, die anthropologische Beobachtung und das anthropologische Wissen in ihrer Bedeutung für den Erzieher. — Das Eingehen auf die Individualität. — Die Bildung des Beobachtungssinnes auf dem
Gebiete der Heilpädagogik. — Die Physiognomik und die Phrenologie.

Führen wir nach den bisherigen mehr allgemeinen Erörterungen, so weit es in wenigen Minuten möglich ist, den
Erzieher ein.

Wie dem menschlichen Interesse kein anderer Gegenstand näher liegen kann, als der Mensch, so giebt es kein Wissen, welches sich so unmittelbar verwerthen könnte und zur Verwerthung triebe, wie das anthropologische. Der einfachste Mensch, der Bauer, der Handwerker hat seine Menschenkenntniss und bringt sie in eine Art von System, und es versteht sich von selbst, dass er sie auch zu verwerthen sucht. Wenn aber bei dem Einen die Menschenkenntniss mehr fragmentarisch bleibt, und im Grunde nur instinktiv ist, d. h. in undeutlichen Vorstellungen verharrt, während ein' Anderer sich auf die Beobachtung wirft und oft eine gewisse Schlauheit derselben entwickelt, während ein Dritter, der philosophische Anlagen und Bildung hat, sich Kategorien bildet: muss der Pädagoge das systematische Wissen, die stetige lebendige Beobachtung und die stetige Verwerthung beider vereinigen, wie kein Anderer. Wie könnte wohl auch sich ein Erzieher ein wahrhaftes anthropologisches Interesse zusprechen, wenn er das reiche Material, und zwar im engsten Kreise reiche Material der Beobachtung, das ihm geboten ist und sich ihm täglich vergegenwärtigt, nicht ausbeuten wollte oder nicht auszubeuten verstünde! Was ihm aber die Beobachtung vergegenwärtigt, kann er nicht nur, sondern muss er unmittelbar, ja augenblicklich verwerthen, weil er sich ja zu allen seinen Zöglingen in ein wirkliches Verhältniss zu setzen hat und auf sie einwirken, sie bestimmen muss, ohne ihre Selbstbestimmung aufzuheben. Ein Verhältniss haben, besteht aber immer darin, dass man sich versteht und berührt, und das ist zwischen dem Erzieher und Zögling nicht leicht, vielmehr kömmt es nicht selten vor, dass sich beide nicht verstehen und nicht berühren.

Was man das Eingehen auf die „Individualität" zu nennen pflegt, ist allerdings für den Erzieher nothwendig, obgleich diese Forderung nicht selten missverstanden und verkehrt angewandt wird. Es kann sich, wie mein Vorredner sagte, nicht darum handeln, die Individualität erzieherischerseits auszuprägen, auch nicht darum, der Neigung und dem Willen auf allerlei künstlichen Umwegen beizukommen und

2*

am allerwenigsten darum, recht frühzeitig diejenigen Anlagen
zu entdecken und zu fördern, die auf einen bestimmten Lebens-
beruf hinweisen. Wohl aber handelt es sich darum, an die
vorhandenen Neigungen anzuknüpfen, die allgemeine Leistung,
welche von jedem Zögling unbedingt gefordert werden muss,
zu individualisiren, und die Begeisterung eines gemeinsamen
Fortschrittes dadurch hervorzubringen. Jene — die falsche
Art des Eingehens auf die Individualität — ist theils unmöglich und bleibt daher eine scheinbare, ein unfruchtbares Ver-
weilen bei dem Einzelnen, theils aber wirkt sie entschieden
schädlich, indem sie Affectation, Unwahrheit des Charakters,
Blasirtheit und kränkliches Selbstgefühl hervorbringt; diese —
die rechte Art — ist möglich, wie sie nothwendig ist, obgleich
freilich nur dem Erzieher, der sich von Jugend auf an Beobachtung gewöhnt hat, der sich die Individualität seiner Zöglinge
stets vergegenwärtigt und — was allerdings eine Hauptsache
— sich für sie wahrhaft, d. h. herzlich und uneigennützig
interessirt. Die Zahl solcher Erzieher ist leider noch keine
allzugrosse. Das pädagogische Handwerker-, Virtuosen- und
Speculantenthum und die verkehrte Auffassung und Anwendung pädagogischer Grundsätze überwiegt den selbständig pädagogischen Geist.

Für das Besserwerden genügt aber nicht der fromme
Wunsch — besser wird es nur durch ernste Gewöhnung;
wenn es aber eine strenge und ernste Schule für die stetige
Beobachtung, die unermüdliche Aufmerksamkeit und das Ergreifen des Momentes gibt, so ist es die Schule der heilpädagogischen Praxis. Hier, auf dem praktischen Gebiete
der Heilpädagogik, ist ein Individualisiren, ein Eingehen auf
die Individualität, wie es die Gesundenerziehung nicht erlaubt,
geboten, während das Gegenüber gesunder Kinder — das wir
bei der heilpädagogischen Praxis durchaus in Anspruch nehmen
— den Unterschied, der zwischen der Krankhaftigkeit und Gesundheit, der normalen und abnormen Organisation, wenn auch
in Abstufungen besteht, — und daher bei der pädagogischen
Behandlung zu machen ist — fortgesetzt vergegenwärtigt.

Wir werden in unseren folgenden Vorträgen eine Reihe

Charakterbilder gesunder und krankhafter Eigenartigkeit nach und nach vorführen, und hierbei wird sich herausstellen, dass zwar die praktische Behandlung krankhafter, abnormer und deformer Zöglinge schwieriger ist, als die von gesunden und normalen, dass aber die ausgeprägte Abnormität und Deformität, indem sie auffallend in die Erscheinung tritt und sich der Beobachtung aufdrängt, dem Beobachtungssinne gewisse Grundrisse und Grundlinien bietet, die gewissermaassen das ABC der pädagogischen Beobachtung abgeben, also dazu befähigen, allmälig auch die mehr versteckten, weil vermittelten oder erst hervortretenden Abnormitäten zu entdecken und zu würdigen. Ich will nicht sagen, dass jeder Pädagog diesen Weg für die Ausbildung seines Beobachtungssinnes einschlagen muss, schon desshalb nicht, weil es nicht jeder kann; aber wenn es Viele thun, indem das Gebiet der heilpädagogischen Praxis sich ausdehnt, so ist das jedenfalls ein hochanzuschlagender Vortheil. Denn abgesehen davon, dass die bezeichnete Ausbildung des Beobachtungssinnes systematischer ist als jede andere, entwickelt sie die Aufmerksamkeit auf entstehende Uebel in einem Grade, wie es sonst nirgends geschieht, und obgleich wir auch bei den Pädagogen „vielerlei Gaben verlangen", also keineswegs den besonders entwickelten Sinn für die ansatzweise Ausartung und Entartung bei Allen fordern, die eine förderlich-pädagogische Wirksamkeit üben sollen, so ist es doch unzweifelhaft mehr als blos wünschenswerth, dass sich unter den Erziehern auch der gesunden oder für gesund geltenden Kinder viele befinden, die für werdende Übel, denen vorgebeugt werden kann, ein scharfes Auge haben. Wie Viele hätte dieses scharfe Auge und die rechtzeitige Gegenwirkung, z. B. vor den Prokrustesbetten der orthopädischen Anstalten und den moralischen Prokrustesbetten der mehr als „rauhen" Besserungshäuser bewahren, und ausser den in die Augen fallenden wie viele geheime Leiden verhüten können, die nicht minder unglücklich machen, als die offen zu Tage liegenden!

Die Beobachtung, die wir von jedem Erzieher in Anspruch nehmen, muss eben so die Constitution, wie das Temperament, eben so die Sinnesart, wie die geistige Anlage ins Auge fassen, um zur rechten Zeit zu schonen, zu beschwichtigen und anzuregen — aber eben so die Einflüsse der Ernährung und Lebensweise mit den Einwirkungen, die das Kind von seiner Umgebung erfährt, wie die in ihm hervortretende Ursprünglichkeit, um von dem Kinde nicht zu fordern, was es nicht leisten kann, und ihm nicht zuzuschreiben, was ihm nicht eigenthümlich gehört.

Hierbei ist es wichtig die Symptome der Constitutionen, Temperamente, Anlagen und Sinne nicht nur im Allgemeinen, sondern auch die Modificationen zu kennen, die sie auf den verschiedenen Entwicklungsstufen erleiden. Insbesondere sind aber die Übergangsperioden zu berücksichtigen, welche durch ihre eigenthümlichen Erscheinungen häufig täuschen, woraus dann nicht selten eine ganz verkehrte Behandlungsweise resultirt. Diese Übergangsperioden, um das siebente und vierzehnte Lebensjahr machen das eine Kind träge und zerstreut, während sie bei dem andern Überreizung und Überspannung bedingen, die häufig, wenn sie sich nicht krankhaft äussern, an eine glückliche Metamorphose glauben lassen, ohne dass eine solche statt hätte, während sie in andern Fällen wirklich vor sich geht. Während dieser Übergangsperioden muss sich der Erzieher am meisten vor Übereilungen, vor einem zu raschen und energischen Eingreifen hüten, um den Entwicklungsprozess, welcher sich vollbringt, nicht zu stören, indem er gegen Symptome reagiren will, die an sich verschwinden würden, aber durch die Reaction den Charakter von Zuständen gewinnen oder ein Etwas, das sich zeigt, künstlich zu zeitigen sucht, ohne zu ahnen und zu fürchten, dass er damit das Gegentheil von dem, was er verlangt, bewirken kann. Mit der Beobachtung darf der Erzieher, wo auffallende Veränderungen einzutreten scheinen, niemals warten, wohl aber muss die Beobachtung zu einer Art von Abschluss gekommen sein, ehe er zu einem ungewöhnlichen Eingreifen, sei es ein abspannendes oder anspannendes, ein reagirendes oder förderndes, berechtigt ist.

Was die besonderen Sinne und Talente anbetrifft, welche Erzieher entdecken oder zu entdecken glauben, so sind sie

häufig weiter nichts, als die Erscheinung einer disproportio-
nalen Entwicklung, einer entstehenden Abnormität, oder die
Producte einer künstlichen Reizung, die von dem Erzieher
selbst, oder von den Umgebungen des Kindes ausgegangen
ist, und weiterhin, wenn sich die natürliche Entwicklung geltend macht, absorbirt werden.

Es erhellt hieraus, dass es theils eine verlorene Mühe,
theils aber höchst gefährlich ist, wenn der Erzieher ein frühzeitig oder gar verfrüht hervortretendes Talent ausdrücklich
hegt und pflegt; — verlorene Mühe, sofern die Pflege als
solche die gesunde Reaction des Widerwillens hervorbringt
und die Neigung aufhebt; — gefährlich, sofern eine in der
Anlage begründete Abnormität, die als Talent erscheint, welcher aber der Hinterhalt fehlt, der die scheinbar einseitige
Thätigkeit zu einer vermittelten macht, der Boden, auf welchem allein eine gesunde Entwicklung des Talentes möglich
ist — ausdrücklich hervorgetrieben wird. Nicht minder gefährlich ist wie das Übersehen der schon vorhandenen, aber
nur in den Pausen der Abspannung hervortretenden Geistesschwäche, so die voreilige Annahme einer solchen, die häufig
ihren einzigen Grund in unnatürlichen Zumuthungen des Erziehers, d. h. darin hat, dass er Organe voraussetzt und in
Anspruch nimmt, die noch gar nicht entwickelt sind. Diese
Verirrungen des einzelnen Erziehers werden wenigstens zum
grossen Theile, auch wo ihm die Beobachtungsgabe und Einsicht mangelt, durch die Herrschaft eines Erziehungssystems,
welches in sich selbst naturgemäss ist und auf eine harmonische Entwicklung abzielt, unmöglich gemacht; aber, obgleich
jede Praxis ihre Handlanger und Handwerker braucht, und
diese in einem guten Systeme mehr leisten als sie selber
wissen, so kann doch kein System, auch nicht das beste, ausgeführt werden, wenn nicht die Mehrzahl der Ausführenden
mehr oder weniger an der Idee Theil haben.

Zu der Begabung des pädagogischen Beobachters gehört
unzweifelhaft, dass er Physiognomiker ist, und er kann
dies sein, wie es z. B. jeder wahrhafte Künstler sein muss
und ist, ohne ein wissenschaftliches System der Physiognomik

zu haben — das wir ohnedies überhaupt noch entbehren, da von einer Wissenschaft der Physiognomik nicht nur trotz Lavater, der physiognomisch phantasirte, sondern auch trotz Carus, dessen scharfer und sinniger Geist in der Symbolik befangen bleibt — nur zerstreute Fragmente vorhanden sind. Diese Fragmente zu vermehren und zu sammeln, d. h. allmälig in einen wissenschaftlichen Zusammenhang zu bringen, ist eine der Zukunft noch auf langehin vorbehaltene Aufgabe, die wir nicht anstehen, als eine ebenso dankbare wie nothwendige zu bezeichnen. Aber die Praxis kann nicht warten bis die Wissenschaft fertig ist, und wie jeder Pädadog und Künstler, so muss eigentlich jeder Mensch bis zu einem gewissen Grade Physiognomiker sein, wenn er sich zu denen, mit denen er umgeht, in ein lebendiges Verhältniss setzen und zugleich — denn diese Seite der Sache ist keineswegs zu übersehen — sich vor den Täuschungen, die das geduldige Wort und die geduldige Phrase möglich machen, einigermaassen sichern will. Wer aber nicht berufen ist, die Wissenschaft als solche fortzubilden, der muss sich auch hüten, seinen natürlichen Instinkt und seine selbständige Beobachtungsgabe an die Grundsätze und Regeln, die eine noch unfertige oder vielmehr in den Anfängen begriffene Wissenschaft herausgestellt hat, gefangen zu geben, und wo dies zu besorgen steht, sollte man von dem Studium der vorhandenen Physiognomiken eher abrathen als dazu ermuntern. Die Versuchung, einen Maassstab, den man zu haben glaubt, mit oberflächlicher Sicherheit überall anzulegen, und einen gegebenen, verhältnissmässig einfachen Schlüssel zu Seelengeheimnissen unermüdlich zu brauchen, liegt zu nahe, als dass ihr die Schwärmer auf der einen, die empfindungs- und phantasielosen Verstandesmenschen, die Alles mechanisiren, auf der andern Seite widerstehen könnten — wobei noch zu bemerken ist, dass sich Schwärmerei und Mechanisirungssucht häufig genug verbinden. Der Missbrauch, der in der Lavater'schen Periode mit der Physiognomik getrieben wurde und gegen welchen Lichtenberg witzig reagirte, ist bekannt, und die Wiederkehr eines solchen muss ausdrücklich verhütet werden.

Eben so verhält es sich mit der Phrenologie, welche, da sie es mit der fixirten Form der seelischen und geistigen Organe zu thun hat, insofern sie ein zuverlässiges Wissen wäre, die fortgesetzte Beobachtung ersparen würde, also als zuverlässig angenommen, nur zu leicht zu einem handwerksmässigen Betasten und Registriren verleitet. Der einzige Einwand, den gewisse Mediciner, z. B. Professor Bock in Leipzig, gegen die Phrenologie erheben, und den sie an sich für niederschlagend halten, dass die inneren Erhöhungen des Gehirns den Erhöhungen des Schädels nicht durchweg entsprechen, ist keineswegs entscheidend, da trotzdem ein sehr bestimmtes Verhältniss zwischen der Oberflächenform des Gehirns und der des Schädels bestehen kann oder vielmehr bestehen muss, ein Verhältniss, dessen Regel die Ausnahmen nicht aufheben. Dagegen ist nicht zu läugnen, dass die Erfahrungen und Beobachtungen, auf welche sich Gall und seine Nachfolger berufen und stützen, der Selbsttäuschung einen weiten Spielraum lassen und an einer kaum überwindlichen Unsicherheit leiden. Denn ganz abgesehen von den vielen zufälligen Einwirkungen, welche die Schädelform äusserlich modificiren, und selbst davon, dass die oberflächliche Entwicklung der Hirnorgane tieferliegende Hemmungen ursprünglicher Art nicht ausschliesst, abgesehen andrerseits von der grossen, einen tiefen phychologischen Blick und die genaue historische Kenntniss der zur Exemplification dienenden Individuen erfordernden Schwierigkeit, die moralischen und geistigen Charakterzüge aufzufassen und den Schein von der Realität, die äusserliche Angewöhnung von dem ursprünglichen und entwickelten Bedürfnisse, den Zufall und die innere Nothwendigkeit, welche die Handlungen bedingen, zu unterscheiden, ist schon die äussere Bestimmung der Grössenverhältnisse bei so vielen Organen, die sich nebeneinander hervordrängen sollen, eine äusserst schwierige, die einseitig auf dem Wege der Vergleichung fortschreitende Kenntniss der zwischen Eigenschaften und Erhöhungen angenommenen Correspondenz könnte erst nach Jahrhunderten zu einigermaassen sichern Resultaten führen, und es liegt dagegen nahe, voreilig angenommene Resultate dadurch zu behaupten,

dass man findet, was man voraussetzt, oder wenn man es
nicht findet, die Schuld theils auf die erwähnten zufälligen
Einwirkungen, deren Möglichkeit kein Phrenologe läugnen
kann, theils auf die Kraft des Willens schiebt, welche vorhandene Eigenschaften verbergen und niederhalten, nicht vorhandene affectiren kann. Aber die Weitläufigkeit und Unsicherheit
derjenigen Beobachtung, die sich auf das Zusammentreffen von
Merkmalen und Eigenschaften richtet, würde eine wissenschaftliche Zukunft des von Gall geschaffenen und von Andern auf-
genommenen und weiter gebildeten phrenologischen Systems
nicht ausschliessen, wenn die Annahmen desselben mit den
Resultaten, zu welchen die Physiologie des Gehirns langsam
gelangt, zusammengriffen und die wissenschaftliche Psychologie
das Nebeneinander und überhaupt den Bestand von Organen,
wie das System sie annimmt, anerkennen könnte. Beides ist
nicht der Fall, weil die Vorstellung, dass sich für die objectiv gesonderten Richtungen und Formen einer modificir-
baren Thätigkeit und für abwechselnde, in einander übergehende
Stimmungen besondere Organe bilden, eine unphysiologische
und unpsychologische ist. Für secundäre Triebe, die den
Bestand der Gesellschaft voraussetzen und in ihr entwickeln,
den Erwerbtrieb, den Bautrieb, den Diebssinn, und für Modificationen der Stimmung, wie Gläubigkeit, Hoffnung etc., ursprüngliche und abgesonderte Organe zu denken, ist eine
Willkür, gegen welche die Resultate einer höchst unsichern
Erfahrung und Beobachtung nicht geltend gemacht werden können. Aber das Gall'sche und ihm verwandte Systeme sind
nicht die Phrenologie schlechthin, und die Möglichkeit einer
phrenologischen Wissenschaft, die freilich vor allen Dingen
ihre künstliche Beschränktheit auf ein Object, die isolirte Betrachtung der Schädelbildung, aufgeben müsste, durchaus nicht
abzuweisen, weil es, wo organische Functionen vorhanden
sind, eine Zufälligkeit und Bedeutungslosigkeit der Form nicht
gibt. —

Wenn es sich um die Darstellung der Eigenartigkeit, der
kranken und gesunden, handelt, darf von den physiognomischen Erscheinungen auf keinen Fall abgesehen werden,

und wir werden diese daher in den Charakterzeichnungen der folgenden Vorträge nicht unberücksichtigt lassen. Dabei ist zu bemerken, dass die Physiognomik es theils mit den schlechthin fixirten und sich in keiner Bewegung verändernden, theils mit den bewegungsfähigen und veränderlichen Formen, die sich im Grunde nur für die Vorstellung fixiren, und mit den charakteristischen Bewegungen zu thun hat, dass also die Phrenologie ein abgesonderter Theil der Physiognomik ist. Wir halten uns aber, indem wir physiognomische Züge beibringen, an die von uns gemachte Erfahrung, d. h. wir berücksichtigen die eigenthümlichen Formen, Erscheinungen und Bewegungen, die wir vorgefunden haben, weil dies zur Charakteristik der betreffenden Individuen nothwendig ist, ohne eine einzelne, aus dem Zusammenhange mit dem Ganzen der gegebenen Individualität herausgenommene Form, Erscheinung und Bewegung unvermittelt — wie es nicht selten geschieht — zu dem Ausdrucke einer allgemeinen seelischen Eigenheit erheben zu wollen. Das heute Gesagte können wir nur allmälig vervollständigen, hoffen aber, dass sich schon jetzt herausgestellt hat, dass die pädagogische Praxis, um nicht eine unsichere und mechanische zu bleiben, der anthropologischen Erkenntniss nicht entbehren kann, und dass jede anthropologische Betrachtung immer auch ihrer Natur nach pädagogische Gesichtspunkte abgibt. Eine Wissenschaft, die sich mit dem ·Menschen beschäftigt, kann nicht bei Thatsachen, die sie formulirt, stehen bleiben, — sie muss nothwendig in Forderungen auslaufen, weil eben das menschliche Wesen nicht an sich wirklich ist, sondern fortgesetzt verwirklicht werden muss.

Zweiter Vortrag.

1.

Die herrschenden Vorstellungen und Begriffe der Normalität und Abnormität und ihre Bedingtheit. — Der Schönheits- und Sittlichkeitsbegriff. — Die gesellschaftliche Tendenz, das Abnorme zu beseitigen und auszuschliessen. — Die Klassen der Ausgeschiedenen und Ausgestossenen. — Das Ausstossen als Gegenmittel gegen endemische Übel. — Das Ausstossen und Aufgeben der Kinder. — Der Kindermord und die Malthusianer. — Die im Hause aufgegebenen und ausgeschlossenen Kinder. — Das Ausweisen und Ausstossen aus der Schule. — Die Typen der aufgegebenen und ausgestossenen Kinder. —

In dem ersten Vortrage haben wir den Begriff der normalen, abnormen und deformen Organisation und Individualität zu bestimmen gesucht, um für unsere weiteren Erörterungen nicht ohne feste Ausgangspunkte zu sein, obgleich die vorläufig gegebenen Begriffe ihre Auseinandersetzung erst im Laufe unserer Vorträge zu finden haben. Dabei wird sich auch herausstellen, ob und wie sich diese Begriffe bei der Durchführung halten und erproben. Jedenfalls sind die Vorstellungen von dem, was normal, abnorm und deform ist, sehr verschiedenartige, zum Theil weit von einander abweichende: Zunächst sind es die allgemeinen, in weiteren Kreisen herrschenden Vorstellungen, die sich als unterschiedene oder auch entgegengesetzte darstellen; sodann diejenigen, welche die Einzelnen mehr oder weniger selbständig sich bilden, und endlich die Bestimmungen, welche die Wissenschaft feststellt und welche eine allgemeine unbedingte Gültigkeit wenigstens anstreben und in Anspruch nehmen.

Hinsichtlich der unmittelbar herrschenden Vorstellungen, welche die Normalität und ihre Abweichung zum Inhalte haben, ist von vorn herein klar, dass sie mit der herrschenden leiblichen und geistigen Constitution, also mit der Rasseneigenthümlichkeit, und weiterhin mit den volksthümlichen Sitten und Gebräuchen wie mit der volksthümlichen Denkart innig zusammenhängen, oder in ihnen gegeben sind. Am frappantesten und einfachsten stellt sich der bis zum Gegensatz reichende Unterschied der bezeichneten Vorstellungsweise in den Ansichten über die Schönheit und Hässlichkeit dar. Beide Begriffe haben zu denen des Normalen und Abnormen ein bestimmtes Verhältniss. Abnorm und hässlich sind nicht immer identisch, denn es giebt Abnormitäten, die keineswegs abstossen, sondern sogar reizen und anziehen können, wenn auch ein solcher Reiz immer ein einseitiger ist und leicht ein unnatürlicher wird. Anders ist es mit Normalität und Schönheit, weil der Kreis der ersteren viel weiter ist als der der letzteren. Beispiele von der Verschiedenheit volksthümlicher Schönheits- und Hässlichkeitsbegriffe sind in Menge vorhanden: Der Weisse hält den Teufel für schwarz, der Neger für weiss; der Türke schätzt die Schönheit des Weibes vorzugsweise nach dem Gewichte; die civilisirten Westeuropäer halten die zarte weibliche Gestalt für die schönheitsgemässe; bei einigen Völkern gilt der Bart als ein nothwendiges Attribut der Männlichkeit, andere vertilgen ihn durch Ausreissen, und bei den civilisirten Völkern schwankt die Mode bald nach der einen, bald nach der andern Seite. Eine kleine Stirn galt bei den Römern der späteren Periode für eine Schönheit, während die modernen Völker, besonders seit dem Aufkommen der Phrenologie, sie nicht hoch genug verlangen können. Die Chinesen erzielen ihr Ideal eines kleinen Fusses durch die Verkrüppelung desselben, die civilisirten Europäer ihr Taillen-Ideal durch eine verkrüppelnde Einschnürung. Ich brauche die Beispiele in dieser Richtung nicht zu häufen und darf hier auf die individuellen Geschmacksgegensätze und auf die wissenschaftlichen Bestimmungen — die ästhetische sind, wenn sie sich auf Schönheit und Hässlichkeit beziehen — nicht weiter eingehen, muss aber hervorheben, dass der Mensch nirgends mit der Gestalt, welche die Natur bildet, oder welche sich von selbst entwickelt, zufrieden ist, sondern sie verschönern und nach einem bestimmten Begriffe zu gestalten sucht, ein Trieb, der trotz seiner Verirrungen seine Berechtigung hat. Die ausdrückliche Gestaltung der Individualität reicht aber über die Verbesserungen oder Verschlechterungen der Gestalt weit hinaus; denn auch der sittliche und geistige Mensch wird begriffsgemäss, sittegemäss und modegemäss zugerichtet, und ein bedeutender Theil dieser Aufgabe wird dem Erzieher zugewiesen.

Was in den Rahmen der Normalität, den die Anlage, die Sitte, das Vorurtheil und das Urtheil gebildet haben, nicht hineinpasst, wird von der Gesellschaft überall, wenigstens bis zu einem gewissen Grade, ausgeschlossen, bei Seite geschoben, verdeckt. Ebenso verfahren die Erziehung und die Heilpraxis, welche an sich die Aufgabe haben, die Abnormitäten und Deformitäten, die sich vorfinden, so weit es möglich ist, zu überwinden und die Normalität herzustellen. —

Zu allen Zeiten hat es „Aufgegebene“ und „Ausgestossene“ gegeben, nicht nur vereinzelte, sondern ganze Klassen, solche, die für unverbesserlich und unheilbar galten, die aus der Gemeinschaft der Gesunden und der sittlich Normalen entfernt wurden. Man fürchtete sich vor Ansteckung, oder scheute sich unangenehm berührt oder gestört zu werden; war wohl auch zu der Ansicht gelangt, dass jede an sie gewandte Thätigkeit eine fruchtlose bleiben würde.

Ausschliessung und Vernachlässigung ist aber gewiss nicht das geeignete Mittel, um die Gesellschaft von dem Übel frei zu halten, obgleich sich die Grenzen der Heilbarkeit und Erziehbarkeit im Voraus schwer ziehen lassen. Die echte Wissenschaft darf in dieser Beziehung am allerwenigsten absprechend und absolut abschliessend verfahren, und die Versuche, die gemacht werden, da sie immer, wie wir in unserem ersten Vortrage gezeigt haben, wichtige Resultate abgeben, wenn auch der praktische Erfolg gering sein sollte, nicht o h n e W e i t e r e s verurtheilen. Andererseits und im Zusammenhange damit hat man nicht das Recht, es als Blendwerk und absichtliche Täuschung zu bezeichnen, wenn die milderen Formen eines Übels zuerst zum Objecte der Heilpraxis genommen werden, während eine Rechtfertigung der heilpädagogischen Bestrebungen von dem enger gefassten nationalökonomischen Standpunkte allerdings, wie wir schon hervorgehoben, nicht möglich ist.

Auf die vorhin ausgesprochenen Grundsätze allein, nicht auf eine historische Darlegung von Thatsachen, die in der That vielverzweigte sind, kann es uns hier ankommen. Was aber die Ab- und Ausschliessung anbetrifft, so versteht es sich von selbst, dass dabei nicht von einer absoluten, sondern nur von einer relativen Negation derselben die Rede sein kann. Auf diesen Punkt müssen wir, wo es sich um die Heilung und Erziehung körper- und geistesschwacher Kinder handelt, ausdrücklich zurückkommen.

Über die Grenzen der Heilbarkeit und Erziehbarkeit ist sogleich zu sagen, dass die allgemeine Erziehungspraxis als solche die entschieden herausgetretene Abnormität und Deformität ausschliesst. Es können also nur abgesonderte Zweige der Pädagogik sein, welche den Kampf mit physischen, geistigen und moralischen Abnormitäten und Deformitäten zu ihrer Aufgabe machen. Zu wünschen, dass sich diese abgesonderten Zweige der Pädagogik, die theils in das Gebiet der Medicin, theils in ein anderes, das kurzweg nur als das der Seelsorge bezeichnet werden kann, eingreifen, immer weiter ausdehnen, müsste als ein Verrath der Humanität gelten; wenn diese Ausdehnung mit der, welche die zu bekämpfenden Übel erhalten, in einem graden Verhältnisse stünde. Das ist aber keineswegs der Fall, so wenig wie die Zunahme der Wohlthätigkeit und der wohlthätigen Anstalten die Zunahme der Armuth und des Elends beweist; vielmehr ist die Gleichgültigkeit gegen das Übel nicht nur ein Wachsthumsgrund für dasselbe, sondern auch ein Beweis, dass die Empfindung dafür, also die gesunde Reaction des socialen Körpers verloren gegangen ist, während die Härte, welche es durch Aus- und Abscheidung entfernen will, wie sie ihren Zweck nicht erreicht, so von vornherein auf einer einseitigen Ansicht von den Bedingungen der gesunden Entwickelung beruht, und daher eine gehemmte und beschränkte Entwicklung unmittelbar mit sich bringt.

Ich übergehe die verschiedenen Formen des Pariathums, die von der ältesten bis in die neueste Zeit reichen und überall auf der Ansicht von einer einmal für allemal gegebenen physischen, oder moralischen, oder geistigen Inferiorität eines Stammes oder einer Klasse beruhen, gegen welche sich Verachtung und Hass fortpflanzen. Ebenso gehe ich nicht auf die verschiedenen Klassen der in grösserem Maassstabe von der Gemeinschaft mit den Gesunden ausgeschiedenen Siechen ein, die sich nicht nur im Orient, sondern auch innerhalb der Sphäre des christlichen Mittelalters zu Haufen sammelten und unter sich ein eigenthümliches Genossenschaftsrecht ausbildeten und ausübten. Gegenüber sprechenden Erfahrungen und sodann gegenüber der medicinischen Wissenschaft sind nicht wenige der mechanischen Abscheidungs- und Absonderungsmaassnahmen, die man sonst für nothwendig hielt, gewichen, viele Vorurtheile in Bezug auf die Ansteckung sind beseitigt. Dabei ist indessen der Umstand zu beobachten, dass sich die Ansteckungsfähigkeit, welche einzelne Seuchen bei ihrem ersten Auftreten zeigen, im Laufe der Zeit von selbst abschwächt. Einen frappanten Beweis dafür gibt unter anderem die Syphilis. Jede seuchenartig auftretende Krankheit bringt zunächst einen blinden oder blindmachenden Schrecken hervor, und der aufgeregte Selbsterhaltungstrieb trübt nicht nur den Blick, sondern erstickt auch häufig das Mitleid und macht unbarmherzig gegen die ergriffenen Opfer. Neben dem Schrecken aber zeigen sich fast gewöhnlich die psychologisch interessanten Erscheinungen einer verzweifelten Unbekümmertheit und einer rücksichtslosen Genusssucht, welche die sittlichen Bande der Gesellschaft überraschend schnell lockert, bis endlich bei einer langsamen Abnahme der Krankheitsenergie, wie bei einer rhythmischen Wiederkehr die Macht der Gewohnheit zur Geltung kommt — die Erfahrung Verhütungsmittel lehrt und die Wissenschaft das neue Object mit ruhigem Blicke in das Auge fasst, um seine Natur zu erforschen, und zur Überwindung des Gegners, wie ein Philosoph fordert, „sich in den Umkreis seiner Stärke stellt." Tritt jedoch eine entschiedene und systematische Reaction gegen das Übel nicht ein, so zeigt sich die Macht der Gewohnheit als höchst gefährlich. Dafür bieten Länder und Völker Beispiele, bei denen sich seuchenartige Krankheiten eingebürgert haben. Bei sporadisch auftretenden Krankheiten, die für unheilbar gelten, ist die Einsicht, gegen das Übel zur Zeit Nichts zu vermögen, gewiss besser als die Selbsttäuschung, welche sich da an Erfolgen erfreut, wo das eigentliche Übel gar nicht existirte, oder der Charlatanismus, der Erfolge vorgibt, obgleich es auch eine gewisse Coketterie mit dem klaren Eingeständnisse des Nichtswissens und Nichtkönnens gibt. Aber wie man häufig aus Resultaten der Wissenschaft, die noch sehr der Ergänzung bedürfen, voreilig Regeln für die Praxis ableitet, so werden andrerseits voreilig Grenzen gezogen, die der Trägheit und dem Mangel an humanem und wissenschaftlichem Streben willkommene Anhaltepunkte geben — da abgeben, wo eine zwar experimentirende, aber von wissenschaftlichem Geiste durchdrungene Praxis trotz jener Grenzen vorwärts schreiten kann und muss. Diese Bemerkung bezieht sich auch auf moralische und geistige Krankheiten, insbesondere auf die Blödlingserziehung.

Die aufgegebenen moralisch Kranken befinden sich nur zum Theil, soweit es eben offenkundige Verbrecher sind, in den Abschliessungsanstalten, die der Staat errichtet — Abschliessungsanstalten, die nach einem so ziemlich allgemein gewordenen Urtheile zu Schulen des Verbrechens werden, wenn das rechte System nicht beobachtet wird. Von vornherein ist dasjenige System als ein falsches zu bezeichnen, — wenn es überhaupt den Namen eines Systems verdient — welches die Mehrzahl derer, die dem Gefängniss anheimfallen, als Aufgegebene und Aufzugebende betrachtet und behandelt, während jedenfalls nur die Minderzahl hierzu nöthigt; weiterhin aber liegt die Verkehrtheit eines Systems vorzugsweise darin, dass es dem Geselligkeitstriebe nicht die rechte, d. h. eine vorsichtige und auf den Zweck der moralischen Hebung hinwirkende Rechnung trägt, sondern die Gefangenen entweder wahl-

los zusammenbringt oder unnatürlich isolirt, sowie darin, dass
es an den selten erloschenen Schafftrieb nicht in der rechten
Weise anzuknüpfen, ihn zu erregen, zu entwickeln und zu
bilden versteht. In beiden Beziehungen muss man dem De-
portationssysteme, allerdings nicht dem, welches nach Sibirien
und Cayenne ausführt, Vorzüge zugestehen, die aus den gegebenen Verhältnissen hervorgegangen sind, aber sich theilweise,
wo die Deportation nicht möglich ist, auf das Gefängnisswesen
übertragen lassen. Wie weit jedoch die Reform in diesem
vorschreiten mag — und sie schreitet fort, wenn der Staat
den pädagogischen Zweck, indem er dem Rechte genügt, nicht
aufgibt — so lässt sich doch nicht läugnen, dass Alles, was
auf diesem Wege erreicht werden kann, zuletzt ein verschwindendes Resultat ist, wenn nicht einerseits der Entwicklung
der unmoralischen Energie und der moralischen Energielosigkeit vorgebeugt wird — was nur durch die Erziehung und
die Verbesserung der socialen Zustände geschehen kann —
andrerseits in der Gesellschaft das wirklich moralische Verhalten gegen Diejenigen Platz greift, welche der Gerechtigkeit
nicht anheimfallen, weil sie entweder Lastern fröhnen, die
nur als Selbstbeschädigung gelten, obgleich sie dieses in der
That nicht sind, oder dem Gesetze vor- und umsichtig zu
entschlüpfen wissen. Was den ersten Punkt betrifft, so weist
die Statistik ein grades Verhältniss zwischen der Ausdehnung des Schulunterrichtes und der Abnahme der Verbrechen bis jetzt nicht nach, indem jene nur die allgemeine Art
und Richtung des verbrecherischen Willens modificirend erscheint, wie überhaupt das Vorherrschen bestimmter Verbrechen für den Culturzustand und die ursprüngliche Volksart
charakteristisch ist, und wir haben daher Grund, dieses höchst
ungünstige Resultat der Einseitigkeit des pädagogischen Fortschrittes zuzuschreiben. Was das Verhalten gegen die moralisch Kranken und Missgestalteten angeht, so ist die Gesellschaft nach der einen Seite viel zu duldsam, wo geheime
Laster und verbrecherische Intriguen mit einem vornehmen
Auftreten sich vereinbaren, nach der andern viel zu unduld-
sam, wo die Schonung und der Beistand moralischen Halt

gewähren könnte. Eine Besserung dieses Missverhältnisses
ist nur dadurch möglich, dass sich die moralische Energie im
Allgemeinen hebt und der psychologische und pädagogische
Takt sich überall herausbildet und geltend macht.

Im Gebiete der Erziehung und der Pflege findet das Aufgeben, wenn nicht das Ausstossen häufig viel früher statt, als
man meint und bei den gerühmten Fortschritten derselben meinen
sollte. Viele wilde Völkerschaften tödten die schwächlich oder
verkrüppelt geborenen Kinder. Dieses Verfahren ist gewiss,
ganz abgesehen von seiner Inhumanität, ein dem Zwecke nicht
entsprechendes, weil die Stärke und Lebenskräftigkeit, die das
Kind nach seiner Geburt zeigt, für seine weitere Entwicklung
durchaus nicht maassgebend ist. Eine sorgfältige Beobachtung
wird herausstellen, dass die Erscheinung der Kräftigkeit bei
verschiedenen Individuen auf den verschiedenen Lebensstufen,
alle Verhältnisse gleich angenommen, keine entsprechende ist.
Es gibt Beispiele genug, dass sich schwächlich geborene und
während der ganzen ersten Kindheitsperiode schwächlich erscheinende Kinder zu einer ausgezeichneten Kräftigkeit im
Knaben- und Jünglingsalter entwickeln, wenn es auch nicht
diejenige Kräftigkeit ist, die mit dem Begriffe des Robusten
zusammentrifft, sondern die mit einer feinen Organisation ver-
bundene. Umgekehrt finden sich Beispiele, dass Kinder, bei
denen die Ernährungsthätigkeit eine sehr grosse und lebhafte
ist, welche also schnell zunehmen und für ihr Alter auch ungewöhnlich widerstandsfähig sind, späterhin zwar nicht das
blühende Aussehen verlieren, aber eine durch die Fülle des
Fettes und Zellgewebes verdeckte Schwäche der Muskulosität
zeigen. Hierbei sind Lebensweise, Anregungen und Einwirkungen von einem entschiedenen Einflusse, aber die Umwandlung, die theilweise doch nur eine scheinbare ist, stellt sich
auch bei gleichen Verhältnissen ein, und wenn man dem kindlichen Organismus im Allgemeinen eine grosse Umbildungsfähigkeit, der Pflege und Erziehung, eine von Anfang an sehr
tief greifende und stufenweise abnehmende Wirksamkeit zuschreiben muss, so folgt hieraus um so entschiedener, dass
ein Aufgeben von Kindern, welche schwächlich und scheinbar

gebrechlich geboren werden, neben seiner Inhumanität, zweck-
widrig ist.

Die härtere Form des Aufgebens ist der schon erwähnte
Kindermord, der zwar nicht in dieser, aber in milderen Formen und indirect von manchen Socialpolitikern noch immer empfohlen wird, wie es in gewissem Sinne auch die Malthusianer
thun. Wir müssen aber mit aller Entschiedenheit aussprechen,
dass der Zweck, eine kräftige Generation zu erhalten, auf diesem
Wege nicht erreicht wird, vielmehr auf die Länge das Gegentheil.

In milderer Form setzt sich das Aufgeben von Kindern,
und zwar nicht nur der schwächlichen und gebrechlichen, sondern auch der hässlichen und solcher, gegen welche eine in
irgend einer Vorgeschichte oder irgend welchen Verhältnissen
begründete Abneigung besteht, bis in die civilisirtesten Zustände fort, oder macht sich vielmehr, was die letzterwähnten
betrifft, erst innerhalb der Civilisation geltend. Die Mutter-
liebe hat zwar im Allgemeinen einen Zug, sich der schwächlichen und gebrechlichen Kinder besonders anzunehmen, aber
die Noth und Rohheit auf der einen, die Blasirtheit und Eitelkeit auf der andern Seite bedingen viele Ausnahmen, und was
die Väter betrifft, so greift bei ihnen die Indifferenz, ja die
Abneigung leicht Platz, wenn sie sich in ihren Vaterhoffnungen
getäuscht sehen oder getäuscht glauben. Von einer solchen väterlichen Indifferenz und Abneigung sind uns Fälle wahrhaft em-
pörender Art vorgekommen, und zwar bei Vätern, die mit ihrer
Bildung prunkten. Die trotz der Fesselung des Geistes hervorbrechende Liebenswürdigkeit und Zuthunlichkeit, die natürliche
Anmuth, deren Spiel bei der Schwäche des Bewusstseins ein
wunderbares genannt werden konnte, rührte Jedermann, nur
nicht den Vater, der unter der durchsichtigen Maske der väterlichen Besorgniss nach Symptomen aufreibender Krankheit
forschte. Andrerseits freilich ist die besondere Sorgfalt, welche
besorgte Eltern den von der Natur dürftig oder übel ausge-
statteten Kindern widmen, in vielen Fällen noch mehr zu
fürchten, als die Vernachlässigung und Härte, welche der Gleichgültigkeit und Abneigung entspringen. In den aufgegebenen,
vernachlässigten und hart behandelten Kindern entwickelt sich

zuweilen eine stille und zähe Energie, eine verfrühte, aber grade ihnen nothwendige Selbständigkeit, während die Verzärtelung und Verweichlichung durch den beständigen Schutz, den sie gewähren, das natürliche Reactionsvermögen ganz verkommen lassen. Die Früchte einer solchen Verweichlichung sind uns häufig vor die Augen gekommen, und dass die hülflose Bedürftigkeit durch die Pflege genährt worden war, zeigte sich auffallend in der vortheilhaften Veränderung, die in kurzer Zeit eintrat, wenn das betreffende Kind sich innerhalb bestimmt gestatteter Grenzen selbst zu helfen gezwungen war, wenn das immer wache Verlangen nicht befriedigt und unangenehm erregenden Einflüssen ein angemessener Raum gegeben wurde. Die der Verzärtelung entstammende Hülflosigkeit ist mit einer widerlichen Zärtlichkeitssucht häufig, wenn auch nicht immer, verknüpft, und diese verdirbt auch bei wohlorganisirten Kindern den Eindruck eines anmuthig beweglichen Wesens. — Das Thema des „Zuvielthuns" in der Pflege und Erziehung ist indessen einem späteren Vortrage vorbehalten, und ich will hier nur noch bemerken, dass die Vernachlässigung und Verweichlichung nicht nur in den persönlichen Eigenschaften der Eltern ihren Grund haben, sondern auch mit bestimmten Culturzuständen an sich gegeben sind und in der herrschenden Lebensart liegen. Dr. Zillner in seiner, in vielfacher Beziehung ausgezeichneten Abhandlung über den Kretinismus in Salzburg, hebt mit Recht hervor, und beweist es durch statistische Angaben, dass ausser der starren Uncultur, welche die Entwicklung der Bedürfnisse fesselt, dasjenige Übergangsstadium zur Civilisation oder diejenige Halbcivilisation, welche die Mittel sich zu schützen und zu pflegen einseitig mehrt, der günstigste Boden für die Fortpflanzung des Kretinismus ist.

Wenden wir uns endlich zu denjenigen Kindern, welche das Haus der Schule anvertrauen möchte, die Schule aber wieder ausstösst. Die Zahl dieser von den bekümmerten Eltern von einer Schule zur andern geschickten und immer wieder ausgeschiedenen Kinder ist nicht klein; ihr Zu- oder Abnehmen aber gibt jedenfalls einen Maassstab — wenn auch

keinen an sich ausreichenden — für den Stand der häuslichen
und öffentlichen Erziehung und das Verhältniss beider zu einander ab — ein Verhältniss, das für die Gesundheit und Wirksamkeit der Erziehung ein harmonisches sein muss, was es
bei dem gegenwärtigen Charakter der Schule nur zufällig
sein könnte, da es im Allgemeinen nicht besteht und bestehen kann. Diejenigen Eltern, deren Verhältnisse es gestatten,
Hauslehrer zu haben, brauchen ihre Kinder der wiederholten
Ausweisung aus den Schulen nicht auszusetzen; sie sehen sich
dagegen, wenn sie bei den Kindern keine Fortschritte bemerken, veranlasst, die Lehrer zu wechseln, und oft erweist sich
dieser Wechsel, dessen Häufigkeit an sich schon schädlich
wirkt, ganz fruchtlos. Nach unserer Ansicht hat die öffentliche Schule unersetzbare Vorzüge und sie müsste normaler
Weise die gesammte gesunde Jugend ohne Ausnahme vereinigen; indessen wären für Kinder, deren Entwicklung etwas
Abnormes hat, Hauslehrer gewiss anzurathen, wenn es nur
mehr Hauslehrer gäbe, die in der rechten Art, wie wir sie
früher bezeichnet, auf die Individualität einzugehen wüssten.
Die von der Schule ausgewiesenen Kinder sind fast niemals
Mädchen, wobei jedoch zu berücksichtigen ist, dass die Schulen Zöglinge, mit denen sie in der That Nichts anzufangen
wissen, unter gewissen Verhältnissen dennoch behalten, also
sie aufgegeben haben, ohne sie auszustossen.

Als Typen der Ausgestossenen und Aufgegebenen können
wir drei bezeichnen: theils sind es jene blassen und stillen
Kinder, welche zu Allem willig scheinen und dem freundlichen
Lehrer halb versprechend, halb vorbittend entgegenlächeln,
aber dennoch dem Lernen einen passiven Widerstand entgegensetzen, der unüberwindlich scheint; theils sind es jene wilden
Knaben, die im Kampfe mit der Zucht der Schule noch mehr
verwildern und als unbändig gelten; theils endlich sind es jene
geduckten und schleichenden Knabengestalten, deren Opposition
zwar auch wie die der ersten Klasse eine passive, wenigstens
mehr eine passive als active ist, die aber einen ausgeprägten
Hang haben, Übles anzustiften, im Geheimen zu zerstören und
Schaden zu thun und häufig mit jenem Laster behaftet sind,

das Symptom und Ursache der körperlichen oder geistigen oder moralischen Schwäche — denn meistens wirkt es vorzugsweise in einer Richtung — zugleich ist, und die damit behafteten Kinder wegen der Ansteckung gefährlich macht.

Zwischen den drei Hauptgruppen gibt es Übergänge, indem sich das schleichende Wesen und die ausgeprägte Schadenfreude entweder mit einem Ansatze zu energischer Oppositionslust und insbesondere auch mit der Sucht sich zu zeigen und im Schlechten hervorzuthun, oder mit einem stillen und träumerischen Wesen verbindet.

Die erste Schuld solcher Entartungen, wenn sie nicht in einer ursprünglich krankhaften Anlage begründet sind, ist der häuslichen Pflege und Erziehung oder ihrem Mangel zuzuschreiben. Aber häufig treten sie erst in der Schule auf, und werden durch sie, wenn nicht gradezu erzeugt, so doch entwickelt. Wie dies geschieht, ist jetzt zu erörtern noch nicht Zeit, aber dass es geschieht, wird kein einsichtiger Beobachter verkennen können, und jeder Denkende muss sich eingestehen, dass die Häufigkeit der Erscheinung auf einen entschiedenen Mangel des Erziehungswesens hinweist, wie die Menge der „Aufgegebenen" und „Ausgestossenen" überhaupt auf eine mangelhafte Organisation der Gesellschaft.

2.

Die Ähnlichkeit und Unähnlichkeit der Individuen. — Der Unterschied innerhalb der Normalität als verschiedene Summe von Abweichungen. — Die Bestimmtheitssphären und ihr Verhältniss zu einander, ihre Abhängigkeit und Unabhängigkeit. — Die falsche Charakteristik der Bestimmtheitssphären; die Vermischung der Entartungszüge und der normalen Charaktermerkmale. — Die üppige, die floride, die robuste und die nernöse Constitution. — Das phlegmatische, sanguinische, cholerische und melancholische Temperament im Verhältniss zu den Constitutionen.

Ich habe heute auf die Momente, welche für die Eigenartigkeit des menschlichen Individuums in Betracht kommen oder als zusammengehörige diese Eigenartigkeit ausmachen, näher einzugehen, als es das vorige Mal möglich war.

Diese Eigenartigkeit muss bei den einzelnen Individuen eine so durchgreifende und ausgeprägte sein, dass jedes so zu sagen seine eigene Gattung darstellt — ein Anspruch, den wir in demselben Maasse erfüllt sehen, in welchem ein Stamm oder ein Volk an der historischen Existenz der Gattung Theil nimmt, während die nicht in die Cultur eingetretenen Stämme und Bevölkerungen sich durch eine innere und äussere Ähnlichkeit der Einzelnen, welche ihre Unterscheidung für den Fremden und Ungeübten zu einer schwierigen Aufgabe macht, überall charakterisiren. Indem aber das ausgebildete Individuum vermöge seiner ausgeprägten Bestimmtheit nicht die Gattung schlechthin repräsentiren kann, ist es von derselben nicht abgelöst, sondern ihr fester eingefügt; weil es mit andern Worten kein Exemplar derselben wie das Thier ist, muss es ein Glied in dem organischen Zusammenhange sein, welcher der Gattungsexistenz eigenthümlich ist, und eine Bestimmtheit, durch welche es sich von diesem Zusammenhange absondert, statt sich für denselben zu bestimmen, hat schon desshalb den Charakter der Abnormität.

Da nun die Normalität nach der früher gegebenen Begriffsbestimmung eine entschiedene Disproportion in der Stärke der Organe nicht zulässt, so muss eine Mannichfaltigkeit von Abweichungen in der Bestimmtheit der Organe, die eine Summe von Unterschieden ergibt und hierdurch einen durchgreifenden Unterschied begründet, ohne eine Abnormität zu bedingen, möglich sein. Diese Möglichkeit liegt einerseits in der Complicirtheit der Organe und organischen Functionen, die in dem menschlichen Organismus zur Einheit gebracht sind, so dass die einzelne Abweichung weder für sich und den Charakter des individuellen Organismus schlechthin und einseitig bestimmend hervortreten, noch eine verschwindende und bedeutungslose sein kann, andrerseits in der Mannichfaltigkeit der Lebens- und Entwicklungsbedingungen und Verhältnisse, unter denen sich die menschlichen Individuen zu erhalten und zu gestalten haben und zu erhalten und zu gestalten vermögen.

Hiernach ist die mittlere Proportion, welche wir als Aus-

druck der Normalität, d. h. des normalen Verhältnisses der
Theile zu einander und zum Ganzen, der Organe hinsichtlich ihres Umfangs und ihrer Kräftigkeit der Functionen hinsichtlich ihrer Stärke und ihrer Dauer annehmen, eine aus
den thatsächlichen, im Umkreise der normalen Erscheinungen
liegenden Abweichungen abstrahirte, und kommt als solche
bei wirklichen Individuen niemals zur Darstellung, weil hierfür das Individuum nicht nur als ein von jeder zufälligen Bestimmtheit, sondern auch von jeder Vorneigung und jeder
durch die objective Bethätigung bestimmten Energie frei, also
ein unbestimmtes und individualitätsloses sein müsste.

Insofern aber die innerhalb der Grenzen der Normalität
möglichen und nicht zufälligen Abweichungen bei demselben
Individuum mit einander gesetzte, durch einander bedingte
und an einander sich bestimmende sind, stellen sie einen allgemeinen Abweichungscharakter oder einen Typus dar, während die zufällig bedingten Abweichungen mit denjenigen,
welche sich zwar aneinander bestimmen, aber an sich im Widerspruch zu stehen scheinen oder wenigstens nicht correspondiren, die sich innerhalb des Typischen ausprägende individuelle
Bestimmtheit abgeben. Hierbei versteht sich von selbst, dass
der Widerspruch in der normalen Individualität insofern ein
scheinbarer ist, als er seine Lösung gefunden haben muss;
andrerseits aber hängt mit der Tiefe und Ursprünglichkeit dieser vereinbarten Widersprüche die Bedeutung und Energie der
Persönlichkeit genau zusammen — ein Punkt, auf den wir
noch einmal zurückkommen werden.

Die Constitution. das Temperament, die Sinnesart und die
inneren Sinne, die geistigen und die moralischen Anlagen und
endlich der Charakter stellen eben so viele Sphären der individuellen Bestimmtheit oder der Möglichkeit des individuellen
Bestimmtseins dar, und zwar Sphären, denen gegen einander
eine gewisse Selbständigkeit zukommt. Wir haben — mit andern Worten — um uns eine gegebene Individualität zu vergegenwärtigen und zum allseitigen Ausdrucke zu bringen, die
Constitution, das Temperament, die Sinnesart, die moralischen
und geistigen Anlagen und den Charakter derselben besonders

zu berücksichtigen, da mit einer Bestimmtheit, z. B. der der
Sinnesart, nicht auch schon die andern gegeben sind, wie Jeder,
der die Begriffe auseinander zu halten und abzugrenzen gewohnt
ist, zugeben wird. Andrerseits lässt sich nicht verkennen, dass
die verschiedenen Bestimmtheitssphären in einem Zusammenhange stehen, der als solcher ein Abhängigkeitsverhältniss einschliesst, dass sie mit andern Worten die Ringe einer sich
fortsetzenden Bestimmtheit sind, dass aber diese sich fortsetzende Bestimmtheit als solche eine sich abstufende ist und
jede Bestimmtheitssphäre für die nächste andere die Basis
darstellt, bis die letzte derselben den Abschluss der individuellen Bestimmtheit abgibt und ausdrückt. Ich fürchte
wenigstens nicht, einem entschiedenen und entscheidenden Widerspruche zu begegnen, indem ich ausspreche, dass das
Temperament in bedingter Weise von der Constitution, die
Sinnesart von dem Temperamente, die moralischen und geistigen Anlagen von der Sinnesart im Allgemeinen und den ausgebildeten inneren Sinnen insbesondere abhängig sind, der Charakter aber diejenige Bestimmtheit des Individuums ausdrückt,
welche sich aus dem Verhältniss der geistigen und moralischen Anlage und Ausbildung ergibt. Eher setze ich bei Man-
chem die Neigung voraus, die Basis der ganzen Reihe — die
Constitution — als eine sich in sich selbst bestimmende und die
übrigen Bestimmtheitssphären als den einfachen Ausdruck dieser fortgesetzten Selbstbestimmung der Constitution anzusehen.
    Gegen diese Betrachtungsweise ist geltend zu machen, dass
die Erfahrung bei ähnlicher Constitution und ähnlichem Temperamente — abgesehen davon, dass das letztere mit der
ersteren noch nicht ausgesprochen ist — sehr verschieden gestaltete Sinnesarten, moralische und geistige Anlagen zeigt,
wie umgekehrt, und dass, wenn diese ausgeprägten Unterschiede auf Factoren, welche in die Bestimmung der Constitution eingreifen, zurückgeführt werden sollen, diese, die
Constitution, als etwas in sich Unbestimmtes, folglich die Individualität einseitig als das Resultat verschiedenartiger und
zufälliger Einwirkungen angesehen werden müsste. Will man
zu dieser Consequenz fortgehen, so entzieht man der Indivi-

dualität jede gegebene Basis, d. h. jede Vorbestimmtheit, so
dass auch von einer Selbstbestimmung der Constitution nicht
mehr die Rede sein kann und demnach die Annahme eines
mit der Basis gegebenen und bedingten Abhängigkeitsverhält-
nisses der Bestimmtheitssphären, wenn die Erfahrung, wie nicht
anders möglich, berücksichtigt werden soll, zu der grade entgegengesetzten führt, nach welcher jede weitere oder nähere
Bestimmtheit der Individualität das Product von einander un-
abhängiger Factoren ist.

Gehen wir übrigens sogleich darauf ein, den Begriff der
Constitution abzugrenzen und finden wir, dass es das Vorwiegen
eines animalen Systems ist, welches den Grundunterschied der
Constitution bedingt, so versteht es sich einerseits von selbst,
dass die mit der Constitution gegebene Bestimmtheit eine die
Existenzform und Lebensthätigkeit des Individuums umfassende ist, andrerseits aber eben so, dass sie die qualitative Bestimmtheit der einzelnen Systeme und Organe nicht
einschliesst, und was die abgesonderten Organe insbesondere
betrifft, auch die verschiedensten Verhältnisse der quantitativen
Entwicklung zulässt.

Hierbei ist anzuerkennen, dass für die Entwicklung und
Gestaltung des Organismus die Lebensverhältnisse, in welche
das Individuum eintritt, und die Einwirkungen, welche es erleidet, wichtige Factoren sind. Aber die Erfahrung beweist,
dass unter gleichen oder doch ähnlichen Lebensverhältnissen
und Einwirkungen die menschlichen Individuen sich verschieden entwickeln und gestalten, dass also die gleichen objectiven
Factoren ein ungleiches und die ungleichen ein relativ gleiches
Product abgeben. Denn die Regel, dass bei uncultivirten Völkern der herrschende Typus nur geringe Modificationen zeigt,
hat ihre Ausnahmen und diese sind meist entschiedene und
überraschende, während das Gepräge, welches die Cultur den
durch sie vervielfältigten Gesellschaftsklassen aufdrückt, ein
äusserliches bleibt, d. h. abgesehen von formellen Charakterzügen für die Eigenartigkeit der Individuen nicht maassgebend
ist, so dass wir den Einfluss, den die erhöhte Cultur hinsichtlich der Scheidung der Individuen unverkennbar ausübt,

keineswegs einseitig auf die Vervielfältigung und Ausprägung
bestimmter Lebensverhältnisse zurückführen können.

Wir sind demnach genöthigt, uns Factoren der individuellen Bestimmtheit zu denken, welche in dem abgeschlossenen Bereiche organischer Processe und während der Organismus zu einem solchen wird, wirksam sind und für sich
die Individualität begründen, d. h. die entwicklungsfähige
Bestimmtheit derselben als Anlage setzen. Mittelst dieser
Annahme aber, die wie durch die Erfahrung, so durch den
Begriff der organischen Entwicklung, auf dessen Anwendung
man verzichten müsste, wo man eine innere, in gegebene Exi-
stenzbedingungen eintretende Bestimmtheit nicht annimmt,
gefordert ist, fassen wir die Bestimmtheitssphären als ursprüngliche auf und stellen die in ihnen gegebenen Anlagen als Factoren, deren Wirksamkeit die Form von Bedürfnissen und
Trieben hat, den objectiven Stoffbestimmtheiten, Einflüssen
und Einwirkungen — die ihren objectiven Charakter durch
die Ablösung oder das Selbständigwerden des Organismus erhalten — gegenüber, so dass uns die Individualität als ihr
beiderseitiges Product gilt.

Wenn wir hiernach festhalten, dass den verschiedenen Bestimmtheitssphären ein Moment der gegenseitigen Abhängigkeit
und ein Moment der Unabhängigkeit — welches letztere die
Abhängigkeit zu einer gegenseitigen, d. h. nicht einseitig auf
die jedesmalige Basis zu beziehenden macht — nothwendig
zukommt, so haben wir zugleich festzustellen, dass jedes dieser ursprünglich gegebenen Momente durch die objectiven Stoffbestimmtheiten, Einflüsse und Einwirkungen geschwächt und
verstärkt, folglich die mit der Individualität gesetzten Widersprüche ausgeglichen und verschärft werden können, wobei
zu bemerken bleibt, dass in dem Momente der Unabhängigkeit
nur die Möglichkeit, nicht aber die Nothwendigkeit des Widerspruches liegt, obgleich wir andrerseits dem Bildungstriebe
der Natur die Tendenz zu Contrasten zuerkennen müssen.
Ferner aber ist hervorzuheben, dass der Begriff der Normalität als solcher wie gegen die sich gleichartig durchsetzende
Abweichung so gegen die Gegensätze, welche in verschiedenen

Bestimmtheitssphären hervortreten möchten, also gegen die Abweichung nach verschiedenen Seiten, die sich in gewisser Weise auch als Ausgleichung auffassen lässt, eine Grenzlinie abgibt, die wir bei der Charakteristik der Bestimmtheitssphären nicht zu übersehen haben, wenn diese Charakteristik nicht ganz oder theilweise in Zügen bestehen soll, welche die Entartung der verschiedenen Typen kennzeichnen und desshalb ihr wirkliches Verhältniss nicht ausdrücken, wie die Carricatur überhaupt die Unterscheidung zwar erleichtert, aber nicht im Interesse einer eingehenden und wahren Auffassung, und zwar am wenigsten dann, wenn sie eine einseitige oder parteiische ist.

Ich kann mich dieser Bemerkung den Charakteristiken gegenüber, welche insbesondere die Temperamente zum Gegenstande haben, aber auch gegenüber denen, die sich auf die Constitutionen und die moralischen und geistigen Anlagen beziehen, um so weniger enthalten, als sie eine Art wirklicher Parteilichkeit, die als solche ihre bewussten oder unbewussten praktischen Motive haben muss, auf dem Gebiete einer Begriffsbestimmung, welche das Parteinehmen schlechthin ausschliessen zu müssen scheint, erscheinen lassen. Bei dem Einen kommt dies, bei dem Andern jenes Temperament sehr schlecht weg, weil es in seiner abnormen Ausprägung charakterisirt wird, während die andern mit regelmässigeren Zügen ausgestattet sind und dieses oder jenes auch wohl ins Schöne gemalt erscheint. So werden Entartungseigenschaften, wie Trägheit, Leichtsinn und Flüchtigkeit, Jähzornigkeit und Trübsinn als Charakterzüge der Temperamente, gewöhnlich aber so ausgesprochen, dass bei dem einen oder bei dem andern statt der Entartungseigenschaft eine im Kreise normaler Verfassung liegende, z. B. statt des Leichtsinns und der Flüchtigkeit die Empfänglichkeit und schnelle Auffassungsfähigkeit, statt der Jähzornigkeit die Willenskraft eingeschoben wird. Einem ähnlichen, wenn auch nicht so frappanten Verfahren begegnet man zuweilen bei den Darstellungen der Constitutionen, welche, statt zunächst als abweichende Gesundheitstypen charakterisirt zu werden, wie es geschehen müsste, um ihr Verhältniss zu

den Krankheitsdispositionen klar herauszustellen, mit Zügen
der Krankhaftigkeit von vornherein und zwar wieder nur theilweise versehen erscheinen. Was die moralischen und geistigen Anlagen anbetrifft, so macht sich häufig nicht sowohl bei
der allgemeinen und ausdrücklichen Auseinandersetzung derselben als bei der Charakteristik bestimmter Persönlichkeiten
und da, wo von höherer und niederer Begabung die Rede ist,
ein durchaus einseitiges Urtheil der Art geltend, dass der moralische Charakter entweder durch Eigenschaften, die nicht
i h m angehören, folglich in der That gar nicht, oder im Gegentheil durch solche Eigenschaften charakterisirt wird, welche
nur für einen beschränkten und einseitigen Moralitätsbegriff
die Moralität schlechthin ausmachen, während man die höhere
geistige Begabung entweder in die auffallende Ausbildung besonderer, in abgegrenzter Function hervortretender, und zwar
d e r j e n i g e n Organe und Fähigkeiten setzt, welche das Bewusstsein am directesten zu repräsentiren scheinen, oder in
einer Vielseitigkeit findet, mit welcher die Energie der Concentration, also die Fähigkeit zu einer zusammengefassten und
productiven Bethätigung n i c h t gegeben ist.

Voreilige Urtheile oder Vorurtheile dieser Art sind insbesondere da häufig, wo es sich um noch unentwickelte und
ungestaltete Anlagen handelt, wo also über den Charakter und
die Begabung von Kindern geurtheilt wird, und dass sie ein-
greifend schädliche Folgen haben können, indem sie das praktische Verhalten der elterlichen und Schulerzieher bestimmen,
ist schon hervorgehoben worden. Dasselbe gilt aber von den
falschen Ansichten über die Constitution und von der falschen
Beurtheilung derselben im gegebenen Falle, und zwar nicht
nur für das engere Gebiet der Pflege, sondern auch für das
weitere der Thätigkeitsregelung. Wenn derartige Folgen durch
eine unrichtige Auffassung des Temperamentes, indem dieses
die allgemeine Neigung zu einem gewissen Verhalten und die
vorherrschende Stimmung ausdrückt, nicht oder doch weniger
bedingt erscheinen — denn jeder Erzieher hält es für eine
selbstverständliche Aufgabe, je nach B e d ü r f n i s s anzuregen
und zu mässigen, zu treiben und zurückzuhalten, um einseiti-

gen Neigungen und Gewöhnungen entgegenzuwirken — so liegt
es doch bei einer willkürlichen Temperamentstheorie, wie
ich sie vorhin charakterisirt, nahe, dass den Temperaments-
vorzügen, wo sie unzweideutig hervortreten, ein ungleicher
Werth für die Ausbildungsfähigkeit des Einzelnen beigelegt,
und dass sie daher auch von der pädagogischen Praxis nicht
so verwerthet werden, wie sie es können und müssen, während nicht selten als Temperamentsfehler angesehen und behandelt wird, was ein solcher nicht ist. Ueberhaupt aber ist
zu sagen, dass für die Auffassung der Individualität die Tem-
peramentsauffassung wesentlich, also grade insoweit eine pädagogische Nothwendigkeit ist, als das bewusste Eingehen auf
die Individualität zu einer Forderung an den praktischen Erzieher der Gegenwart erhoben werden kann, wobei ich nicht
unterlassen will, zu bemerken, dass halbseitige Theorieen und
theoretische Vorurtheile die Sicherheit des instinctiven Verfahrens überall zerstören, ohne dafür einen Ersatz zu gewähren, dass sie also auch da schädlich wirken, wo keine An-
knüpfungspunkte zwischen der Theorie und Praxis gesucht und
gefunden werden, und dass es immer angezeigt ist, wo man
zu theoretisiren angefangen hat, nach einem consequenten und
bestimmten Abschlusse zu streben.

Wollen wir die Constitutionen, wie ich vorhin sagte, als
Gesundheitstypen, d. h. als Bestimmtheiten des Organismus
auffassen, welche innerhalb der Normalität die Grenzen derselben bezeichnen, so dürfen wir uns durch das Vorwiegen
eines animalen Systems die übrigen nicht wesentlich beeinträchtigt, und die vorherrschende Energie nicht als entbundene, unabhängig wirksame, sondern müssen uns diese als
eine zusammenfassende und das vorwiegende System als die
bestimmte Vertretung des organischen Zusammenhanges denken. Indem wir dies thun, reduciren wir einerseits die Möglichkeit der Entartung auf diejenigen objectiven Einflüsse
und Einwirkungen, welche den Zusammenhang der organischen
Functionen nachhaltig zu stören vermögen, während sich uns
andrerseits die möglichen Abweichungen von dem Gleichgewichte der Systeme und Energieen, wie wir sie in den Con-

stitutionen ausgeprägt finden, als nothwendig für die Fixirung der organischen Einheit darstellen.

Wenn also die eine der Constitutionen, die wir sogleich
als die üppige bezeichnen wollen, sich durch eine besondere
Energie der Ernährungsthätigkeiten, die mit der entschiedenen
Tendenz, den Überfluss assimilirter Stoffe festzuhalten und
zur Füllung der gegebenen Formen zu verwenden, verknüpft
ist, auszeichnet, so haben wir zunächst die Vorstellung einer
die Hemmung der übrigen animalen Energieen und die Un-
förmlichkeit bedingenden Ablagerung und Anschwemmung fern
zu halten, weiterhin aber die Stoffbewegung, welche ein
bestimmtes Moment der Stoffvertheilung abgibt, als eine ge-
mässigte, den Empfindungstrieb und das Empfindungsver-
mögen auf die Ernährungs- und Bildungsprocesse fortgesetzt
bezogen, wenn auch keineswegs in ihnen aufgehend, den Bewegungstrieb und das Bewegungsvermögen in ähnlicher Weise
mit dem Bedürfnisse der Formenbildung und sodann mit dem
des Formengefühls unmittelbar zusammenhängend, folglich den
Ausgestaltungszweck als den herrschenden, in der Entwicklung
der animalen Energieen sich erhöhenden und sie zusammen-
haltenden anzunehmen. Diese Annahme, die ein bestimmtes
Bild gesunden Lebens gewährt, setzt die üppige Constitution
als eine Basis für die nähere und höhere Bestimmtheit der
Triebe und Bedürfnisse, mit welcher diesen von vornherein
nicht der Charakter der Schwäche oder Energielosigkeit, wohl
aber der einer gleichmässigen, zusammengehaltenen Entwicklung und Befriedigung gegeben ist, sodass wir in der scheinbaren Abweichung von dem Gleichgewichte der Triebe und
Vermögen grade die ausdrückliche Fixirung desselben sehen
müssen.

Die floride Constitution unterscheidet sich von der üppigen hinsichtlich der äussern Erscheinung dadurch, dass sie
statt der Fülle und Saftigkeit der Hüllen, welche die Ausfor-
mung des Organismus nach aussen bilden, in zarteren und
zarter erscheinenden Formen die sie durchdringende Lebens-
wärme vergegenwärtigt oder das pulsirende Leben erscheinen
lässt. Das Moment der Stoffbewegung und das diese vermit-

telnde System sind also hier als vorherrschend anzunehmen, und da die Stoffbewegung als solche der Unterhaltung der organischen Processe und Functionen als solcher, d. h. abgesehen von dem Bedürfnisse der Formenbildung wie von dem Bedürfnisse oder der Nothwendigkeit erneuter Kraftsammlung dienstbar ,ist, so haben wir das der floriden Constitution zukommende Grundbedürfniss und Grundvermögen als das des Stoffwechsels und der mit ihm zusammenhängenden Neubelebung aller organischen Processe und Functionen, in denen sich die Lebendigkeit des Organismus offenbart, auszusprechen. Auch dieses Bedürfniss hebt das Gleichgewicht der Energieen so wenig auf, dass es vielmehr als eine Form des Gleichgewichtsbedürfnisses zu bezeichnen ist.

Ein gleiches Verhältniss findet allerdings bei den zwei übrigen Constitutionen, der robusten und der nervösen, nicht statt, weil sie einen organisch ausgeprägten Gegensatz der specifisch animalen Energieen vertreten. Denn die robuste Constitution zeichnet sich durch eine besondere Stärke des motorischen Apparates, des Knochenbaues und der Muskulosität aus, während die nervöse Constitution auf einer besonderen Energie der Nerventhätigkeit beruht, die sich als besondere auf der Seite der Sensibilität offenbart und demnach eine ungewöhnliche, obgleich nicht abnorme Reizbarkeit ist. Aber zunächst ist dieser Gegensatz nicht abstract, und auf keinem Fall als ein Missverhältniss der Stärke und Schwäche aufzufassen, und sodann hebt die vorwiegende Energie den Zusammenhalt der übrigen so wenig auf, dass sie ihn vielmehr in positiver Weise, während der Gleichgewichtsbegriff an sich ein negativer ist, vermittelt.

In Bezug auf den ersten Punkt ist zu berücksichtigen, dass die quantitative Stärke des motorischen Apparates an sich noch keineswegs die Höhe der motorischen Energie oder den Grad der Kräftigkeit ausmacht und ausdrückt, sondern auf der einen Seite nur den Trieb, der sich der assimilirenden Thätigkeit ursprünglich bemächtigt hat und sie fortgesetzt für sich in Anspruch nimmt, offenbart, auf der andern Seite

nur die Äusserlichkeit und die äusseren Bedingungen des
motorischen Vermögens bedeutet und abgibt. Das Vermögen
der wirksamen Bewegung erfordert ausser der Zweckgemässheit und Stärke des äusseren Apparates — die auch als solche
nicht einseitig in der quantitativen Ausdehnung gegeben sind
— eine energische Innervation, und insofern eine besondere
Höhe dieser Energie durch den Trieb, der die assimilirende
Thätigkeit den Bewegungsorganen zuwendet, nicht bedingt ist,
kann zwischen der erscheinenden Stärke und der wirklichen
Kräftigkeit ein auffallendes Missverhältniss bestehen, was allerdings bei der normalen robusten Constitution nicht der Fall
sein darf. Bei der nervösen Constitution — die mit einem
feinen Körperbau verknüpft ist — findet sich, durch die Energie der Innervation und zugleich durch die ausgebildete Gliederung bedingt, nicht selten eine ungewöhnliche Kräftigkeit,
obgleich eine solche als nothwendiges Charaktermerkmal dieser Constitution nicht ausgesprochen werden kann. Dies muss
für die robuste, insofern sie innerhalb der Grenzen der
Normalität ausgeprägt ist, allerdings geschehen, da der
motorische Trieb als vorherrschender und den Zusammenhalt
der Vermögen positiv vermittelnder die an sich gegebene Energie des motorischen Nervensystems nothwendig zur Entwicklung bringt, wie er weiterhin die objective Sinnlichkeit — ein
Ausdruck, den ich der Kürze wegen anwende und nicht mehr
zu erklären brauche, da ich die Momente der Empfindungs-
thätigkeit früher auseinandergesetzt — sich gemäss bestimmt,
d. h. das Moment der Erfassungsfähigkeit besonders heraustreten lässt. Dass er sich das plastische Vermögen, das er
in nicht gewöhnlicher Stärke voraussetzt, dienstbar macht,
habe ich schon ausgesprochen; indessen ist zu bemerken, dass
bei der robusten Constitution die Ernährungsthätigkeit keineswegs gleichmässig verläuft, sondern mehr stossweise hervor-
und zurücktritt, da das Vorwiegen des motorischen Triebes
und der motorischen Bethätigung einen ungleichmässigen und
gelegentlich starken Stoffverbrauch bedingt. Bei der nervösen
Constitution ist der Stoffverbrauch an sich geringer, da hier
der Umsatz der in die organischen Bildungen schon eingegan-

genen Stoffe vorwiegt, und die Ernährungsthätigkeit, obgleich
sie durch Erregungen gehemmt und beschleunigt, und zwar
öfter gehemmt als beschleunigt wird, gleichmässiger. Im Ganzen
correspondirt die robuste mit der üppigen, die nervöse mit
der floriden Constitution; eben deshalb aber sind die Üppig-
keit und die Stärke, die Zartheit und die Feinheit der Gestalt
streng zu unterscheiden, weil sie, obgleich in der oberflächlichen Erscheinung und für das ungeübte Auge sich annähernd,
einen durchgreifenden Unterschied abgeben und ausdrücken.
Die Schönheit der Gestalt ist durch keine der Constitutionen
ausgeschlossen, vielmehr hat jede ihren eigenthümlichen Schön-
heitstypus.

Die üppige und die floride Constitution geben a n sich
die Basen des phlegmatischen und des sanguinischen,
die robuste und die nervöse, an sich die Basen des cholerischen und des melancholischen Temperamentes ab.
Ich sage: an sich, weil für die neue Bestimmtheitssphäre, wie
ich vorhin ausgeführt, von den Basen unabhängige Factoren
eintreten, deren Wirksamkeit die in jenen liegende Vorbestimmtheit theilweise realisirt, theilweise aber auch in positiver Weise aufhebt, wenn das Letztere also in ausgedehntem
Maasse der Fall ist, einen jener Widersprüche begründet, für
welche die menschliche Individualität schlechthin, und auch
die normale Individualität Raum hat. Das Wesen des Temperaments liegt in dem vorherrschenden allgemeinen Verhalten
— das immer als ein bestimmtes Verhältniss zur Objectivität
schlechthin ausgedrückt werden kann — und in der mit diesem Verhalten bedingt und bedingend zusammenhängenden
Grundstimmung. Hiernach ist das Gebiet des Temperamentes das der Bedürfnisse, Triebe und Neigungen, insofern
sie den höheren menschlichen Vermögen entsprechende Form
angenommen haben, aber noch unmittelbar zusammenhängen
— ein Zusammenhang, der in der Grundstimmung vertreten
ist — und weder durch den objectiv beschränkten Inhalt der
Thätigkeiten, noch durch die qualitative Ausbildung der Vermögen auseinandergesetzt und bestimmt sind.

4*

Die von der Basis der Constitution unabhängigen Factoren des Temperaments sind theils ursprünglich, d. h. bei dem
ersten Werden des Individuums, theils während seiner Entwicklung wirksame, und zwar wirken sie die Grundstimmung,
je mehr sie ursprüngliche sind, insbesondere durch die Übertragung bestimmter Erregtheiten und überhaupt unmittelbarer,
je weiter die Entwicklung des Individuums vorgeschritten ist,
mittelbarer und insbesondere durch die begünstigte oder gehemmte Befriedigung der vorhandenen Triebe und Bedürfnisse.

Da nun die Triebe und Bedürfnisse jeder Form der Anlage nach in der Vorbestimmtheit der Basis enthalten sind, so
können oder müssen wir zur Charakteristik der Temperamente
von den entsprechenden Constitutionen ausgehen, haben aber
festzuhalten, dass die Grundstimmung nicht einseitig durch
die Bethätigung und Befriedigung der Triebe und Bedürfnisse
bedingt ist, sondern auch ihrerseits die Entwicklung derselben
als ursprünglich gegebene bedingt, dass sich ferner, abgesehen von objectiven Hemmungen und Förderungen, welche
sich bei der Entwicklung des Individuums geltend machen,
Trieb und Vermögen auch schon in der organischen Anlage
keineswegs decken, und jede Differenz zwischen beiden auf
die Grundstimmung einwirkt.

In den hiermit berührten und allerdings noch weiter aus-
einanderzusetzenden Verhältnissen liegt die Möglichkeit einer
Nichtcorrespondenz der Constitution und des Temperamentes,
die als solche ein Widerspruch ist, und theilweise auch die
Nothwendigkeit der Zwischen- oder Übergangsformen begründet, die wir bei den Temperamenten anzunehmen haben.

Wenn der vorherrschende, auf die Aneignung als solche
gerichtete und sich befriedigende Assimilationstrieb die den
höheren Vermögen entsprechende Form annimmt, so bedingt
er das Vorherrschen der receptiven, die Objectivität stetig
verinnernden, und derjenigen Wirkthätigkeit, welche die
eigene Existenz in die Objectivität ausdehnt, d. h. eine dem
Existenzbedürfnisse gemässe unmittelbare Umgebung schafft.
Die Grundstimmung aber, welche aus dem Vorherrschen dieser Thätigkeiten, insofern sie nicht wesentlich gehemmt sind,

resultirt, ist die Behaglichkeit. Ich habe hiermit den Charakter des phlegmatischen Temperamentes ausgesprochen, das mit dem sanguinischen, wie die üppige Constitution mit der floriden zusammenzustellen ist.

Das sanguinische Temperament, mit der floriden Constitution die Lebhaftigkeit der Circulationsprocesse an sich voraussetzend, charakterisirt sich durch ein entschiedenes Wechselbedürfniss, welches sich theils auf den Wechsel der receptiven und Wirkthätigkeit, theils auf den Wechsel der Objecte, welche die Thätigkeit in Anspruch nehmen, bezieht, und durch eine besondere Lebendigkeit der Umsatz- und Umwandlungsprocesse, welche die äussern Eindrücke ausdehnend verinnern und die Modificationen der Selbstempfindung auf die objective Empfindung reflectiren, womit eine besondere Entwicklung des Vorstellungsvermögens, obgleich nur seiner Umsatzenergie, ausgesprochen ist. Die Stimmung scheint bei dem sanguinischen Temperamente eine veränderliche sein zu müssen und ist es bis zu einem gewissen Grade; da aber das Gemüth durch jede Veränderung der Stimmung frei wird und diese Befreiung, die das Wechselbedürfniss an sich verlangt, durch die Vorstellungsthätigkeit, welche die Hemmung vorgreifend und positiv aufhebt, hervorgebracht werden kann, so ist die Grundstimmung des Sanguinischen das erwartungs- und hoffnungsvolle Gefühl der Unbeengtheit, das der behaglichen Stimmung insofern entgegengesetzt ist, als diese auf der Befriedigung des Beisichselbst oder Heimischseins beruht und eine gewisse Abgeschlossenheit wie Abrundung der Existenz fordert.

Bei dem cholerischen Temperamente ist der Wirktrieb und zwar als Trieb einer ausgreifenden und Kraft offenbarenden Thätigkeit vorherrschend. Damit ist — weil die menschliche Wirksamkeit nur als zusammengreifende von Belang ist — die Tendenz gesetzt, den Willen der Andern zu bestimmen, also den eigenen nicht bestimmen zu lassen. Da aber diese Tendenz, indem sie ihre Befriedigung zu erweitern strebt, stets auf neue Hemmungen stösst, an denen sich das Gefühl des Vermögens, wenn das Streben nicht erschlaffen soll, sam-

meln und erhöhen muss, so ist die Grundstimmung des Cholerischen das mit einem entschiedenen Kraftgefühl gemischte
Gefühl des Beengt- und Gehemmtseins.

Das melancholische Temperament beruht auf dem Vorwiegen des Empfindungsbedürfnisses und schliesst eine besondere Energie ein, die verinnerten Eindrücke und die vorstellig
gewordenen Selbstempfindungen umsetzend festzuhalten, also
zu entwickeln. Das vorherrschende Verhalten ist daher ein innerliches, und da das Empfindungsbedürfniss die sich ausdehnende Vorstellung reizvoller Objecte bedingt, während sich
die starken Nachempfindungen nur langsam verlieren, so lösen
sich das Gefühl der vollen Befriedigung und der Sehnsucht
stets in einander auf, und die Grundstimmung ist daher als
das Gefühl der Fülle und Befriedigung zu bezeichnen, welches der Sehnsucht nach Erfüllung fortgesetzt Raum lässt.

Für die Möglichkeit und Nothwendigkeit der Zwischenformen der Temperamente kommen verschiedene Verhältnisse
in Betracht. Zunächst nähern sich die verschiedenen Constitutionen einander an, und zwar die üppige der floriden und
der robusten, die robuste der üppigen und der nervösen, die
nervöse der robusten und die floride der üppigen, womit Basen
des sanguinisch-phlegmatischen, des cholerisch-phlegmatischen,
des phlegmatisch-cholerischen, des melancholisch-cholerischen,
des cholerisch-melancholischen und des phlegmatisch-sangui-
nischen Temperaments gegeben sind.

Weiterhin schliesst das vorherrschende Verhalten selbstverständlich den Wechsel nicht aus, kann aber eine gewisse
Dauer des entgegengesetzten bedingen, insofern eine Abspannung nothwendig ist, oder die vom herrschenden Verhalten
zurückbleibende Unbefriedigung einer Auflösung bedarf, wobei
wieder das Verhältniss des Triebes und des Vermögens in
Betracht kommt. So dient das phlegmatische und das melancholische Verhalten dem Choleriker, das cholerische und phlegmatische dem Melancholiker als Abspannungs- und Auflösungs-
mittel. Wenn sich endlich eine ursprünglich gegebene, der
Basis nicht entsprechende Grundstimmung vermöge objectiver
Einflüsse und Einwirkungen entwickelt und gestaltet, so ent-

steht ein Widerspruch, der gleichfalls als eine Zwischenform des Temperaments erscheint.

Auf alle diese Verhältnisse jetzt näher einzugehen, ist mir unmöglich, und ebenso würde es mich zu weit führen, wenn ich heute noch die Sinnesarten, die inneren Sinne, die moralischen und geistigen Anlagen in ähnlicher Art wie die Constitutionen und Temperamente auseinandersetzen wollte. Ich will daher nur noch im Allgemeinen bemerken, dass der Hauptgrund für die in irgend einer Bestimmtheitssphäre eintretende Entartung immer darin liegt, dass sich die in ihr gegebene Vorbestimmtheit nicht realisirt, sondern die höhere Bestimmtheitssphäre in der niederen beschlossen bleibt. Das folgende Mal werde ich das diesmal berührte oder doch nur kurz behandelte Thema der im Individuum hervortretenden Widersprüche, sowie das andere der primären und secundären Factoren der Eigenartigkeit wieder aufnehmen, und hierbei die Sinnesarten und Sinne, die moralischen und geistigen Anlagen der Art berücksichtigen, dass die heutige Ausführung ihren Abschluss erhält, um sodann auf denjenigen Einwirkungsfactor, der zu dem wirksamsten erhoben werden kann — die Erziehung — zurückzukommen.

Dritter Vortrag.

1.

Die Entdeckung der Widersprüche bei der Selbstbeobachtung und der Beobachtung Anderer. — Der Eindruck der Erscheinung, das physiognomische Gefühl und die physiognomische Wissenschaft. — Der Widerspruch der Constitution und des Temperamentes. — Das Temperament als Basis der Sinnesart. — Das allgemeine Verhältniss der Sinnesart zu den moralischen und der „inneren Sinne" zu den geistigen Anlagen. Der Character als Resultat der Selbstbestimmung. — Der Mensch als „Product seiner Nahrung". Die geographische Bedingtheit der menschlichen Existenz und die Grenzen dieser Bedingtheit. — Die Abstammung; die Fortsetzung des Volks- und Familiencharacters. — Die Zeugung.

Wenn man von den Widersprüchen redet, welche bei jeder Individualität hervortreten oder in ihr enthalten sind, und am schärfsten die jedesmalige Eigenartigkeit ausdrücken, so kann und muss man sich zugleich auf die Selbstbeobachtungen, die Jeder an sich macht, und auf die Erfahrungen an Anderen berufen. Denn sowohl die Selbstbeobachtung wie die Beobachtung Anderer hat eine bestimmte Schranke, und nur indem Beide sich ergänzen, wird eine möglichst vollständige Erfahrung der eigenartigen Vorgänge, Erscheinungen und Charakterzüge gewonnen, die der Umkreis der menschlichen Individualitätsgestaltung einschliesst. Über das, was in Jedem vorgeht, kann er allein authentische und genügende Auskunft geben; aber seine Aufrichtigkeit und das Vermögen, Beobachtungen zu machen und auszusprechen, vorausgesetzt, vermag er weder seine Erscheinung und den Charakter seiner Äusserungen objectiv aufzufassen, noch die Illusionen, welche seine innerlichsten und geheimsten Motive verdecken — Illusionen, denen

eine gewisse Nothwendigkeit zugesprochen werden muss —
vollständig aufzulösen. Das Urtheil, das der Eine über den
Andern gewinnt, ist also einerseits oberflächlicher, andererseits
aber umfassender und richtiger als die Selbstanschauung, die
sich aus der Selbstbetrachtung ergibt. Wie aber jeder Selbst-
beobachter, der wirklich das Auge ungeblendet nach innen zu
richten vermag, Widersprüche, und zwar insbesondere den
Widerstreit verschiedener Tendenzen und auffallende Metamorphosen der Neigungen und Willensbestimmtheiten entdeckt, so
wird jede eingehende und sich nicht voreilig abschliessende Beobachtung der Andern Widersprüche zwischen dem was sie
scheinen und scheinen wollen, und dem was sie in der That
sind, zwischen ihren Trieben, Bestrebungen und Ansprüchen
und der Quantität und Qualität ihres Vermögens, zwischen
ihren ausgesprochenen Meinungen, Ansichten und Grundsätzen
und ihrer Handlungsweise, ja sogar ihrer sich unwillkürlich
offenbarenden Denkweise festzustellen haben. Wie häufig finden wir z. B. einen sanften Ausdruck und ein mildes Wesen
bei Herzlosigkeit und Grausamkeit, eine plötzlich und siegend
hervorbrechende Willensentschiedenheit, die hinter stetig erscheinender Nachgiebigkeit verborgen lag, eine unterwürfige
und schmeichlerische Höflichkeit mit dem Hintergrunde maass-
loser Eitelkeit und eine bescheidene Zurückhaltung, mit welcher sich ein stark ausgeprägter Stolz verdeckt; wie oft ist
der strenge Ausdruck und das barsche Wesen die Hülle eines
weichen Gefühls und die Stärke die Maske der Schwäche; wie
vielfach haben wir Gelegenheit, uns über die Hartnäckigkeit
zu wundern, mit welcher Einzelne an Bestrebungen festhalten,
die ihren Fähigkeiten durchaus nicht entsprechen, während sie
ihre wirklichen Anlagen unentwickelt und unbenutzt lassen;
wie äusserlich und angenommen stellt sich nicht selten nicht
blos die aufflammende, sondern auch die nachhaltig, ja un-
erschöpflich erscheinende Begeisterung heraus, wenn wir den
Charakter, den das Leben und Streben des Menschen hat, kennen lernen. Dabei sind die bewusste Lüge, die beabsichtigte
Täuschung und das ausdrücklich herausgestellte Scheinwesen
keineswegs so häufig, wie Beurtheiler, die sich immer wieder

durch die Erfahrung des Widerspruchs überraschen, und
zwar meist schmerzlich überraschen lassen, annehmen, weil
sie nicht darüber klar sind, dass der Widerspruch im Wesen
der Individualität liegt, dass er häufig gelöst ist und sich lösen
lässt, wo er unlösbar erscheint, dass aber auch die Illusion,
welche dem Einzelnen die in ihm liegenden und ungelösten Widersprüche verdeckt, eine grosse Rolle spielt, und dass der Täuschung der Anderen gewöhnlich die Selbsttäuschung vorangeht.

In physiognomischer Beziehung will ich hierbei bemerken,
dass der Eindruck, den eine persönliche Erscheinung macht,
unter der Voraussetzung eines einigermaassen entwickelten
physiognomischen Gefühls an sich wahrer zu sein pflegt, als
das sich nachträglich feststellende Urtheil, und zwar aus dem
einfachen Grunde, weil der Eindruck das volle Bild der Persönlichkeit enthält, der Inhalt des Eindrucks aber unvoll-
ständig in die Reflexion übergeht, indem diese entweder die
Widersprüche, die sich ihr vergegenwärtigen wollen, unwillkürlich zurücktreten lässt, um leichter und schneller zum Abschluss zu gelangen, oder sich einseitig der frappanten, wenn
auch widersprechenden Züge bemächtigt, zu ihrer Vermittlung
aber um so weniger befähigt ist, als das empfangene Bild, indem es nicht fixirt ist, sich unmerklich verliert. Eine physiognomische Wissenschaft, welche an sich für die Fixirung, die
Verarbeitung und die Formulirung der erhaltenen Eindrücke
die ausreichenden Mittel böte, ist noch nicht ausgebildet; eine
Wissenschaft aber, die einerseits das schon gesammelte Material an Beobachtungen und Vergleichungen noch nicht ver-
arbeitet, andrerseits einzelne Regeln oder Gesetze voreilig abstrahirt und formulirt hat, leitet da, wo das der Anschauung
und Vorstellung Gegenwärtige zum Bewusstsein und zu einem
gültigen Ausdrucke gebracht werden soll, ebenso oft irre, wie
sie diese Operation unterstützt. Indessen würde auch die aus-
gebildetste Wissenschaft dem, dessen physiognomische Empfindung eine rohe und dürftige ist — eine Rohheit und Dürftigkeit, die sich durch das Studium als solches nicht überwinden
lässt — mehr oder weniger nutzlos sein. Die feine physiognomische Empfindung aber — diejenige, welche von jeder,

auch der vorübergehenden Erscheinung einen zugleich vollen
und bestimmten Eindruck empfängt — ist nicht grade häufig
zu finden, woran — da sich fast bei allen Kindern ein sehr
lebhaftes, wenn auch noch nicht feines physiognomisches Gefühl beobachten lässt — zunächst die herrschende Erziehung
und sodann die in dieser wie in andern Beziehungen blasi-
rende Art unseres Verkehres die Schuld tragen. Der damit
ausgesprochene Verlust aber ist nicht gering anzuschlagen, da,
von Anderem abgesehen, die Feinheit des physiognomischen
Gefühls ein wesentliches Moment der höchsten und edelsten
Genussfähigkeit ist.

Wo das Temperament der Constitution nicht entspricht,
ist ein Widerspruch gegeben, der sich entweder als ein Widerspruch der Erscheinung und des Wesens oder des Triebes
und des Vermögens zutreffender bezeichnen lässt, und seine
Lösung nur in einer höheren Bestimmtheitssphäre, d. h. durch
die bestimmte Gestaltung einer in dieser der Anlage nach gegebenen Energie oder Eigenschaft finden kann. Treffen wir
die robuste Gestalt mit einem ausgeprägt melancholischen oder
sanguinischen Temperamente, die entschiedene Erscheinung der
floriden Constitution mit einem hervorstechenden cholerischen
oder auch phlegmatischen Charakter vereinigt, so werden
wir nicht umhin können, einen Widerspruch der Erscheinung
und des Wesens zu empfinden, welcher, wenn er sich nicht
bei näherer Bekanntschaft auflöst, den Schluss auf eine abnorme Organisation oder eine mehr oder weniger andauernde
Krankhaftigkeit, deren Eindruck wir meist sogleich erhalten,
rechtfertigt. Ein solches Zusammentreffen aber, wie auch das
einer üppigen Constitution und eines nervösen Temperamentes,
das die Form der Sentimentalität annimmt, ist nicht allzu
selten, obgleich es immerhin zu den Ausnahmen von der
Regel gehört, wogegen die Verbindung der ausgeprägten Constitution mit einer nur theilweise entsprechenden Zwischenform des Temperaments, z. B. die der entschieden nervösen
Constitution mit dem cholerisch-melancholischen Temperamente,
ferner die umgekehrte einer Zwischenform der Constitution
mit einem ausgeprägten Temperamente, und endlich die Ver-

bindung der robusten Constitution mit dem phlegmatischen,
der üppigen mit dem sanguinischen Temperamente, die weniger auffallen und auf keine Krankhaftigkeit hinweisen, sowie die entschieden krankhafte der floriden Constitution mit
dem melancholischen Temperamente weit häufiger vorkommen.
Ein Widerspruch des Triebes und des Vermögens, der ein un-
gelöster ist, sofern er besteht, und bei abgeschlossener Entwicklung nicht gelöst werden kann, ist beispielsweise vorhanden, wenn sich eine floride Constitution, und zwar eine bezüglich der Muskulosität besonders schwach ausgestattete mit
einem entschieden cholerischen Temperamente verbindet, und
der Wirktrieb nicht zu geistiger Potenz erhoben ist, sondern
sich auf die äussere Kraftbethätigung richtet. Die Möglichkeit solcher Widersprüche beruht, wie ich schon früher ausgesprochen, darauf, dass die Triebe und Bedürfnisse in einer
ursprünglich gesetzten, anerzeugten oder angebornen, und
durch Angewöhnungen und Einwirkungen befestigten und entwickelten Grundstimmung ihre nährende Wurzel haben. Die
Möglichkeit der Lösung aber liegt, wie eben gesagt, in den
höheren Bestimmtheitssphären, und diese Lösung findet so
statt, dass eine Eigenschaft oder ein Vermögen, welche den
Widerspruch theils verdecken, theils schwächen, theils zu ihrem
eigenen Moment setzen, ausgebildet werden. Durch diese Ausbildung muss also die gegebene Erscheinung modificirt, der
gegebene Trieb gemässigt werden und mit dem entsprechenden Vermögen eine Metamorphose erleiden, in der sich beide,
ohne sich zu steigern, erhöhen. In den meisten Fällen aber
ist hierzu eine ausdrückliche und consequente Einwirkung nothwendig, die keine andere als die pädagogische sein kann.

Die Bestimmtheitssphäre, welche sich an die des Temperamentes anschliesst, ist die der Sinnesart, worunter wir die
allgemeine Bestimmtheit des Selbstgefühls — das Wort im
engeren Sinne genommen — gegenüber den Gewährungen und
Schranken verstehen, welche die Objectivität und insbesondere
auch die Andern dem Individuum darbieten und entgegenstellen. In dem Selbstgefühl hat die mit dem Temperament
gegebene Grundstimmung ihre Concentration und gewinnt eine

höhere Potenz durch den Hinzutritt eines neuen, an sich
schon auf die schliessliche Bestimmtheit der Individualität
im Charakter hinweisenden Momentes. Denn das Selbstgefühl ist die unmittelbare Existenzform des Selbstbewusst-
seins und der Selbstbestimmungsfähigkeit, eben deshalb
aber die Sphäre, in welcher sich die über die Bewusstlosigkeit erhobenen, mit der Selbstbestimmungsthätigkeit zusammenhängenden Neigungen entwickeln und gestalten.
Somit bestimmt sich in und mit der Sinnesart wie die Grundstimmung des Temperamentes so das allgemeine Verhalten
zur Objectivität, und zwar, da im Begriff der Neigung die
freie Selbstbeschränkung liegt, der Art, dass die objectiv gegebene Beschränktheit in eine die Selbstbestimmung aus-
drückende umgesetzt wird. Hiernach geben die Temperamente
die Basen der Sinnesart ab, sodass wir vier Grundformen
derselben — die Gemüthlichkeit in dem bestimmteren Sinne
des Worts, der den Zusammenhang mit der Behaglichkeit
ausdrückt, die Empfänglichkeit, die Strebsamkeit und die Innigkeit zu unterscheiden haben — die qualitative Seite ihrer
Bestimmtheit aber wird durch verschiedene Factoren, unter
denen die Willkür als Freiheitstendenz ein Mittelfactor ist,
ausgeprägt, wobei sich gleichzeitig die Höhe und die Form
des Selbstgefühls ergibt. Auch hier ist also der Widerspruch
möglich, indem die in der Grundstimmung gegebene Tendenz
durch eine mit der Höhe und Form des Selbstgefühls zusammenhängende, z. B. die Tendenz der Empfänglichkeit durch
das besonders entwickelte Bedürfniss, die Person herauszustellen und geltend zu machen, aufgehoben wird. Die inneren Sinne, mit denen sich die Phrenologen so viel beschäftigt haben, drücken Eigenschaften und Vermögen aus, die
nicht in den Neigungen begriffen sind, aber sich aus ihnen
entwickelt und durch sie ihre Grundform erhalten haben,
während die Höhe ihrer Entwicklung durch die der allgemeineren Vermögen bedingt ist. Die moralische Anlage hat
zwei Momente, die sich nur selten in gleicher Stärke vorfinden und entwickelt werden: sie ist die Anlage zur Gewissenhaftigkeit und die zur Hingabe, die wir auch als Anlage zum

Enthusiasmus bezeichnen können. Die Empfänglichkeit und
Strebsamkeit sind Basen der letzteren, die Gemüthlichkeit und
Innigkeit Basen beider Anlagen, und zwar insbesondere die
Innigkeit, während die Gemüthlichkeit vorherrschend die Ausbildung der Gewissenhaftigkeit begünstigt. Sonach verlangen
das sanguinische und cholerische Temperament für die Entwicklung der nur schwachen natürlichen Anlage zur Gewissenhaftigkeit eine besondere und consequente Einwirkung,
welche die Höhetendenz des Selbstgefühls zu mässigen, die
falsche Befriedigung derselben zu hemmen und die positive
Fähigkeit zur Sittlichkeit, d. h. die Fähigkeit zur Gemeinschaft
— denn die Sittlichkeit ist uns ein weiterer und höherer Begriff als die Moralität — zu entwickeln hat. Die letztere
Aufgabe, die selbstverständlich der Erziehung zukommt, ist
die allgemeine, die Herausbildung der moralischen Anlagen
einschliessende. Diese Anlagen aber sind als natürliche in
sehr verschiedener Stärke vorhanden, und zwar findet auch
hier die Möglichkeit des Widerspruches Raum, indem z. B.
bei dem melancholischen Temperamente, obgleich es die Basis
der Innigkeit und diese die Basis der vereinigten Gewissenhaftigkeit und Hingabefähigkeit ist, die moralische Anlage eine
sehr schwache sein und eine unentwickelte bleiben kann, weil
dasselbe Temperament eine abnorme Höhetendenz des Selbstgefühls, wenn auch in anderer Form wie das cholerische, zulässt und begünstigt. Dass die inneren Sinne in einem
näheren Verhältnisse zu der geistigen Anlage stehen, während
die Sinnesart mit der mehr oder weniger entwickelten moralischen Anlage die Basis des Charakters abgibt, springt
in die Augen. Der Charakter aber ist die letzte und daher
auch umfassende Form der individuellen Bestimmtheit, weil
es diejenige ist, die sich das Individuum vermöge seiner Selbst-
beherrschungs- und Selbstbestimmungsfähigkeit gibt. Dass
für diese Fähigkeit die geistigen Anlagen nicht indifferent
sind, versteht sich von selbst; bezüglich der letzteren aber
will ich noch besonders hervorheben, dass auch sie durch
die Ausprägung der übrigen Bestimmtheitssphären noch keineswegs, weder was die Höhe der Entwicklungsfähigkeit noch

was den objectiven Inhalt der Bethätigung anbetrifft, bestimmt sind, dass vielmehr sowohl das quantitative Verhältniss wie die qualitative Bestimmtheit der hierher gehörigen Organe sich theilweise als eine von den vorherrschenden Bethätigungstrieben, die das Temperament enthält, und selbst von der Ausbildung der inneren Sinne, die ohne die gegebene geistige Anlage nicht gedacht werden kann, durchaus unabhängige darstellt. Beiläufig sei hier erwähnt, dass sich unter den grossen Philosophen, Dichtern, Gelehrten, Feldherren u. s. w. Vertreter jedes Temperamentes finden, wie beispielsweise Fichte Choleriker, Hegel Phlegmatiker, Schiller cholerisch - melancholischen, Göthe phlegmatisch - sanguinischen, Dante melancholischen, Cäsar und Friedrich der Grosse sanguinischen, Hannibal cholerisch-melancholischen, und Napoleon phlegmatisch-cholerischen Temperamentes war.

Wenn ich jetzt die Frage, wie sich die von innen und von aussen wirkenden Factoren der Eigenartigkeit zu einander verhalten, wieder aufnehme, beabsichtige ich nicht, auf ihre Erörterung nochmals und tiefer einzugehen, um herauszustellen, inwiefern der Mensch Product der äusseren Einflüsse und Einwirkungen und inwiefern er vermöge seiner ursprünglichen Bestimmtheit und seiner bewussten Selbstbestimmung Producent seiner selbst ist. Eine solche Erörterung würde viel zu weit führen, und es kommt mir nur darauf an, die schon geltend gemachte Anschauungsweise etwas weiter und zwar nach der Seite, welche die historischen Zustände und Verhältnisse berührt, zu bestimmen. Der mit einer gewissen Entschiedenheit aufgestellte Satz, dass der Mensch Product seiner Nahrung sei, hat nur so behauptet werden können, dass seine Vertreter den Begriff der Nahrung immer weiter ausdehnten und zuletzt in derselben auch die Berührungen, Einflüsse und Einwirkungen, welche Kräfte entbinden, aufnahmen. Für die Unterscheidung der wirksamen Momente, welche die Eigenartigkeit setzen, ist eine solche, immerhin willkürliche Ausdehnung eines Begriffes, der in seiner engeren, dem Sprachgebrauch entsprechenden Fassung einen begrenzten Factor der organischen Entwicklung bezeichnet, kaum vortheilhaft. Will

man durchaus von der Nahrung im weiteren Sinne sprechen,
so sollte man wenigstens, um nicht Unterschiede, die festgehalten werden müssen, zu verwischen, diejenigen Erregungen,
welche nicht durch objectiv bestimmte Einflüsse und Einwirkungen vermöge und nur vermöge der Reaction des Organismus hervorgebracht, sondern als Erregungen übertragén,
wenn auch umgesetzt werden, von dem Begriffe der Nahrung
abscheiden. Wenn man dies aber thut und zugleich die anthropologische Betrachtung zur historischen ausdehnt, so fällt
der Begriff der Nahrung im weiteren Sinne wenigstens nahezu
mit dem zusammen, was man sonst die geographische Bestimmtheit der menschlichen Existenz nennt. Diesen Begriff
geschaffen und angewandt, also die historische Bestimmtheit
der verschiedenen Racen und Völker auf die geographische
Bedingtheit der menschlichen Existenzform zurückgeführt zu
haben, ist sicher ein grosses Verdienst der neueren, von Ritter
ausgehenden geographischen Wissenschaft. Wenn es aber so
interessant und belangvoll wie überall möglich ist, den bestimmenden Einfluss, den das Klima, die Landgestaltung, die Bo-
denbeschaffenheit, der Vegetationscharakter u. s. w. auf die
Existenzweise und Existenzform der Bevölkerungen ausüben,
nachzuweisen, so bleibt doch dieser Nachweis ein begrenzter,
indem er eine Reihe von Thatsachen und Erscheinungen, die
um so mehr auffallen, je mehr man sich gewöhnt hat, die
geographische Bedingtheit als eine durchgreifende anzusehen,
unerklärt lässt.

Dasselbe Land trägt und nährt nebeneinander sehr verschieden geartete Bevölkerungen, die ihr Nebeneinader behaupten, und wir finden oft unter Naturverhältnissen, die wenigstens scheinbar die günstigsten sind, ein verkümmertes oder
doch jeder höheren Anlage entbehrendes Menschengeschlecht,
das keine Spur der historischen Entartung an sich trägt,
weil es meist gar keine eigentliche Geschichte gehabt hat, und
umgekehrt unter scheinbar ungünstigen Verhältnissen eine
grosse Kraftentwicklung. Wollen wir, wenn es sich darum
handelt, diese auffallenden Erscheinungen zu erklären, von der
Abstammung, d. h. davon, dass die einmal unter irgend

welchen Einflüssen zur Bestimmtheit gelangte und ausgeprägte
Organisation sich fortpflanzt, absehen, so müssen wir unsere Kenntniss der Momente, welche die geographische Bedingtheit ausmachen, als eine lückenhafte anerkennen, und
unbekannte Factoren, welche grade der Entwicklung der
menschlichen Gattung, wo nicht nur alles andere Leben gedeiht, sondern auch die Verhältnisse ganz ähnliche sind, wie
diejenigen, unter denen sonst die Menschheit ihre schönsten
Blüthen treibt, feindlich entgegenstehen, sowie umgekehrt
andere, welche die sich sonst als ungünstig erweisenden Einflüsse mässigen und aufheben, annehmen. Dass es solche,
noch nicht nachweisbare Factoren gibt, unterliegt keinem
Zweifel, und wir dürfen beispielsweise nicht anstehen, eine so
ausgeprägte endemische Krankhaftigkeit und Entartung, wie
es der Kretinismus ist, auf territoriale Einflüsse zurückzuführen. Indessen sind hierbei nicht bloss die äussersten Fälle
zu berücksichtigen, sondern es bedarf auch der Erklärung,
warum bei einem gesunden und milden Klima, bei einer weder
verschlossenen noch formlosen Landgestaltung, bei Fruchtbar-
keit und landschaftlicher Schönheit die Bevölkerung zwar nicht
verkümmert und entartet, aber doch eine schwache historische
Entwicklungsfähigkeit zeigt, die derjenigen, welche sich unter
weit ungünstigeren Verhältnissen offenbart und bethätigt, weit
nachsteht. Ist aber schon in solchen Fällen die Berufung
auf unbekannte geographische Factoren sehr bedenklich, so
muss sie als durchaus unzulässig da gelten, wo verschieden
geartete Bevölkerungen sich nicht nur streckenweise durchsetzen, sondern gemischt wohnen und sich in ihrer Lebensweise
immer mehr angenähert, aber trotzdem die unterschei-
denden Charaktermerkmale, und zwar die physischen, moralischen und geistigen durch Jahrhunderte behauptet haben und
fortgesetzt behaupten. In dieser Beziehung haben wir ein
naheliegendes Beispiel an Ungarn und Siebenbürgen mit ihren
sich überall durchkreuzenden, aber ihre Eigenthümlichkeiten
selbst da, wo die Nachahmungssucht ins Spiel tritt, nicht ein-
büssenden Bevölkerungen. Zu diesen Bevölkerungen gehört
auch die wanderlustige der Zigeuner, deren Wohn- und Wan-

derkreis Erdtheile umfasst, und welche, aus der noch unbestimmten südlichen Heimath in gleichfalls unbestimmter Zeit vertrieben, den Beweis liefern, dass nicht nur dies und jenes Land, dieser oder jener Erdtheil, um mich so auszudrücken eine schwache Umbildungskraft besitzt, sondern ein und dieselbe Nationalität unter den extremsten klimatischen und überhaupt geographischen Einflüssen ihren Typus zu bewahren, vermag. Ein anderes Beispiel dieser Zähigkeit des Typus geben die Juden ab, und zwar ein Beispiel, das noch frappanter und entscheidender ist, weil die Juden im Gegensatz zu den Zigeunern sich ansässig gemacht, und in die jedesmalige Civilisation der Länder, die sie bewohnen, trotz des religiösen Gesetzes, das ihre Lebensweise in einer auf das Land ihrer Väter berechneten Art regelt, eingegangen sind.

Hiernach ist die Abstammung ein Factor der volksthümlichen Eigenartigkeit, von dem sich durchaus nicht absehen lässt. Wie man sich auch die Verzweigung des Menschengeschlechts und das Entstehen der verschiedenen Menschenspecies denken möge, jedenfalls kommt der einmal herausgebildeten Species eine Fähigkeit der Selbsterhaltung, d. h. der Behauptung des gegebenen Charakters zu, die allen Veränderungen, welche hinsichtlich der Ernährung und aller übrigen Factoren, die sich als geographische bezeichnen lassen, eintreten können, trotzt, obgleich sie allerdings bei verschiedenen Menschenarten eine verschiedene Stärke und Nachhaltigkeit zeigt, und selbstverständlich den modificirenden Einfluss der geographischen Factoren nicht ausschliesst, vielmehr die Fähigkeit, sich diesen Einflüssen zu accomodiren, als Moment enthält. Dass die geographischen Factoren den in der Abstammung gegebenen Charakter mit überwiegender Kraft umwandeln, haben wir als eine Ausnahme von der Regel anzusehen, folglich die in der Geschichte oft genug wiederkehrende Thatsache einer entschiedenen Umwandlung oder Abartung im Allgemeinen nicht durch das allmälig zur Geltung gelangende und sich durchsetzende Übergewicht territorialer Einflüsse, sondern historisch, d. h. durch Processe, welche sich unabhängig von der geographischen Existenzbedingtheit entwickeln und als innerliche im historischen Sinne bezeichnet werden müssen, oder durch Einwirkungen durchgreifender Art, welche das eine Volk auf das andere ausübt, oder endlich durch die Abnahme der Lebenskraft schlechthin, durch das historische Absterben, das sich lange hinziehen kann und die Lebenserneuung mittelst der Vermischung mit andern Volkselementen nicht ausschliesst, zu erklären.

Innerhalb desselben Volkes oder Stammes sehen wir die mehr oder minder ausgeprägte Familieneigenthümlichkeit sich mit mehr oder weniger Consequenz fortpflanzen. Zuweilen erscheint die Eigenartigkeit der Familie in ganz specifischen Charakterzügen, die wir einfach als sich vererbende betrachten müssen, insofern sie als sich durch Angewöhnung und Anbildung übertragende nicht erklärt werden können. So treten physiognomisch-charakteristische Bewegungen, die dem Vater, der Mutter oder auch den Grosseltern eigen waren, bei den Abkömmlingen erst im späteren Alter und ohne dass an Nachahmung oder Anbildung zu denken wäre, ohne dass sogar die Kinder die Eltern und Grosseltern gekannt haben, überraschend hervor. Andrerseits zeigen Kinder, die von denselben Eltern gezeugt, auf dieselbe Weise genährt und gepflegt, unter denselben Umgebungen und Verhältnissen aufgewachsen sind, die entschiedensten Abweichungen der Constitution, des Temperamentes, der Neigungen und Anlagen. Hieraus ergibt sich, dass die Zeugung einestheils die gegebene Bestimmtheit fortsetzt, indem sie den Keim einer erneuten Entwicklung legt, anderntheils aber als ein sich bei denselben Individuen mehr oder minder modificirender Akt, dessen jedesmalige Bestimmtheit Vorbestimmtheit für die entstehende Organisation ist, angesehen werden muss. Die letztere Annahme ist eine unabweisliche Consequenz, die aus der Thatsache, dass sich die Eigenartigkeit vererbt, auf der einen, aus der andern, dass sie — hier ausnahmsweise, dort in der Regel — sich nicht vererbt, auf der andern Seite gezogen werden muss.

Ich komme hiermit darauf zurück, dass die Individualität eine ursprüngliche und sich entwickelnde Bestimmtheit hat,

die nicht das Product äusserer Einflüsse, sondern eines individuellen Aktes oder, allgemein ausgedrückt, der Individualität
ist — was wir durchaus als ein Ergebniss von weitreichender
Consequenz festzuhalten haben und festhalten können, ohne
die Stärke der objectiven, die Entwicklung bestimmenden Factoren zu unterschätzen, wobei jedoch, um auf einen weiteren
Abschluss im Voraus hinzuweisen, sogleich bemerkt sein mag,
dass es unmenschlich ist, den Zufall der äussern Einwirkungen walten zu lassen, d. h. von ihrer Regelung abzusehen.

2.

Die Individualität der Eltern; die menschliche Zeugungsfähigkeit im Verhältniss zu der Geschichtsfähigkeit der Gattung. — Das Verhältniss
der Erzeugenden zu einander und die Consequenzen desselben für die
Erzeugten. Die Rücksichtnahme auf die künftige Generation bei der
Gestaltung des Ehewesens. — Die Ernährungs- und Lebensweise in
der ersten Kindheitsperiode. — Die Umbildungsfähigkeit des kindlichen
Organismus und die pädagogische Benutzung derselben.

Dass für die Individualität des werdenden Menschen —
des Kindes — vor allen andern Dingen die Individualität der
Eltern in Betracht kommt, und zwar sowohl für die körperliche und geistige Gesundheit und Normalität im Allgemeinen
wie für die individuelle Eigenartigkeit, ist ein Satz, der eines
eigentlichen Beweises kaum bedarf, der aber dennoch — wie
denn überhaupt das Selbstverständliche oft genug hervorzuheben ist — ausdrücklich zur Geltung gebracht werden muss,
wenn es sich darum handelt, die Factoren der Individualität
neben einander zu stellen und gegen einander abzugrenzen.
Denn wie der Satz, dass der Mensch Product seiner Nahrung
ist, consequent durchgedacht, den Begriff des Selbst und der
Selbstbestimmung, also den Begriff der specifisch menschlichen
Individualität aufhebt, so ist für denselben Begriff mit dem
andern Satze, dass die Individualität durch die Individualität
gesetzt wird, dass also die menschliche Bestimmtheit sich selber voraussetzt, eine wesentliche Unterlage gewonnen, weil,
wie ich es schon formulirt habe, die Consequenz der That-

sache, dass der individuelle Mensch P r o d u c t der gegebenen
Individualität ist, bis zu der realen Möglichkeit oder der ideellen Thatsache reicht, dass er P r o d u c e n t seiner selbst sein
kann und sein muss.

Um diese Consequenz ziehen zu können, hat man allerdings noch die Mittelthatsache festzustellen, dass bei jedem
Menschen, der nicht hinter dem Begriffe der Menschlichkeit
zurückbleibt, die Bestimmtheit, die er h a t und die er realisiren s o l l, in das Bewusstsein tritt, aus dem Bewusstsein aber
als zu realisirende in den W i l l e n, in sofern sich dieser, die
Willkür aufhebend, gebildet hat, dass mit andern Worten
dem Menschen die Selbstbestimmung eignet, worunter zunächst
— um nicht der Folgerung, die gemacht werden soll, vorzu-
greifen — n u r die thatsächliche Aktivität, mittelst deren der
Mensch eine Bestimmung, die ihm vorstellig geworden, verwirklicht, zu verstehen ist. Die F r e i h e i t dieser Selbstbestimmung k ö n n t e Schein sein — und ist es unbestreitbar in
einem gewissen Sinne — sie findet aber thatsächlich statt und
ist mit dem unmittelbaren Bewusstsein oder, wenn man will,
der Vorstellung der Freiheit verknüpft, wie denn ohne die
Thatsache der Selbstbestimmung diejenige Bestimmtheitssphäre,
die wir als die des C h a r a k t e r s bezeichnen, gar nicht vorhanden wäre. Die Thatsache aber, dass der Mensch sich
selbst bestimmt, ist schlechthin unerklärlich, wenn seine Bestimmtheit als das Product objectiver Factoren angenommen
wird, da durch alle möglichen äusserern Einflüsse und Einwirkungen der Wille wohl bestimmt, aber nicht erzeugt werden kann. Folglich ist die allerdings g e g e b e n e individuelle
Bestimmtheit eine menschliche d a d u r c h, dass mit ihr die
Selbstbestimmungsfähigkeit gegeben ist, was nur der Fall sein
kann, wenn in dem Processe, durch den sie gesetzt wird, die
selbstbestimmungsfähige Individualität nicht nur wirksam, sondern p r o d u c t i v ist, wenn also mit andern Worten die zeugenden Individuen nicht indifferente Aktoren sind, sondern
i h r e Bestimmtheit, und zwar wie ihre a u s g e p r ä g t e so ihre
m o m e n t a n e Bestimmtheit vermittelt fortpflanzen. Denn
nur derjenigen Bestimmtheit, die wir überhaupt so in der

Zeugung sich selbst zu produciren vermag, ist die Selbstbestimmungsfähigkeit immanent, und nur von ihr kann sie in
das Product übertragen werden; insofern sie aber übertragen
wird, ist die Aktivität der Selbstbestimmung für die Verwirklichung der gegebenen Bestimmtheit nicht nur als möglich,
sondern auch als nothwendig gesetzt, d. h. die sich entwickelnde Individualität muss sich ausdrücklich selbst produciren, wie es in der Entwicklung als einer vorbestimmten
an sich geschieht, weil sie Product der zugleich bestimmten
und unbestimmten, der menschlichen Individualität ist.

Ich versage mir, diese Sätze weiter auszuführen, will aber
noch hervorheben, dass der Charakter der menschlichen Zeugungsfähigkeit, wie er eben ausgesprochen, mit der Entwicklungsfähigkeit der menschlichen Gattung, welche ihr specifisch
zukommt, genau zusammenhängt. Die Ausprägung und Fortbildung des gegebenen Volkscharakters stellt sich uns als
eine historische — durch die fortgesetzte Gestaltung der
ökonomischen und socialen Verhältnisse, die Ausbildung der
politischen und Rechtsformen, die Kämpfe und Gegensätze,
welche hervortreten und zur Ausgleichung kommen, die eingreifende Wirksamkeit einzelner Persönlichkeiten u. s. w. —
vermittelte dar; aber die Factoren dieser Vermittlung können nicht einseitig als bedingende, sondern müssen zugleich
als bedingte aufgefasst werden, die historischen Processe und
Vorgänge sind also theilweise die Erscheinung und der Ausdruck einer an sich vorgehenden, natürlichen Umwandlung,
die darin besteht, dass jede neue Generation die Ausge-
prägtheit der vorhergehenden, die in dieser eine abgeschlos-
sene ist, reproducirt, also in Fluss bringt und vermöge der
positiven Elemente der Selbstbestimmungsfähigkeit, welche sie
in sich trägt, gegensätzlich ergänzt. Hiernach ist es der
allgemeine, in der besondern Volksexistenz und mit dem Fortschritte der historischen Entwicklung sich modificirende Charakter der menschlichen Zeugungsfähigkeit, durch welche die
natürliche Entwicklung des gegebenen Volkskörpers, die in
seiner historischen Entwicklung erscheint und sich durchsetzt, bedingt ist.

Für die frappanten Unterschiede der Eigenartigkeit, welche Kinder derselben Eltern zeigen, kommt noch v o r der m o - m e n t a n e n Bestimmtheit — den Dispositionen und Stimmungen, unter welchen die Erzeugung und die fötale Entwicklung des Kindes stattfindet — der in den Eltern gegebene D u a - l i s m u s in Betracht, vermöge dessen das Product immer ein vermitteltes oder ein solches ist, in welchem ein gegebener Unterschied der Individualität, der an dem geschlechtlichen Gegensatze eine besondere Bestimmtheit hat, zur Einheit einer selbstständigen Existenz gebracht wird. Indem die eine und die andere Individualität in dem Zeugungsakte s i c h pro- ducirt oder fortpflanzt, hat jede an sich die Tendenz, nicht bloss reproductiv, sondern schöpferisch zu sein, sich nicht bloss zu w i e d e r holen, sondern zu ü b e r holen, und diese Tendenz findet in der entgegengesetzten und doch durch die eigene bedingten Production, also in der Gemeinschaft des Productionsaktes ihre Erfüllung. Hierbei ist aber zunächst ein Überwiegen der einen oder der andern, der männlichen oder der weiblichen Individualität um so eher möglich, als einerseits der eine o d e r der andere G e s c h l e c h t s charakter als solcher der durchgreifende, sich übertragende sein m u s s, und dies entweder durch das Überwiegen der männlichen oder der weiblichen I n d i v i d u a l i t ä t oder im Gegentheil durch das Z u r ü c k t r e t e n derselben wird, insofern das letztere die Energie des Geschlechtlichen befreit und erhöht, andrerseits auf der einen oder auf der andern Seite das Moment der Selbstentäusserung oder des Aufgehens in dem Andern — ein Moment, das mit dem des gesteigerten Selbstgefühls die der geschlechtlichen Vereinigung zukommende Gefühlsbestimmt- heit ausmacht — das stärkere sein kann. Setzen wir diese Möglichkeit auseinander, so erklären sich die einschlagenden Thatsachen, die uns die Erfahrung entgegenbringt, die Ähn- lichkeit aller oder der meisten Kinder mit dem Vater oder der Mutter in j e d e r Beziehung, die Ähnlichkeit der Mädchen mit dem Vater und der Knaben mit der Mutter, die bis auf den Geschlechtscharakter gleichfalls eine durchgreifende sein kann, und endlich die getheilte Ähnlichkeit, bei welcher die

Constitution und die mit ihr zusammenhängende Äusserlichkeit
von der einen, die Sinnesart und Anlage von der andern
Seite fortgepflanzt erscheint. Weiterhin ist unzweifelhaft, wenn
die entstehende Individualität von der zweiseitigen der Eltern
abhängig angenommen wird, das zwischen ihnen bestehende,
nicht bloss quantitativ — als Übergewicht der einen Persönlichkeit — sondern qualitativ zu fassende Verhältniss
von entscheidender Wichtigkeit für die Normalität und Abnormität, die unbedeutende oder bedeutende Eigenartigkeit der
aus diesem Verhältniss, wie man zu sagen pflegt, hervorgehen-
den Kinder. Ist das Verhältniss das eines ungelösten und
unlösbaren Widerspruches, so wird dieser in dem Wesen und
der Erscheinung der Erzeugten als Disharmonie oder Missverhältniss zur Existenz kommen; trägt es den Charakter einer
oberflächlichen Harmonie an sich, so wird eine solche auch die
Individualität der Kinder charakterisiren; ist es ein indifferentes, so kann es als ein bestimmender Factor der entstehenden
Individualität kaum angenommen werden und gibt den Mit-
factoren der zufälligen Stimmung, der Willkür der Phantasie
und der objectiven Einwirkungen, die in das Gebiet des ersten
Werdens hineinspielen, den weitesten Spielraum; ist es endlich
ein Verhältniss wirklicher Ergänzung, so wird es sich als solches, von den möglichen störenden Einflüssen abgesehen, in
der glücklichen, d. h. bedeutenden und harmonischen Anlage
der Erzeugten offenbaren. Insofern aber jedes Verhältniss ein
sich entwickelndes ist und seine Stadien und Übergänge hat,
ist eine uniforme Productivität, die in der Uniformität der
von denselben Eltern erzeugten Kinder zur Erscheinung käme
an sich ausgeschlossen, wozu noch diejenige Bestimmtheit der
Zeugenden kommt, die ich schon vorhin als eine momentane
bezeichnet habe — eine Bestimmtheit, die einerseits mit der
Lebendigkeit des Verhältnisses, welche verschiedenartige Span-
nungen und Annäherungen bedingt, zusammenhängt, andrerseits
das Resultat zufälliger Umstände und Einwirkungen ist.

Ich habe die eben berührten Punkte, deren eingehendere
Erörterung aus verschiedenen Gründen unmöglich ist, nicht
unberührt lassen wollen, weil es erstens, wie ich von vorn-

herein geltend gemacht, Gesichtspunkte für die Erklärung individuellen Wesens und Erscheinens, auffallender Widersprüche und ausgeprägter Eigenartigkeiten sind, die uns erst dadurch, dass wir sie zu erklären versuchen, recht gegenständlich werden; weil zweitens insbesondere die Entartungen, mit denen die Heilpädagogik zu kämpfen und deren Ursachen sie nachzuforschen hat, wie wir überzeugt sind in vielen Fällen auf widernatürliche und unglückliche Eheverhältnisse oder auf die Entartung des Geschlechstriebes, sei es die der Verkümmerung oder die der Überwucherung zurückzuführen sind, und weil es drittens nur heilsam sein könnte, wenn die künftige Generation bei der Zulassung und bei dem Eingehen der Ehen mehr als es leider geschieht in das Auge gefasst würde. Dies zu thun halten wir für eine Pflicht der Einzelnen und der Gesellschaft, welcher die Einzelnen für sich am besten genügen werden, wenn sie sich von dem natürlichen Gefühle leiten lassen und den Missbrauch, der mit der Verehelichung getrieben wird, nicht nur verschmähen, sondern verabscheuen, während es der Gesellschaft zukommt, das Ehewesen im gesellschaftlichen Interesse und im ästhetisch-sittlichen Sinne zu ordnen, wie es durch Beschränkungen, die mit dem Princip der Malthusianer zusammenhängen, nicht geschieht, aber andere, von andern Gesichtspunkten ausgehende in Anspruch nimmt. Die Verantwortlichkeit in dieser Beziehung ist gewiss keine geringe, da die unausbleibliche Folge der fortschreitenden Verfälschung des Ehewesens und der Zunahme oberflächlicher und widernatürlicher Verhältnisse das allmälige Verkommen des Geschlechtes ist, das sich in den ausgeprägten und frappanten Entartungen, welche dem Gebiete der Heilpädagogik angehören, offenbart.

Den Einfluss, welchen auf den gewordenen Menschen die Ernährungs- und Lebensweise ausüben, zu unterschätzen, sind wir keineswegs geneigt, um so weniger, als uns die Erfahrung zahlreiche Beispiele einer in der ersten Entwicklungsperiode des Kindes durch unzweckmässige Ernährung und Pflege bewirkten Umwandlung gesund und wohlgebildet erscheinender und zugleich vorauszusetzender Kinder dar-

geboten hat — Fälle einer hässlichen Metamorphose, die zum
Theil an das alte Mährchen der Verwechselung erinnern konnten und um so trauriger sind, als die Schuld nicht nur in der
besonderen Rohheit oder Gewissenlosigkeit der betreffenden
Eltern und Pfleger, sondern zugleich in allgemein verbreiteten
Vorurtheilen und Missgewohnheiten begründet zu sein pflegt.
Aber die Erfahrung hat uns auch bestätigt, dass, wo die Ge-
nesung überhaupt eintritt, was bei rechtzeitiger Veränderung
der Ernährung und Lebensweise durchgängig geschieht, der
Unterschied der ursprünglich gegebenen Organisation als Unterschied der Kräftigkeit, Wohlbildung und seelischen Anlage
in der mehr oder minder raschen, mehr oder minder vollstän-
digen Wiederherstellung, insbesondere aber auch darin zur
Geltung kommt, dass bei manchen Kindern dieser Art die
bisher unterdrückten Triebe und Vermögen sich so selbstständig herausstellen und entwickeln, wie es ohne die erlit-
tenen Hemmungen und Störungen in gleichem Alter nicht der
Fall ist, so dass sich die Reactionskraft der guten Natur, wenn
der übermässige Druck beseitigt ist, nachträglich und frappant
offenbart. Ferner darf ich nicht unterlassen, auch hier, auf
das früher Gesagte zurückweisend und späteren Ausführungen
vorgreifend, hervorzuheben, dass die rechte Art der Erregung
durch welche der Thätigkeitstrieb des Kindes geweckt, genährt
und gerichtet wird, nicht nur für seine geistige Entwicklung,
sondern auch für sein körperliches Gedeihen und Entfalten, —
die sich überhaupt nicht abstract auseinanderhalten lassen —
in der ersten Kindheitsperiode von einer gewöhnlich unter-
schätzten Wichtigkeit ist. Nicht selten verkümmern oder verdumpfen und verbutten Kinder, ohne dass gegen die Zweckgemässheit der Ernährung Etwas einzuwenden wäre und ohne
dass eine entschieden krankhafte Anlage behauptet werden
könnte, und der Grund liegt dann, wie sich bei einer günstigen Veränderung herausstellt, in dem Mangel der nöthigen
Anregung zur sinnlichen Thätigkeit, zu Bewegungen und zur
Mittheilung, oder auch umgekehrt in dem Übermaasse und der
Verkehrtheit der Anregungen und Anreizungen, die das Kind
zu erdulden hat und welche allmälig abspannend wirken.

Je früher sich eine Abnormität entwickelt oder eine Entartung Platz greift, um so mehr bestimmen sie die Ganzheit des Organismus, um so durchgreifender sind demnach ihre Existenz und Erscheinung. Andrerseits und aus demselben Grunde ist die Möglichkeit, sie zu überwinden oder doch zu mildern, um so grösser, in einer je früheren Lebensperiode die hierzu erforderlichen Veränderungen der Ernährung, der Lebensweise und der Behandlung eintreten oder herbeigeführt werden. Denn je weniger die Anlagen, welche die Vorbestimmtheit des Organismus ausmachen, schon realisirt und die Organe desselben auseinandergesetzt sind, um so unmittelbarer ist der Zusammenhang und die gegenseitige Abhängigkeit der letzteren, um so leichter werden demnach durch ein besonderes Leiden auch die zunächst freien Systeme und Organe in Mitleidenschaft gezogen und durch eine abnorme Function die übrigen gestört; um so stärker ist aber auch die noch zurückgebliebene Entwicklungstendenz und um so grösser die Bestimmbarkeit der noch unbestimmten Organe wie die Möglichkeit der Stoffveränderung und Rückbildung, mit einem Worte die Umbildungsfähigkeit des Organismus, in und mit welcher die gegen das Übel eingeleitete Reaction ihre positive Energie hat. Diese Umbildungsfähigkeit, die mit dem zunehmenden Alter, wie schon ausgesprochen, abnimmt, offenbart sich während der ersten Kindheitsperiode und später noch in der Periode der Geschlechtsreife durch rasch und entschieden sich durchsetzende und gestaltende Veränderungen, welche fast die Bezeichnung der Metamorphose in Anspruch nehmen können, und welche genau zu verfolgen für den Physiognomiker und Psychologen eben so interessant wie für den Pädagogen wichtig ist, da dessen Aufgabe darin besteht, die Entwicklung, die sich von Natur vollbringt, seinerseits durchzusetzen, also die möglichen Entartungen zu verhindern und die in dem Wesen des Menschen liegende Bestimmung, insoweit sie sich nicht unmittelbar verwirklicht, zu vermitteln. Wenn also schon ausgebildete Entartungen vorhanden sind, so darf er, die spontanen Metamorphosen, welche die gesunde Entwicklung zeigt, im Auge, wenigstens als Heil-

pädagog, nicht daran verzweifeln, die zugleich vorhandene
Umbildungsfähigkeit durch zweckgemässe Einflüsse und Ein-
wirkungen zu sammeln, zu erhöhen und gegen das bestimmte
Übel in Wirksamkeit zu setzen.

Wie sich die Erziehung zu den übrigen Factoren, welche
die Individualität bestimmen, verhält und zu verhalten hat,
wird in den nächsten Vorträgen näher auseinandergesetzt werden. Ich habe aber im Voraus geltend machen wollen, dass
sie unter denselben keineswegs verschwindet, sondern mit
denen, welche die ursprüngliche Bestimmtheit des Menschen
setzen, der wirksamste ist oder werden kann. Welche Wichtigkeit man der Nahrung und den Natureinflüssen zuschreiben
mag, so sind doch zunächst, wie ich hervorgehoben, die Anregungen, die der Mensch nur vom Menschen empfangen kann,
für seine normale Entwicklung schlechthin nothwendig und
für seine Eigenartigkeit bestimmend, weiterhin aber vermag
sich die Erziehung, indem sie systematisch anregt und die
Thätigkeit regelt, der Einflüsse, die sich unter den Begriff der
Nahrung oder unter den der geographischen Bedingtheit der
menschlichen Existenz bringen lassen, bis zu einer gewissen
Grenze zu bemächtigen, sie also zweckgemäss zu modificiren, wie denn die Pflege, die wir als ein Aussengebiet der
Erziehung zu bezeichnen haben, in dieser Aufgabe aufgeht,
aber eine naturgemässe sicher um so weniger ist, je mehr sie sich
von der Erziehung abscheidet und absondert und des pädagogischen Momentes entbehrt.

Vierter Vortrag.

1.

Die ausartende Vorherrschaft eines animalen Systems. — Der Ausartungscharakter der üppigen, der floriden, der robusten und der nervösen Constitution. — Die Gymnastik als Gegenmittel gegen die constitutionellen
Ausartungen. — Der Ausartungscharakter des phlegmatischen, des sanguinischen, des cholerischen und des melancholischen Temperamentes. —
Die Ausartung der Sinnesart und die moralische Hässlichkeit. — Die
inneren Sinne als Basis der geistigen Vermögen. — „Der Mensch ohne
Erziehung." —

Die verschiedenartigen Missbildungen, Missverhältnisse
und Entartungen, welche die ausgeprägte Abnormität und die
aus - und eintretende oder fixirte Deformität bedingen oder
ausmachen, gehören nothwendig einer der früher charakterisirten Bestimmtheitssphären oder mehreren zugleich an, und
umgekehrt hat jede der Bestimmtheitssphären ihre Ausartungs-
und Entartungsformen. Von diesen habe ich in meiner Darstellung zunächst abgesehen, um die Begriffe rein zu erhalten
und die ziemlich gewöhnliche Vermischung gesunder und krankhafter, normaler und abnormer Züge, die ich ausdrücklich
tadeln zu müssen glaubte, abzuschneiden; weiterhin aber bin
ich auf die Möglichkeit und auf die Thatsache der Entartung,
indem ich einzelne Factoren derselben herausheben wollte,
nur im Allgemeinen zurückgekommen. Gegenwärtig will ich
versuchen, die kurze und andeutungsweise Charakteristik der
Bestimmtheitssphären, die ich gegeben, durch eine gleichfalls
skizzirende, aber doch auch zusammenhängende Charakteristik
der Entartungsformen in so weit zu ergänzen, als es nothwendig erscheint, um erkennen zu lassen, in welcher Art sich
die bestimmende, die Eigenartigkeit des Individuums in den

Grenzen des Normalen erhaltende und zur Normalität erhe-
bende Erziehungsthätigkeit auseinandersetzt oder auseinanderzusetzen hat. Hierbei werde ich vielfach Gelegenheit haben,
im voraus anzudeuten, dass und wie die erziehliche Einwirkung, um zu bewirken, was sie bewirken will und soll, sich
mässigen und zurückhalten muss, dass und wie sie also, um
ihr Ziel zu erreichen und ihre nothwendigen Aufgaben zu erfüllen, ihre Thätigkeit zu begrenzen und zu beschränken hat,
dass aber diese Selbstbeschränkung mit der nothwendigen
Ausdehnung und Allseitigkeit ihres Wirkungskreises genau
zusammenhängt und durch sie bedingt ist.

Wenn die Vorherrschaft eines animalen Systems über die
Grenzen der Normalität hinaustritt, so findet zunächst eine
Beeinträchtigung der übrigen Systeme — ihrer Entwicklung,
ihrer Stärke und Form und ihrer Functionen — statt, sodass
die Energie wie die Gestaltung des Organismus vereinseitigt
erscheint; weiterhin aber kann die Schwäche und die mangelhafte Function der zurückgebliebenen Systeme für das vor-
entwickelte nicht indifferent sein oder bleiben, da vermöge
des organischen Zusammenhangs jedes functionirende Organ
die momentane Mitwirksamkeit wie die Vor- und Nachthätig-
keit der andern in Anspruch nimmt, sodass die vorwiegende
Energie, insofern sie die Schwäche oder Mangelhaftigkeit der
andern voraussetzt, sich entweder nur in einer abnormen Beschränktheit entwickelt, d. h. in sich selbst zu einer einseitigen und mangelhaften wird, oder sich zu einer scheinbaren,
für die energische Existenz des Individuums belanglosen veräussert, oder endlich, von der Bedingtheit durch den organischen Zusammenhang, der als solcher gegeben bleibt, emancipirt, vermöge ihrer Veräusserung eine relativ unorganische,
vermöge ihrer Innerlichkeit eine um sich greifende und sich
übertragende, d. h. ein Krankheitsprocess wird, der seiner
Natur nach ein bleibender sein muss. Hiernach kann die ausartende Vorherrschaft eines Systems in den Grenzen der Abnormität bleiben oder diese Grenzen überschreiten, und bedingt im ersteren Falle die Unverhältnissmässigkeit der For-
menbildungen und eine Einseitigkeit der Energie, welche an

sich Beschränktheit ist, ohne dass der Charakter, der den
einzelnen Organen und Functionen zukommt, alterirt würde,
in dem zweiten Falle aber die Deformität, und zwar Formen-
abweichungen, welche die charakteristische Gestalt der Organe
mehr oder weniger aufheben, und materielle Entartungen,
durch welche die Substanzbeschaffenheit und Structur der verschiedenen Organe wesentlich verändert und insbesondere
der nothwendige Unterschied oder Gegensatz ausgeglichen
wird.

Indem ich mir eine nähere Auseinandersetzung dieser
Verhältnisse bis zu der Besprechung des Idiotismus — der
gründlichsten Menschenentartung — vorbehalte, gehe ich sogleich
auf die Formen der constitutionellen Ausartung und Entartung
ein. Die üppige Constitution beruht, wie wir sahen, auf der
Vorherrschaft des plastischen Bildungstriebes und der entsprechenden Fähigkeit, die als solche die Formenfülle bedingt.
Indem der plastische Bildungstrieb dadurch, dass er sich auf
Kosten der übrigen Systeme und ihrer Organe geltend macht,
ausartet, bedingt er zunächst die Schwäche und Trägheit der
specifisch animalen Systeme, Organe und Functionen, damit
aber eine Abschwächung der plastischen Fähigkeit, über
welche der plastische Trieb, da er eher gesteigert wird als
abnimmt, hinausreicht, und als Resultat die Scheinfülle,
bei welcher als Ersatz für den Mangel der stofflichen Con-
sistenz und der Formenbestimmtheit die Zunahme formloser
Füllstoffe eintritt. Geht aber die Ausartung bis zu einer
Emancipation des plastischen Triebs und Systems fort, so bedingt sie einestheils mehr oder minder consistente Formwuche-
rungen in allen Systemen, anderntheils Veränderungen der
Stoffbeschaffenheit und Structur, welche die den Organen charakteristischen Functionen alteriren und nach einer bestimmten
Seite denen des vegetativen Systems verähnlichen. Hiernach
offenbart sich die Ausartung der üppigen Constitution, sofern
sie noch nicht die Deformität und einen bleibenden Krankheitszustand bedingt, in einer Fülle, die den Charakter der
Auf- und Anschwemmung hat, mit dem Überflusse an indifferenten unb stockenden Säften, einer schwammigen Beschaffen-

heit aller oder eines Theiles der oberflächlichen Organe und einer ungewöhnlichen Schwäche der Muskelenergie insbesondere verknüpft ist, hierdurch aber entweder die Bestimmtheit der äusseren Form durchgängig verwischt und verschwinden lässt, oder als partielle Aufschwemmung und Anschwemmung eine bis zur Missform reichende Unverhältnissmässigkeit in dem Umfange der verschiedenen Körperpartieen hervorbringt. In das Gebiet dieser Ausartung gehören also die Gestalten, die sich durch eine allgemeine weiche und formlose Fülle, in welcher sich auch die Bestimmtheit der Gesichtszüge verliert, durch Schlaffheit der Musculatur und zuweilen noch durch eine auffallende Zartheit der Haut und einen feinen Haarwuchs auszeichnen, sowie jene, bei denen die Anschwemmung sich auf die Bauch- und Hüftengegend, oder auf diese und das Gesicht beschränkt, die Glieder schwächlich erscheinen, die Färbung der Haut und der Haare durchgängig eine bestimmtere ist als bei denen der ersten Classe. Der Knochenbau ist gewöhnlich eher stark sls fein — das Letztere niemals durchgängig — und die Ausdehnung der verschiedenen Köperpartieen auch als verticale eine unverhältnissmässige, indem die untere Partie des Körpers, das Gestell, zu kurz erscheint. Die Bewegungsfähigkeit im Allgemeinen und die Beweglichkeit der Gesichtszüge insbesondere sind gering, der Blick matt.

Die Ausartung der floriden Constitution besteht in einer Beschleunigung der Circulation und des Stoffwechsels, welche die plastische Ausprägung der Organe und alle diejenigen Energieen, deren Charakter die Sammlung und Zusammenfassung ist, beeinträchtigt, und bedingt mit einer oberflächlichen Stoffmetamorphose eine stetige unbestimmte Erregung. Insofern diese die Grenze der Abnormität noch nicht überschreiten, kommen sie in einer schwächlichen, zuweilen lang aufgeschossenen Gestalt mit wenig ausgebildeter Musculosität, die bei geringer Fülle weiche Umrisse zeigt, in einer auffallenden Durchsichtigkeit der Haut, einer stets wechselnden Farbe und einer unsteten, aber energielosen Beweglichkeit der Gesichtszüge wie der Gestalt zur Erscheinung. Der Knochenbau kann nur zart, nicht aber fein genannt werden, weil er der Festigkeit entbehrt. Auffallende Missverhältnisse des Baues sind nicht häufig, charakterisiren sich aber immer durch eine übermässige Länge des Gestells, durch eine eben solche des Halses, der zugleich ungewöhnlich dünn ist und durch die Schmalheit der Brust.

Insofern bei der robusten Constitution die vorwiegende Entwicklung und Ausbildung des motorischen Apparates auf Kosten der Entwicklung und Ausbildung der übrigen Systeme stattgefunden hat, insofern insbesondere die Energie der Innervation der Stärke der Musculatur so wenig wie der Stärke des Wirktriebes entspricht und der rythmische Charakter der Ernährungsthätigkeit in so weit verloren gegangen ist, dass längere Hemmungen und ungewöhnliche Beschleunigungen die Regel bilden, werden wir statt der derbkräftigen Gestalt, welche die normalrobuste Constitution auszeichnet, eine plumpe und der Elasticität entbehrende, meistens vermöge der Kürze des Gestells und zuweilen durch eine abnorme Brustbreite, sowie häufiger durch eine abnorme Breite des Nackens unverhältnissmässige, die Kraft der Stärke der Muskeln nur annähernd entsprechend, die Bewegungsfähigkeit durch den Mangel der Elasticität und die langsame Innervation beschränkt, und die Disposition zu Erkrankungen, die mit der Stockung und Beschleunigung der Ernährungsthätigkeit zusammenhängen, wenigstens da vorfinden, wo die körperliche Kraftanstrengung keine gleichmässige, sich stetig wiederholende ist.

Die nervöse Constitution artet aus, indem sich die ihr eigene Erregbarkeit, die eine ganz andere wie die der floriden Constitution, nämlich zugleich innerlicher und bestimmter ist, derart steigert oder gesteigert hat, dass die Ernährungsthätigkeit geschwächt und gestört, der Bewegungstrieb unnatürlich verinnert und wie die Ernährungsthätigkeit zur Abhängigkeit von den langsam wechselnden und intensiven Erregungen, die der nervösen Constitution zukommen, herabgebracht ist. Diese Ausartung erscheint darin, dass die der normal nervösen Constitution eigene feingegliederte und elastische Gestalt sich als eine schwächliche darstellt, ausnehmend mager und dabei wenig muskulös ist, die Färbung den Charakter einer ungesunden,

entweder bleichen oder gelblichen Blässe hat, die Bewegungen
abwechselnd auffallend matte und auffallend hastige sind und
der Gesichtsausdruck die mannichfachen Leiden, welche die
Ausartung entwickelt, wiederspiegelt, auch wenn die Abnormität noch nicht zur Deformität übergegangen ist. Von den
letzteren sehe ich jetzt überhaupt insoweit ab, dass ich ihre
Formen nur gelegentlich berühre, weil ich auf dieselben später
zurückkommen muss, habe aber, um kein Missverständniss
aufkommen zu lassen, zu bemerken, dass j e d e Constitution,
w e n n nicht ihren primären so doch ihren secundären Grund
in einer Bestimmtheit des Nervensystems, also in dem Charakter der verschiedenen Partien und Centren desselben und
ihrem Verhältniss zu einander hat. Ferner will ich noch erwähnen, dass die Zwischenformen der Constitutionen theilweise,
wie die üppig-floride und die robust-nervöse, der Ausartung
weniger ausgesetzt erscheinen als die ausgeprägten Constitutionen, aber es in der That nur einseitig, also gegen bestimmte
Ausartungen sind, während die andern stärker zur Ausartung
neigen und z. B. die florid-nervöse nur unter besonders günstigen Voraussetzungen und Umständen, denen wir jene Frauen-
gestalten verdanken, deren Schönheit eine engelhafte genannt
wird, von der Krankhaftigkeit frei bleibt.

Dass die Pflege und Erziehung den constitutionellen Ausartungen entgegenzuwirken haben, versteht sich von selbst,
und sie können es, je nachdem die Ausartung mehr oder weniger
tief liegt oder sich als ursprüngliche mehr oder weniger befestigt
und ausgedehnt hat, mit mehr oder minder Erfolg. Auf die Mittel, welche hierzu dienen, werden wir bei verschiedenen Gelegenheiten zu sprechen kommen. Ich kann aber nicht umhin, jetzt
sogleich, wenn auch ohne weitere Ausführung, auf die hervorragende Wichtigkeit hinzuweisen, welche unter den bezüglichen Erziehungsmitteln die G y m n a s t i k hat. Diese Wichtigkeit hat den Charakter einer unbedingten Nothwendigkeit,
weil sich behaupten lässt, dass o h n e die Gymnastik die bezeichneten constitutionellen Ausartungen u n a u s b l e i b l i c h,
mindestens, wenn wir Missform und Leiden auseinanderhalten,
nach der Seite der Missform, e i n t r e t e n, während die vor-

handenen und entstehenden häufig durch sie allein — unter
der Voraussetzung, dass Ernährungs- und Lebensweise zweckgemäss sind — überwunden werden können, wobei es freilich
auf die Methodik der gymnastischen Übungen ankommt, und
insbesondere darauf aufmerksam zu machen ist, dass die Anwendung keines Erziehungsmittels verfrüht und die Wirkung,
die man von ihm erwartet, zu forciren versucht werden darf.

Die Ausartung der Temperamente ist dadurch bedingt,
dass das jedem derselben eigene Verhalten nicht die den höheren menschlichen Vermögen entsprechende Form gewinnt,
sodass, insofern die Tendenz zu dieser Form vorhanden ist,
die Bedürftigkeit den Trieb, und der Trieb die Fähigkeit überwiegt, wodurch die Grundstimmung den Charakter der Rohheit oder der künstlichen Erhebung, der Gedrücktheit oder
der Überreiztheit erhält. Indem das phlegmatische Temperament ausartet, verliert sich die Tendenz zur Behaglichkeit
in dem Bedürfnisse sinnlichen Wohlseins und gemüthlicher
wie geistiger Unaufgeregtheit, die herrschende Stimmung ist
also die der Indifferenz gegen Alles, was nicht zur Befriedigung der nächsten Bedürfnisse dient, und die Stetigkeit des
Verhaltens wird zur Trägheit. Das sanguinische Temperament ist ein ausgeartetes, wenn der rasche Wechsel der Stimmungen entweder einseitig durch äussere Eindrücke und
Einwirkungen, oder, sofern das Veränderungsbedürfniss Vorstellungen hervortreibt, durch willkürliche, anspruchvolle und
phantastische Combinationen bedingt ist, das Verhalten aber
den Charakter eines unsteten und oberflächlichen Geniessens
und Thuns, sofern es also Geschäftigkeit ist, den einer has-
tigen oder auch lärmenden und dabei nichtssagenden oder
unwirksamen Geschäftigkeit hat. Die Ausartung des cholerischen Temperamentes charakterisirt sich durch das abnorm
gesteigerte Gefühl des Gehemmtseins, welches sich meist durch
eine künstliche Steigerung des Kraftgefühls zu beschwichtigen
sucht, durch einen besonders beschränkten Umkreis der Kraftbethätigung, bei welcher die Ungeduld des Gehemmtseins mit
roher Befriedigung wechselt, oder durch einen Unternehmungsgeist, der über das Vermögen weit hinausgeht und fort-

gesetzte Enttäuschungen, mit ihnen aber ein sich verbitterndes
Gemüth bedingt. Ein über˙ das Vermögen hinausreichender
Unternehmungsgeist, der sich trotz des Misslingens immer wieder auffrischt, indem er die Ursachen desselben phantastisch
combinirt und eben so phantastisch neue Pläne schafft, ebendeshalb aber eine w a c h s e n d e Verbitterung ausschliesst, eignet
dem ausgearteten cholerisch-sanguinischen Temperamente. Die
A u s a r t u n g des m e l a n c h o l i s c h e n Temperamentes offenbart sich einestheils in der nur ausnahmsweise durchbrochenen
Stetigkeit derjenigen Stimmung, die man schlechthin die melancholische nennt, anderntheils in dem einseitig und beschränkt
p e r s ö n l i c h e n Gehalte der Vorstellungen, welche sich aus
dieser Stimmung entwickeln und sie vermitteln. Die melancholische Stimmung, die als solche und indem sie sich behauptet, den Charakter der Ausartung an sich trägt, ist eine
trübe, d. h. nicht nur bange und traurige, sondern die Klarheit des Gedankens aufhebende, ihre Krankhaftigkeit aber hängt
mit der Gewöhnung, sich stets mit sich selbst und den eigenen
Zuständen zu beschäftigen, eng zusammen, indem sie durch
dieselbe theils bedingt ist, theils in und mit ihr sich entwickelt
und ausprägt. Dass aber diese krankhafte melancholische
Stimmung nicht dem melancholischen Temperamente als solchem oder seiner normalen Form zukommt, ergibt sich zur
Genüge aus der früher gegebenen Charakteristik.

Insofern die Constitutionen die Basen der Temperamente
sind und die letzteren den ersteren in der That entsprechen,
hat die Ausartung derselben ihren Grund darin, dass das jedesmalige Temperament von seiner Basis umschlossen oder in
ihr haften bleibt, also nicht zu seiner Entwicklung gelangt;
insofern aber das Temperament der Constitution, die seine
natürliche Basis ist, nicht entspricht, ist die Ausartung in diesem Widerspruche und darin begründet, dass derselbe nicht
zur Lösung gelangt, was nur innerhalb der höheren Bestimmtheitssphären, und zwar, da sich aus dem ausgearteten Temperamente keine normale und insbesondere die vorgängige
Ausartung aufhebende S i n n e s a r t herauszubilden vermag,
nicht in dem Gebiete dieser, sondern erst in dem der m o r a-

lischen Anlage geschehen kann. Die moralische Anlage aber, die an sich auf den Charakter, also auf die Nothwendigkeit der Selbstbestimmung hinweist, lässt sich in positiver Weise nur indirect bestimmen, und zwar einerseits durch diejenigen Modificationen der Constitution als der Grundbasis der Individualität, die sich durch erziehliche und sonstige Einwirkungen hervorbringen lassen, andrerseits durch die Ausbildung der höheren Vermögen, die Entwicklung der höhern Triebe ist. Wir haben aber die Moralität in die Gewissenhaftigkeit und in die Fähigkeit der Hingabe gesetzt, und zugleich bemerkt, dass die eine oder die andere der betreffenden Anlagen weniger entwickelt zu sein pflegt. Wir können also, wenn die eine der beiden Anlagen verhältnissmässig fehlt oder verkümmert ist, von einer Abnormität sprechen, müssen es aber als eine Deformität bezeichnen, wenn beide fehlen und, weil sie zugleich fehlen, die Entwicklung positiv unmoralischer Neigungen nicht nur zulassen, sondern bedingen. Denn diese Neigungen, welche die Gewissenlosigkeit sich frei entwickeln lässt, während ihnen der kalte, berechnende Egoismus Bestimmtheit und Form gibt, stellen nothwendig die entschiedenste moralische Hässlichkeit dar. Die Neigungen gehören indessen als solche dem Gebiete der Sinnesarten an, und daher ist die moralische Normalität positiv unmöglich, wenn die Unterlagen der Gemüthlichkeit, der Empfänglichkeit, der Strebsamkeit und der Innigkeit fehlen, und zwar muss die Unterlage der moralischen Normalität, wenn wir den Begriff streng fassen, eine zweiseitige sein, obgleich nur die eine oder die andere den vorherrschenden Charakter der Sinnesart abgeben kann; die natürliche moralische Hässlichkeit aber ist vorhanden, wo die Sinnesart eine gemüthlose, unempfängliche, unstrebsame und kaltherzige ist. Die inneren Sinne haben zu den Neigungen ein bestimmtes Verhältniss, indem sich ihre Entwicklung ohne die Neigung nicht denken lässt, während sie ihrerseits als noch unentwickelte für die Neigungen den Trieb abgeben. Sie gruppiren sich nothwendiger Weise um die äusseren Sinne, und ihre erste Gruppe wird demnach durch den Tonsinn, den Formensinn,

den Farbensinn und den Stoffsinn gebildet, deren weitere
Auseinandersetzung mit der Gliederung der geistigen Vermögen zusammenhängt, sodass die inneren Sinne für diese die
Basis abgeben, die quantitative und qualitative Bestimmtheit
der geistigen Vermögen hängt aber, wie sich nach der bisherigen Auseinandersetzung von selbst versteht, nicht einseitig
von der Ausbildung der inneren Sinne, sondern zugleich und
wesentlich von der Stärke und Entwicklung des Triebes, den
wir als Urtrieb für die specifische Menschlichkeit bezeichnet
haben, des Offenbarungstriebes ab, und dieser hat wieder zu der Selbstbestimmungsfähigkeit, die den Charakter ermöglicht und verwirklicht, ein bestimmtes Verhältniss, weil
beide das Selbst, den Keimpunkt der menschlichen Individualität,
zur Voraussetzung haben und seine positive Darstellung sind.

Obgleich die Nothwendigkeit der Erziehung aus dem
Begriffe der menschlichen Natur einfach abzuleiten ist, wie sich
ohne sie keine menschliche Gesellschaft denken lässt, so muss
sie doch von den verschiedensten Gesichtspunkten aus bewiesen
und entwickelt werden, wenn sich ihre Aufgabe möglichst klar
herausstellen soll, weil die Auseinandersetzung dieser Aufgabe
und die Auseinandersetzung dessen, was die Erziehung nothwendig macht, eins sind. Ich habe nun diesmal die Herstellung der normalen Individualität im voraus als die Aufgabe
der Erziehung ausgesprochen, und hoffe, dass aus der weiteren
Darstellung der in den verschiedenen Bestimmtheitssphären
möglichen Ausartungsformen, so kurz sie war, sich herausgestellt hat, dass diese Ausartungen ohne die Erziehung und
wenn nicht insbesondere die höheren menschlichen Vermögen
von der ersten Kindheit an geweckt, in Anspruch genommen
und entwickelt werden, unausbleiblich sind. Nur als Curiosum
füge ich bei, dass die Nothwendigkeit der Erziehung sogar
durch ganz ausdrückliche Experimente — deren es bei dem
Reichthume allerdings nur relativer Erfahrungen nicht zu bedürfen scheint — bewiesen ist. Unter Anderen hat z. B. der
deutsche Kaiser Friedrich II. den Versuch gemacht, was aus
dem isolirten und sich selbst überlassenen Menschen wird,
und es hat sich ergeben, was alle solche Versuche ergeben

müssen, dass er nicht zum Menschen, sondern zu einer neuen Art von Thier wird. Somit hat Friedrich II. im Voraus die Grundannahme Rousseau's widerlegt, dessen Naturmensch ohne die Entwicklung der specifisch menschlichen Vermögen doch Mensch sein und das Gepräge des menschlichen Adels an sich tragen soll.

2.

Das Recht der Gesellschaft, sich gesund zu erhalten und die Ausartung zu bekämpfen. — Die sociale Ausscheidung und Neubildung als Momente eines Processes. Die Nothwendigkeit der unmittelbaren Reaction. — Die Aufgaben der öffentlichen und häuslichen Erziehung in Bezug auf Eigenartigkeit und Gleichheit. Die Volksschule und die Berufsschulen. Die fortgesetzte Nothwendigkeit der Nothinstitute und Heilanstalten. — Die Ausfüllung der Grenzen des Nothwendigen und die Ausscheidung des Überflüssigen. Rousseau und die Unnatur des Zuvielthuns. —

Als ich das Thema der „Aufgegebenen und Ausgestossenen" behandelte, zeigte ich, dass der Fortschritt der gesellschaftlichen Entwicklung überhaupt und sodann der Fortschritt der Erziehung insbesondere darin bestehen muss, die verschiedenen Klassen der Ausgestossenen und Aufgegebenen immer mehr zu reduciren. Das verlangt die Humanität und — wenn man von einem egoistischen Gesellschaftsinteresse streng genommen sprechen könnte — dieser Egoismus der Gesellschaft, wenn er ein wohlverstandener oder einsichtiger ist.

Die Gesellschaft hat das natürliche Recht sich gesund erhalten zu wollen, und sich daher von krankhaften Elementen, die sich in ihr ausbilden, zu befreien, ihren Bestand sichern zu wollen, und desshalb die unverträglichen, unfügsamen, antisocialen Elemente zu unterdrücken oder abzusondern. Aber wenn sie dieses Recht in einem inhumanen Sinne auffasst und ausübt, so stellt sich unfehlbar die Nemesis ein. Die Unterdrückung schlägt zur Abhängigkeit um, die moralische Entartung in den beiden Formen der Erschlaffung und Verwilderung breitet sich aus, ohne gehemmt werden zu können, die physische Krankheit lässt sich nicht eindämmen und der

nothwendige Kampf gegen das Übel nimmt endlich so grosse
Dimensionen an, dass die Resignation Platz greift und an die
Stelle der Härte eine schlaffe Indifferenz tritt.

Die Nothwendigkeit dieses Verlaufs ergibt sich aus der
Natur der Gesellschaft, die ihrem Begriffe grade in so weit
entspricht, als sie ein socialer Organismus ist, als solcher aber
den Gesetzen des organischen Lebens unterliegt. Wie der
individuelle Organismus sich nur vermöge seiner Umbildungsfähigkeit gesund erhält und entwickelt, wie bei ihm Ausscheidung und Neubildung die verschiedensn Momente eines Processes sind und sein müssen, wie endlich durch die Beseitigung
von Symptomen und durch mechanische Absonderungen die
entwickelte Krankheit nicht überwunden wird, so muss im
socialen Organismus die ausscheidende Thätigkeit zugleich eine
bildende, und in Bezug auf krankhafte Elemente, die sich an-
gesammelt — eine umbildende sein, was sie nicht ist, wenn
sie das Ungesunde und Unzuträgliche mechanisch absondert
und die Symptome fortwuchernder Übel fortgesetzt beseitigt.
Sonach beweisst das vorzeitige Aufgeben und Ausstossen überall
den Mangel ernsten Willens und nachhaltigen Vermögens, die
Schwäche des Gemeinschaftsgefühls und die Unzulänglichkeit
der Gestaltungs- und Bildungsmittel. Freilich bleibt die vollkommene Gesundheit ein Ideal für den socialen wie für den
individuellen Organismus. Denn die umbildende Thätigkeit,
die zugleich eine heilende ist, bleibt immer nothwendig, weil
sich immer wieder Übel erzeugen und die antisocialen Elemente eine neue Gestalt annehmen. Aber der sociale wie der
individuelle Organismus ist relativ gesund, so lange und so
weit er die Kraft hat, des Übels durch die umbildende Heil-
thätigkeit, die mit seiner allgemeinen Umbildungsfähigkeit zusammenhängt, Herr zu bleiben, so dass seine gesunden Functionen nicht gehemmt und gebrochen werden. Ist der sociale
Körper im Allgemeinen gesund, so verräth die besonders
hervortretende Krankhaftigkeit ein Umbildungs- und Neugestal-
tungsbedürfniss, das befriedigt werden muss: die Noth
weist auf das Nothwendige hin, und wir können daher sagen: dass für die bewusste Selbsterhaltung und Entwicklung

der Gesellschaft das Hervortreten des Übels ein unerlässliches
Moment ist. Aber das hervorgetretene Übel darf sich nicht
fortsetzen und ausbreiten, und wie es durch äusserliche Ein-
dämmung und Ausscheidung nicht überwunden wird, so geschieht dies auch nicht durch Nichtbeachtung und Vernachlässigung. Man sagt zwar, dieses und jenes Übel werde schon
von selbst verschwinden, wenn nur die gesunden Kräfte
freigegeben und gestärkt würden. Dies ist aber nur bis zu
einem gewissen Grade richtig, weil nur in der unmittelbaren Reaction gegen das hervorgetretene Übel die Tendenz
der Gesundheit sich offenbart, also auch offenbaren muss.
Wo diese unmittelbare Reaction fehlt, ist die Empfindung gegen das Übel stumpf und stumpft sich immer mehr ab. Die
Abstumpfung des reagirenden Gefühls aber ist Schwäche und
Schwächung der reagirenden Thätigkeit.

Mit diesen Bemerkungen habe ich schon früher berührte
Gesichtspunkte für das Recht und die Aufgabe der Heilpädagogik — Gesichtspunkte, die wir festhalten und späterhin anzuwenden haben — wieder aufnehmen wollen, um sie
zu dem, was mein Vorredner ausgeführt hat, in Beziehung zu
setzen.

Die Erziehung darf das Nothwendige nicht überschreiten, sie muss aber auch, was nothwendig, thun, also nach
dem, was ich eben gesagt habe, hervortretenden Übeln und
Nothzuständen, in denen sich das dringend Nothwendige
offenbart, ihrerseits entgegenwirken. Wie weit das, was
sie für sich thun kann, reicht, ist allerdings eine Frage,
die immer wieder aufgeworfen und erörtert werden muss;
wenn es aber wahr ist, dass von manchen Seiten der Erziehung, und insbesondere wieder der öffentlichen Erziehung,
der Schule, zu viel zugemuthet, und sie für Dinge allein verantwortlich gemacht wird, für die sie nicht einseitig verantwortlich sein kann (z. B. für Abnahme der Religiosität und
Pietät, für politische Unbildung und Rohheit, ja für Revolutionen, wie neuester Zeit nach dem Jahre 1848 die Anklagen
in dieser Beziehung sich häuften — gewissermaassen Mode
wurden), so ist es nicht minder wahr, dass die Pädagogik sich

häufig in den Mantel der Bequemlichkeit und eines übel angebrachten Stolzes oder einer affectirten Bescheidenheit hüllt,
um gewisse Aufgaben, die ihr in der That zufallen, nicht an
sich herankommen zu lassen, dass sie ihre Zwecke zu eng
fasst, und was sie wirklich verschuldet, auf anderweitige Factoren schiebt.

Vor allen Dingen ist hierbei hervorzuheben, dass die häusliche und öffentliche Erziehung, die sich zu ergänzen haben,
zu einer solchen Ergänzung in der Gegenwart nicht gedeihen
können, und dass insbesondere die Klage der Schulpädagogen:
das Haus bereite nicht auf die Schule vor und zer-
störe, was sie baue: eine ziemlich allgemeine ist. Gehen
wir dieser Klage auf den Grund, so müssen wir sie so lange
für eine, wenn nicht unbegründete, so doch unberechtigte erklären, als die Schule nicht die Verpflichtung anerkennt, nicht
nur die Hauserziehung im allgemeinen zu ergänzen, sondern
auch für die grade hervortretenden Mängel der Hauserziehung
Ersatzmittel zu finden, und als sie weiterhin ihre Aufgabe
nicht allseitig genug fasst und die Thätigkeit der Zöglinge nur
in einer abgegrenzten Richtung regelt und entwickelt. Die
Schule kann und darf sich auf das Haus nicht verlassen wollen, am allerwenigsten, wenn sie klagt, dass die Häuslichkeit
in der Auflösung begriffen sei, und sie darf dem Hause überhaupt keinen Theil der Erziehung ausdrücklich zuschieben.
Die häusliche Erziehung lässt sich als solche nicht regeln: sie
vertritt die Mannichfaltigkeit erziehlicher Einflüsse, die in
den concreten Familienexistenzen gegeben ist. Diese Mannichfaltigkeit ist erspriesslich oder sie ist vielmehr nothwendig,
wenn nicht eine äusserliche Uniformität der Bildung Platz
greifen soll. Aber sie hat wie jede Mannichfaltigkeit das Moment der Zufälligkeit in sich. Denn sie würde überhaupt nicht
bestehen, wenn nicht dem Zufalle äusserer Umstände und Verhältnisse, so wie der Willkür ein genügend weiter Spielraum
gegeben wäre, und diese Willkür ist auf dem Gebiete der
häuslichen Erziehung nicht gradezu abzuweisen, weil jeder
Vater und jede Mutter das Recht haben, ihre persönliche Eigenartigkeit in den Kindern zum Ausdruck zu bringen und

fortsetzen zu wollen. Lässt sich aber hiernach die häusliche
Erziehung nicht regeln, — obgleich sie indirect theils durch die
Gestalt des öffentlichen Lebens und die politisch-socialen Zustände, theils durch die herrschende Schulerziehung bestimmt
wird — so muss die Schule den Zufall aufheben und ausglei-
chen, sie muss Alles leisten, was die häusliche Erziehung mög-
licherweise nicht leistet, und daher in sich die ganze Erziehung darstellen. Wenn also der Schule z. B. vorgeworfen
wird, dass ihre Erziehung eine unpraktische sei, dass sie zur
Entwicklung der Arbeits- und Erwerbsfähigkeit bei den Ständen, die auf Arbeit und Erwerb angewiesen sind, nicht das
Nöthige thue, so kann die Antwort, die Entwicklung der Ar-
beits- und Erwerbsfähigkeit komme dem Hause und der häuslichen Erziehung zu, durchaus nicht für entscheidend und befriedigend gelten. Denn, wenn es eine der Aufgaben der
ganzen Erziehung ist, die Arbeits- und Erwerbsfähigkeit des
Volkes zu entwickeln, zu bilden und zu heben, — und wer
wollte dies leugnen! — so muss die Schule auch in dieser Beziehung das Ihre d. h. Alles thun, was sie thun kann, und
dass sie das thut, darf sicher so lange nicht behauptet
werden, als sie die Aufgabe der häuslichen Erziehung auf die
Schultern wälzt, und durch rein theoretische Bildungsmittel
für die Entwicklung der praktischen Vermögen ihrerseits genügend zu sorgen meint. Richtig ist, dass die allgemeine
Schule für die bestimmte Berufsthätigkeit nicht vorzubereiten
hat, wie wir denn früher geltend machten, dass ein für eine
bestimmte Erziehung frühzeitig erscheinendes Talent von der
vernünftigen Erziehung keineswegs gehegt und gepflegt werden darf. Aber daraus folgt nicht, dass sie nicht das praktische Vermögen bis zu einem gewissen Grade eben so allseitig entwickeln könne und müsse, wie das theoretische. Auf
diese Möglichkeit und Nothwendigkeit kommen wir zurück
und werden keine Gelegenheit versäumen, sie geltend zu
machen. Wir behaupten aber auch, dass zwar die verfrühte
Rücksichtnahme auf einen durch die Verhältnisse, wie man
sagt, gegebenen oder octroyirten oder durch das Talent scheinbar angezeigten Beruf, dem Wesen und der Aufgabe der Er-

ziehung widerspricht, dass jedoch die Gliederung der Volksarbeit im Bereiche der Schule beginnen und sich bis zu einem
gewissen Grade durchsetzen muss, wenn die Schule die Stellung und Wirksamkeit, die ihr im socialen Organismus zukommen, erlangen soll. Naturgemäss kann dies nur so
geschehen, dass sich die Neigung und die Fähigkeit der Einzelnen stufenweise bestimmen, der Übergang von der allgemeinen Schule zu den Berufsschulen muss also ein vermit-
telter sein, was aber nur dann der Fall ist, wenn die allgemeine Schule eine wirkliche Basis für ein System von Berufsschulen abgibt. Die allgemeine Schule, der die gesammte
Jugend bis zum vierzehnten Jahre angehören soll, muss also
die Arbeitsfähigkeit als allgemeine, indem sie die verschiedenen
Momente derselben berücksichtigt, entwickelt haben. Diejenigen Berufsschulen, welche die besondere Ausbildung der
praktischen Arbeitsfähigkeit zur Aufgabe haben, dürfen die
Arbeitsfähigkeit nicht von vornherein verengen, sondern müssen jedesmal eine bestimmte Gruppe von Arbeiten darstellen,
welche theils durch Material und Arbeitszweck, theils durch
die bestimmte Arbeitsfähigkeit, welche sie in Anspruch nehmen,
zusammengehören. Nur auf diese Weise und indem sich der
Zögling schliesslich für eine besondere Berufsart entscheidet,
kann seine Arbeitsfähigkeit als eine allseitige und freie vermittelt werden.

Ähnlich verhält es sich mit andern Aufgaben, die der Erziehung schlechthin zugesprochen werden müssen, insbesondere
mit dem Kampfe gegen die Noth- und Übelstände, an denen der
sociale Körper leidet — einem Kampfe, den die Schule, wie gesagt,
ihrerseits aufzunehmen und durchzuführen hat. Wenn ein
heutiger Pädagog sagt, dass der Pauperismus die Schule nichts
anginge, so verleugnet er Pestalozzi und diejenigen seiner
Nachfolger, welche die praktische Seite seines Wirkens, die
mit seinem Grundprincipe grade am innigsten zusammenhängen, fortsetzten. Die Bestrebungen Fellenberg's und Wehrli's
müssten solchen Pädagogen als in sich unberechtigt, folglich
als verfehlt und nutzlos gelten.

Wir können, was die allgemeine Schule anbetrifft, eine

Theilung der Arbeit zwischen ihr und der Familie oder irgend
einem andern pädagogischen oder auch ausserpädagogischen
Factor in dem Sinne, in welchem diese Theilung der Arbeit
gewöhnlich verstanden wird, nicht zugestehen. Die allgemeine
Schule hat die Aufgabe, das für die physische wie die moralische Gesundheit der aufwachsenden Generation Nothwendige
ihrerseits und zwar positiv und vollständig zu thun, wie sie
die Arbeitsfähigkeit positiv und allseitig zu entwickeln hat,
worin — um dies sogleich zu bemerken — ein vorzugsweises
Mittel für den allgemeinen Zweck, den der Erhaltung und
Herstellung der physischen und moralischen Gesundheit liegt.
Es genügt also keineswegs, dass die Schule die Gesundheit
schont, oder vielmehr zuletzt ihre gesundheitsschädlichen Einwirkungen mildert, mithin für Luftreinigung, für angemessene
Sitze, und was dergleichen nicht zu übersehende, aber nicht
entscheidende Dinge mehr sind, Sorge trägt; es genügt auch
nicht, dass sie das Sitzen und die geistige Anstrengung durch
körperliche Bewegungen, die sie zulässt oder auch anordnet,
auszugleichen sucht. Die Hauptsache ist, dass die Bethätigung,
welche die Schule in Anspruch nimmt und regelt, eine der
Anlage des menschlichen Organismus entsprechende, allseitige
und harmonische wird. Dazu gehören verfrühte Turnübungen
nicht, und man setzt die Würde der Gymnastik tief herab,
wenn man sie verfrüht und als blosses Ausgleichungsmittel
betrachtet und behandelt. Eben desshalb gibt es bis jetzt noch
kein eigentliches System der Gymnastik, da eine durchgeführte
Abstufung fehlt, und so weit sie vorhanden ist, zu den Altersstufen in keinem richtigen Verhältnisse steht. Übungen, welche
erst auf einer späteren Stufe schön ausgeführt werden können,
sind in jeder Beziehung verwerflich. Für das Alter der Volksschule aber ist das gymnastische Spiel die naturgemässe
Vertretung der Gymnastik. Bei dem gegenwärtigen Drange
zur Gymnastik in der Volksschule wie überhaupt, den wir an
sich nur willkommen heissen können, sollten die eben ausgesprochenen Gesichtspunkte sehr beherzigt werden.

Jedenfalls handelt es sich, wenn die Schule in der That
der bezeichneten Aufgabe gerecht werden soll, einerseits um

die Beseitigung von vielen Dingen, Lernstoffen und Exercitien, die noch für nothwendig gelten, andrerseits um die Einführung von andern, von denen man absehen zu können oder zu müssen glaubt. Ebenso genügt es nicht, wenn die Schule moralischen Ausartungen, die sie theilweise selbst veranlasst, durch moralische Ermahnungen und durch Strafen entgegenwirkt, und selbst mit der Ausbildung des religiösen Sinnes ist es — ich spreche das offen aus — nicht gethan. Der sittliche Geist muss in Bethätigung und Übung treten, und das geschieht nur durch eine ächte Gemeinschaftlichkeit des Lebens, des Arbeitens und des Geniessens.

Aber wenn auch die Schule in beiden Beziehungen thut, was ihr — zwar nicht unter den gegebenen Verhältnissen, aber unter besseren — möglich ist: Fälle der physischen, der moralischen und der geistigen Entartung werden immer vorkommen und sich für die allgemeinen Mittel der allgemeinen Schule, bei denen sie stehen bleiben muss, als unüberwindlich erweisen. — Darum muss die Wirksamkeit der allgemeinen Schule durch ein System von Anstalten ergänzt werden, welche die pädagogische Behandlung der physisch, geistig und moralisch Entarteten zu ihrer besonderen Aufgabe machen, und zu denen von vornherein auch diejenigen Anstalten gehören, welche die Unglücklichen, die wegen eines Sinnenmangels in normaler Weise nicht gebildet werden können, aufnehmen, und diejenigen, welche den Kindern, die durch den gänzlichen Mangel oder die Zerrüttung der Häuslichkeit dem Verkommen oder der Verwilderung ausgesetzt sind, ein Asyl gewähren.

Wie die Berufsschulen, so müssen auch diese Anstalten, die das praktische Bedürfniss grade wie die Berufsschulen sporadisch hervorgetrieben hat, also die heilpädagogischen Anstalten im engern Sinne: die Blinden- und Taubstummeninstitute, die Arbeitsschulen und Rettungshäuser, vervollständigt und in den Zusammenhang, in dem sie an sich stehen, gebracht werden, worüber wir uns noch ausführlicher auszusprechen haben. In gewisser Weise sind hierbei auch die Kinderbewahranstalten und die Kindergärten zu erwähnen. Denn auch sie verdanken ihr Entstehen, wenigstens zum Theil, der fühlbar gewordenen Noth, dem Mangel älterlicher Aufsicht und Erziehung, wie er theils durch die Verhältnisse, theils durch herrschend gewordene Sitten oder Unsitten bedingt ist. Der Nothinstitution aber hat sich, wie es mit solchen immer' der Fall ist, oder sein sollte, der Gedanke bemächtigt. Pflege und Erziehung sind grade im ersten Kindesalter von so nachhaltigen Consequenzen, dass die Pädagogik nicht davon absehen durfte, ihnen so weit als möglich eine systematische Gestalt zu geben; und da die nothwendige Beziehung zwischen Haus und Schule fehlt, so schien es geboten, sie durch eine Art von Vorschule, welche eine freiere und gemüthlichere Betheiligung der Ältern an dem, was die Kinder treiben, zulässt, als die eigentliche Schule zu vermitteln. Fröbel hat seinen Kindergarten nicht als Nothanstalt aufgefasst und dargestellt, sondern ist einseitig von der abstract pädagogischen Idee ausgegangen, aber wie eine kritische Betrachtung seiner Formen und Mittel ergibt, nicht zum Vortheil einer naturgemässen Gestalt. Ich gehe indessen auf dieses Thema, das durch die Aufhebung des Kindergartenverbots in Preussen wieder zu einer lebhafteren Erörterung kommen möchte — nicht weiter ein, und will nur noch bemerkt haben, dass der Einwurf gegen die Einführung der Kinderbewahranstalten und Kindergärten, es werde dadurch der Indifferenz und Bequemlichkeit der Ältern Vorschub geleistet, ein sehr merkwürdiger ist. Sollten es denn wirklich die bequemsten und gleichgültigsten Ältern sein, welche die Mangelhaftigkeit der häuslichen Erziehung erkennen und die gebotene Hülfe benützen? Und wird denn ein bestehendes Übel dadurch beseitigt, dass man es ruhig anwachsen lässt? Der wirklich Unbefangene kann die eine wie die andere Frage unmöglich bejahen und es ist gewiss ein sonderbarer Standpunkt, auf dem, wenn es auch nicht ausdrücklich ausgesprochen ist, das Übersehen und das Ignoriren des Übels als das rechte Heilmittel gilt.

Es geht aus dem bisher Gesagten zur Genüge hervor, dass nach unserer Ansicht die Grenzen des Nothwendigen von der Erziehung noch lange nicht ausgefüllt sind, dass sie noch viel zu thun und zu schaffen hat, einer quantitativen und

qualitativen Ergänzung bedarf. Aber andrerseits ist auch
mehrfach angedeutet, dass sie in vielen Beziehungen zu Viel
thut, also das rechte Mass überschreitet. Es wird zu Viel
gelehrt, indem man Wissen und Können verfrühen möchte
und das Gesetz der Altersstufen nicht beobachtet; zu Viel
gehofmeistert, indem das Benehmen der Kinder bis in alle
Nüancen und zwar modegemäss geregelt werden soll; zu
Viel bloss angebildet, weil man dem vorhandenen Triebe
zu wenig vertraut und ihn vielfach unterdrückt, statt ihn zu
entbinden, und Viel verdorben, indem man den Umgang
der Kinder unter sich unnatürlich beschränkt, den Umgang
mit Erwachsenen aber und die Theilnahme an ihren Unter-
haltungen theils sorglos zulässt, theils in der Absicht, bildende
Einflüsse zu gewähren, möglichst ausdehnt.

Wir gehen auf diese Punkte in dem folgenden Vortrage
näher ein. Heute aber muss ich noch hervorheben, dass die
Unnatur des Zuwenig- und Zuvielthuns zugleich besteht,
und zwar die letztere trotz Rousseau, dem beredten Prediger
der Naturgemässheit, dessen Einfluss doch ein so grosser
gewesen ist, und dessen pädagogisches Verdienst vorzugsweise
in seinem Kampfe gegen das Zuvielthun zu setzen ist. Dies
kommt aber, wenn wir nur den Mann und seine Leistung
in das Auge fassen, daher, dass seiner berechtigten und eingehenden Kritik des Zuvielthuns eine eben so nothwendige
und eingehende des Zuwenigthuns nicht entspricht und bei
dem Standpunkte, den er einnimmt, nicht entsprechen kann.
Rousseau hat ein positives und wirklich praktisches Erziehungssystem nicht gegeben und der Einfluss, den er durch die
glänzend rhetorische Darstellung seiner Grundsätze geübt hat,
wurde theils durch die Gegenstrebungen des Zeitgeistes, die
später eintraten, theils durch die praktischen Verhältnisse
und Bedürfnisse, theils aber durch die Macht der Gewohnheit
geschwächt und gelähmt.

Fünfter Vortrag.

1.

Die Erziehung als Bedürfnissbefriedigung. Die Abstraction von den Bedürfnissen und die zuvorkommende Bedürfnissbefriedigung. — Haus und Schule in ihrem Verhalten zur Eigenartigkeit und der Bedürfnissbefriedigung. — Die Formen der Bedürftigkeit und die Aufgabe der Pädagogik in Bezug auf dieselben. Das Spiel mit der Begierde. — Die Unzuverlässigkeit des Instinkts insbesondere in Bezug auf die Pflege als Unterlage des Erziehungssystems. — Das naturwidrige Zuvielthun im Fröbel'schen Kindergarten. —

In meinem vorigen Vortrage habe ich dargethan, dass die Erziehung die Grenzen des Nothwendigen wie einzuhalten, so zu erreichen habe, dass sie nicht zu Wenig und nicht zu Viel thun dürfe, und dass das Zuwenig eben so widernatürlich sei wie das Zuviel.

Welches sind aber die Grenzen des Nothwendigen und wie findet die Erziehung das rechte Mass?

Die auseinandersetzende Beantwortung der Frage wäre die vollständige Darstellung eines Erziehungssystems, des Erziehungssystems, das wir für das naturgemässe halten. Wir müssen uns desshalb hier und gegenwärtig — da wir unsere pädagogischen Grundsätze nur so weit herausstellen dürfen, als wir es müssen, d. h. als es nothwendig ist, um die Aufgabe der Heilpädagogik und ihr Verhältniss zu der Gesundenerziehung zu bestimmen — auf allgemeine Gesichtspunkte und auf Beispiele beschränken.

Iedenfalls hat die Erziehung nach dem früher Ausgeführten ihre Aufgaben und ihre Mittel nach verschiedenen Altersstufen und nach der Eigenartigkeit der Individuen, mit denen sie es zu thun hat, zu modificiren. Aber diese Modification

7

hat auch wieder ihre Grenzen; es muss eben die Modification von Aufgaben und Mitteln sein, die sich im Allgemeinen gleich bleiben, und die Berücksichtigung der Eigenartigkeit darf praktisch nicht zu weit, nämlich nicht so weit gehen, dass diese Eigenartigkeit mit ihren Zufälligkeitsmomenten und ihren Ausartungstendenzen ausdrücklich gehegt und gepflegt wird. Die Geschichte der Wunderkinder beweist durchgängig was z. B. durch die frühzeitige Übertreibung eines bestimmten Talentes hervorgebracht wird: die Verkümmerung der Persönlichkeit und die Erschöpfung des schnell auf die Spitze getriebenen Talentes. Ebenso aber verhält es sich mit Eigenartigkeiten der Sinnesart und des Charakters, deren ausdrückliche Pflege das eitle, anspruchvolle, unverträgliche Wesen und die Unzufriedenheit mit sich selbst zur nothwendigen Folge hat; ebenso verhält es sich mit der zu weit getriebenen Rücksichtnahme auf die Constitution und das Temperament. Wie weit auf die Eigenartigkeit einzugehen ist, kann eigentlich erst dann in Frage kommen, wenn es feststeht, was die Erziehung absolut zu thun hat, um dem normalen Entwicklungsbedürfnisse gerecht zu werden und die normale Individualität ihrerseits herzustellen.

Die Erziehung befriedigt im Allgemeinen ein Bedürfniss der menschlichen Natur, eben weil sie nothwendig ist; sie hat also fortgesetzt Bedürfnisse zu befriedigen, und diese, so wie die rechten Mittel der Befriedigung zu entdecken, darf und muss als die praktische Aufgabe jedes Pädagogen, als jene stetige Übersetzung der Beobachtung in die Praxis, von der wir im ersten Vortrage gesprochen, bezeichnet werden. Aber diese Aufgabe ist nicht leicht zu erfüllen, weil es dabei nicht auf ein unvorbereitetes, äusserliches Achtunggeben, sondern auf eine gebildete Kenntniss, nicht auf eine vom Momente eingegebene experimentirende Befriedigung, sondern auf eine grundsätzlich geregelte und sich dem einzelnen Falle accomodirende ankommt. Der Erzieher darf sich eben so wenig von seinem Zöglinge, also von den Bedürfnissen, die bei demselben hervortreten, bestimmen lassen, wie den Zögling einseitig nach einer fertigen Schablone bestimmen wollen. Das eine Ver-

fahren ist so mechanisch, also so widernatürlich wie das andere; beide schliessen eine Versündigung an dem werdenden
Menschen ein und es lässt sich keineswegs sagen, dass die
schlimmere Versündigung auf Seite desjenigen Verfahrens liegt,
welches die Eigenartigkeit und das Hervortreten dieses oder
jenes Bedürfnisses unberücksichtigt lässt, indem es Allen
schlechthin dasselbe gewährt, und von Allen dasselbe fordert,
und nicht vielmehr auf Seite desjenigen Verfahrens, welches
das Bedürfniss abwartet, und wie es hervorgetreten ist,
oder sich auch nur zeigt, befriedigt, und zwar, um nicht
fehl zu gehen, mit Mitteln verschiedener Art, damit der Zög-
gling sich bestimmen kann. Ein statistischer Nachweis, was
für Leute aus den Schulen der Erziehung dieser oder jener
Richtung hervorgegangen, würde das Gesagte bestätigen und
für die Geschichte des Schulwesens seit der Reformation bis
auf den heutigen Tag frappante Belege liefern.

Das auf Eigenartigkeit speculirende Verfahren wird zwar
niemals consequent durchgeführt, denn kein Erzieher will
sich des Einflusses auf den Zögling begeben, jeder hat eine,
wenn auch noch so unklare Idee von dem, was er aus ihm
machen möchte, und durch die Verläugnung des herrschenden
Willens, wenn sie eine Zeit lang geübt worden ist, bricht immer die Ungeduld und eine Art despotischer Laune hindurch
— aber die Inconsequenz macht das Verfahren und seine
Wirkungen nicht besser, und die Cur, die das einmal verdorbene Kind verlangt, wird gewiss von demselben Erzieher, der
diese Cur nothwendig gemacht hat, schlecht durchgeführt.
Iedes Kind aber, dem es zum Gefühl und Bewusstsein kommt,
dass der Erzieher sich von seinen Bedürfnissäusserungen
als solchen bestimmen lässt, und seinen Einfällen sogar auf
Kosten Anderer Raum gibt, ist schon verdorben: eine
Carricatur der ungehemmten Entwicklung. Der Erzieher muss
eben consequent sein, und die Consequenz der uniformen Behandlung, wenn sie nur nicht zu einer minutiösen wird und
dem Zögling überhaupt Freiheit lässt, ist noch immer besser,
als das falsche Eingehen auf die Individualität, jene dienstbare
Bedürfnissentdeckung, die sich nicht consequent bleiben

k a n n und gegen die Willkür, die sie erzeugt, mit Willkür
reagirt.

Es liegt in der Natur der Familie und der Schule, dass
in jener häufiger die falsche Berücksichtigung der Individualität, die zu einer inconsequenten, leicht in Extreme ausschla-
gende Behandlung führt; in dieser häufiger eine Uniformität
der Behandlung, welche die einzelnen Zöglinge, so zu sagen
nur theoretisch und manchmal nicht einmal dies unterscheidet,
vorkommt und Platz greift. Indessen kehrt sich auch dieses
Verhältniss in zahlreichen Ausnahmen um: es gibt Familien,
deren Existenzform eine minutiös geregelte ist, und deren
Kinder sich in das gegebene Regelwerk wohl oder übel einfügen müssen, ohne dass auf ihre Individualität die geringste
Rücksicht genommen würde, so dass die Befriedigung oder
Nichtbefriedigung ihrer individuellen Bedürfnisse nicht einmal
zur Erscheinung und Äusserung kommen darf und wirklich
kommt; es gibt Schulpädagogen, welche die Fahne des Eingehens auf die Individualität aufgesteckt haben und flattern
lassen, indem sie vielgeschäftig eigenartige Bedürfnisse e n t -
d e c k e n und sinnig oder schlau ihnen entgegen kommen, vor
lauter Bäumen den Wald nicht sehen, und bei der Menge von
Resultaten, deren sie sich rühmen, im Ganzen Nichts erreichen.
Die besonders nachtheilige Wirkung dieser Ausnahmen liegt
darin, dass sie jene Ausgleichung oder jene Art von Ausgleichung, die zwischen Haus und Schule, wenn jenes die Individualität zu nachgibig berücksichtigt, diese ohne Rücksicht
darauf vorgeht, stattzufinden scheint und bis zu einem gewissen Grade wirklich stattfindet, unmöglich macht. Wenn die
minutiöse Lebensregelung der Familie dem Kinde eine Bestimmtheit, die nicht die seine ist, äusserlich aufprägt, so fügt
es sich der Regel der Schule ohne Opposition, aber auch ohne
Elasticität und weiss von der Freiheit, die diese gewährt, in
so fern sie die Schüler nicht g a n z in Anspruch nimmt, keinen
Gebrauch zu machen. Bringt es dagegen die Schule, weil in
ihr die Inconsequenz herrscht, zu keiner regelrecht fortschreitenden, durch die Bedürftigkeiten, Schwächen und Excentricitäten der Einzelnen ungehemmten gemeinsamen Thätigkeit, so

mangelt ihr das, was das Haus auch im besten Falle nicht
leistet, also das, wozu sie selbst nothwendig ist, — sie
schult nicht, was sie, das Wort recht und im guten Sinne
verstanden, allerdings muss, und verdirbt gründlich durch die
halbdurchgeführten Schulungsversuche. Indessen kann eine
Ausgleichung, wie ich sie vorhin bezeichnete, — eine Ausgleichung von Extremen, die in der gleichen Oberflächlichkeit
und Äusserlichkeit der pädagogischen Behandlung zusammentreffen, nicht der normale Zustand sein, nnd es kann aus ihr
eine gesunde und harmonische Bildung der aufwachsenden
Generation unmöglich hervorgehen. Hierzu muss der pädagogische Mechanismus wie in seinen rohen, so auch in seinen
künstlichen Formen, eben so aber die scheinbare Gegenerschei-
nung dieses Mechanismus, die schwächliche principlose und
inconsequente Berücksichtigung der Individualität überwunden
werden. Die Bedürfnissbefriedigung, welche die Erziehung
zu leisten hat, muss eine in sich selbst bestimmte, consequente, ihres Rechtes sich bewusste sein, und hierzu kommt
es vor allen Dingen darauf an, dass die gesunden und krankhaften, die natürlichen und widernatürlichen, die wirklichen
und die gemachten Bedürfnisse streng unterschieden werden,
weiterhin darauf, die Bedürfnisse rechtzeitig, weder voreilig, noch nachträglich und mit den rechten Mitteln zu befriedigen. Die rechten Mittel aber sind, um dies sogleich zu
bemerken, diejenigen, welche die bequeme und halbe Befriedigung ausschliessen, welche den Zögling ganz in Anspruch
nehmen und seine Energie in dieser oder jener Richtung vollkommen spannen.

Die Bedürfnisse sind entweder unmittelbar oder mittelbar,
entweder durch Gewährung und Anthun, oder durch die Bestimmung zur Thätigkeit zu befriedigen — Gegensätze, die
allerdings nicht abstract zu fassen sind. Das momentane,
durch zufällige Umstände bedingte Bedürfniss liegt nicht im
Bereiche der eigentlichen, d. h. der systematischen Erziehwirk-
samkeit, die es nur mit den dauernden, wenn auch der einen
oder der andern Entwicklungsperiode insbesondere angehörigen Bedürfnissen, die im Begriff der menschlichen Individua-

lität und in der socialen Bestimmung des Menschen gegeben sind, zu thun hat.

Insofern dies Bedürfniss mit dem organischen Vermögen zu seiner Befriedigung, also auch mit der Bethätigungstendenz desselben zusammengedacht wird, nennen wir es Trieb. Wie wir aber schon früher ausgesprochen haben, dass sich Trieb und Vermögen nicht decken, insofern der Trieb über das Vermögen, das Vermögen über den Trieb hinausreichen kann, so müssen wir jetzt sagen, dass der Kreis der Bedürftigkeit ein weiterer ist, als der der Triebe, weil wir die Bedürfnisse, in deren Befriedigung das Object die Hauptrolle spielt, oder das passive Verhalten vorherrscht, und diejenigen, deren vorherrschendes Moment die Bethätigungstendenz ist, zu unterscheiden haben, während wir aber die letzteren als Triebe bezeichnen, für die ersteren die allerdings an sich umfassende einfache Bezeichnung der Bedürfnisse ohne Missverständniss anwenden können.

Die Formen der Bedürftigkeit sind: die Begierde, das Verlangen und die Sehnsucht, und obgleich die pädagogische Wirksamkeit wesentlich als Thätigkeitsregelung begriffen werden muss, so ist doch eine Erziehung, welche von den Formen der Bedürftigkeit praktisch abstrahirt, eine oberflächliche, da Begierde, Sehnsucht und Verlangen mit den entsprechenden negativen Bedürfnissäusserungen — dem Abscheu, dem Widerwillen und der Furcht für die Entwicklung eines specifisch menschlichen Vermögens — des Phantasievermögens — wesentlich sind, insofern sie gehemmt, unterhalten und zurückgehalten werden können, während andererseits in der Freiheit, welche der Mensch der Lebendigkeit des Bedürfnisses gegenüber gewinnt, die moralische Anlage ihre Offenbarung und Entwicklung hat. Will also der Erzieher das Phantasievermögen zur Entfaltung bringen und den moralischen Willen — den wir als ein Moment des sittlichen Willens auffassen — bilden, so darf er die Grundäusserungen der energischen Bedürftigkeit — denn ausser dieser gibt es eine entschieden passive — zunächst nicht übersehen; weiterhin aber darf er sich eben so wenig

darauf beschränken, Begierde und Abscheu, wo sie hervortreten, zu hemmen, zu überwinden und zu unterdrücken, als
es ihm erlaubt ist, ihnen immer nachzugeben.

Was hat der Erzieher also zu thun, oder worin besteht
in dieser Beziehung seine pädagogische Aufgabe?

Keineswegs nur oder vorzugsweise darin, dass er die
objectiv schädliche Befriedigung hindert, die unschädliche
zulässt, — denn dazu braucht er nicht Erzieher zu sein; die
Pflicht entschieden schädliche Wirkungen zu hindern, ist eine
allgemeine, die Erfahrung eben in diesem Bezuge die beste
Lehrmeisterin — eine Lehrmeisterin, welcher der Erzieher
nicht zu viel in das Handwerk greifen oder pfuschen soll.
Was der Erzieher mit dem Bewusstsein zu thun hat, kann
ihm das instinktive Verhalten der Mütter, Wärterinnen und
Aller, welche sich mit Kindern abgeben, lehren. Alle diese
machen sich ein Spiel daraus, die Begierde des Kindes zu
reizen, um sie dann entweder unbefriedigt zu lassen, oder endlich zu befriedigen, oder seinen Abscheu zu erregen und es
fürchten zu machen, und es sodann mit dem Verabscheuten
in eine Berührung zu bringen, welche den Abscheu hebt, und
das Fürchterliche demaskiret.

Gegen dieses Spiel wird von weisen Pädagogen vielfach
geeifert, und doch ist es das echt pädagogische Verhalten,
oder wird zu einem solchen, wenn es das réchte Mass gewinnt.
Begierde und Abscheu haben bei dem Kinde den Charakter
der Willkür, und diese Willkür ist an sich nicht eben krankhaft, sondern die Offenbarung des specifisch menschlichen
Vermögens. Der Erzieher aber hat, um dieses Vermögen zu entwickeln, die Willkür der Willkür entgegen zu setzen, folglich mit Begierde und Abscheu zu spielen. Freilich muss
seine Willkür eine berechnete und abgemessene, zunächst auch
hinsichtlich der Zeit sein, aber die massgebende Rücksicht ist,
wie schon gesagt, nicht die Schädlichkeit und Unschädlichkeit
der Objecte, sondern das Entstehenlassen von lebendigen Vorstellungen und die Übung der Enthaltsamkeit und Entschlos-
senheit als solcher, d. h. ohne das sofortige und ausdrückliche
Heranziehen von Reflexionen über den späteren Nachtheil und

Vortheil. Dieses Spiel mit der Begierde hat der Erzieher zu verinnern oder zu einem theoretischen zu machen. Hierzu dient vor allen Dingen das Mährchen, und man darf daher diejenigen Mährchen, welche die sinnliche Lüsternheit erregen, keineswegs, wie es häufig geschieht, bei Seite schieben. Keine Erzählung aber, die sich nicht die vorhin ausgesprochene Aufgabe stellt oder den Erfolg, die Begierde zu verinnern und zu erhöhen, an sich hat, ist eine kindliche oder für das kindliche Alter pädagogisch belangvolle. —

Die Willkür der Begierde und des Abscheues wird allmälig zur Freiheit, indem sich individuell bedingte Neigungen und Abneigungen ausbilden, auf deren Bildungsprocess der Erzieher nur indirect einwirken kann. Wenn er es aber unterlässt, Begierde und Abscheu seinerseits und rechtzeitig in Spiel zu setzen, so begibt er sich eines wichtigen, ja unerlässlichen Bildungs- und Erziehungsmittels; wenn er den Begierden und dem Abscheu gegenüber eine schlaffe Nachgibigkeit übt, oder im Gegensatz auf ihre Unterdrückung stets gespannt ist, macht er die natürliche Willkür zu einer widernatürlichen und krankhaften. Die Krankhaftigkeit documentirt sich dadurch, dass die Lebendigkeit des Begehrens und des Abscheues schwinden, oder die Fähigkeit der Reaction — die Fähigkeit, Begierde und Abscheu in Vorstellungen aufzulösen oder selbstständig zu coupiren, fehlt.

Die Bedürftigkeit, welche durch die Pflege befriedigt wird, ist passiver Art, und wir haben schon früher ausgesprochen, dass die Hülflosigkeit und Pflegebedürftigkeit im ersten Kindesalter eine grössere und länger dauernde bei dem Menschen ist, als bei irgend einem Thiere. Hierin liegt für die Eltern und deren Stellvertreter eine Nöthigung, sich mit dem Kinde zu beschäftigen, zu dem Spiele mit dem Kinde, das sich charakterisirt, und zu dem Lehren der Fähigkeiten mittelst derer sich das Kind von der gänzlichen Unselbständigkeit allmälig emancipirt.

Die menschliche Natur fordert also von vorn herein ein pädagogisches Verhalten heraus; was aber das Gebiet der eigentlichen Pflege anbetrifft, das als ein Aussengebiet der Er-

ziehung bezeichnet werden mag, so ist der Unterschied des für
die verschiedenen Altersstufen Zuträglichen und Nothwendigen
wiederum ein so grosser wie bei keiner Thiergattung, während
das kindliche, instinktive Bedürfniss, auch wenn es deutlich
hervortritt oder zur Äusserung kommt, einen sichern Anhalt
und Massstab für das Zulässige und Nothwendige nicht abgibt,
nicht nur, weil die Willkür des Begehrens, die eine für die
menschliche Natur nothwendige ist, dazwischen spielt, sondern
auch die ausgeprägte civilisirte Existenz, in welche das Kind
hineinwächst, den Instinkt von vornherein, wo nicht gradezu
verfälscht, so doch durch die Mannichfaltigkeit der sich bieten-
den Anregungs- und Genussobjecte unsicher macht. Hierbei
ist insbesondere noch hervorzuheben, dass die Schutzmittel gegen widrige und selbst nur unangenehme Einflüsse, welche die
Civilisation an sich gewährt und bis zu einer gewissen
Grenze gewähren muss, die Reactionskraft des zarten Organismus leicht erschlaffen lässt, so dass dieselbe ausdrücklich
gestärkt, d. h. in Anspruch genommen werden muss. Wollte
man das, was dem Kinde unangenehm ist, nicht thun, so dürfte
man es z. B. nicht baden, während doch bei civilisirten oder
auch halbcivilisirten Zuständen das Bedürfniss des kalten Ba-
des sich nicht von selbst entwickelt, also ausdrücklich durch
Gewöhnung hervorgebracht und unterhalten werden muss.

Es geht hieraus hervor, dass auch die Pflege der Reflexion und ausgebildeter Begriffe von dem Zulässigen und
Nothwendigen bedarf. Um aber möglichst sicher zu gehen,
hat sich die Pflege zum ersten Gesetz zu machen, dass sie
Mass hält, d. h. zunächst lieber etwas zu wenig gewährt
und thut, als zu viel; zum Zweiten, dass sie die Ernährungs-
und Lebensweise zu einer geregelten macht, und Gewohnheiten
begründet, aber, um das Accomodationsvermögen nicht erschlaffen zu lassen und das fortgesetzte Experiment nicht auszuschliessen, von der Regel zeitweilig ausdrücklich abweicht;
— zum Dritten, dass sie da, wo die Unzulänglichkeit der
Pflege und ihrer Gewährungen sich bemerkbar macht, das
Versäumte ausdrücklich nachholt. Dieses Nachholen des Ver-
säumten ist immer und überall leichter als das Gutmachen

dessen, was die Masslosigkeit verdorben hat, wie beispielsweise eine durch übermässiges Nahrunggewähren geschwächte
und abgestumpfte Assimilation nur langsam wieder gestärkt
und zur Fähigkeit der sich durchsetzenden Stoffausbeutung erhoben werden kann, während eine zu dürftige Gewährung,
wenn nur die Qualität des Gewährten eine entsprechende, d. h.
die Nahrung nicht zu schwer verdaulich und an sich ausgi-
big war, keine Folgen hinterlässt, die nicht bald überwunden
werden könnten.

So verhält es sich in allen anderen Beziehungen: die Übersättigung, die Abstumpfung und die Überreizung müssen auf
das Sorgfältigste vermieden werden, wogegen freilich auch ein
immer gespanntes und geübtes Auge nothwendig ist, um den
Mangel, das Zuwenig überall sogleich zu bemerken und, wie
geschehen muss, abzuhelfen. Dieses Verhalten gegen das Bedürfniss aber und zwar zunächst gegen das Bedürfniss im
engern Sinne, muss auf allen Altersstufen dasselbe bleiben,
obgleich sich naturgemäss die ausdrückliche Bedürfnissbefriedigung, bei der sich der Zögling passiv verhält, verengert,
und hätten wir ein theoretisch-praktisch ausgebildetes, wirklich naturgemässes System der Pflege, so wäre damit für
die Erziehung schlechthin die sicherste Unterlage gewonnen;
denn es würden mit demselben Grundsätze und Regeln der
Bedürfnissbefriedigung gegeben sein und geübt werden, die
für das Gebiet der Erziehung im engeren Sinne ihre Geltung
behalten, obwohl modificirt werden müssen. Zur Naturgemässheit der Pflege gehört aber von vornherein—darauf muss immer
wieder hingewiesen werden — die zweckmässige Anregung und
Bestimmung der Thätigkeiten. Dass die Pädagogik der neueren
Zeit diese Anregung und Bestimmung für das erste Kindesalter in das Auge gefasst hat, und zu einem Systeme bringen
will — ich brauche nur den Namen Friedrich Fröbel zu
nennen — ist der Anfang eines gründlichen Fortschrittes
der Erziehungspraxis. Leider aber hat Fröbel dem Gesetze
des Masshaltens nicht die Rechnung getragen, die ihm getragen
werden muss, und der Kindergarten, wie Fröbel ihn gestaltet, leidet an einem naturwidrigen Zuvielthun.

2.

Die Erziehung als Kunst. Der rohe und der künstliche Mechanismus der Erziehung. — Die Forderung der Naturgemässheit gegenüber der gegenwärtigen Civilisation und Erziehungsweise. — Rousseau und Pestalozzi. Die Herrschaft der Pestalozzi'schen Methode. Der Mangel und die Mangelhaftigkeit des anthropologischen und socialen Ideals. — Das Rousseau'sche Erziehungssystem in Bezug auf die Bedürfnissbefriedigung.

Der pädagogische und politische Künstler haben, wie es Schiller ausdrückt, im Gegensatze zu dem mechanischen und ästhetischen Künstler den Menschen nicht nur zum Materiale, sondern auch zur Aufgabe, und sie müssen daher ihre Materie in ihrer Eigenthümlichkeit schonen. In unsern bisherigen Erörterungen ist diese Schonung der Eigenthümlichkeit, die Schiller von dem Gesichtspunkte aus in Anspruch nimmt, dass der Mensch nicht als todtes oder unfreies Material für eine herzustellende oder darzustellende Form dienen kann, sondern mit seiner Lebendigkeit und Freiheit in die Gestalt, die ihm der politische und pädagogische Künstler geben wollen, eingehen muss, als die Berücksichtigung der Individualität charakterisirt worden. Hierbei wurde gezeigt, dass der Erzieher die individuelle Eigenartigkeit zu ihrer idealen Form zu erheben oder in dem gegebenen Individuum die normale Individualität, soweit dazu die Möglichkeit vorhanden ist, zu realisiren hat, was eben so wenig ohne das Eingehen auf die individuelle Eigenthümlichkeit wie vermöge eines nachgibigen — mehr als schonenden — oder sogar auf die Ausprägung der Absonderlichkeit und die Uebertreibung specieller Anlagen gerichteten Eingehens geschehen kann. Wir haben also für die Berücksichtigung der Individualität eine Grenze gezogen, die ihre Bestimmtheit allerdings erst mit der Bestimmung der im Begriff der menschlichen Individualität schlechthin liegenden positiven Aufgabe der Erziehungsthätigkeit, also mit der Bestimmung dessen, was die Erziehung zur Herstellung der Normalität in irgend einer Form unbedingt zu thun und zu leisten hat, erhalten kann. Hierbei haben wir nicht unterlassen, darauf hinzuweisen, dass die Entwicklungsstadien, die

der Organismus an sich und abgesehen sowohl von der individuellen Eigenartigkeit wie von den erziehlichen Einwirkungen
durchläuft, für die Stufenfolge eben dieser Einwirkungen massgebend sein müssen, dass der Erzieher sich insbesondere hüten muss, der Natur vorgreifend die Entwicklung verfrühen
zu wollen, dass aber die Abweichungen von dem normalen
Entwicklungsprocesse ebenso wie die Eigenartigkeit überhaupt
zu berücksichtigen sind, d. h. ein hemmendes oder ein treibendes Eingreifen, das jedoch in keinem Falle ein gewaltsames
sein darf, in Anspruch nehmen.

Dass ein pädagogisches Verfahren, welches von der lebendigen Eigenartigkeit und dem natürlichen Entwicklungs-
triebe absieht, einen ausgeprägt und roh mechanischen Charakter hat, wird Niemand läugnen, indem selbst diejenigen
Künstler, die es mit einem todten und unfreien Materiale zu
thun haben, der gegebenen Eigenthümlichkeit desselben Rechnung tragen und sich durch sie bestimmen lassen — was allerdings nur der geistreiche Künstler ohne Beeinträchtigung des
objectiven Werthes oder der Schönheit seines Werkes vermag — der lebendige Gegenstand einer Thätigkeit aber als
solcher leidensfähig ist und unter einer schonungslosen Behandlung, auch wenn die Reaction nicht ausbleibt, unfehlbar leidet.
Während aber einerseits dieser pädagogische Mechanismus um
so roher ist, je entschiedener er den Charakter des Handwerksmässigen hat, also ohne den Hintergrund irgend eines
Ideals oder irgend einer Vorstellung der herzustellenden Individualität durch äussere Ansprüche und Vorschriften bestimmt
wird, so gewinnt er doch andererseits durch das Vorhandensein irgend eines idealen Hintergrundes und durch eine künstliche Ausbildung, welche ihn als Mechanismus verbirgt und
daher die Berücksichtigung und Benutzung der individuellen
Eigenartigkeit einschliesst, keineswegs eine höhere Berechtigung.
Denn wie die Künstlichkeit der Mittel überhaupt nicht den
Künstler, wenigstens nicht den ästhetischen ausmacht, so
bleibt, wo es sich um an sich oder ihrer Bestimmung nach
freie Wesen handelt, der Charakter des Mechanischen bestehen,
wenn die Freiheit derselben nicht geachtet oder vielmehr nicht

realisirt wird; sie wird aber nicht verwirklicht, sondern künstlich aufgehoben, wenn das Ideal der herzustellenden Individualität einem einseitigen und beschränkten Culturideale oder auch einem abstracten Unculturideale entstammt, und zur praktischen Darstellung desselben Mittel der Hemmung und Förderung angewandt werden — was allerdings nothgedrungen aber doch zugleich mit Behagen zu geschehen pflegt — die den Charakterzug der Schlauheit an sich haben, indem sie in versteckter Art zwingen und reizen und unreine, Trieb und Bedürfniss verfälschende Motive schaffen und in Spiel setzen.

Ob der rohe oder der künstliche und schlaue Mechanismus der Erziehung — ein Begriff, der allerdings durch die eben gegebene Charakteristik des letzteren sehr weit ausgedehnt erscheint — nachtheiliger wirkt, ist eine Frage, die wir theilweise schon beantwortet haben, insofern dasjenige Eingehen auf die Individualität, welches auf die Entdeckung und Benutzung von Absonderlichkeiten ausgeht und sich durch die allgegenwärtige und allwissende Beschäftigung mit jedem Einzelnen, die nur eine scheinbare sein kann, hervorthut, als eine Abart des schlauen pädagogischen Mechanismus bezeichnet werden muss, weil in dieser, den Stempel der Übertreibung sichtlich an sich tragenden Individualitätsberücksichtigung, was der schlauen Pädagogik Mittel ist, zum Zwecke wird, und zwar entweder aus Mangel an Selbstbeherrschung und Plan oder in Folge eines unklaren und unreifen, aber sich mächtig machenden pädagogischen Gedankens, der die Verfälschung des Princips der freien Entwicklung einschliesst. Dass die ausdrückliche Pflege der Eigenartigkeit statt des Charakters Charakterlosigkeit hervorbringt, ist von uns schon öfter hervorgehoben worden, und zwar stellt sich diese Charakterlosigkeit insbesondere als anspruchvolle Schwäche, als eigensinnige Bedürftigkeit und als naive oder sentimentale Selbstüberschätzung heraus. Der rohe pädagogische Mechanismus, der sich des Individuums nur halb zu bemächtigen vermag und bei irgendwie energischen Naturen eine unablässige Reaction bedingt, vereinseitigt durchweg den Charakter, indem er die

Opposition zu seinem Bestimmtheitsgrunde macht, und lässt
nur ausnahmsweise — bei besonders glücklicher Anlage —
eine harmonische Entwicklung zu; die künstliche und schlaue,
desshalb aber, wie ausgesprochen, nicht minder mechanische
Pädagogik erzeugt statt der mehr oberflächlichen Widersprüche,
welche die Wirkung des rohen oder handwerksmässigen Mechanismus sind, tiefer liegende, nach aussen verdeckte, noch
immer verschärfte, an denen das Individuum fortgesetzt leidet.
Jedenfalls — das hat sich hoffentlich aus unsern bisherigen
Auseinandersetzungen ergeben — ist die rechte Erziehung
eine Kunst, sie wird es aber nicht durch die Künstlichkeit
der Mittel und eine noch so complicirte Effectberechnung, sondern wie jede andere Kunst durch die Naturgemässheit
der Anschauung, der Aufgaben und des Verfahrens und durch
die Sicherheit, mit der die Grenzen des Nothwendigen eingehalten und ausgefüllt werden, wobei wir nicht noch besonders geltend zu machen brauchen, dass Gefühl und Erkenntniss des Naturgemässen und Nothwendigen sich nicht von
selbst ergeben oder Allen gemein sind, sondern wie eine besondere Begabung und einen wahrhaften Charakter so eine
nahhaltige Gedankenarbeit voraussetzen und in Anspruch
nehmen.

Die Forderung der Naturgemässheit ist seit Rousseau
in der modernen Pädagogik eine gegebene, immer wiederholte,
von Zeit zu Zeit mit erneuter Schärfe und Bestimmtheit hervortretende geworden. Die Berechtigung, welche sie an sich
selbst hat, bedarf nach dem, was wir bis jetzt ausgeführt,
keiner weiteren Erörterung; sie ist aber auch eine besonders
und zwar historisch motivirte, d. h. als energisches Verlangen der herrschenden Erziehungsweise gegenüber gegenwärtig, trotz der Umwandlungen, die sich seitdem vollbracht
haben, noch eben so zeitgemäss, wie sie es bei dem Auftreten Rousseau's war. Rousseau fand eine Civilisation voller
Widersprüche und mit dem ausgeprägten Charakter der Naturwidrigkeit vor: Institutionen, welche die Füllung des Glaubens und der Sitte verloren hatten und äusserlich aufrecht
erhalten wurden, eine Gesellschaft, deren Formen sich immer

mehr verkünstelten, während eine antisociale, selbstsüchtige
Gesinnung immer weiter Platz griff, die Barbarei unter der
Hülle der Verfeinerung, die unter der Scheinherrschaft der
Moralität um sich fressende Corruption, die Sucht der Natur-
verkehrung in der Lebens- und Umgangsweise, der Sprache,
der Kunst, der Tracht sichtbar und durchgreifend wirksam.
In einer solchen Zeit war es gewiss zeitgemäss, für die Rückkehr zur Natur zu eifern, und wenn Rousseau, indem er der
Sehnsucht nach der Natur und Natürlichkeit, die in vielen Herzen schlummerte oder bereits erwacht war, den beredtesten,
glühendsten und glänzendsten Ausdruck gab, bis zur Negation der Cultur schlechthin und ihren Bedingungen fortging,
so können und müssen wir dies, insofern die Negation stets
die erste Form der Opposition und ihre Einseitigkeit durch
die des Bestehenden bedingt ist, natürlich finden. Seit Rousseau's Auftreten aber ist durch den Wechsel der Revolution
und Reaction hindurch die Auflösung der überlieferten Institutionen, die Ausgleichung des Ständecharakters, die Lockerung der vererbten und der natürlich gegebenen Verhältnisse,
die Beseitigung privilegirter Existenzen, die Befreiung des Besitzes und der Arbeit von den Fesseln, durch welche sie zu-
sammengehalten wurden und welche die Form ihrer Organisation waren, kurz die allgemeine Vereinzelung unaufhaltsam
vorgeschritten, und mit diesem Fortschritte hat sich der
einer ausserordentlichen Industrie- und Verkehrsentwicklung,
vermöge deren die Vermittlung der Production und Con-
sumtion sowie der socialen Beziehungen überhaupt eine äusserst
und äussserlichst complicirte geworden ist, derartig verknüpft, dass von einer Annäherung an das Rousseau'sche Ideal
des Naturzustandes gewiss nicht gesprochen werden kann,
obgleich das von ihm vertretene Individualitätsprincip zu
entscheidender Geltung gelangt ist und immer mehr Raum
gewinnt.

Die gegenwärtige Civilisation ist also eine gesteigerte,
und während der historisch-organische Zusammenhang und
Zusammenhalt der Gesellschaft, der sich allerdings längst veräussert hatte, der völligen Zersetzung entgegengeht, hat sich

als Ersatz desselben der Mechanismus äusserlicher Vermittelung und Beziehung, der die Individuen scheinbar freilässt, indem er sie in die vielseitigste Abhängigkeit bringt, bis zu einem Höhegrade ausgebildet, der kaum eine geschichtliche Parallele zulässt. Innerhalb dieses Mechanismus finden sich bis jetzt nur Spuren und Ansätze organischer Neubildung, die Gesellschaft trägt daher im Allgemeinen, da die mechanische Form keine ästhetische ist, den Charakter unästhetischer Formlosigkeit oder Massenhaftigkeit an sich, während die freiere Bewegung und Bethätigung der Individuen, die nach vielen Seiten gewonnen ist, sich als fruchtbar für die energische und harmonische Entwicklung der Individualität nicht erweist, weil sich andrerseits der Zwang der Verhältnisse, die Macht äusserer Nothwendigkeiten verschärft hat und — was entscheidend ist — die Gemeinschaftsgestaltung, der natürliche Boden für die Gestaltung der Individualität fehlt. Wir sind daher nicht berechtigt, der gegenwärtigen Civilisation im Gegensatz zu derjenigen, welche Rousseau vorfand, den Charakter einer gesunden, d. h. naturgemässen Cultur zuzusprechen, und insofern die herrschende Erziehung dem Fortschritt der bestehenden Civilisation einfach dienstbar ist, wie sie es im Allgemeinen ist, hat sie trotz dem zeitweilig verstärkt hervortretenden Drängen und Dringen nach und auf Naturgemässheit die angeerbte und weiter ausgebildete Naturwidrigkeit nicht überwunden. Wenn aber hiernach das Verlangen einer naturgemässen Erziehung — die Rousseau mit Recht als das einzige gründliche Mittel für die Herstellung eines gesunden Gesellschaftszustandes ansah — zeitgemäss geblieben ist, so dürfen und müssen wir bei dem Eifer und der Strebsamkeit, die für die pädagogische Reform im Sinne der Naturgemässheit aufgewandt worden sind, den geringen und fast verschwindenden Erfolg, den die einschlagenden Bestrebungen gehabt haben, auffallend finden. Indessen steht diese Thatsache mit der anderen, weitreichenden, dass trotz der Fortschritte, welche die Auflösung hemmend gewordener Institutionen und die Befreiung der individuellen Bedürfnisse und Kräfte gemacht haben, für die Entfaltung und Gestaltung der Individualität kein

Raum gewonnen, vielmehr die Verkümmerung und Vereinsei-
tigung der Individuen eine zunehmende ist, in einem so nahen
Zusammenhange, dass beide ihre Erklärung nur mit einander
finden können. Diese liegt aber, einfach ausgedrückt, darin,
dass die einseitige, negative Auffassung der Freiheit und
Naturgemässheit die herrschende geblieben ist, während sich
die mit der Civilisation gegebenen Verhältnisse und Bedürfnisse
theils der einseitigen Freiheits- und Natürlichkeitstendenz, die
sich als eine Triebkraft des Zeitalters nicht hinwegleugnen
lässt, entsprechend, theils im Widerspruch zu ihr, d. h. den
nothwendigen Gegensatz, in welchen jede einseitige Entwicklung ausläuft, unmittelbar und überwiegend darstellend,
entwickelt und gestaltet haben.

Ich brauche kaum ausdrücklich zu sagen, dass eine eingehende Begründung dieses Satzes mich jetzt zu weit führen
und geschichtliche, culturhistorische und insbesondere auch
nationalökonomische Auseinandersetzungen in Anspruch nehmen würde, welche theils erst unseren späteren Vorträgen
zukommen und auch in diesen nur gelegentliche oder doch
kurze sein können, theils überhaupt ausserhalb der Grenzen
liegen, die wir uns ziehen und einhalten müssen, um unser
Thema in dem gegebenen Zeitraume, ohne wesentliche Gesichtspunkte bei Seite liegen zu lassen, durchzuführen. Was aber
die negative Fassung des pädagogischen Begriffes der Naturgemässheit anbetrifft, so habe ich auszusprechen, dass sich
dieselbe fortgesetzt behauptet, wenn auch fortgesetzt modificirt
hat, obgleich der unmittelbare Einfluss Rousseau's längst zu-
rückgetreten ist und die gegenwärtige Schule sich die Pestalozzi'sche nennt. Jeder, der die Schule kennt wie sie ist,
muss zugestehen, dass sie den Ansprüchen, die, wie man sagt,
die gesteigerte Civilisation mit sich bringt, wenn nicht voreilig
entgegenkommt, so doch unablässige und mehr oder minder
willige Concessionen macht, während zugleich ein Ideal der
reinen Menschenbildung, das näher untersucht den Zusammenhang mit den Rousseau'schen Anschauungen und Postulaten
nicht verleugnet, in den pädagogischen Köpfen und Gewissen
zurückgeblieben ist und immer wieder auftaucht. Eine Ge-

staltung des Erziehungswesens, die von der Idee ausgegangen
und consequent durchgesetzt worden wäre, lässt sich auch
als sporadische nicht nachweisen, und wenn einerseits gesagt
werden kann und muss, dass jedes Ideal sein nothwendiges
Correctiv wie seine Durchbildung an den Schwierigkeiten der
praktischen Ausführung findet, so ist doch andrerseits klar,
dass ein Ideal, dessen Vermittlung mit der Wirklichkeit, mit
den gegebenen Zuständen, Verhältnissen und Bedürfnissen in
lauter Concessionen besteht und welches, eben weil dies der
Fall, die praktische Thätigkeit von vornherein nicht bestimmt,
sondern nur den Hintergrund einer unbestimmten Tendenz
abgiebt, die sich mit dem Bewusstsein unüberwindlicher Hemmungen befriedigt, entweder noch nicht geistig aufgenommen
und assimilirt oder ein in sich selbst gehaltloses, der Positivität entbehrendes ist. Wir finden aber, dass nach Rousseau
der Begriff der naturgemässen Erziehung zu einer ausdrücklichen, systematisch durchgeführten und insbesondere auch einer die Nothwendigkeit der gemeinsamen oder doch der
Collectiverziehung in das Auge fassenden, wenigstens als äusserliche anerkennenden, sich also für die Schule bestimmenden
theoretischen Darstellung überhaupt nicht gelangt ist — ein
Mangel, welcher als solcher das Ideal der Naturgemässheit zu
einem unbestimmten macht, da Rousseau sein Erziehungsideal,
allerdings seinem Grundprincipe gemäss, an und mit dem Beispiele einer Separaterziehung veranschaulicht, die sich als allgemeine, wenn auch umstandsgemäss modificirte, nicht denken
lässt. Allerdings steht zwischen Rousseau und der heutigen
Pädagogik Pestalozzi, der als der Begründer der modernen Schule gefeiert wird, der aber trotz seiner grossen
und nachhaltigen Bedeutung den bezeichneten Mangel nicht
aufgehoben hat, wobei sogleich bemerkt werden muss, dass
dies, wenn hier überhaupt von einer Schuld die Rede sein
könnte, nicht sowohl seine, als die Schuld der heutigen
Pädagogik ist.

Von Rousseau ausgehend oder doch wesentlich durch ihn
angeregt, ist er thatsächlich über ihn hinausgegangen, indem
er, statt wie Rousseau von der Familie und der Schule zu

abstrahiren, sie von Haus aus in das Auge fasste und ihre
Aufgaben in ein Verhältniss setzte, in dem er ferner, statt
mit Rousseau den Unterricht schlechthin zum Gelegenheitsun-
terrichte machen zu wollen, eine naturgemässe psychologische
Unterrichts-Methode zu begründen strebte, und indem er endlich, statt sich von dem Rousseau'schen Antisocialismus, der
die Civilisation und das gesellschaftliche Interesse negirt, befangen zu lassen, von dem letzteren beseelt und bestimmte
socialökonomische Gesichtspunkte herausbildend, in der systematischen Erziehung das positive Mittel für die unmittelbare Verbesserung der gesellschaftlichen Zustände und insbesondere für die Beseitigung des Armenelends und die
Hebung der arbeitenden Classen erkannte und verlangte. Die
Armenschule, also die durch die ökonomische Noth und die
unmittelbar mit ihr zusammenhängende Verkümmerung und
Verwilderung bedingte Nothanstalt war der erste Gegenstand
seines unermüdlichen, liebe- und geistvollen, aber von prakti-
schem Geschick nicht begleiteten und unterstützten Sinnens
und Trachtens, und erst später, als sein Ruhm ihm weitrei-
chende Beziehungen und eine hohe Gönnerschaft verschaffte,
gab er sich dem Plane und Versuche einer allgemein-pädago-
gischen Musteranstalt, einer Pflanzschule für die neue Pädagogik hin und zwar ohne wirklichen und nachhaltigen Erfolg,
da die zum Bestande gebrachte Anstalt nicht war, was sie sein
sollte, und der Keim der Auflösung, den sie von vornherein in
sich trug, sich rasch entwickelte. Der Gedanke aber, die Ar-
mennoth durch die Erziehung der Armen zu überwinden, liess
Pestalozzi niemals los und führte ihn nothwendig auf die Verbindung des Unterrichts mit praktischen Arbeiten, da sich die
pädagogische Hebung der sogenannten arbeitenden Classen,
d. h. derer, die von Jugend auf ihren Lebensunterhalt erar-
beiten müssen, ohne die ausdrückliche Ausbildung der Arbeit-
samkeit und Arbeitsfähigkeit nicht denken lässt.

Was Pestalozzi nach dieser Seite geleistet, will ich hier
einer Kritik nicht unterwerfen; jedenfalls reichten diese Leistungen, in denen sein ganzes Herz und sein lebendigster Gedanke
wirksam waren, der Tendenz nach am weitesten über die be-

schränkte Positivität des alten Unterrichts- und Schulwesens wie über die Rousseau'sche Culturnegation — die trotz des grossen Einflusses, den Rousseau ausgeübt hat, eine unfruchtbare blieb — hinaus. Sie wurden aber nur von wenigen Männern, deren Bestrebungen isolirte blieben, aufgenommen und weitergeführt, während das Princip der Pestalozzischen Methodik, das Anschaulichkeitsprincip — von den Pädagogen eifrig an- und aufgenommen — zur allgemeinen Herrschaft oder doch Scheinherrschaft gelangte. Ich sage: zur Scheinherrschaft, weil abgesehen von der Einseitigkeit, die das Princip als solches an sich hat und vermöge deren es ein unzulängliches bleibt, insofern es die Unterrichtsmethode schlechthin bestimmen soll, von einer consequenten Durchführung und Anwendung desselben wahrheitsgemäss nicht gesprochen werden darf, wie denn eine solche schon desshalb — oder auch vorzugsweise desshalb — unmöglich war und ist, weil unsere Pädagogen, ohne Ahnung des inneren Zusammenhanges, den bei Pestalozzi die Aufnahme praktischer Arbeitsübungen mit der Eigenthümlichkeit seiner Unterrichsmethodik trotz dem, was sich kritisch gegen seine Auffassung und Behandlung der ersteren geltend machen lässt oder geltend gemacht werden muss, dennoch hatte, von dem wesentlichsten Anschauungsmotive, das eben in dem Arbeitszwecke liegt, consequent abstrahiren, womit sie sich zugleich eines nothwendigen Bindemittels zwischen den Unterrichts- und den Erziehzwecken begeben.

Über dass Verhältniss des Unterrichts zu der Erziehung ist allerdings viel gesprochen und verhandelt worden, aber trotzdem sind unsre Schulen — wenigstens die öffentlichen — einseitige Unterrichtsanstalten geblieben oder vielmehr erst recht geworden, obgleich der Zweck der moralischen oder sittlichen Bildung häufig besonders betont, mit mehr oder weniger Pathos in den Vordergrund gestellt, und auch in der That zur Erreichung desselben von den Mitteln moralischer Einwirkung und den Mitteln der Disciplin ein Gebrauch gemacht wird, den wir von unserm Standpunkte aus als einen maassvollen, in sich begrenzten nicht anerkennen können. Die Erziehung im weiteren und zugleich positiven Sinne wird dem

Hause und den Pensionaten überlassen — eine Arbeitstheilung, über deren Recht und Erfolg wir uns schon ausgesprochen haben. Wie aber ein Unterricht, welcher sich in Bezug auf seine Ziele und Resultate, das herzustellende Können und Wis-sen, von den vielfachen Ansprüchen der gesteigerten Civi-lisation bestimmen lässt und um diesen Ansprüchen zu genü-gen sich psychologisch zu gestalten und auf die Individualität einzugehen sucht, wie weit die Methodik desselben sich aus-bilden mag, den Charakter des Mechanischen behält und sich der Naturgemässheit nicht annähert, sondern von ihr entfernt, so bleibt die Erziehung im engeren Sinne eine naturwidrige oder wird es vielmehr immer mehr, wenn sie, ohne ein posi-tives Ideal der herauszustellenden Individualität, vom prakti-schen Interesse und von der wechselnden Mode bestimmt wird. Dieses Ideal aber, welches die positive Darstellung des Be-griffes der Naturgemässheit wäre, fehlt, und das unbestimmte Verlangen einer naturgemässeren Erziehung, das von Zeit zu Zeit zu einem mehr oder minder gefühlvollen und mehr oder minder pathetischen Ausdrucke kommt und auch wohl diese oder jene Änderung, diese oder jene Befreiung vorübergehend durchsetzt, hat, näher untersucht, keinen andern Hintergrund als die Rousseau'schen Anschauungen und Gedanken, welche, anregend und sich fortpflanzend, in die Pädagogik einge-drungen sind und auch da noch nachwirken, wo kaum Rous-seau's Name genannt wird.

Hiernach erscheint es nicht nur zweckmässig, sondern noth-wendig, bis auf Rousseau zurückzugehen, wenn es sich darum handelt, über den pädagogischen Begriff der Naturgemässheit ins Klare zu kommen, wie überhaupt die Würdigung Rous-seau's und seines Einflusses eine für das historische Verständ-niss der Gegenwart belangvolle und noch zu lösende Aufgabe ist. Der Rousseau'sche Begriff der Naturgemässheit hat bei ihm selbst eine sehr bestimmte Fassung und Ausprägung, und da er in der psychologisirenden Richtung der gegenwärtigen Pädagogik zwar verflüchtigt worden aber dennoch herr-schend gblieben ist, so kann er nur in der Gestalt, die ihm Rousseau gegeben, angegriffen werden, wobei sich herausstel-

len muss, dass und wie der Mangel oder die Mangelhaftigkeit
des socialen Ideals mit dem Mangel oder der Mangelhaftigkeit des anthropologischen Ideals zusammenhängt. Es
versteht sich nun von selbst, dass unsere Vorträge für eine eingehende Kritik des Rousseau'schen Standpunktes keinen Raum bieten; aber andrerseits dürfen wir auch nicht unterlassen, wenigstens einige der Gesichtspunkte, von welchen eine solche Kritik
auszugehen hat, hervorzuheben, indem wir an die schon gegebenen Auseinandersetzungen anknüpfen und auf spätere, die
unsere pädagogischen Postulate näher bestimmen sollen, hinweisen.

Was die pädagogische Bedürfnissbefriedigung, von der
heute die Rede gewesen ist, betrifft, so hat Rousseau die Forderung, das Bedürfniss des Zöglings zum Motiv der pädagogischen Gewährung und Hülfe zu machen, zuerst energisch
herausgestellt und geltend gemacht, aber seine Fassung und
Ausführung dieses Postulats, das eine principielle Bedeutung
hat, ist in doppelter Hinsicht eine einseitige und unzulängliche.
Einestheils nämlich sieht er, von der an sich geregelten, im
gleichmässigen Wechsel stattfindenden Befriedigung der Thä-
tigkeitsbedürfnisse oder Triebe durchaus ab, indem der Rousseau'sche Erzieher seine Gewährungen, Mittheilungen und Unterweisungen nur an gelegentlich oder doch scheinbar gelegentlich
hervortretende, an und für sich schon bestimmte Bedürfnisse anknüpft; anderntheils aber lässt er diesen Erzieher
sich entschieden negativ, die Befriedigung versagend und ab-
schneidend gegen Bedürfnisse verhalten, die ihm für naturwidrige und künstliche gelten, weil es die Culturbedürfnisse
sind, was offenbar einen Widerspruch gegen das vorangestellte
Princip einschliesst, insofern er den Beweis, dass sich diese
Bedürfnisse von selbst, d. h. ohne gesellige Einflüsse und ohne
die Voraussetzung der Geselligkeit schlechthin nicht entwickeln,
dass aber die Geselligkeit, obgleich sich die ursprüngliche Isolirtheit nur als Ausnahme zeigt, ein unnatürlicher Zustand ist,
also die Erklärung schuldig bleibt, wie sich die Geselligkeit ohne den ursprünglichen Geselligkeitstrieb ausbilden, die
Cultur ohne die in der Natur des Menschen liegende Anlage

entwickeln konnte Die Lösung dieses Widerspruches könnte nur in der Annahme liegen, dass das Geselligkeits- und Culturbedürfniss eine in dem Menschen von Natur gegebene Krankheitsanlage ist, welche, um nicht zur Entwicklung zu kommen, die ausdrückliche Reaction in Anspruch nimmt, eine Annahme, welche die Nothwendigkeit der Erziehung eigenthümlich begründen würde. In der That aber geht Rousseau zu dem praktischen Postulate, den Naturzustand wiederherzustellen, nicht fort, er lässt vielmehr die Civilisation, welche die Form der Gesellschaft ist, als einen Nothzustand gelten, um die möglichste Isolirung des Einzelnen in der Gesellschaft als die Bedingung seiner Freiheit und Selbständigkeit in Anspruch zu nehmen. Demnach soll die Rousseau'sche Erziehung, die als Isolirungsmittel gefasst ist, den Einzelnen zwar für die Existenz in der Gesellschaft befähigen, ihn also civilisiren, aber ohne mit der Fähigkeit das Bedürfniss zur Entwicklung kommen zu lassen, so dass jene nur eine äusserlich beigebrachte sein kann, und die Reaction gegen die Bedürfnissentwicklung sich mit dem Zwange zu einer bedürfnisslosen Thätigkeit oder einem äusserlichen Verhalten verbindet. Damit hängt die gelegentliche, obgleich zum Theil künstlich vermittelte Bedürfnissbefriedigung, welche die Rousseau'sche Erziehung andrerseits charakterisirt, genau zusammen, während sie doch zugleich den Widerspruch setzt, dass der Zögling auf der einen Seite bedürfnissgemäss, auf der andern bedürfnisslos bestimmt werden soll. Denn indem der Erzieher das Bedürfniss nur als hervorgetretenes und bestimmtes befriedigt, sieht er von der Entwicklung desselben ab, indem er es aber künstlich vermittelt und vermitteln muss, um die unentbehrlichen Fähigkeiten und Fertigkeiten des Zöglings ausbilden zu können, hebt er die scheinbare Selbständigkeit desselben unter der Hand auf. Die Rousseau'sche Erziehung ist also überhaupt keine entwickelnde oder die natürliche Entwicklung systematisch unterstützende und durchsetzende, sondern hat den Charakter eines künstlichen Mechanismus, der die Individualitätsschonung nur insoweit einschliesst, als eine innerliche Steigerung und Erhöhung des Bedürfnisses nicht

stattfindet, da sich der Rousseau'sche Erzieher gegen diese,
die er als Krankhaftigkeit auffasst, von vornherein reagirend
verhält.

Wir verkennen unsererseits die Wichtigkeit und Nothwendigkeit des Gelegenheitsunterrichtes so wenig, dass wir
ihn vielmehr organisirt wollen, weisen aber diejenige Vermittlung der Bedürfnisse, welche sich selber maskirt und dabei die Reflexion auf Nützlichkeit und Schädlichkeit in
Anspruch nimmt, als eine unnatürliche ab. Die Selbstbestimmungsfähigkeit des Menschen offenbart sich darin, dass sein
Bedürfniss über die Möglichkeit der unmittelbaren Befriedigung
und sein Thätigkeitstrieb über die Zweckbestimmtheit hinausreicht, und zwar ist nothwendig grade bei dem unentwickelten Menschen, insofern er zur Selbstbestimmung angelegt ist,
das Bedürfniss in sich unbestimmt entfaltendes, der Thätigkeitstrieb ein auf die zwecklose, von dem Erfolg absehende,
in sich selbst befriedigende Thätigkeit, auf das Spiel gerich-
teter. Will sich also der Erzieher an die Natur halten, so darf
er die innerliche Entfaltung des Bedürfnisses nicht hemmen,
sondern muss sie unterstützen, und hat der Thätigkeit nicht
Motive, die nicht in ihr selbst liegen, unterzulegen, sondern dieselbe, sofern er sie als eine dem Triebe entsprechende weiss,
unmotivirt in Anspruch zu nehmen. In der ersteren Beziehung will ich besonders hervorheben, dass Rousseau sich gegen die Entwicklung der kindlichen Phantasie ausdrücklich
reagirend verhält und gegen das Mährchen- und Fabelerzählen
nachdrücklich eifert, während für uns das Mährchen eine wesentliche pädagogische Bedeutung hat, die wir früher schon bestimmt haben. Ebenso verhält sich Rousseau gegen das Spiel
mindestens in so weit reagirend, als er die Gestaltung des
gemeinschaftlichen Spieles ausschliesst.

Aus diesen Andeutungen geht schon zur Genüge hervor,
dass wie das Rousseau'sche Erziehungssystem grade desshalb
und grade insoweit für ein widernatürliches zu halten haben,
als es die volle Entwicklung des Menschen nicht zum
Zweck hat, sondern ein System der Reaction und der äussern Vermittlung ist. Auf den Begriff der Freiheit und

Selbständigkeit aber, der in dem Rousseau'schen Standpunkte gegeben ist, muss ich noch besonders eingehen,
und verspare mir dies auf den folgenden Vortrag, der sich
unter Anderem auch mit der reagirenden Thätigkeit der
Erziehung zu beschäftigen hat. Diese reagirende, gegen die
Willkür und die Entartung der Bedürfnisse, sowie gegen die
Missform der Organe und Vermögen, welche mit der Bedürf-
nissentartung bedingt und bedingend zusammenhängt, ausdrücklich gerichtete Thätigkeit wird sich die Erziehung niemals
ersparen können; sie ist eine unter den günstigsten Verhältnissen und bei der besten Erziehungsweise fortdauernde, wenn
auch andere und gewissermaassen edlere Formen annehmende
Nothwendigkeit, wobei wir keineswegs einseitig an die von
Haus aus verwahrlosten Naturen zu denken haben, indem es
nur die schwächlichsten Organisationen sind, welche die pädagogische Reaction niemals nöthig machen, und ohne diese
Reaction die Ausbildung selbständiger Charaktere unmöglich
ist. Der Widerspruch aber, an dem das Rousseau'sche System
überhaupt leidet, zeigt sich insbesondere auch darin, dass es
das Moment der reagirenden Erziehungsthätigkeit zu dem vorherrschenden macht, während es zugleich die Forderung individueller Selbständigkeit in übertriebener, d. h. abstracter
Form herausstellt und zum pädagogischen wie politischen Principe erhebt.

Sechster Vortrag.

1.

Die Complicirtheit der Rousseau'schen Erziehung. — Die praktische Motivirung des Unterrichts und der organisirte Gelegenheitsunterricht. — Der Schutz der Jugend vor den Erwachsenen. Die absondernde Erziehung. Die Rousseau'sche Vereinzelung und die Fichte'sche Erziehungsgemeinschaft. — Die Erziehung zur Enthaltsamkeit und Mässigkeit. — Die Selbstthätigkeit und ihre Carricatur. — Die körperliche Abhärtung und die Sinnenübung. — Die Auffassung und Behandlung der Strafe.

Nach dem, was ich das vorige Mal angedeutet, wäre es sehr falsch, anzunehmen, dass die Rousseau'sche Erziehung dem Rousseau'schen Erzieher nicht viel zu thun mache; sie nimmt ihn vielmehr unausgesetzt in Anspruch, weil er einerseits nicht nur die Bedürfnisse, die sich in bestimmter Weise herausgestellt haben, zweckgemäss befriedigen, sondern auch für den Zweck der Unterweisung Gelegenheiten schaffen, d. h. die entsprechenden Bedürfnisse künstlich vermitteln, andrerseits Berührungen, Reize und Erfahrungen, welche die Natürlichkeit Emils vorzeitig angreifen könnten, abwehren muss. Diese letztere Aufgabe ist um so schwieriger, als zunächst die Grenzen der Rousseau'schen Unschuld und Natürlichkeit zwar nicht unsystematisch aber willkürlich gezogen sind, so dass die grösste Wachsamkeit gegen jeden zufälligen Eindruck so lange erforderlich bleibt, bis der Natursinn Emils zur Gleichgültigkeit gegen Alles, was über das Interesse seiner energischen Existenz hinausreicht, erstarkt — oder, wie gewiss in einigen Beziehungen gesagt werden kann und muss, abgestumpft — erscheint; und als weiterhin die Einzelerziehung, die bei Rousseau principiell ist, die Gestaltung einer Sphäre von rein persönlichen, weil jugendlichen, Beziehungen und Verknüpfungen, welche von selbst zu einer Sphäre gemeinsamer Interessen und gemeinsamen Bewusstseins wird, ausschliesst, so dass die Opposition einer kleinen, in sich erfüllten Welt gegen die grosse Welt des Verkehrs und der gesellschaftlichen Verhältnisse fehlt. Dieser Mangel ist für die Schwierigkeit der Rousseau'schen Ueberwachung wesentlich, weil das unbefriedigte Geselligkeitsbedürfniss — das sich in der Unbefriedigung verlieren soll, aber ohne dass der Zögling von der Anschauung des Lebens und Verkehrs unbedingt fern gehalten wird — sich selber den Erscheinungen unterlegt und ihnen einen Sinn und Reiz giebt, gegen welchen der Erzieher durch die Reflexion reagiren, also den Verstand des Zöglings verfrüht in Anspruch nehmen muss. Ich brauche aber nicht weiter auszuführen, dass die negative Thätigkeit des Rousseau'schen Erziehers eine ebenso künstliche sein muss, wie sein System des Gelegenheitsunterrichtes, durch welchen er selbst Unterweisungen, die ein consequentes Lernen in Anspruch nehmen, überall an persönliche Erfahrungen und daraus sich ergebende Wünsche und Zwecke anknüpfen soll, z. B. die Unterweisung im Lesen und Schreiben an das lebhafte Gefühl einer längeren Trennung und das sich daraus erzeugende Verlangen, auch mit dem Abwesenden sprechen zu können. Jeder, der sich unbefangen mit dem Rousseau'schen Emil beschäftigt, erhält den Eindruck einer Künstlichkeit, die durch den Zweck, die Natürlichkeit des aufwachsenden Menschen zu erhalten, motivirt sein soll, aber eine falsche Auffassung der menschlichen Natur, die Verkennung und Verleugnung dessen, was sie als solche auszeichnet, zum Hintergrunde hat. Dessenungeachtet dürfen wir nicht davon absehen, uns wenigstens punktweise über das Recht Rousseau's, die Gültigkeit, die seinen Forderungen bis zu einer gewissen Grenze zukommt, also die Momente der Naturgemässheit, die er treffend, aber bis zur Verkehrung ausprägend, hervorgehoben hat, zu verständigen.

Das Wissenbedürfniss des jungen Menschen unvermittelt in Anspruch zu nehmen, d. h. im Grunde ihn zur bedürfnisslosen Wissensaneignung zwingen zu wollen und desshalb zu allerhand Nebenreizen seine Zuflucht nehmen zu müssen, ist

eine pädagogische Unnatur, die bis zur Stunde und noch lange
nicht als überwunden gelten darf. Was Rousseau gegen diese
Unnatur, die den Leib, den Geist und den Charakter der Zöglinge, wenn auch wie manche Laster, vorherrschend den einen
oder den andern verdirbt, in seiner beredten Weise ausgesprochen hat, ist theilweise so schlagend, dass es immer wiederholt
zu werden verdiente, so lange eine entscheidende Besserung nicht eingetreten ist. Beispielsweise will ich nur erwähnen, dass die Verfrühung eines Geschichtsunterrichtes, der den
Zöglingen nur leeres Gedächtnisswerk mit falschen Vorstellungen vermischt gewähren kann — eine Verfrühung, gegen welche
Rousseau allerdings aus einem zu weit greifenden Gesichtspunkte eifert, indem es ihm nicht auf die Entwicklung des
historischen Interesses, sondern auf die Beschränkung desselben ankommt, was ihn indessen nicht hindert, die Verkehrtheit des schulmässigen Geschichterlernens scharf herauszustellen
— noch immer an der Tagesordnung ist, dass ferner der Missbrauch, der mit dem Einlernen von Fremdsprachen getrieben
wird, eher zu- als abnimmt. Indessen bedarf es kaum der
Beispiele, um von Jedem, bei dem das natürliche Gefühl zur
Reflexion kommt, sei er Pädagog oder Nichtpädagog, das Geständniss abzufordern, dass unserer Jugend eine Menge von
Kenntnissen, bevor das Bedürfniss entwickelt ist, beigebracht,
und um dies zu können, einerseits die Eitelkeit, der Ehrgeiz
und die Disciplinarmittel angestrengt, andrerseits die Methoden
unendlich verbessert werden — eine Verbesserung, die noch
eine besondere Erwähnung verlangt. Dass Rousseau dem bedürfnisslosen Unterrichte gegenüber den Gelegenheitsunterricht, d. h. den Unterricht, der sich an praktische Erfahrungen
und Veranlassungen anknüpft, also durch sie motivirt ist und
über das hervorgetretene oder hervorgerufene Interesse nicht
hinausgeht, als den rechten Unterricht fordert, ist in der Ordnung, und die Einseitigkeit dieser Forderung liegt nur darin,
dass dabei von jeder regelmässigen, sich rythmisch fortsetzenden Bethätigung, wie sie doch dem Menschen, insofern seine
höheren Assimilationsthätigkeiten ebenso wie seine niedern die
gleichmässige Function verlangen, natürlich ist, von vorn-

herein abgesehen wird. Dieser stetige Wechsel der höheren Assimilations- und demnach Veräusserungsthätigkeiten ist ohne Bedürfnisse und Triebe, die von innen aus sich entfaltend an der Objectivität schlechthin ihren Reiz haben, nicht denkbar, und diese werden also negirt, wenn ihre Bethätigung von Motiven, welche die Form der ausdrücklichen Zweckbestimmtheit haben, abhängig gemacht werden soll. Hieraus folgt — die Nothwendigkeit des Unterrichts vorausgesetzt — dass kein anderer als der organisirte Unterricht den Charakter der Naturgemässheit hat, dass demnach auch der Gelegenheitsunterricht — worunter wir von vornherein die zusammenfassende und vermittelnde Leitung des praktischen Thuns und Erfahrens zu verstehen haben — organisirt sein muss, und dass er vermöge dieser Organisation das theoretische Interesse und die theoretische Fähigkeit zu selbständiger Entwicklung gelangen lässt, indem er sie eben sowohl von der Unbestimmtheit der Befriedigung, deren sie gleichwohl von Anfange an nicht entbehren können, wie von der Gebundenheit an das sinnliche Wahrnehmen und Erfahren befreit. Denn ein Unterricht, der den Menschen nicht über seinen natürlichen Horizont hinaushebt und die an sich jenseitige Wirklichkeit zum Bewusstsein bringt, ist keiner: er steht, insofern er dennoch geübt wird, im Widerspruche zu seiner eigenen Nothwendigkeit: ein Unterricht aber, welcher das unmittelbare Thun und Erfahren des Zöglings sich selbst überlässt, es also nicht für das Bewusstsein gestaltet, hebt den lebendigen Zusammenhang der menschlichen Bethätigung, also auch die Lebendigkeit desjenigen Wissens, in welchem der Mensch seine geistige Freiheit haben und geniessen soll, von vornhinein auf. Beide sind also gegen die Natur des menschlichen Geistes und machen ihn unfrei unter dem Vorwande, seine Freiheit zu bewahren und herzustellen.

Dass die Jugend vor dem Alter geschützt werden muss, ist eine alte Wahrheit, und Rousseau war im vollen Rechte, als er eifernd gegen das frühzeitige Eingeweihtwerden der Jugend in die Höflichkeiten und Intriguen, die äusserlichen Geselligkeitsformen, die Modebedürfnisse, die Eitelkeiten, Vergnü-

gungen und Laster der Erwachsenen redete. Er war es um
so mehr, als er eine widernatürliche Civilisation mit ihren auf-
geputzten Entartungen, die nach einander jeden Stand und
jedes Alter ansteckten, vor Augen hatte, so dass an eine Erneuung des Geschlechtes durch die Erziehung zu denken, ohne
eine schützende Abgeschiedenheit der Jugend zu wollen, kaum
möglich war. Rousseau nahm also diese Abgeschiedenheit in
Anspruch, aber, dem Jdeale der Freiheit und Natürlichkeit,
das er aus der Negation der civilisirten Gesellschaft gewonnen
hatte, gemäss, als Abgeschiedenheit der Einzelnen. Es · kam
ihm nicht nur darauf an, die Einflüsse einer entarteten Gesellschaft abzuwehren, sondern den Geselligkeitssinn überhaupt
nicht zur Entwicklung kommen zu lassen, obgleich er von der
Gesellschaftsfähigkeit keineswegs absah. Denn dass er trotz
oder wegen der abstracten Entschiedenheit seiner Negation die
Äusserlichkeit des Gesellschaftsverbandes nicht aufgehoben,
sondern vielmehr die Veräusserung der Gesellschaft durchgesetzt wollte, und dass desshalb seine Erziehung den Zögling der Gesellschaft innerlich entfremden, aber ihn dessenungeachtet zur gesellschaftlichen Existenz befähigen, also durch
die Freiheit von den gesellschaftlichen Interessen zu einer
selbständigen Theilnahme an dem Gemeinwesen erheben sollte,
habe ich schon zur Genüge hervorgehoben. Dem Standpunkte,
den er als Hintergrund seiner · kritischen Excurse und seiner
idealistischen Schilderungen festhielt, gemäss musste Rousseau
den Gedanken der Collectiverziehung von vornherein abweisen,
— obgleich er sich die praktische Unmöglichkeit einer allgemeinen Einzelerziehung unmöglich verhehlen konnte — weil
sich erstens keine Collectiverziehung, so mechanisch sie die
Einzelnen zusammenfassen, ja so ausdrücklich sie gegen die
freiwillige Gestaltung eines gemeinsamen Lebens ankämpfen
mag, ohne die Entwicklung und Befriedigung des Geselligkeits-
Bedürfnisses denken lässt, wenn es auch eine durchbrochene
und unvollkommene bleibt, und weil zweitens der Gemeinsamkeit der Erzogenen, mag sie so äusserlich oder so innerlich
sein als sie will, eine disciplinarische Lebensordnung zukommt,
in welcher Rousseau das selbständige Werden und das Selb-

ständigwerden des Einzelnen, das zum Abschluss gekommen sein soll, ehe er in den Nothzustand der Gesellschaft eintritt, wesentlich beeinträchtigt sieht, weil bei ihm die Begriffe der Freiheit und Gemeinschaft überhaupt nicht zur Lösung in einander gekommen sind. Indem aber die Rousseau'sche Einzelerziehung über den Zweck, die aufwachsende Generation vor den gesellschaftlichen Entartungen zu bewahren, weit hinausgeht, wird nicht nur die Schwierigkeit ihrer Ausführung und Durchführung bis zur Unmöglichkeit erhöht — obgleich man nicht ausser Acht lassen darf, dass Rousseau eigentlich nur die Zurückführung der höheren Classen der civilisirten Gesellschaft zur Natur, also keine allgemeine Erziehung im Auge hat, indem ihm die unteren Classen vor der Unnatur, soweit sie nicht angesteckt werden, an sich gesichert erscheinen — sondern diese Erziehung erzeugt auch, da ihre Zöglinge nur nothgedrungen an der Gesellschaft Theil nehmen und sich der Hingabe an sie enthalten, keine positive Potenz für die Umgestaltung der gesellschaftlichen Verhältnisse und Zustände. Das sittliche Princip, welches diese Zöglinge vertreten, ist das eines stoischen oder abstinenten Egoismus, und wenn sich das Princip als Abstinenz bei den Einzelnen behauptet, also nicht in die offen um sich greifende Eigensucht ausschlägt, wie immer zu befürchten ist, so fehlt doch den Vertretern desselben der Zusammenhang untereinander, wie die sociale Wirktendenz; sie bilden keine Vereinigung, keine Partei, ja kaum eine Sekte und wenn auch ihr Glaube der offen proklamirte und allgemein anerkannte würde, so könnte doch hierdurch nur die Auflösung der alten Gesellschaft bis zur Schnelligkeit des Umsturzes beschleunigt werden, ohne dass für die Bildung der neuen Gesellschaft das Material und die positive Idee vorhanden wären.

Der Gedanke, die aufwachsende Generation von der alten abzuschneiden, um sie deren Verderbnisse zu entziehen und in ihr das Element einer neuen Gesellschaft zu gewinnen, ist nach Rousseau zuerst wieder von Fichte energisch aufgenommen worden, und zwar in den Reden an die deutsche Nation, welche, gegen die Veräusserung der französischen-Revolution die Lüge der aus ihr hervorgegangenen Freiheit und Herrschaft, die Corruption der sittlichen Elemente und Ideale gerichtet, an den Urgeist des deutschen Volkes appelliren und seine erneute befreiende Offenbarung fordern. Fichte hat sich mit Rousseau viel beschäftigt, unter Anderm seinen contrat social bearbeitet und von ihm die tiefsten Anregungen empfangen; in den Reden aber, obgleich und weil sie die Beziehung auf Rousseau deutlich genug herausstellen und seine Negation, die Negation der gegenwärtigen modernen, und der Civilisation überhaupt, insofern ihr Charakter die ungehemmte Entwicklung der Bedürftigkeit ist, wieder aufnehmen, ist er zu dem entschiedenen Gegensatze des Rousseau'schen Standpunktes hindurchgedrungen. Indem er wie Rousseau die Rückkehr zur Natur, die Reduction der Bedürftigkeit, also des Luxus, die Befriedigung der ursprünglichen Vermögen, die Wiederherstellung der in sich bestimmten Individualität fordert, indem er ferner gleich Rousseau von der Familie abstrahirt und die neue Generation vor den Einflüssen der alten schützen will, setzt er Rousseau gegenüber die Gemeinschaft, und zwar die wahrhafte, aus den persönlichsten Beziehungen lebendig und fest gestaltete Gemeinschaft als das Wesen und die Wirklichkeit der Freiheit. Demnach muss er die Erziehung als gemeinschaftliche wollen, und zwar will er sie — im Gegensatze gegen die Rousseau'sche Vereinzelung, wie im Gegensatze gegen die bestehende Theilung der erziehlichen Wirksamkeit und die bestehende Zerrissenheit der erziehlichen Institutionen — als die erste, schlechthin umfassende, unbedingte Gemeinschaft, aus welcher diejenigen, welche das Ganze des Volkskörpers bilden, naturgemäss erwachsen müssen.

Es ist leicht, die Fichte'sche Nationalerziehung, wie er sie nannte, unpraktisch und im Widerspruche zu der gegenwärtigen Civilisation, wie zu der Civilisation überhaupt zu finden, um so leichter, da Fichte selbst von diesem Widerspruche ausgeht. Auch beschränkt sich das Urtheil der meisten Pädagogen und Nichtpädagogen, welche die Reden an die deutsche Nation gelesen und nicht gelesen haben, hinsichtlich des pädagogischen Ideals Fichte's auf die achselzuckende

Bemerkung, dass es unpraktisch und davon abzusehen sei. Wenn man es aber in neuester Zeit zweckmässig gefunden hat, die Reden an die deutsche Nation von Neuem herauszugeben, weil man in ihnen eine Kraft erkennt, deren die Zeit und das deutsche Volk bedürfen, so sollte man es doch auch als eine Art von Verpflichtung ansehen, die pädagogischen Ideen Fichte's, die weder hingeworfen, · noch nebenbei entwickelt sind, sondern den Hauptinhalt der Reden ausmachen, zu dem Zeit- und Volksbedürfnisse in ein bestimmtes Verhältniss zu setzen, wobei zu berücksichtigen ist, dass die Schärfe des philosophischen Ausdruckes und die abgegrenzte, rein durchgeführte Form einer idealistischen Darstellung für die praktische Verwerthung oder das Herausstellen des praktischen Gehaltes immer und überall eine Schranke abgeben, welche überwunden sein will. Wir sind unsrerseits zu einer kritischen Würdigung der Reden und des in ihnen enthaltenen Erziehungsideales nicht verpflichtet, dürfen aber nicht unterlassen, es auszusprechen, dass nach unserer Überzeugung dieses Ideal, wenn es auch einerseits weder unmittelbar noch in seiner abstracten Form zu verwirklichen ist, andrerseits schon als Ideal der Ergänzung bedarf, der ausgeprägteste und reinste Ausdruck einer Aufgabe, deren sich das deutsche Volk, ohne seinem Wesen und seiner Bestimmung untreu zu werden, nicht entschlagen darf, also einer historischen Nothwendigkeit ist, die über die Bedürfnisse und Schwierigkeiten der Gegenwart hinausreicht. Dass Fichte von der heutigen Pädagogik ignorirt wird, hängt theils mit der einseitig psychologisirenden Richtung, die sie als Wissenschaft eingeschlagen hat, theils mit dem ungehemmten Fortschritte einer Civilisation, die ihre Consequenzen erst herausstellen muss, um die Nothwendigkeit einer schöpferischen Reaction zum Bewustsein kommen zu lassen — einem Fortschritte, dem zu genügen die pädagogische Praxis genug zu thun hat — genau zusammen. Indessen fühlt man sich doch von Zeit zu Zeit gedrungen, die nationale Seite der Erziehungsaufgabe, die pädagogische Hebung des nationalen Bewusstseins u. s. w. zur Erörterung zu bringen, und in der Dürftigkeit und Zusammenhanglosigkeit

der Gesichtspunkte, von welchen diese Erörterungen ausgehen
und beherrscht werden, rächt sich das Absehen von dem energisch einheitlichen Gedanken Fichtes, der von Manchen, die
ihn einigermassen kennen, nur mit einer Art von Furcht be-
lächelt wird. Ebenso will das Postulat der wirklich allgemeinen, der thatsächlichen Volksschule, — auf deren Gestaltung die praktische Tendenz Fichte's hinausläuft — obwohl es
schon öfter mit einer gewissen Befriedigung über Bord gewor-
fen und wie andere unbequeme Postulate mit dem Hinweise
auf das Massgebende der concreten Verhältnisse abgethan
wurde, durchaus nicht verschwinden, behält aber eine Unbestimmtheit, die es für die Praxis belanglos macht. Man wagt
es nicht mit der classischen Periode unserer Pädagogik ganz
zu brechen, weil man in diesem Bruche mit der Vergangenheit einen Bruch mit der Zukunft ahnt, mag und kann es sich
aber nicht versagen, in dem Strome der Zeitgemässheit —
der nächsten Bedürfnisse und der nächsten Nöthigungen weiter
zu schwimmen.

Der Gegensatz Rousseau's und Fichte's schliesst, wie gesagt, gemeinsame Ausgangspunkte nicht aus, wie denn auch
das Ziel der individuellen Selbständigkeit, obgleich verschieden
aufgefasst, ein beiden gemeinsames ist, da Fichte in der Gemeinschaft weder die Eigenartigkeit noch das Selbstbestim-
mungsrecht und die Selbstbestimmungsfähigkeit aufgehoben,
sondern grade realisirt will, während umgekehrt Rousseau
durch die Isolirung des Zöglings der Eigenartigkeit keineswegs
einen beliebigen Entwickelungsraum schaffen und die Willkür
Gestalt gewinnen lassen, sondern im Gegentheil, indem er die
Willkür der Bethätigung und Befriedigung oder wenigstens
alle Anreize und Nährstoffe derselben abzuschneiden sucht,
die Eigenartigkeit in den Grenzen der Natur, also der gegebenen Normalität erhalten will. Beide halten es für eine wesentliche pädagogische Aufgabe, die Entwicklung der Bedürftigkeit, welche die Freiheit des Menschen, indem sie ihn von
äusseren Befriedigungsmitteln abhängig macht, aufhebt, streng
abzugrenzen. Rousseau verlässt sich in dieser Beziehung einestheils auf den Instinkt — der nach seiner Annahme gesund

bleibt, wenn er nicht durch aufgedrungene Befriedigungen alterirt wird — anderntheils und im Zusammenhange damit 'auf
die Erfahrungen des Unzuträglichen, die er seinen Zögling
machen lässt; zugleich aber stellt er von vornherein jede bestimmte Befriedigung in Abhängigkeit von einer bestimmten
Thätigkeit oder Leistung, wodurch für seinen Zögling die
Leistungsfähigkeit zu einem naturgesetzlichen Masse der Befriedigung, das Gefühl des Vermögens aber zu ihrem nothwendigen Momente werden soll. Fichte hat gegen die Willkür
und das Übermass der Befriedigung ausser der von vornherein bestehenden gesetzlichen Beschränkung auf das Nothwendige eine zweite Schranke sittlicher Art, welche das Mass-
halten zu einem Theile der Scham und Ehrenhaftigkeit macht,
in der Gemeinschaft des Genusses, während die Gemeinsamkeit der Arbeit und zwar der schaffenden Arbeit, die
er verlangt, das Gefühl des Vermögens nach der einen Seite
bestimmt — also die individuelle Beschränktheit aber auch
Eigenartigkeit desselben hervortreten lässt — nach der andern
Seite, insofern der Einzelne an dem Gemeinzwecke und dem
Gemeinvermögen Theil hat, potenzirt.

Nach unserer Überzeugung gereicht es der heutigen Pädagogik durchaus nicht zum Vortheile und Vorzuge, dass sie
diese von Rousseau und Fichte mit der Forderung einer ausdrücklichen Erziehung zur Enthaltsamkeit herausgestellten pädagogischen Gesichtspunkte im Allgemeinen fallen liess, was
theilweise mit der sich immer mehr durchsetzenden Spaltung
der Schul- und Hauspädagogik — welche letztere den concreten Verhältnissen und dem concreten Mittelbestande die
billige Rechnung trägt, während die erstere sich einseitig an
das Unterrichtsbedürfniss hält — zusammenhängt. Nach dem
vorhin Ausgeführten brauche ich nicht wieder darauf einzugehen, dass sich die Rousseau'sche Beschränkung der Bedürfnisse als eine widernatürliche dadurch erweist, dass sie gleichzeitig die Entwicklung der specifisch-menschlichen Vermögen
beschränkt, und dass insbesondere wieder die unmittelbare
Beziehung der bestimmten Thätigkeit und des bestimmten, davon abgesonderten Genusses auf einander der menschlichen

und zunächst der kindlichen Natur entschieden widerspricht.
Ebenso habe ich nicht nothwendig, auszuführen, dass die Fassung, welche Fichte der Forderung der Enthaltsamkeitser-
ziehung gegeben hat, einestheils eine unbestimmte, anderntheils eine negative bleibt, und desshalb nur einen Ausgangs-
punkt gewährt, der dies für die moderne Pädagogik noch
nicht geworden ist. Soll aber die pädagogische Wissenschaft
und Praxis der Aufgabe, welche sie in dieser Beziehung hat,
gerecht werden, so muss sie dieselbe in positiver Weise und
zwar als eine doppelte fassen und angreifen: einerseits dadurch,
dass sie sich eine pädagogische Bedürfnisslehre, eine über die
medizinische mittelst der Rücksicht auf die psychologischen
Vorgänge, welche jede Unbefriedigung und Befriedigung begleiten, auf die Thätigkeitsregelung und auf die Thätigkeits-
freiheit hinausgreifende Diätetik schafft, andrerseits dadurch,
dass sie die Entwicklung und Bildung der Genussfähigkeit als einen Hauptzweck der ästhetischen Erziehung, d. h.
da der Charakter des Ästhetischen die Vollständigkeit, die
Einheit und den befriedigenden Erfolg des erziehlichen Wirkens ausdrückt, der Erziehung schlechthin begreift und behandelt. In der ersten Beziehung kommt es darauf an,
die Grenzen des Nothwendigen anthropologisch, über einseitig
physiologische, wie über einseitig moralische Gesichtspunkte
hinweggehend, zu bestimmen, in der zweiten darauf, das Mass
der extensiven Bedürftigkeit und Befriedigung aus der Höhe,
zu der sich die Genussthätigkeit entwickelt, und aus der Form,
die sie überall zu gewinnen strebt, hervorgehen zu lassen.
Die ästhetische Genussfähigkeit schliesst ebenso die raffinirte
Lüsternheit, wie die rohe Unmässigkeit aus; nur das Un- und
Missverständniss aber sieht in der ästhetischen Bildung eine
wünschenswerthe Zuthat zu dem Nothwendigen, eine schliessliche Form und Austattung, und desshalb das Privileg einer günstig situirten Minderheit, dessen Verallgemeinerung
unmöglich ist, während doch grade die Grundbildung den ästhetischen Charakter, um ihrem Begriffe zu genügen, unbedingt
fordert, und ihn wie in unmittelbarster so in allseitigster Ausprägung zulässt.

Wie Rousseau und Fichte im Bereiche der äussern Bedürfnissbefriedigung das zuvorkommende Gewähren, so negiren sie bezüglich der geistigen Assimilation das zuvorkommende Mittheilen, und zwar geschieht dies, wie schon hervorgehoben, von Rousseau in so weit, dass er die rein theoretischen Bedürfnisse als natürliche überhaupt nicht anerkennt und zur Entwicklung kommen lassen will, während Fichte nicht nur das Hervortreten der theoretischen Bedürfnisse, sondern auch die ursprünglich gegebene Fähigkeit der Selbstbefriedigung voraussetzt und in Anspruch nimmt. Beide fordern gegenüber dem bloss nachahmenden und bloss receptiven Verhalten die Selbstthätigkeit des Zöglings, eine Forderung die sich seitdem, von den Methodikern aufgenommen, in der Pädagogik eingebürgert hat. Bei dem Rousseau'schen Emil hat die Selbstthätigkeit, dem Umkreise und der Art seiner Interessen entsprechend, fast ausschliesslich den Charakter der praktischen, erfinderischen Selbsthülfe — ein Moment, welches bekanntlich der Philanthropinist Campe in seiner Bearbeitung des Robinson Crusoë für die Jugend vorherrschend herausgestellt hat, indem er den einsam Ausgesetzten, allerdings von Reminiscenzen unterstützt, die Urerfindungen des Menschengeschlechts noch einmal machen lässt, wobei bemerkt sein mag, dass die ausserordentliche Verbreitung, welche der Robinson bei den gebildeten Ständen aller Länder fand, zum Theil auf Rechnung derselben Zeitstimmung zu bringen ist, welche Rousseau entgegenkam und durch ihn zum Ausdruck gebracht wurde, wie denn alle concret gehaltenen Schilderungen des in eine glückliche Natur einsam versetzten Menschen damals begierige Leser fanden, 'dass aber die Campe'sche Bearbeitung — die an objectivem Werthe dem alten englischen Robinson Crusoë weit nachsteht — die tieferen Saiten dieser Stimmung kaum anschlägt und mit der entschiedenen Hervorkehr des philanthropinistischen Nützlichkeitsstandpunktes von dem Rousseau'schen Ideale hinwegstrebt. Denn indem Rousseau die Selbsthülfe in Anspruch nimmt, legt er das Hauptgewicht keineswegs auf den Vorzug einer von Jugend auf geübten Geistesgegenwart und selbsterworbenen Geschick-

lichkeit, sondern auf das faktische Selbständigsein und das
befriedigende Gefühl dieser Selbständigkeit, welches das wesentlichste Gegengewicht gegen die Reize, an denen sich die
Bedürftigkeit entwickelt, bleiben soll. Die Fichte'sche Erziehungsgemeinschaft, welche eine Gemeinschaft des ganzen
Lebens und insbesondere auch der das Nothwendige schaffenden Arbeit ist, schliesst eben desshalb die Gelegenheit und
Nöthigung zur praktisch-erfinderischen Selbsthülfe nicht aus,
wenn sie ihnen auch eine andere Form giebt und eine Methode für die Aneignung des Könnens wie die für das Wissen fordert. In Betreff dieser Methode, die er nur im Allgemeinen charakterisirte, verwies Fichte, wie er es schon konnte,
auf Pestalozzi, und durch diesen ist in der That mit dem
Grundsatze der Anschaulichkeit des Unterrichts der andere,
dass die Selbstthätigkeit des Schülers möglichst in Anspruch
genommen werden soll, in die Schulpädagogik eingeführt worden, wenn auch die Anwendung desselben nothwendig — und
zwar theils wegen der Einseitigkeit, die ihm an sich eignet,
theils weil der Unterricht seine Ziele nicht frei bestimmte,
sondern fortgesetzt bestimmen liess — eine inconsequente geblieben ist.

In dieser Beziehung ist vor Allem und wiederholt geltend zu machen, dass unsere systematische Erziehungspraxis
eines Gebietes, auf welchem sie die Fähigkeit der praktischen
Selbsthülfe irgendwie und weiterhin die erfinderische Productivität mit Recht in Anspruch nehmen und entwickeln könnte,
entbehrt, weil dieses Gebiet das der praktisch-schaffenden
Thätigkeit ist. Ferner aber ist zu beklagen, dass der Anspruch an ein selbstthätiges und productives Verhalten der
Schüler — theilweise gewiss in Folge des ausgesprochenen
Mangels — bei verschiedenen Unterrichtsobjecten in einer
durchaus unberechtigten und widernatürlichen Weise gemacht
und durchgesetzt wurde. Wo die einfache Nachahmung und
Nachbildung sich nicht nur als natürlich geboten darstellt,
sondern auch für das Kind keineswegs den Charakter des
Mechanischen hat, sollte das mechanische Verfahren ausdrücklich durch ein Analysiren und Componiren, das bei Licht be-

trachtet erst recht mechanisch ist, vermieden werden, wie bei
dem Lese- und Schreibe-, sowie theilweise dem Gesangunter-
richte; wo ein verlangendes, ungestörtes und gesammeltes
Aufnehmen das durch die Natur und den Zweck des Unterrichts geforderte Verhalten der Schüler ist, wie bei der
biblischen Geschichte, dem Religionsunterrichte überhaupt, der
Lectüre, glaubte man, den Charakter und die zeitweilige Nothwendigkeit des receptiv-thätigen Verhaltens wie die eigentlichen Aufgaben der betreffenden Unterrichtszweige verkennend,
die Reflexion für eine sofortige Auseinandersetzung des Gegebenen oder auch für eine scheinbar selbständige Gedankenentwicklung herausfordern und herauszwingen zu müssen; wo
das Kind noch so wenig wie in geschlechtlicher Beziehung
productiv, d, h. einer klaren Objectivirung des innerlich und
schöpferisch Vollbrachten fähig ist, suchte man es zur Productivität zu nöthigen, und reizte es beispielsweise zu der
sprachförmlichen Darstellung selbsterfundener Geschichten. Alles das geschieht aber auch noch gegenwärtig, obgleich sich
seit längerer Zeit eine Art von Reaction, deren Motive keineswegs durchweg zusammenstimmen, geltend gemacht hat.
Dabei braucht nicht geläugnet, es muss vielmehr hervorgehoben werden, dass die widernatürliche Methode des Unterrichts
nicht selten rasche und in die Augen fallende Erfolge hat —
Erfolge für welche die körperliche, die gemüthliche und geistige
Gesundheit, die Vorzüge der Jugend und die harmonische
Entwicklung, ohne dass es in die Augen fällt, geopfert werden.

Eine noch zu erwähnende Seite der Bedürfnisslosigkeit,
zu welcher Rousseau seinen Zögling erziehen will, ist die Abhärtung. Emil soll gegen die Einflüsse und Einwirkungen,
denen das Leben in der Natur aussetzt, eben so wenig aus-
drücklicher und künstlicher Schutzmittel bedürfen, wie seine Be-
gehrlichkeit über das, was die Natur bietet, hinausreicht, indem
das betreffende Bedürfniss durch die Nichtbefriedigung unterdrückt werden soll. Seit Rousseau nun ist die Forderung, die Jugend abzuhärten, wie seine übrigen Postulate der Naturgemässheit, wiederholt hervorgetreten und hat auch eine mehr
oder minder consequente und nachhaltige, wie sich mehr oder

minder ausdehnende Abhärtungspraxis wiederholt in Ubung
gebracht, wobei jedoch zu bemerken ist, dass der Anstoss
theilweise von pädagogischen und unpädagogisshen Tendenzen
ausging, die mit den Rousseau'schen Anschauungen und Grundsätzen keinen Zusammenhang hatten, ja in gewisser Weise
als ihnen entgegengesetzt gelten konnten. Dass sich aber in
Bezug auf die Abhärtungsfrage herrschende Grundsätze her-
ausgebildet hätten, lässt sich nicht behaupten. Ich muss mich
meinerseits begnügen herauszuheben, dass einerseits die Erziehung die unzweifelhafte Verpflichtung hat, den unmittelbaren und lebendigen Contact mit dem Naturleben und den
Natureinflüssen, ohne welchen die Civilisation abschwächend
und entnervend wirkt, zu vermitteln und zwar so, dass diese
Vermittlung eine organisirte und mit dem Ganzen der Erziehungsthätigkeit organisch zusammengreifende ist, dass aber
andrerseits in dem Schutze, den sich der Mensch gegen widrige Natureinflüsse schafft, der Anfang und Grund aller menschlichen Cultur liegt, und alle ausdrücklichen Abhärtungsysteme,
welche dieses Naturgesetz der menschlichen Existenz aufzuheben versuchen oder doch ignoriren, der pädagogischen Berechtigung entbehren, wie sie denn bei consequenter Durchführung nicht sowohl kräftigen als abstumpfen. Zur positiven
Kräftigkeit des Organismus gehört das Reactionsvermögen gegen hemmende und herabstimmende, als widrig empfundene
Einflüsse; dieses Vermögen aber wird, wie aus der letzteren
Bestimmung folgt, nicht erhöht, sondern durch eine Art von
Ersparung aufgehoben, wo entweder durch Auflagerungen, Ver-
härtungen u. s. w. oder durch eine partielle Ertödtung des
Nervenlebens die Unempfindlichkeit erreicht wird, während
die lebendige Reaction durch spontane Spannung und Erregung die Organe den äussern Einflüssen zeitweilig accommo-
dirt und die Empfindung umsetzt. Es kommt hiernach hier
wie überall auf das rechte Mass., oder bestimmter, da das
rechte Mass sich nur aus der Erfüllung des positiv Nothwendigen ergiebt, darauf an, dass die Vertrautheit des jugendlichen Menschen mit den Naturelementen, Naturveränderungen
und Naturerscheinungen, also die Allseitigkeit des Ver-

kehrs mit der Natur, die durch die Aufgabe der Erziehung
schlechthin gefordert ist, durchgesetzt wird. Ausser der
Arbeit im Freien und den Wanderungen, die beide ihre besonderen, über die körperliche Stärkung als solche weit hinausreichenden pädagogischen Zwecke haben, kommen hierzu
auch die gymnastischen Übungen, von denen dasselbe
gilt, bei denen aber die Fähigkeit der spontanen, von gegebenen körperlichen Stimmungen und deprimirenden äussern
Einflüssen unabhängigen Kraftanspannung und Krafterregung
ausdrücklich in das Auge gefasst werden muss, wesentlich in
Betracht. Sind die Arbeiten im Freien, die Wanderungen und
die Gymnastik — die sich theilweise nach der Jahreszeit zu
modificiren und mit der Wanderung zu verknüpfen hat — was
sie ihrem Begriff gemäss sein müssen, so ist die abstracte
Sorge für körperliche Abhärtung unnöthig oder sie bleibt vielmehr schädlich, wie sie es in noch höherem Grade da ist, wo
der aus pädagogischen Gesichtspunkten geregelte Verkehr mit
der Natur fehlt.

Die bei den Arbeiten, den Wanderungen und der Gymnastik erforderliche Rücksichtnahme auf die Constitution, das
Temperament und die Organisation schlechthin darf weder
eine einseitig nachgiebige noch eine die Ausgleichung unmittelbar, also voreilig und gewaltsam bezweckende sein; sie darf
daher die Gleichmässigkeit und Gemeinsamkeit der Leistungen,
welche an sich ausgleichend wirkt, nicht beeinträchtigen. Sobald dies geschieht — und es pflegt durch Nachgeben und
Erzwingenwollen zugleich zu geschehen — kann von einer
systematisch-pädagogischen Praxis nicht mehr die Rede sein
oder diese verwandelt sich, wenn das Nachgeben und Outri-
ren Methode gewinnt, in eine Krankenpraxis. Über diesen
Punkt liesse sich grade gegenwärtig, wo es das Verhältniss der
Gesunden- und Krankengymnastik auseinanderzusetzen gilt, viel
sagen; ich muss mich hier aber begnügen, in bestimmter Weise
auszusprechen, dass die Gesundenerziehung diejenigen, welche
eine absonderliche, die Gleichmässigkeit und Gemeinsamkeit
der Leistungen beeinträchtigende Behandlung in Anspruch nehmen, auszuscheiden und den Heilanstalten zu überlassen, dies

aber auch keineswegs voreilig zu thun und sich wegen des
Schadens, den sie durch Zögern anrichten könnte, kein schwe-
res Gewissen machen zu lassen hat, sofern nur ihre Übungen
eine naturgemässe und systematische Folge haben und diese
streng eingehalten wird, so dass weder die Schonung noch
der Zwang zu weit getrieben werden kann. Eine sichere
Scheidung der Gesunden- und der Heilpädagogik, also eine entsprechende Arbeitstheilung ist unerlässlich, und insofern müssen wir es ganz gerechtfertigt finden, dass sich Rousseau als
reiner Erzieher auf die Krankenbehandlung nicht einlassen
will, wenn er auch diesem Willen einen über seine Berechtigung weit hinausgehenden Ausdruck gibt. Denn er negirt die
Krankenbehandlung schlechthin, d. h. er verlangt, dass der
Kranke sich selbst überlassen werde und, sofern er einen
Willen hat, ruhig das Gesundwerden oder das Sterben abwarten solle.

In der Kraftübung, welche der Verkehr mit der Natur
mit sich bringt, ist die Sinnenübung beschlossen, und Rousseau
legt auf diese einen besondern Nachdruck, weil er in der Bedingtheit der Reflexion durch den Sinneneindruck, der geistigen Kraft durch die Sinnenenergie die Natürlichkeitsgrenze
für die geistigen Functionen und Vermögen sieht, so dass ihm
die Unnatur der Geistigkeit da beginnt, wo sich die Geistesthätigkeit von der Sinnenthätigkeit ablöst. Die Forderung
aber, „dass vor allen Dingen die Sinne des Menschen
geübt werden müssen" — eine Forderung, die abgesehen davon, ob man die Geistesthätigkeit an die Sinnenthätigkeit fortgesetzt gebunden will oder nicht, ausgesprochen werden kann
— ist schon durch Rousseau's Einfluss eine unter den Pädagogen gäng und gebe geworden, und hat in dem Anschaulich-
keitsprincipe Pestalozzi's eine neue Form erhalten. Ich habe
nun schon hervorgehoben, wie wenig bisher die allgemein pro-
clamirte Anschaulichkeit des Unterrichts zur Wahrheit geworden ist und werden konnte, weil einestheils die Anschauungs-
thätigkeit ohne natürliche und zwingende Motive, anderntheils ohne dass die Anschauungsorgane — die inneren Sinne
— entwickelt und gebildet sind, in Anspruch genommen wird,

was Beides genau zusammenhängt und in demselben Mangel, dem der sinnlichproductiven Thätigkeitsübung begründet, ist. Als einen weiteren Grund will ich jetzt hinzufügen, dass der Unterricht die selbständige Übung des freien Vorstellens neben dem Anschauen versäumt, und sich von der Anschauung ablösst, ohne diese Ablösung, das freie Vorstellen und das bestimmte Anschauen vermittelnd, vorbereitet zu haben, wodurch die Veranschaulichungsmittel als Ersatz Bedürfniss werden, aber wie alle Surrogate nur eine Scheinbefriedigung gewähren. Den für sich getriebenen Anschauungsunterricht und die noch abstracteren besonderen Sinnesübungen hat man mit Recht — denn sie gewinnen nur innerhalb der Heilpädagogik eine beschränkte Berechtigung — als unpädagogisch aufgegeben; dass sich aber jeder Unterricht anschaulich ertheilen lasse, ist erstens nicht wahr, und zweitens müsste man für jeden anschaulich zu ertheilenden Unterricht die fehlende Basis, die das nicht durch den Unterrichtszweck bedingte Anschauen ist, erst schaffen. So wird die Durchführung des Anschaulichkeitsprincipes eine unwahre und inconsequente bleiben, so lange man nicht das abstracte Nacheinander des Anschauens, Vorstellens und Begreifens als unpsychologisch und als das natürliche Gebiet der Anschauungsübung die Thätigkeitsübung anerkennt. Was Rousseau betrifft, so ist ihm die Unnatur einer abstracten, bei noch nicht vorhandenenem theoretischen Interesse unmotivirten Sinnen- und Anschauungsübung fremd; er fasst aber die Motive der Sinnenübung und diese selbst nothwendig einseitig, weil er die sinnlichen Eindrücke nicht zur inneren Entwicklung und Ausbreitung kommen lassen, sondern in dem einfachen Begriffe aufheben will. Er übt daher einseitig die Schärfe, die Auffassungsfähigkeit der Sinne, nicht aber ihre Feinheit oder Gefühligkeit, die im Gebiete des objectiven Wahrnehmens das empfindende Zurückgeben des Eindrucks ist. Sein Ideal ist die unsinnliche Sinnlichkeit, weil es, moralisch gefasst, der bedürfnisslose Egoismus ist.

Da ich hier nur punkt- und beispielsweise herausstellen kann und will, wie sich die von Rousseau in die Pädagogik gebrachten einseitigen Naturgemässheitsbegriffe keineswegs ver-

loren aber auch weder durchgesetzt noch als solche umge-
staltet haben, während die Zeit zum Abschlusse drängt, so
gehe ich nur noch mit einigen Worten auf die Sträftheorie
Rousseau's und die gegenwärtige pädagogische Strafbehandlung
ein. Die Strafe soll in der Rousseau'schen Erziehung eine Erfahrung sein, d. h. sich als eine naturnothwendige, von jeder
Willkür unabhängige Folge herausstellen, muss aber, um als
solche zu erscheinen, künstlich genug vermittelt werden. Eine
solche praktische Vermittlung ist im Gebiete der Schulerziehung und selbst in dem der Hauserziehung bis zur Unmöglichkeit unpraktisch; man nahm daher, wo man sich von der
Scheu, auf den Zögling den Eindruck der Willkür zu machen,
ergriffen fühlte, seine Zuflucht häufig zu einer theoretischen
Darstellung des Zusammenhanges, in welchem Thaten und
Thatsachen stehen, um den Zögling entweder bloss mit der
Vorstellung der später eintretenden Folgen seines Thuns —
die indessen doch noch vermieden werden könnten! — zu strafen, oder diese Vorstellung durch einen gegenwärtigen, zur Er-
innerung und als Surrogat dienenden Akt zu unterstützen. So
bürgerte sich neben den von jeher gebräuchlichen, mehr ora-
torischen Strafreden eine andere Art ein, die auf den Verstand
des Zöglings berechnet war, und eine dritte Gattung die
der sentimentalen, gewann an Ausdehnung in demselben Masse,
als die Sentimentalität auch in der Pädagogik Raum erhielt.
Rousseau aber hatte unzweifelhaft nicht die Vermehrung, sondern die Verminderung der Strafreden im Auge, trug also
wider seinen Willen zu der ersteren bei. Dass die Künstlichkeit seiner Strafvermittlung widernatürlich und diese Widernatürlichkeit durch den Versuch bedingt ist, den Gegensatz
des natürlichen und sittlichen Gebietes, des Naturgesetzes und
Sittengesetzes zu negiren, brauche ich nicht weiter auseinanderzusetzen. Darin hatte er gewiss Recht, dass er die Wirksamkeit der Strafe in die Erfahrung setzte und ein nothwendiges Eintreten derselben in Anspruch nahm; auch werden die
Strafreden sicher in demselben Masse kürzer werden, in welchem die natürliche Betrachtungs- nnd Behandlungsweise der
Strafe Platz greift. Welches ist aber die Wirksamkeit, welche

man von der Strafe erwarten kann und welche sie nothwendig macht? Wir antworten: einzig und allein die fortgesetzte äusserliche Markirung der Schranken, welche der formelle und sittliche Bestand der Gemeinschaft gegen die Willkür und Ausartung der Einzelnen unbedingt fordert. Diese Nothwendigkeit der Strafe kann und wird sich mit der innigeren und freieren Gestaltung der Gemeinschaften reduciren, sie wird aber niemals aufhören, wo die lebendige Entwicklung nicht aufhört, da es tief in der menschlichen Natur begründet ist, dass sich die Bestimmung zur Freiheit als Tendenz zur Willkür ankündigt, der Lösung und deshalb des Ausbruches bedürftige Conflicte zwischen den Einzelnen und in jedem Einzelnen erzeugen, und der reiche Trieb zu Ausartungen neigt. Desshalb kann auch die Nothwendigkeit der Strafe nur eine relativ traurige genannt werden, wie sich die Möglichkeit, also Wirklichkeit des Tragischen aus der Geschichte, sofern sie wahrhaft Geschichte bleiben soll, nicht hinwegdenken lässt. Wir erklären uns hiermit wie gegen die Sentimentalität, welche die Strafe einseitig als Übel oder als vom Übel betrachtet, das pädagogische Strafrecht gefühlsam kritisch auflösen möchte, und für die Nothwendigkeit der Strafen, die sie unmittelbar zu reduciren sucht, einseitig die Erzieher verantwortlich macht, so gegen die Benutzung der Strafe als Besserungsmittel, die unter allen Umstanden ein mechanisches und zwar ein unberechtigt mechanisches Verfahren bleibt, während der Mechanismus der einfachen Consequenz und die unmittelbare Genugthuung, die dem empörten sittlichen Gefühle gegeben wird, ihre natürliche Berechtigung haben, und die Erziehung nicht mechanisiren, sofern die Heilung und Besserung als das Resultat umbildender Einflüsse, die sich allmählig geltend machen, in das Auge gefasst werden.

Die Wirksamkeit, welche die Erziehung auf den Menschen ausüben kann, ist gewiss davon abhängig, dass sie eine ungestörte, ununterbrochene und zusammenhängende ist. Fichte wie Rousseau geben desshalb den Menschen der Erziehung und zwar einer einheitlichen Erziehung — denn von jeder Theilung der Erziehungsarbeit sehen sie ab — schlechthin an-

heim. Dies könnte nur die Bedeutung der zusammengehaltenen theoretischen Darstellungsform haben, zeigt sich aber
bei näherem Eingehen unzweideutig als praktische Tendenz —
als der Wille, die Erziehung zu einem unbedingt durchgreifenden Geschichtsfactor zu machen. Über diesen Punkt haben
wir uns schon indirekt ausgesprochen; ich muss mir aber
vorbehalten, noch einmal darauf zurückzukommen, um zu versuchen, die Frage, in wie weit die faktische Einheitlichkeit der
Erziehung mit der Civilisation verträglich und unverträglich
ist, unter historische Gesichtspunkte zu bringen.

2.

Die Theilung der pädagogischen Arbeit in ihrer Abhängigkeit von den sozialen Verhältnissen und als an sich zu fordernde. — Die Vermehrung
der Ersatzanstalten für die häusliche Erziehung, der wohlthätigen und
luxuriösen. — Die Wohlthätigkeit sonst und jetzt. — Die Auflösung
des Familienlebens im Zusammenhange mit dem gegenwärtigen Civili-
sations- und Industriecharakter. — Die Privatinstitute und Pensionate
als Nothanstalten. — Wie aus der Noth eine Tugend zu machen wäre

Die Aufgabe der Erziehung ist schon im vorigen Vortrage
als Bedürfnissbefriedigung charakterisirt worden, und wir
haben gesehen, dass die pädagogische Bedürfnissbefriedigung
sich ihrem Begriffe gemäss von jeder andern Bedürfnissbefriedigung dadurch unterscheidet, dass sie die Entwicklung und
Gestaltung der Individuen im Auge hat, und die Bedürfnissbefriedigung als deren Mittel, folglich alle Bedürfnisse als
Entwicklungs- und Gestaltungsbedürfnisse betrachtet und behandelt. Hierbei waren die gewährende und ein passives Verhalten zulassende oder fordernde Bedürfnissbefriedigung, und
diejenige, welche eine bestimmte Activität in Anspruch nimmt,
und die letztere als das engere Gebiet der erzieherischen
Wirksamkeit zu bezeichnen, wie wir denn die Pflege als
ein Aussengebiet der Erziehung, d. h. als ein solches, in welchem die pädagogische und die ausserpädagogische Bedürfnissbefriedigung in einandergreifen, charakterisirt haben:

Auch auf das Verhältniss, in welchem die Erziehung zu
den übrigen Faktoren der menschlichen Existenzform steht,
ist wiederholt eingegangen worden, so dass, ich jetzt auf die
Theilung der pädagogischen Arbeit, die früher schon
berührt wurde — eine Theilung, die zugleich Abstufung der
pädagogischen Wirksamkeit ist — znrückkommen kann und
muss. Bei dieser Theilung sind die öffentliche und die häusliche Erziehung, die allgemeine Erziehung und die durch irgend
eine Zweckbestimmtheit sich besondernde entgegen zu setzen.

Was der öffentlichen und der häuslichen oder, den Gegensatz weiter gefasst, der privaten, was der allgemeinen
und was der besondern Erziehung zukommt, wie die Erziehungsaufgabe unter sie zu theilen ist, muss als eine Frage
betrachtet werden, die immer offen bleibt, weil dabei die gegebenen socialen und Culturverhältnisse und die Möglichkeit und
die Nothwendigkeit ihrer Veränderung massgebend sind, welche
aber, was die Grundsätze und Grundzüge der Scheidung betrifft, nicht unbeantwortet bleiben darf, wo es sich um die
Darstellung eines Erziehungssystems und um die Organisation
des Erziehungswesens handelt. Ein Überblick der Geschichte
der Cultur und Erziehung, sowie der gegenwärtigen pädagogischen Zustände zeigt, dass hier die öffentliche, dort die Privaterziehung vorherrscht — eine Vorherrschaft, die so weit
gehen kann, dass die private oder öffentliche Erziehung nur
eine verschwindende Bedeutung erhält — dass ferner die Privaterziehung hier in der häuslichen Form verharrt, dort eine
ausserhäusliche Form annimmt, dass endlich hier die allgemeine Erziehung, d. h. diejenige, in welcher die ganze Volks-
jugend eintritt, thatsächlich und in einem genügenden Umfange
besteht, dort auf ein Minimum durch die Ausdehnung der besonderen Bildungsanstalten, der Zweckschulen, Standes-, Be-
rufs- und Klassenschulen reducirt ist.

Diese Gegensätze und Unterschiede haben ihren Grund
in den sozialen und Culturverhältnissen überhaupt und in der
Auffassung der Erziehungsaufgabe insbesondere. Wir können
aber darauf erst in unserm folgenden Vortrage eingehen und
ich weise jetzt nur darauf hin, um hervorzuheben, dass es eine

Beschränktheit wäre, die grade bestehende Theilung der Erziehungsaufgabe, z. B. die gegenwärtige und bei uns bestehende, als eine absolut nothwendige und selbstverständliche zu betrachten. In so fern sich diese Theilung von selbst gemacht hat, lässt sich allerdings sagen, dass sie den bestehenden Verhältnissen, den socialen und Culturzuständen, die wir, zeitlich und räumlich abgrenzend, die unsern nennen, entspricht oder ihr Ausdruck ist. Wollen wir aber diese Zustände umwandeln oder fortbilden — und wer könnte sich auch nur für die Möglichkeit der Stabilität aussprechen! — so haben wir gewiss die Erziehung als einen besonderen Factor der Um- und Fortbildung in das Auge zu fassen, mag die Wirksamkeit dieses Factors höher oder geringer angeschlagen werden, und es handelt sich, den Willen, die Erziehung zeitgemäss, d. h. gemäss der Entwicklungs- und Fortbildungsbedürfnisse zu gestalten, vorausgesetzt, — unter Anderem oder vielmehr wesentlich um die Bestimmung des Verhältnisses zwischen der öffentlichen uno der Privaterziehung, den allgemeinen und den Specialschulen, folglich um eine erneute Theilung der Erziehungsarbeit.

Wir haben nun schon früher geltend gemacht, dass die Schule die ganze Erziehung, also mindestens das ganze engere Gebiet derselben, das Gebiet der Thätigkeitsregelung zu vertreten hat und dem Hause oder der Privaterziehung, bei denen eine ausdrückliche Organisation überhaupt nicht möglich ist, keine der Aufgaben, welche der Erziehung im engern Sinne angehören, überlassen darf. Wir haben ferner die allgemeine oder Volksschule als nothwendige Basis und Mitte der Spezialschulen gefordert, wobei bemerkt wsrden muss, dass die Volksschule keineswegs überall, wo sie dem Namen nach besteht, wirklichen Bestand hat.

In dieser Beziehung kann nicht oft genug hervorgehoben werden, dass die Stände- und Berufsschulen von dem Alter der beginnenden Geschlechtsreife, also bis zum vierzehnten Lebensjahre, keine natürliche Berechtigung haben, dass die Volksschule demnach durchaus als allgemeine Schule, nicht als Schule für das Volk im engern Sinne — die arbeitenden

Klassen — aufgefasst und gefordert werden muss, dass demnach von einem Bestande der Volksschule nicht die Rede sein kann, wo die Kinder der höheren oder auch, wie man sagt, gebildeten Klassen abgesonderte Schulen haben, in denen der Unterricht mindestens und nothwendig eine weitere Ausdehnung und eine andere Form annimmt als in den Schulen, welche den Volkskindern überlassen bleiben, wenn auch eine verfrühte Berücksichtigung des künftigen — gelehrten oder ungelehrten — Berufes nicht stattfinden sollte. Die Bestrebungen, die gegenwärtig an der Tagesordnung sind, den bestehenden Rest der Volksschule vollends auseinander zu setzen und die Gymnasien und Realschulen mit einem Vorbau nach dem andern zu versehen, können wir von unserem Standpunkte nur für höchst bedauerliche halten und müssen immer wieder geltend machen, dass Untergymnasien und Unterrealschulen pädagogische Misschöpfungen sind, die einer unberechtigten Concession an das sogenannte Bedürfniss ihr Entstehen verdanken. Dass einzige Motiv der Scheidung, das man mit voller Offenheit ausspricht, ist dies, dass die Kinder der höheren Stände durch die günstigeren Verhältnisse, die bildenden Einflüsse und die Nachhülfe des Hauses, die freiere Zeit für die häuslichen Aufgaben etc. unterstützt, schneller vorschreiten, als die Volkskinder, und das es Unrecht sei, ihren Fortschritt um der Letzteren willen oder wegen der nothwendigen Gleichmässigkeit der Leistungen zu hemmen. Ich brauche kaum ausdrücklich zu sagen, dass die diesem Motive zu Grunde liegende Anschauung, welcher die Schnelle des Fortschrittes ohne Weiteres als ein Vortheil und Vorzug gilt — den man zu beeinträchtigen kein Recht habe — eine höchst einseitige ist. Andere Motive, die auf das Vorurtheil eines nachtheiligen Einflusses in sittlicher Beziehung oder ganz einfach auf den Ständestolz, der sich gegen jede Berührung und Vermischung sträubt, hinauslaufen, werden weniger offen ausgesprochen und dürften schon desshalb keine Berücksichtignng finden. Die wirkliche Volksschule muss demnach für alle Stände da sein, sie muss aber auch, wenn sie nicht hiermit eine Bestimmung haben soll, die sie nicht erfüllt, dem wirklichen Bedürfniss aller Stände

genügen — was von vornherein unmöglich wäre, wenn sie
die ergänzende Erziehthätigkeit des Hauses nach wie vor ausdrücklich in Anspruch nehmen wollte.

Dem in jener und dieser Beziehung nach unserer Ansicht
Nothwendigen entspricht die bestehende Theilung der Erziehungsarbeit, wie von selbst in die Augen springt, nicht, und
wir haben insbesondere schon hervorgehoben, dass die Schule
dem Hause die Ausbildung der p r a k t i s c h e n A r b e i t s f ä h i g-
k e i t mit gutem Gewissem nicht überlassen darf, obgleich dies
noch durchgehends geschieht, und dass die Specialschulen, die
für einen bestimmten Beruf theoretisch-praktisch vorbereiten
sollen — Schulen, die das Bedürfnis zahlreich genug hervorgetrieben hat, um ihre Nothwendigkeit ausser Zweifel zu stellen
— ihren Zweck zum grössten Theil nur sehr ungenügend erfüllen, weil die allgemeine Ausbildung, welche der allgemeinen
Schule zukommt, m a n g e l t. Dagegen haben wir auf eine
Thatsache hinzuweisen, die von grosser Bedeutsamkeit ist und
eine besondere Beachtung in Anspruch nimmt, die Thatsache,
dass die Zahl derjenigen Anstalten, welche die Erziehung in
ihrem ganzen Umfange, also mit Inbegriff der Pflege an s i c h,
ihre Zöglinge also schlechthin in Beschlag nehmen, sich nicht
vermindert, sondern stetig wächst.

Während die öffentlichen Schulen nach unserer Ansicht
den Kreis ihrer Thätigkeiten zu eng fassen und der Privaterziehung Aufgaben, die ihnen selbst zukommen, überlassen, vermehren sich, wir können sagen täglich, die Institute, welche
ihren Zöglingen das Haus schechthin e r s e t z e n wollen oder
müssen, und deren Thätigkeit die Grenzen derjenigen Bedürfnissbefriedigung, die überhaupt noch, wenn auch im uneigentlichen Sinne eine pädagogische genannt werden kann, erreicht.
Die Frage, die sich hierbei aufdrängt, ob nicht die letztere
Thatsache mit der ersteren einen gewissen Zusammenhang, d. h.
in ihr mindestens ihren theilweisen Grund hat, lassen wir jetzt
unerörtert, und obgleich wir sogleich erklären können, dass wir
sie bejahen, so folgt doch daraus keineswegs, dass wir die
Zunahme jener Institute, welche das Hausleben in sich aufnehmen, unbedingt für eine traurige und beklagenswerthe Er-

scheinung halten müssen. Man muss ihnen allerdings fast durchweg den Charakter von Nothanstalten zusprechen — d. h. sie sind Nothanstalten, so weit sie nicht Luxusanstalten sind — und die Zunahme von Nothanstalten kann und muss bis zu einem gewissen Grade als die Zunahme der Noth anerkannt werden, gegen welche die Luxusanstalten mindestens keinen Gegenbeweis abgeben. Aber wenn die Noth da ist, so muss ihr eben abgeholfen werden und zwar zunächst unmittelbar, so dass die Nothanstalten als solche eine unläugbare Berechtigung haben. Denn zu glauben, dass die Noth verschwinden würde, wenn man die Versuche der Abhülfe unterliesse, ist Aberglaube. Allerdings können sich Nothinstitute als unwirksam gegen den Fortschritt der Noth erweisen, ja sie können, indem sie einem entarteten Bedürfnisse dienen, wie z. B. die Mädchenpensionate, die Entartung fördern; aber jedenfalls werden Versuche der Nothabhülfe niemals umsonst gemacht, weil sie einen natürlichen Boden des Experimentes und belangvolle Erfahrungen abgeben, also auf das Nothwendige hinleiten, was selbst von den der Entartung dienstbaren Instituten in sofern gilt, als sie in frappantester Erscheinung die Consequenzen zeigen, zu welchen die eingeschlagene falsche Richtung hinführen muss.

Nothanstalten im stricten Sinne sind die Waisenhäuser, die Anstalten für verwahrloste Kinder, die Rettungshäuser. Diese Anstalten ersetzen das Haus, das Familienleben und die älterliche Erziehung, weil sie fehlen oder gefehlt haben. An sie schliessen sich die Anstalten an, welche Kinder von unvollkommner oder krankhafter körperlicher und geistiger Organisation aufnehmen — Kinder, denen zwar das Haus und die häusliche Erziehung und Pflege nicht fehlen, wenigstens nur ausnahmsweise, die aber weder im Hause, noch in der Schule finden, was sie bedürfen, und eine besondere, das ganze Leben und Thun regelnde Behandlung mehr oder minder entschieden in Anspruch nehmen.

Die Vermehrung aller dieser Anstalten kann ihren Grund nur in der Zunahme der Bedürftigkeit, der betreffenden Nothzustände, oder in der Zunahme der Fürsorge, die sich auch

auf solche ausdehnt, welche früher vernachlässigt und ihrem
Schicksale überlassen wurden, oder endlich in der Steigerung
der Bedürftigkeit und der Fürsorge zugleich haben. Eine unbefangene Betrachtung und die Statistik überzeugen uns, dass
wir für die Gegenwart den letztern Fall anzunehmen haben,
dass sich also die Fürsorge für die Bedürftigen im Allgemeinen nicht nur im Verhältniss zu der Zunahme der Bedürftigkeit, sondern über dieses Verhältniss hinausgreifend, erhöht,
obgleich sie auch stellenweise hinter diesem Verhältnisse zurückbleibt, und gesteigerten Ansprüchen gegenüber erlahmt.
Man kann vielleicht behaupten, dass die Wohlthätigkeit in
früheren Zeiten in dieser oder jener Beziehung besser organisirt
war, als gegenwärtig, aber an Wohlthätigkeitssinn und an Eifer der Abhülfe fehlt es der Gegenwart so wenig, dass sie
vielmehr einen charakteristischen und erfreulichen, oder auch
— andern Erscheinungen gegenüber — tröstlichen Zug derselben ausmachen. Wenn also dennoch mehr Hülfebedürftige der einen oder der andern Art, für welche nicht gesorgt
wird, zurückbleiben, als es früher der Fall war, so kann die
Schuld nur an einer rascheren Zunahme der Bedürftigkeit liegen. Ich sage aber ausdrücklich: Hülfebedürftige der einen
oder der andern Art, weil es feststeht und bekannt ist, dass
für manche Arten von Hülfebedürftigen z. B. für die eines
Sinnes Entbehrenden und für die Blödsinnigen früher gar nicht
gesorgt, d. h. Abhülfe oder Ersatz nicht einmal versucht wurden. Wollte man daher behaupten, dass der Wohlthätigkeitssinn sich gegenüber älteren Zeiten abgeschwächt habe — was,
wie gesagt, mit Grund nicht behauptet werden kann — so
müsste man wenigstens zugestehen, dass der wissenschaftlich
praktische Eifer, der den Kampf gegen das Übel reizt, als
Ersatz eingetreten ist. Wir sind demnach zu dem Schlusse
berechtigt, dass die Zunahme der Nothanstalten nicht allein
auf Rechnung der zunehmenden Noth kommt, dass wir aber
desshalb umgekehrt, wo die Noth trotz der Nothanstalten
steigt, die Schuld nicht auf den Mangel des Hülfeeifers werfen
können, sondern eine faktisch beschleunigte Nothsteigerung
annehmen müssen. Dies gilt unfehlbar bezüglich derjenigen

Übel- und Nothzustände, denen die ältere Zeit eine wohlgeord-
nete und dabei eine ausreichend erscheinende Fürsorge widmete, so dass wir Klagen über ihre nicht zu bewältigende Zunahme nicht begegnen, während solche Klagen gegenwärtig
an der Tagesordnung sind.

Die Statistik'— eine Hülfswissenschaft für alle Wissenschaften — ist noch zu jung und unausgebildet, als dass
sie die eben bezeichneten Verhältnisse durch Zahlen ausdrücken könnte, und es wird noch lange Zeit vergehen,
ehe sie es vermag! Wenn dies der Fall ist, so werden
die sprechenden Zahlen eine Art von Nöthigung enthalten, über die Zunahme der Noth in dieser oder jener Richtung und über die Mittel der Abhülfe zu reflectiren. Es würde
aber einen schwächlichen Willen für humane Aufgaben beweisen, wenn wir diese Nöthigung erst abwarten wollten und die
Reflexionen, die sich an die Zahl anknüpfen lassen, können
auch der Zahlenermittlung vorgreifen. So ist die zunehmende
Auflösung der abgeschlossenen Familienexistenzen eine Thatsache der gegenwärtigen Civilisationsentwicklung, die nicht erst
durch Zahlen erwiesen werden darf, und wir können aus ihr
die Folgerung ziehen, dass die Zahl der Kinder, welche einen
Ersatz des Hauses bedürfen, gegenwärtig unverhältnissmässig grösser ist, als in der Epoche, welche der grossarti-
gen Industrieentfaltung unseres Jahrhunderts mit ihren nothwendigen Consequenzen voraufging. Dass in allen Städten
und theilweise auch schon auf den Dörfern die Zahl der für
selbständig und abgeschlossen existirende Familien bestimmten
grösseren und kleineren Häuser und Hinterhäuser ab, die Zahl
der casernenartig aneinandergefügten Miethwohnungen zunimmt,
ist eine Thatsache, die nicht ohne Gewicht, d. h. obgleich bedingt, nicht ohne Consequenzen ist, wenn wir sie auch nicht
wie Riehl gewissermassen in den Vordergrund stellen und als
eine Hauptursache der Familienlockerung betrachten wollen.
Dass aber die Trennung des Mannes, der Frau und der Kinder,
die an verschiedenen Stellen ihre Arbeit haben, für den ganzen Tag, so dass erst der Abend die Ermüdeten zusammen-
führt, unter der Arbeiterbevölkerung allmälig zur Regel wird

und auch in bürgerlichen Kreisen sich einbürgert, ist eine
Thatsache von weitreichender Consequenz, wenn man die Berührungen und Beziehungen, welche die getrennten Familien-
glieder finden, nicht ausser Acht lässt. An eine Gestaltung
der Häuslichkeit und eine aus dieser Gestaltung sich ergebende
häusliche Erziehung ist unter solchen Verhältnissen, auch wenn
wir von dem eigentlichen Aufenthalts- und Wohnungswechsel,
der Unsicherheit des Verdienstes, der wenigstens zeitweilig
eintretenden Noth, der Gewöhnung an Surrogatbefriedigungen,
welche Speise- und Trinkhäuser bieten etc. absehen — gar
nicht zu denken. Was die Zahl der eigentlich Verwaisten anbetrifft, so ist es unzweifelhaft gewagt, über ihre Zu- und
Abnahme ohne statistische Unterlagen ein Urtheil zu haben und
zu begründen; auch lässt sich in Bezug auf sie eine durch die
allgemeinen Culturverhältnisse bedingte Stetigkeit der Progression von vornherein nicht annehmen, da ungewöhnliche
Ereignisse, wie Seuchen und Kriege eine starke Schwankung hervorbringen müssen. Wir haben daher auch, wenn wir von
den Kindern sprechen, die einen Ersatz des Hauses bedürfen,
nicht die eigentlich verwaisten, sondern derjenigen Kinder im
Auge, die ohne familienlos zu sein, des Schutzes und der Fürsorge, welche die Familie natürlicher Weise zu gewähren hat,
entbehren. Die Zahl dieser Kinder, behaupten wir, ist in einer
Zunahme begriffen, der gegenüber die Asyle, Beschäftigungs-
und Arbeitsanstalten, Rettungshäuser etc. so zahlreich sie entstehen, doch nur Nothbehelfe sind und bleiben werden, so
lange nicht die Volksschule das wird, was sie ihrem Begriffe
gemäss sein muss, und insbesondere den Kreis der von ihr
beherrschten Thätigkeitsregelung nicht viel weiter ausdehnt,
als sie es gegenwärtig zu thun auch nur die Tendenz hat.

Den eigentlichen Nothanstalten lassen sich die zahlreichen
Privatinstitute, welche die Kinder wohlhabender Ältern in Erziehung und Pflege nehmen, die Pensionate für die männliche
und weibliche Jugend gegenüber- und — worauf es uns hier
ankommt — mit jenen zusammenstellen.

Was die Gegenüberstellung begründet, ist, dass die ersteren Institute der Wohlthätigkeit oder doch einer besonderen

Hülfebedürftigkeit ihr Entstehen und Bestehen verdanken, während die letzteren einer privilegirten Existenzsphäre angehören und in gewissem Sinne als Luxusanstalten bezeichnet werden können. Jene können, wie man annimmt, das Maass der gewöhnlichen Bildung, das etwa die Volkschule darstellt, nicht gewähren, weil sie mit aussergewöhnlichen Hindernissen zu kämpfen haben, diese bezwecken eine aussergewöhnliche, über dem Niveau der Volksschulziele liegende Bildung. Aber schon hierin, dass für die einen und die andern Anstalten, die Volksschule und diejenigen öffentlichen Schulen, welche die Berufsbildung verfrühend, die Stelle der Volksschule einnehmen, nicht ausreichen oder auszureichen scheinen, liegt ein Vergleichungspunkt. Ich habe vorhin ausgesprochen, dass, wenn die Volksschule ihren Begriff erfüllen soll, sie bis zu einem bestimmten Alter, dem Alter des Überganges, das die Geschlechtscharaktere ausprägt, die bestmöglichste Bildung gewähren muss. Zugleich habe ich angedeutet, dass es theilweise das Vorurtheil und die Absonderungssucht sind, welche viele Ältern bestimmen, ihre Kinder die Volksschule und selbst diejenigen öffentlichen Schulen, die von vornherein eine höhere Bildung bezwecken, nicht besuchen zu lassen. Da sich aber nicht leugnen lässt, dass im Allgemeinen die Volksschule ihren Begriff nicht erfüllt, weil sie der nöthigen Kräfte und Mittel entbehrt und ihre Aufgabe zu niedrig oder zu einseitig fasst; dass ferner die anderweitigen öffentlichen Schulen — Unterreal- und Untergymnasialschule — welche jener die ihr angehörigen Schüler entziehen, zwar für die intellektuelle Ausbildung mehr zu leisten scheinen und wirklich leisten, aber nicht in dem Masse erziehlich wirken, als es wünschenswerth oder vielmehr nothwendig wäre, so ist es den Ältern, welche in ihren Mitteln die Möglichkeit und ausserdem Gelegenheit zu haben glauben, ihren Kindern eine vollkommenere Erziehung zu gewähren, nicht zu verargen, wenn sie diese Gelegenheit benutzen, während es dem Staat allerdings zu verargen ist, wenn er statt die Volksschule im Allgemeinen zu heben, sie in Schulen für die verschiedenen Klassen auseinandersetzt. Denn, wie diese Auseinandersetzung prinzipiell zu verwerfen ist, so kann dem

vielgestaltigen Bedürfnisse, das durch sie zur Anerkennung
kommt, von Seiten des Staates doch nicht genügt werden;
die öffentlichen Schulen, die im Alter, in dem die Grundbildung zu legen ist, Anderes und mehr als Volksschulen sein
wollen, werden mangelhaft gefunden, wie sie es sind, und der
Privatbefriedigung des Unterrichtsbedürfnisses, in der sich die
Erziehung, die eine einige sein sollte, zersplittert, werden
keine Grenzen gezogen, so fern es nicht durch Massnahmen geschieht, die man zu umgehen sucht, weil sie als ein ungerechtfertigter Zwang empfunden werden. Denn nur die Hebung der
Volksschule gibt dem Staate ein principielles Recht, den Privatunterricht und die Privatanstalten zu beschränken. Geht
er darauf ein, die mannichfachen Bedürfnisse die eine verfrühte Befriedigung verlangen, seinerseits befriedigen zu wollen,
so verliert er das Recht, der Selbstbefriedigung entgegenzutre-
ten. Sein Schulwesen ist ein mangelhaftes, weil und in sofern
die Volksschule fehlt: die Privatanstalten sind also Noth anstalten, die als solche zugelassen werden müssen. Es kommt
aber auch vor, dass ein Staat, der sich berechtigt wie verpflichtet glaubt, der Unterrichtsfreiheit enge Grenzen zu ziehen,
und an seiner Fähigkeit ein genügendes Schulwesen herzustellen oder zu, erhalten, wenn er nur die äussern Mittel hat,
nicht zweifelt, durch seine Noth, nämlich die Finanznoth gezwungen wird, der Unterrichtsfreiheit und dem Pensionatswe-
sen Raum zu geben, und wer in der Unterrichtsfreiheit den
Fortschritt schlechthin sieht, kann dann den Satz, dass die
Noth die Mutter des Fortschrittes ist, abermals bestätigt finden. Wir unsrerseits erkennen den Satz gleichfalls an, aber
nur sehr bedingt, in Bezug auf das, was aus Noth gewährt
wird, und indem wir überall die ausdrückliche und positive
Nothbeseitigung fordern — welche in dem Falle, den wir hier
im Auge haben, allerdings von dem einseitig regulirenden Staate
nicht ausgehen kann.

Fragen wir aber weiter, woher die Zunahme derjenigen
Privatanstalten, welche ihre Zöglinge dem Hause schlechthin
entziehen — der Pensionate — zu erklären ist, so können
wir keinen Augenblick anstehen, den Grund in der Veräusser-

ung und Verfälschung des Familienlebens zu finden; in der
Scheinexistenz der Familie, die als solche empfunden und ge-
wusst wird oder nicht. Die Sphäre des Luxus ist für die
Gestaltung des Familienlebens ein grade so ungünstiger
Boden, wie die Sphäre der Noth; in der überflüssigen und
modischen Bedürfnissbefriedigung geht der innige und sittliche
Zusammenhalt der Familie verloren und der glänzenden Hülle
fehlt der Kern. Solche Scheinfamilien sind der Aufgabe der
häuslichen Erziehung nicht gewachsen; die Kinder werden
denselben bei strenger Überwachung durch ihren Drang nach
Freiheit und ausserdem durch die Ansprüche und Verwöhnungen, welche die verfrühte Theilnahme an gesellschaftlichen
Genüssen, wie man das Wort versteht, mit sich bringt, unbe-
quem, ja lästig und müssen, um der Bequemlichkeit und der
Formglätte willen, welche die modische Familienexistenz verlangt, aber auch um ihrer selbst willen, aus dem Hause entfernt werden.

Wer wollte läugnen, dass damit ein Nothzustand von
weitem Umfange und grosser socialer Tragweite ausgesprochen ist? dass wir also in der That in doppelter Beziehung
berechtigt sind, die Pensionate, die Pfleg- und Erziehungsanstalten für die höheren Stände Nothanstalten zu nennen? Ich
habe aber schon früher ausgesprochen, dass die Noth immer
eine unmittelbare Abhülfe verlangt und gegen die Noth zu
Felde zu ziehen, indem man an die Familien die Forderung
stellt, dass sie anders sein oder werden sollen, als sie sind,
ist leicht, aber unfruchtbar. Moralpredigten haben die Zustände
niemals gebessert; das kann nur durch eine allmälige Umbildung des herrschenden Geistes, die mit der Umbildung der
Verhältnisse und Institutionen Hand in Hand geht und ohne
sie nicht denkbar ist, erreicht werden.

Der zeitgemässe Fortschritt wäre also der, dass sich die Pensionate von den modischen Ansprüchen, denen sie nur zu sehr
dienstbar sind, unabhängig machten nnd sich in den Dienst der
Aufgabe stellten, die sie in der That allein lösen können, die ihnen also durch die Verhältnisse zugewiesen ist, wenn sie nicht
das unmittelbare Bedürfniss speculativ befriedigen, sondern sich

in den Dienst des historischen und des Zeitbedürfnisses stellen
wollen, der Aufgabe: in einem engbegrenzten abgeschlossenen Kreise mittelst der Gestaltung kleiner,
so zu sagen ausnahmsweiser Gemeinschaften das
Ganze einer natur- und vernunftgemässen Erziehung,
ein umfassendes und vollkommen durchgeführtes
Erziehungssystem **vorbildlich** darzustellen. Diese Aufgabe
können sie allerdings nur experimentirend lösen, aber das Experiment ist nicht nur im Interesse des Fortschrittes nothwendig, sondern auch unschädlich für die, welche das Material
desselben abgeben, wenn es nur kein willkürliches und schein-
süchtiges Versuchen ist, sondern den Hintergrund sittlichen
Ernstes und enschiedener Gedankenconsequenz hat.

Statt also gegen die Pensionate wie gegen die andern
Nothanstalten zu eifern, möge man darnach streben, die einen
wie die andern zu Pioniranstalten des nothwendigen Fortschrittes oder zu Musteranstalten zu erheben, wobei man freilich darüber klar sein muss, dass ein abgesondert und unter
bestimmten Verhältnissen dargestelltes Muster sich nicht als
solches in einem weiteren Umfange realisiren lässt. Man darf
desshalb auch eine Anstalt, weil sie sich, ohne zu einer vollkommenen und festen Ausgestaltung gekommen zu sein, auf-
lösst, nicht ohne Weiteres als belang- und spurlos vorüber-
gegangen erklären wollen, da es vielmehr das Schicksal dessen,
was die weitesten Wirkungen übt, häufig zu sein pflegt, dass
es die eigene Existenz nicht behaupten kann. Die Geschichte
der Pädagogik führt uns eine Anzahl von Anstalten vor,
welche, aus einer neuen pädagogischen Richtung stammend,
diese vertraten und in der That nachhaltig zur Geltung brach-
ten, aber nach kurzem Bestande sich auflösten, oder wenn
dies nicht der Fall war, zu einer durchaus äusserlichen Fort-
existenz erstarrten. Pestalozzi war am unglücklichsten, als er
in den Besitz der äussern Mittel, seine Idee darzustellen, gelangt schien. Fröbel konnte trotz aller Anstrengungen sein
ganzes Leben nicht dazu kommen eine Schule in seinem Sinne
zu gründen, da die einzige Anstalt, deren Gründer er war
und die Bestand hat — Keilhau — ihn ausswiess, als er sie aus

einer blossen Nothspeculationsanstalt in eine seine pädagogische Idee darstellende Anstalt umgestalten wollte.

Freilich ist von den gegenwärtigen Pensionaten, da die Zahl der denkenden, selbständigen und charakterfesten Pädagogen, die zugleich mit Mitteln ausgerüstet sind, im Verhältniss zu der Menge geschmeidiger Speculanten und Speculantinnen, die den Modeansprüchen zuvorkommend dienen, eine sehr kleine ist, vor der Hand wenig zu erwarten. Dagegen würde nur guter Wille und Einsicht dazu gehören, um den Wohlthätigkeitsanstalten eine dem Zwecke der unmittelbaren und nothdürftigen Nothabhülfe weit überragende Bedeutung zu verschaffen. Zu diesem Zwecke dürfen aber die Kosten nicht gespart werden und brauchen es nicht, da sich der gemachte Aufwand unmittelbar lohnt, während ein halber Mittelaufwand stets eine Verschwendung ist.

Siebenter Vortrag.

1.

Der Aufwand der Wohlthätigkeit als Kapitalanlage. — Der sociale und der private Gesichtspunkt für das Wohlthätigkeits- und Erziehungswesen. — Die Gefährlichkeit der privaten oder an die Speculation überlassenen Befriedigung des Bildungsbedürfnisses. — Die Noth der Pensionate und die Nothsteuerung. — Die mögliche und historisch herausgestellte Bedeutung pädagogischer Privatunternehmungen. — Das bleibende Gebiet der Privatschulen.

Die Privatanstalten und insbesondere die Pensionate auf der einen, die Wohlthätigkeits- und heilpädagogischen Anstalten auf der andern Seite könnten für die zeitgemässe Um- und Ausgestaltung des Erziehungswesens eine grosse Bedeutung gewinnen: war der Satz, den ich in meinem letzten Vortrage schliesslich aufstellte und kurz bewies. Dabei sprach ich aus, dass von den Pensionaten bei dem Mangel an selbständigdenkenden und zugleich durch ihre Mittel selbständigen Pädagogen wenigstens vor der Hand wenig zu erwarten sei, während die Wohlthätigkeits- und heilpädagogischen Anstalten für die allgemeine Erziehung sicher bedeutende Ergebnisse liefern werden, wenn mit den Mitteln, die theils durch die organisirte Wohlthätigkeit, theils von den Gemeinden und vom Staate aufgebracht werden und wären, nicht gespart wird..

Die Sorge für diese Anstalten kommt dem Staate eben so zu, wie die Sorge für das allgemeine und öffentliche Schulwesen; denn es ist ein allgemeines, ein politisches und sociales Interesse, dass den Nothzuständen, die immer die Tendenz der Ausdehnung haben, eindämmend und heilend entgegengewirkt und die Last, welche durch die natürliche und sittliche Verwahrlosung der Gesellschaft erwächst, möglichst reducirt werde. Dass aber auch die Privatwohlthätigkeit sich grade in dieser Richtung vorzugsweise bethätige, wozu eine bestimmte Organisation derselben erforderlich, ist nicht nur wünschenswerth, sondern nothwendig, wenn eben die Privatwohlthätigkeit die Zerstreutheit und Inconsequenz, bei der nur verschwindende Resultate möglich sind, überwinden und zu einer Organisation, die sichere Erfolge ermöglicht und an sich ein socialer Fortschritt, weil ein Fortschritt der Organisationsfähigkeit ist, gelangen soll. Wenn man sagt, dass das Almosen, oder allgemeiner ausgedrückt, was man in der That allgemeiner versteht, die Wohlthätigkeit die Noth nähre, so ist dies grade in so weit richtig, als die Hülfe eine halbe und inconsequente ist und bleibt; der Satz ist aber falsch in demselben Masse, als sich die Wohlthätigkeit organisirt, als sie zu dem jedesmaligen Zwecke die genügenden Mittel aufbringt und als sie die Wiederbelebung der sittlichen Energie und die Erziehung zur Selbsthülfe einsichtig bezweckt — so dass jenes Schlagwort jede Berechtigung verliert, wo es sich um die Erziehung im eigentlichen Wortsinne handelt. Übrigens haben wir schon früher eingestanden — wenn der Ausdruck Geständniss hier überhaupt anwendbar ist — dass bei dieser oder jener Art heilpädagogischer Thätigkeit der Erfolg zu den aufgewendeten Mitteln in keinem entsprechenden Verhältnisse steht; wir haben aber auch zugleich geltend gemacht, dass trotzdem auch in diesen Fällen von einer Verschwendung nicht die Rede sein kann, weil die Ergebnisse für die pädagogische und medicinische Theorie und Praxis, die aus solcher Thätigkeit hervorgehen, mehr als wichtig, nämlich für die umfassende und vorbeugende Bekämpfung herrschender Übel unentbehrlich sind, und eben desshalb für die allgemeine Erziehung massgebende Gesichtspunkte gewähren. Wir dürfen also nicht aufhören, auf die Nothwendigkeit der Nothanstalten und einer ausreichenden Ausstattung wie einer zeitgemässen Einrichtung derselben hinzuweisen und hinzuwirken, wie wir nicht aufhören dürfen, das Erziehungswesen schlechthin als eine sociale und diesem Charakter gemäss zu gestaltende Institution zu behaupten nnd zu fordern.

Indem wir dies thun, erklären wir uns prinzipiell gegen die Privatanstalten, welche die Befriedigung des Bildungsbedürfnisses durch die Privatspeculation, also das auch auf
dem pädagogischen Gebiete zur Geltung gelangende Gesetz des
Angebots und der Nachfrage darstellen. Denn keine im strengen Sinne sociale, d. h. in einem öffentlichen und allgemeinen
Interesse gegebene, mit der Selbsterhaltung und Fortbildung
der Gesellschaft unmittelbar zusammenhängende Aufgabe kann
der Privatspeculation, die sich an private Bedürfnisse hält, ge-
fahrlos überlassen werden. Die Gefahr dieser Überlassung ist
aber um so grösser, je weniger sich bei einem Volke die
Sitten, Gebräuche und Bedürfnisse der einzelnen Klassen ausgeprägt und befestigt haben, und je mehr es sonst an das
ordnende Eingreifen und die Hülfe des Staates gewöhnt ist.
In keinem, auch dem günstigsten Falle, kann da, wo die Befriedigung des Bildungsbedürfnisses den Einzelnen oder auch
den Corporationen — denn der Bestand von Corporationen
begründet die geringere Gefährlichkeit der mangelnden Staatssorge — zum grössten Theile überlassen wird, eine durch alle
Volksklassen relativ gleichmässig verbreitete, das Volk innerlich einende Bildung erzielt, und die edlere und schönere historische Befähigung, die nicht in der Ausdehnung des Mittel-
besitzes und der Macht liegt, entwickelt werden. Wo aber
die Voraussetzungen, welche den Mangel der Staatssorge in
Bezug auf die Erziehung weniger gefährlich machen, fehlen, wo
sich Corporationen und Genossenschaften, die sich gemeinschaft-
lich befriedigen, entweder gar nicht oder nur in kümmerlicher
Gestalt entwickelt oder erhalten haben, wo es eben so an
fest organisirten Zweckvereinen mangelt, wo es kein grosses,
öffentliches Leben giebt und die Staatssorge in büreaukratischer
Form überall eintritt und überall in Anspruch genommen wird,
da ist die Ausdehnung des Privatschulwesens nicht nur ein
schlimmes Symptom, sondern wirkt entschieden schädlich, indem dieses Wesen mit andern Factoren entschieden dazu beiträgt, die Bildungsansprüche und die Bildung immer mehr zu
veräussern, mit allen modischen Ausartungen und Auswüchsen
der Civilisation zugleich den kleinlichen Privat- und Klassen-

egoismus, der sich in Absonderungen und Absonderlichkeiten gefällt, zu erzeugen und die Entwicklung des öffentlichen Geistes, einer socialen und nationalen Gesinnung entweder überhaupt niederzuhalten oder doch diesem öffentlichen Geiste eine durchaus einseitige und unsittliche Richtung zu geben, die sich darin offenbart, dass die Nation als Gesammtheit und nach Aussen die Befriedigung derselben Leidenschaften verlangt, welche ihr gesellschaftliches Leben beherrschen, dass sie scheinen und glänzen und dabei ausbeuten will. Die Speculation — das steht von vornherein fest — ist der gefährlichste Bildungsträger und Bildungsvermittler, und wo sie sich als solcher breit machen kann oder auch muss, da fehlt dem gesellschaftlichen Interesse die energische Vertretung — die hier allerdings mehr im Staate, dort mehr in den Bestrebungen liegen kann, die sich in allen Kreisen der Bevölkerung organisiren — dieses Interesse muss also beeinträchtigt und gefährdet, die sociale Gesinnung immer mehr aufgelöst werden.

Diese nachtheilige, auf die Länge verderbliche Wirkung wird insbesondere auch dadurch vermittelt, dass die Concurrenz der Privatanstalten — von den zahlreichen Intriguen, die sie einschliesst, abgesehen — den Wetteifer oder vielmehr die Sucht bedingt, sich durch glänzende Resultate za überbieten, diese glänzenden Resultate aber nicht nur häufig, sondern meistens — wie in andern modischen Fabrikationszweigen — künstlich erzwungene, scheinbare und auf die Täuschung berechnete sind. Die Mittel dieser Täuschung sind oft grade so grob, wie sie es auf den andern Gebieten der Speculation zu sein pflegen, aber nicht minder von Erfolg begleitet. Die Zöglinge erhalten glänzende Censuren in Dingen, die sich der Controle entziehen und werden darauf eingeübt, fremde Leistungen für die ihren ohne Erröthen auszugeben. Für den etwaigen Besuch sind die Schularbeiten — zum kleinsten Theil von den Schülern selbst gemacht — vortheilhaft aufgestellt, wohl eingeübte Exercicien werden producirt, die am angenehmsten auffallenden und produktionsfähigsten Schüler und Schülerinnen in den Vordergrund gestellt. Hört man die Directoren und Directricen sprechen, so hat der und jener

Schüler, der sich jetzt auszeichnet, bei seiner Aufnahme gradezu
gar nichts geleistet, andere, die jetzt blühen, waren verkom-
mene und verbuttete Wesen. Von den Leistungen anderer
Anstalten und Männer wird nur mit einem vornehmen Achsel-
zucken oder einem freundlich ironischen Lächeln gesprochen.
Die Gegenwart der Anstalt, so befriedigend sie erscheint, wird
doch immer nur als ein Anfang dargestellt. Der industrielle
Charakter solcher Anstalten zeigt sich insbesondere auch darin,
dass sie nach auffallenden Leistungen anderer Männer und
Anstalten wachsam ausspähen und Alles, wovon sie glauben,
dass es einen gewinnenden Eindruck machen oder wenigstens
den Schein verleihen könnte, stets das Neueste zu geben, sich
mehr oder minder geschickt, häufig mittelst Intriguen aneignen, eine Aneignung, die selbstverständlich eine äusserliche
und unorganische ist, da der zusammenhaltende und gestaltende Gedanke fehlt.

Dennoch muss ich wiederholen, was ich das vorige Mal
ausgesprochen, dass die Eiferreden gegen die Pensionate, die
sich insbesondere gegen die weiblichen Pensionate als Ent-
häuslichungs- und Verbildungsanstalten richten, unfruchtbar
sind. Die Pensionate werden zunehmen, so lange die öffentlichen Schulen nicht zu dem Zustande erhoben werden, den
sie darstellen müssen, und hierin die Absonderungssucht und
Vornehmthuerei einen Vorwand, vernünftige Ältern einen Grund
finden, für ihre Kinder eine bessere und höhere Bildung zu
suchen, als sie die öffentliche Schule gewährt; so lange ferner
die socialen Verhältnisse, indem sie die Ausbildung einer luxuriösen Existenz- und Geselligkeitssphäre nicht nur ermöglichen,
sondern bedingen, eine reelle und wahrhaft schöne Ausgestaltung der Häuslichkeit zu einer ausnahmsweisen Möglichkeit
oder einer allgemeinen Unmöglichkeit machen; so lange mit
einem Worte das Bedürfniss der Privatanstalten und Pensionate besteht und zunimmt. Man kann dieses Bedürfniss ein
trauriges nennen, aber gegen die Bedürfnissbefriediguug zu eifern
und zu Felde zu ziehen ist immer unnütz, wenn man nicht
den Grund des Bedürfnisses zu heben und an die Stelle
der verkehrten eine gesundere Befriedigung zu setzen vermag.

Man möge also einerseits auf die Hebung und Besserung des öffentlichen Schulwesens dringen, andrerseits die einzel- nen Privatanstalten und Pensionate einer nicht schlechthin verwerfenden, sondern eingehenden und vergleichenden Kritik unterwerfen, und durch diese Kritik zu öffentlichen Anstalten oder doch zu solchen, welche in der Öffentlichkeit ihre Über- wachung finden, machen. Dann und nur dann könnten statt der Nachtheile der Concurrenz ihre Vortheile zur Geltung kom- men, an die Stelle der Überbietungssucht in Scheinresultaten ein ehrlicher Wetteifer treten, und es dürften Pädagogen, die in der That pädagogische Ideen haben und die Gunst des Publikums durch Concessionen und allerlei sonstige verwerf- liche Mittel nicht erkaufen wollen, mit mehr Muth und mehr Aussicht auf Erfolg den Kampfplatz — denn so würde sich das Gebiet der pädagogischen Privatunternehmungen immerhin bezeichnen lassen — betreten. Dieses Gebiet würde dann der Boden des pädagogischen Experimentes in einem guten Sinne — des Experiments, das nicht den Stachel der Überbietungs- und Neuerungssucht, sondern den Trieb des selbständigen Denkens und des ernsten Willens hinter sich hat — werden können, also für den pädagogischen Fortschritt kein verlorenes, sondern ein gewonnenes sein, wie denn die Geschichte der deutschen — und schweizerischen — Pädagogik insbesondere eine Reihe von Privatunternehmungen, welche anregend, för- derlich und wohlthätig auf die Gestaltung der öffentlichen Schulzustände eingewirkt haben, und theilweise Epochen der Pädagogik bezeichnen, aufzuweisen hat. Von den älteren ist vor Allen Franke zu nennen, der von frommen Wohlthätig- keitszwecken ausgehend eine tiefeingreifende pädagogische Richtung, die für ihre Zeit eine befreiende war, begründet hat. Von den Philanthropinisten — deren Meister — Base- dow — nicht wie Pestalozzi vorzugsweise in Folge edler, sondern vorzugsweise in Folge unedler Charakterzüge, insbe- sondere seiner Prahlsucht, seiner Scheu vor eigentlicher Ar- beit und seiner Gehässigkeit, die kein friedliches Zusammen- sein zuliess, obwohl nicht zur Gründung, so doch zur Erhal- tung eines Anstaltswesens unfähig war — ist mit Ehren Salz-

mann zu nennen, der sich treffliche Mitarbeiter wie Guts-
muths, zu gewinnen und zu verbinden wusste und dessen Anstalt, wenn auch ihr Ruf sich immer mehr veräusserte, indem
er sich ausdehnte, und die zunehmende Zahl der Ausländer immer mehr als ein bedenkliches denn als ein versprechendes
Symptom hinsichtlich der wirklichen Zeitgemässheit gelten muss,
bis zur Gegenwart in Schnepfenthal in Thüringen erhalten hat.
Pestalozzis Werk nach der Seite der Armen- und Arbeitser-
ziehung setzten Fellenberg, Wehrli und Fröbel, eigene Anstalten
gründend, fort, und wie diese Männer, so sind auch noch andere der Jetztzeit angehörige als Ausnahme von der Regel, d.
h. als solche anzuerkennen, die der selbständige Gedanke und
der Wille, ein Ideal wo möglich darzustellen, zur Begründung
von Privatanstalten getrieben hat. Wo aber Ausnahmen sind,
darf man nicht daran verzweifeln, sie auszudehnen, während
die Überzahl der Privatanstalten überhaupt sich hoffentlich
reducirt, ohne dass eine Zeit in Aussicht steht oder zu wünschen wäre, in welcher sie neben den öffentlichen Anstalten
keinen Platz mehr hätten. Denn obgleich unter der Voraussetzung einer durchgreifenden und zweckmässigen Organisation
des öffentlichen Schulwesens das Gebiet der pädagogischen
Privatunternehmungen sich verengen muss, so hat doch die
Organisation des öffentlichen Schulwesens, um über das Nothwendige nicht hinauszugehen und die Gefahren der Uniformität, d. h. diese selbst zu vermeiden, nur die Basis der
allgemeinen Erziehung und die sicher auszuprägenden Haupt-
glieder der sich sufenweise bis zu den Berufsschulen beson-
dernden Erziehung dar- und herzustellen, kann und muss also
den pädagogischen Privatunternehmungen, wo es sich um Ver-
mittlungs- und Übergangsinstitute handelt, Raum lassen, wie
es sich von selbst versteht, dass die Berufsbildung im engsten
Sinne Sache der öffentlichen, von Staats- oder Gesellschafts-
wegen organisirten Erziehung nicht ist.

Es bleibt also, die Organisation des öffentlichen Schulwesens, welche wir von unserem Standpunkte aus für nothwendig halten, vorausgesetzt, der Privatunternehmung ein dop-
peltes Gebiet, das der Vermittlungs- und Übergangs-

schulen und das der Berufsschulen im engeren Sinne, und der Spielraum, den diese Gebiete gewähren, ist in der That, wenn er recht benutzt wird, weit genug. Zu den Vermittlungs- und Übergangsinstituten rechne ich auch die schon früher erwähnten Kinderbewahranstalten, Kleinkinderschulen und Kindergärten; denn sie haben die nothwendige Vermittlung zwischen Haus und Schule, zwischen der Familien- und öffentlichen Erziehung zur Aufgabe. Auch sie können und müssen demnach, wenn die eben gezogenen Grenzlinien gelten sollen, so weit sie nicht Nothanstalten eigentlicher Art sind, deren Einrichtung theils von den Gemeinden gefordert, theils von der Wohlthätigkeit erwartet werden muss, der Privatunternehmung zugewiesen werden. Dieses eine Gebiet aber ist insbesondere für die weiblichen pädagogischen Kräfte — deren es viele und mannichfaltige gibt, ohne dass sie noch zu rechter Verwendung und Verwerthung kämen — ein Gebiet höchst interessanter und im besten Sinne lohnender Thätigkeit, während die Verwendung der Frauen für die Privaterziehung ein ziemlich trostloses Blatt in der Darstellung unserer sozialen Zustände abgeben würde. Hoffen wir daher, dass die Zahl der Gouvernanten in dem bisherigen Sinne — die auch dann, wenn sie wirklich Kenntnisse und Einsichten haben, doch vorzugsweise als Übungsmaschinen im Französischsprechen und Clavierspielen geschätzt werden, ab-, die Zahl der Frauen aber, die in der pädagogischen Sorge für kleinere und grössere, der zarteren Aufmerksamkeit mehr oder weniger bedürftige Kindergemeinschaften das Glück einer idealen Mütterlichkeit finden, zunehmen.

Ich habe hiernach jetzt die principielle Erklärung gegen die Privatunternehmungen, von der ich ausging, um dennoch ihre Nothwendigkeit aufrecht zu erhalten, dahin zu modificiren, dass die Privatanstalten in so weit prinzipiell zu negiren sind, als sie sich an die Stelle derjenigen Schulen setzen und eindrängen, die ihrer Natur und Bestimmung nach öffentliche, von Staat und Gemeinde vollständig und vollkommen herzustellende sind. Unter der Controle der Öffentlichkeit aber müssen die Privatanstalten unter allen Umständen stehen, folg-

lich insbesondere gegenwärtig, wo sie ihnen nicht zukommende
Gebiete einnehmen, während die ihnen zukommenden Gebiete
zum grossen Theil noch unangebaut sind. Aber wie soll diese
Controle die als der einzige Weg erscheint, um die Erörterung der Erziehungsfragen in das grosse Publikum zu bringen
und zu unterhalten, hergestellt werden, so lange die Indifferenz des Publikums für pädagogische Angelegenheiten
eine so grosse bleibt, als sie es gegenwärtig in der That ist,
so lange die Presse, der doch diese Controle vor Allen
zukommen würde, während sie dem Bedürfniss nach oberflächlichen Theaterkritiken und nach Stadtneuigkeitsberich-
ten täglich dienen muss, es nicht wagt und — da sie ihr
Publikum kennt — nicht wagen darf, pädagogische Fragen eingehender zu erörtern und pädagogische Zustände mit bestimmten Hin- und Nachweisen zu besprechen?

Doch — so traurig diese Thatsache uns ansieht, wir
müssen hoffen, dass das Interesse für die Erziehungsfragen
sich ausbreitet und ausbildet, weil diese Hoffnung mit der
auf eine Zukunft unseres Volkes und auf ein erhöhtes und ge-
sunderes Culturleben überhaupt zu genau zusammenhängt, als
dass wir sie leichthin aufgeben dürften. Auch fehlt es für
diese Hoffnung nicht an Anhaltepunkten; unter den Lehrern
ist unzweifelhaft eine grössere pädagogische Regsamkeit als
früher und in andern Ländern, das höher gebildete Publikum,
dasjenige, das überhaupt über sociale Fragen denkt, beschäftigt sich auch gern mit der Erziehungsfrage, und zwar eingehender und verständnissvoller als es irgendwie sonst geschieht, und selbst das grosse Publikum wird an- und auf-
geregt, wenn es sich um Massregeln handelt, welche in die
bestehenden Schul- und Bildungszustände tief eingreifen oder
einzugreifen scheinen. So hat sich gegen die bekannten preus-
sichen Regulative eine Art von Bewegung entwickelt, die eine
Reaction des herrschenden Rationalismus so wie des in Schule
und Leben zur Geltung gelangten und strebenden Individua-
litätsprinzipes gegen den kirchlichen Charakter, den die Regulative der Schule aufzuprägen scheinen und gegen ihre Nor-
mirung der Bildungsziele ist. Die eifrigsten Gegner der Re-

gulative müssen zugeben, dass sie wenigstens das Gute bewirkt haben, die pädagogische Indifferenz des Publikums auf-
zurütteln, und man möchte fast wünschen, dass auf diese Art
von den Regierungen fortgewirkt würde, wenn es auf keinem
andern Wege möglich sein sollte, in dem grossen Publikum
das pädagogische Interesse aufzuregen. Zu Gunsten der Regulative lässt sich ausserdem sagen, dass sie mindestens einen
Versuch darstellen, die Gestalt des Volksschulwesens in bestimmter Weise abzugrenzen — eine Abgrenzung, die als eine
verfrühte und tendenziöse gelten mag, aber der unbestimmten Fortschrittstendenz, bei welcher die Einheit der Volksschule verloren geht, gegenüber an sich als eine Nothwendigkeit bezeichnet werden muss und als solche hoffentlich zum
Bewusstsein kommt. Eine Aufregung anderer Art ist diejenige, welche das nicht zu verhehlende Scheitern und Aufgeben von Institutionen, die mit Pomp und Aufwand geschaffen
worden sind, hervorbringt, wie eine solche z. B. gegenwärtig
in Österreich in Bezug auf das Institut der Unterreal- und Ge-
werbeschule sich ankündigt und hoffentlich dazu beiträgt, dass
die pädagogischen Ansichten oppositioneller und nicht oppositioneller Art, welche im Publikum gähren, mit einiger Bestimmtheit hervortreten.

Ich habe, indem ich die Grenzen zwischen den öffentlichen und Privatschulen, — die Grenzen, welche nothwendig
sind, wo sie möglich sind — zu ziehen versucht, unsere deutschen Verhältnisse und Zustände im Auge gehabt. So weit
auch unsere Volkschule von dem, was sie sein könnte und
sollte, noch entfernt ist, so ist es doch unter den grossen
europäischen Culturländern Deutshland allein, welches eine
Art von Volksschule hat, eine Schule, für welche allgemeine
Schulpflichtigkeit besteht, welche von den Gemeinden und
vom Staate unterhalten wird und auf deren Hebung und Gestaltung die Regierungen fast überall ein sorgsames Auge
richten und seit Jahrhunderten gerichtet haben. Wenn es
daher irgendwo möglich ist, den Begriff der Volksschule zu
erfüllen, so ist es in Deutschland, wo die Voraussetzungen
und Vorbedingungen gegeben sind — ein Vorzug, den einen

sogenannten „Unterrichtsfreiheit" auch nur theilweise zu opfern
unverzeihlich und eine Verkennung dessen wäre, worauf die
Hülfs- und Machtmittel grade des deutschen Volkes liegen.
Aber auch in dieser Beziehung wie in andern wird es zu einer
vollkommenen und einheitlichen Gestaltung n i c h t kommen,
wenn man entweder die einzelnen Regierungen' sorgen und
machen lässt oder sich gegen die von Oben ausgehenden
Massnahmen und Einrichtungen nur negativ oder oppositionell
verhält. Die Theilnahme an der Volksschule muss eine all-
g e m e i n e werden, und sie muss sich o r g a n i s i r e n. Wird
eine solche Organisation versäumt, so wird das, was wir
vor den übrigen Culturnätionen Europas v o r a u s haben,
wieder verloren gehen, weil jeder halbe Gewinn seiner Natur
nach ein verlorengehender ist, die Stellung aber, welche das
deutsche Volk unter den übrigen Culturnationen Europas einzunehmen hat, bei der gegenwärtig historischen Situation eine
e r o b e r n d e sein muss, weil sie eine bedrohte ist, und die
Entwicklung aller vorhandenen Kräfteund Vorzüge in Anspruch
nimmt.

2.

Der Grundsatz oder die Grundsatzlosigkeit des laissez-faire. — Der Wille
als Moment der geschichtlichen Nothwendigkeit. Die gleichzeitige Verläugnung der Macht der Idee und der Wirklichkeit der Noth als
Symptom historischer Erschlaffung. — Die pädagogischen Vertreter des
Laissez-faire-Prinzips und die Unterrichtsfreiheit. — Der Büreaukratis-
mus und die deutsche Volsschule. — Die Allmacht und die Ohnmacht
der Schule. — Die Familienerziehung als Vertreterin der Mannichfaltigkeit und der Stetigkeit der Lebensbildungen. — Die Kirche als Er-
ziehungsfaktor und die Schule und Wohlthätigkeit als Mittel der Kirche.
— Die Staatsformen in ihrem Verhältniss zur öffentlichen und zur Privaterziehung. — Das Ideal des griechischen Erziehungswesens und die
zeitgemässe Fassung der Erziehungsaufgaben.

Aus den bisherigen Auseinandersetzungen geht zur Ge-
hervor, dass wir von der Theilung der Erziehungsarbeit
keine swegs absehen, aber sie weder als eine gegebene hin-

und annehmen, noch sie unter den Gesichtspunkt der blossen praktischen Zweckmässigkeit stellen, sondern sie aus der Erziehungsaufgabe selbst, wie sie sich uns im Allgemeinen und für unsere deutsche Gegenwart darstellt, ableiten und dieser Ableitung gemäss das Verhältniss der verschiedenen Erziehungsfaktoren und Erziehungsinstitute zu einander zu bestimmen suchen.

Was wir wollen ist die Organisation des Erziehungswesens gegenüber dem Auseinandergehen, der Anarchie und der Desorganisation desselben, und wir verlangen danach, weil wir nach der organischen Gestaltung der Gesellschaft verlangen, die weder mit der mechanischen Gebundenheit und Massregelung der Massen noch mit der rechtlichen Selbständigkeit der Einzelnen und der unendlichen Vervielfältigung individueller Beziehungen gegeben ist und sich verwirklicht. Wir können aber das Erziehungswesen als ein wesentliches Mittel für die freie und schöne Gestaltung der Gesellschaft nicht auffassen, ohne zugleich die Erziehungsaufgabe als die der Individualitätsgestaltung zu bestimmen — wie wir es theils im Allgemeinen, theils auf einzelne Punkte eingehend gethan haben — und bezeichnen diejenige Erziehung, welche die normale Individualität herstellt, indem und weil sie von dem Zwecke der Gemeinschaftsbildung nicht absieht, sondern ihn in gleicher Idealität und Bestimmtheit wie den der Individualitätsentwicklung und mit diesem zusammenfasst, als die ästhetische Erziehung. Als nothwendige Ansprüche an die ästhetische Erziehung, die uns mit der wahrhaft naturgemässen Erziehung gleichbedeutend ist, haben wir direct und indirect hervorgehoben, dass sie die Bethätigung allseitig zu entwickeln und harmonisch in Spiel zu setzen, die Genussfähigkeit wie die Arbeitsfähigkeit und die letztere — in dem bestimmten Sinne der Schafffähigkeit gefasst — als Darstellungs- und Herstellungsvermögen auszubilden, die Einzelnen durch die Gemeinsamkeit der Arbeit und des Genusses innerlich und lebendig zu verknüpfen, und hierdurch d. h. durch die prototypische Verwirklichung der Gemeinschaft die sittliche wie die dynamische Gemeinschaftsfähigkeit zu erzeugen hat.

Allgemeine Begriffsbestimmungen, wie die der Erziehungsaufgabe und des Schulenorganismus, können selbstverständlich
nicht gegeben werden, ohne dass dabei zunächst von der
mannichfachen Bestimmtheit der concreten Verhältnisse und
Zustände abgesehen wird; weiterhin aber ist es naturgemäss
und praktisch, dass eine Darstellung des ideell Nothwendigen,
mag sie die bestehende Praxis ausdrücklich berücksichtigen
wollen oder nicht, diejenigen Momente, welche die Abweichung
des Wirklichen von dem Nothwendigen insbesondere ausdrücken, am entschiedensten hervorkehrt. Wir haben es desshalb unter Anderm nicht unterlassen, auf das Fichte'sche
Erziehungsideal, das die heutige Pädagogik schon im Nebel
der Vergangenheit sieht, die Bedeutung, die ihm fortgesetzt
zukommt, hervorhebend, zurückzuweisen. Auf der andern
Seite jedoch haben wir von vornherein den Grundsatz geltend
gemacht, dass jedes gegenwärtige Bedürfniss in demselben
Masse, in welchem es den Charakter der Noth hat, eine unmittelbare Befriedigung fordert, und dass der Angriff der eigentlichen Nothzustände, die auf die Bewältigung des Übels
gerichtete positive Thätigkeit, weit entfernt von den ideellen
Gesichtspunkten, aus denen die gesellschaftlichen Institutionen
betrachtet und gestaltet werden sollen, abzuleiten, vielmehr
auf dieselben hinführt, da das Nothwendige in der Noth seine
Offenbarung hat. Diesem Grundsatz — und der allgemeinen
Aufgabe unserer Vorträge — gemäss haben wir die Nothanstalten, diejenigen, welche es sein sollen, und diejenigen, welche
es nicht sein sollen, aber in der That sind, nicht aus den Augen gelassen. Wir haben ferner auf den Gegensatz der Fa-
milien- und der öffentlichen oder Schulerziehung unmittelbar
Rücksicht genommen, diesen Gegensatz also als einen solchen
anerkannt, von dem sich ohne eine gewisse Gewaltsamkeit
nicht abstrahiren lässt. Endlich haben sich unserer Betrachtung, wo wir zu bestimmten Postulaten an die Organisation
des Schulwesens gelangten, überall die deutschen Verhältnisse
und die positiv gegebene Möglichkeit der deutschen Volksschule entgegengestellt. Somit haben wir keineswegs den Willen
gezeigt, ein von jeder Beziehung auf das Bestehende abgelösstes

Ideal zu formuliren, und können uns ebensowenig dem Verdachte ausgesetzt haben, dass das, was wir verlangen, im Grunde bis zu einer ähnlichen uniformen und durchgreifenden Gestaltung des gesammten Erziehungswesens reicht, wie sie zuletzt von Fichte dargestellt worden ist, obgleich wir uns einem solchen Verdachte jedenfalls lieber ausgesetzt sehen, als dem, in dem Fortschritte der Auflösung den Fortschritt schlechthin, in der Freiheit der Vereinzelung die Freiheit und in der gegenwärtigen Civilisationsentwicklung eine durchaus befriedigende Thatsache zu finden.

Der Grundsatz des laiser faire ist eigentlich weiter Nichts als die Grundsatzlosigkeit. Sagt man zur Beschönigung derselben, dass das wahrhafte Bedürfniss von selbst zur Befriedigung strebe und gelange — welches von selbst den bewussten, ausdrücklichen Willen und die organisirte Thätigkeit ausschliessen muss, sofern es überhaupt einen Sinn haben soll — so ist dagegen auszusprechen, dass sowohl die Befriedigung von Scheinbedürfnissen — also von unwahren, willkürlichen und erkünstelten Bedürfnissen — wie die Scheinbefriedigung — also die ungenügende Befriedigung und die mehr oder minder versteckte Unbefriedigung — wirklicher Bedürfnisse Thatsachen sind, denen der aufmerksamere und schärfere Blick überall begegnet, dass aber der Grund dieser Thatsachen nur in dem Mangel der organisirten d. h. socialen Bedürfnissbefriedigung, also darin, dass entweder die durch das Bedürfniss bedingte Thätigkeit eine private bleibt oder die das Gesellschaftsinteresse vertretende Wirksamkeit mit dem vorhandenen Bedürfniss nicht zusammentrifft, liegen kann. Will man weiterhin von dem nothwendigen Verlaufe der geschichtlichen Prozesse und von der Unzulänglichkeit der ihnen entgegengesetzten ausdrücklichen Gestaltungen reden, so müsste man sich billiger Weise den Geschichtsprozess, so weit er Gestaltungsprozess ist, in seinem Gegensatze gegen den Naturprozess vergegenwärtigen, da er sich mit diesem unmöglich gleich setzen lässt, und würde dann als ein wesentliches Merkmal des geschichtlichen Werdens anerkennen müssen, dass es ein allgemeines Bewusstsein erzeugt und sich mittelst desselben vollbringt, dieses Bewusstsein aber nach der einen Seite nothwendig Zweckbewusstsein, d. h. gemeinsamer Wille ist. Die Nothwendigkeit der Geschichte realisirt sich also nur, indem sie in das Bewusstsein eintritt und einerseits in der Reflexion des Gewordenen, andrerseits in dem bewussten Willen des Ungewordenen Gestalt annimmt — ein Vorgang der allerdings in gewisser Weise, als in der menschlichen Natur begründet, von selbst stattfindet; dessen Energie und Zulänglichkeit aber eine sehr verschiedene ist. Dass der Trieb oder die Triebe des geschichtlichen Werdens in die Form des gemeinsamen oder des wirklichen geschichtlichen Bewusstseins nur zum Theil eingehen können, liegt aber sowohl in der Natur des Triebes, der bei dem Umsatze zum Bewustsein theilweise zurückbleibt, wie in der Natur des Bewustseins, das ein unmittelbar Gewordenes und ein unmittelbares Werden voraussetzt, ausgesprochen, ist also eben so selbstverständlich wie die Differenz, die sich fortgesetzt zwischen dem Bezweckten und dem Werdenden, dem Inhalt des bewussten Willens und der Wirklichkeit, in welcher die Willensthätigkeit aufgeht, herausstellen muss. Hieraus folgt aber keineswegs, dass der Gedanke und der Wille des Nothwendigen als Factoren der geschichtlichen Gestaltung entbehrlich sind, sondern vielmehr — da der Trieb, der sich nicht in das Zweckbewusstsein umsetzt, sich in Auswucherungen erschöpft und sofern die Differenz des Wirklichen und des Gewollten nicht zur Reflexion kommt, die Reflexion der Wirklichkeit überhaupt aufhört — dass, wo jene Factoren nicht hervortreten, die geschichtliche Gestaltung nicht beginnt, wo sie zurücktreten, nur noch von einer geschichtlichen Auflösung, die sich sehr wohl mit einer grossen Regsamkeit der entbundenen Kräfte und einem bunten Leuchtspiel des Geistes zusammen denken lässt, die Rede sein kann.

Die ausdrückliche oder organisirte Bedürfnissbefriedigung ist als solche eine über die vereinzelten und momentanen Bedürfnisse hinausgreifende, und trifft nothwendig, indem sie das aus dem Bedürfniss erwachsene, vermittelte und reflectirte Zweckbewusstsein voraussetzt, mit dem Gedanken des Nothwendigen, wie er sich in der Sphäre des freien Bewusstseins gestaltet hat, zusammen, ein Zusammentreffen, welches den entschiedenen geschichtlichen Fortschritt bezeichnet. Da es aber nur die dauernde und ausgedehnte, relativ allgemeine Unbefriedigung sein kann, aus und in welcher sich das über den Moment und die Einzelexistenz nicht nur scheinbar hinausgreifende Zweckbewusstsein bildet, wie es nur die objective Erscheinung der Unbefriedigung ist, welche die Forderungen des freien Gedankens bestimmt, so haben wir die Noth als einen unerlässlichen Factor der geschichtlichen Entwicklung anzuerkennen. Damit ist zugleich ausgesprochen, dass Nothzustände, welche fortbestehen, ohne sich als triebkräftig zu erweisen, ohne also zur Organisation der Abhülfe zu drängen und hindurchzuführen, einen Stillstand der geschichtlichen Entwicklung bedeuten, welcher nur durch die erneute und verstärkte Energie des geschichtlichen Willens, also nur unter der Voraussetzung, dass sich dieser vertieft und sammelt, während die Noth sich ausbreitet, überwunden werden kann. Insofern also die Spannung des geschichtlichen Gedankens und Willens mit der Triebkraft der Noth zugleich nachlässt, ist ein gefährlicher Zustand der allgemeinen Erschlaffung eingetreten, die, wie die Erschlaffung des Einzelnen, sich nicht nur in Verstimmung und Hoffnungslosigkeit, sondern auch in einer künstlichen Aufregung und einem künstlichen Muthe äussert. Sicher ist man grade so weit, als man der Erschlaffung nachgiebt, geneigt, zugleich mit der Macht des bewussten historischen Willens die Wirklichkeit der Noth zu verläugnen oder, wo man dies nicht schlechthin kann, theils auf die sich von selbst machende Besserung zu hoffen, theils die Moral der Selbsthülfe zu predigen, eine Selbsthülfe, welche sich die Prediger als consequente gar nicht vorstellen, und die sie nicht zu lehren vermögen, weil ihre Grundbedingungen nicht vorhanden sind.

Ich habe es mir nicht versagen können, mich gegen eine Anschauungs- und Denkmanier, die sich auch auf dem Gebiete der Erziehung jeder ernsten Gestaltungstendenz entgegenstemmt, wie sie denn, nach dem, was ich zuletzt hervorhob, den Nothanstalten innerlichst abgeneigt sein muss, wenn sie

auch denselben hier und da den Zoll eines flüchtigen Schein-
interesses zukommen lässt, im Allgemeinen mit einigen Worten,
die hoffentlich nicht zwecklos erschienen sind, auszusprechen.
Dabei will ich nicht unberührt lassen, dass zu den pädagogischen Vertretern des laisser-faire-Princips nicht bloss die
Trägen und Unbeweglichen, oder vielmehr, da diese überhaupt
Nichts vertreten, nicht diese, sondern vorzugsweise die beweglichen und vielgeschäftigen Leute gehören, die sich für
alles Neue, sofern es sich nebenbei beachten lässt, lebhaft
interessiren, sich auch nicht den kleinsten Fortschritt entgehen
lassen möchten, ja die kleinsten am allerwenigsten, und auf
die Discussion jeder Frage, bei der etwas „Praktisches", d. h.
die Möglichkeit einer unmittelbaren Verbesserung und Vervoll-
kommnung heraussieht, mit Eifer eingehen, aber sich vor prin-
cipiellen Erörterungen, die sie kurzweg, insofern dabei nicht
gegebene Voraussetzungen gemacht werden, als „unpraktisch"
bezeichnen, schnell zurückziehen. Eine andere Gattung bilden
diejenigen, welche in dem pathetischen Wortkampfe gegen die
Feinde des Fortschrittes und gegen die Reactionsversuche, für
die sie eine besonders scharfe Witterung zu haben meinen,
eine besondere Befriedigung finden, und zwar immer als Vertreter von Principien auftreten, im Grunde aber niemals über
die Negation wirklicher und vermeintlicher Hemmungen hinausgehen. Alle diejenigen, welche dem laisser-faire-Principe mehr
oder weniger bewusst oder mehr oder weniger entschieden
huldigen, haben eben desshalb zu der sogenannten „Unterrichtsfreiheit", also zu dem Grundsatze, dass die Befriedigung des
Bildungsbedürfnisses möglichst den Einzelnen zu überlassen
sei, d. h. durch Nachfrage und Angebot stattzufinden habe,
eine mehr oder minder entwickelte, obgleich bei uns kaum ausgesprochene Hinneigung. Die Proklamation des Grundsatzes
von Seiten der Kirchlichen, z. B in Belgien und Frankreich,
ist nur eine politische, durch die Umstände und Verhältnisse, den Zweck und die Aussicht, das freigegebene Terrain
vermöge der Überlegenheit, die eine ausgebildete Organisation
giebt, zu erobern, bedingte, und kommt nur insofern in
Betracht, als sie eine Gefahr der Freiheit vergegenwärtigt, die

dort der Liberalismus anerkennt und ohne die Inconsequenz oder den Schein derselben zu scheuen, bekämpft. Der französische Vertreter der abstractesten Gewerbefreiheit, der die politischen und sonstigen Consequenzen seines Princips zu ziehen und sehen zu lassen nicht versäumt und dem der Vorzug der grössten Klarheit und Unzweideutigkeit — ein Vorzug, durch den freilich. in unseren Augen das sich in unschöner Nacktheit zeigende Princip nicht gewinnt — nicht abzusprechen ist, Bastiat — trägt selbstverständlich kein Bedenken, das Unterrichtsgewerbe allen andern gleichzusetzen. In Deutschland ist die Frage der Unterrichtsfreiheit noch niemals entschieden und offen aufgeworfen, sondern nur vorübergehend und vorsichtig, gewöhnlich mit dem anküpfenden Hinweise auf das Beispiel Englands berührt worden. Der Bestand eines Systems der öffentlichen Schulen, das wenigstens in manchen Beziehungen gleichmässig aus- und durchgeführt erscheint und vor allen andern, in andern Ländern bestehenden den Vorzug einer gewissen Reellität besitzt, negiren zu wollen, hat kein Pädagog oder Nichtpädagog den Muth, man denkt also, wo man der Unterrichtsfreiheit Raum schaffen möchte, nur an Beseitigung der Schranken, welche die Concurrenz der Privatunternehmungen unter einander und mit den Staatsanstalten einengen, indem man dem Staate die Fürsorge für die untern Classen und die zur Ausbildung von Staatsdienern erforderlichen Institute, für das gemeine Bedürfniss und das unbedingt Nothwendige nach wie vor überlassen will. Die Unterrichtsfreiheit, die man im Auge hat, ist hiernach eine privilegirte, in deren Genuss die günstiger situirten Classen treten sollen; hinsichtlich der Nothanstalten aber sind die Ansichten getheilt, je nachdem man sich mehr oder weniger für sie interessirt, indem die Einen ihre Einrichtung und Unterhaltung der Privatwohlthätigkeit, den Privatvereinen und schon bestehenden in dieser Richtung von jeher thätigen Corporationen anheim geben wollen, die Andern, welche sich die Unzulänglichkeit dessen, was die Privatwohlthätigkeit und das Vereinswesen gegenwärtig leisten, nicht verhehlen — was eigentlich auch die Erstern nicht thun, aber in der unzulänglichen Hülfe eher einen Vortheil als einen Nachtheil sehen — von den Ge-

meinden und vom Staate die nothdürftige Fürsorge in Anspruch
nehmen.

Es wäre in der That wünschenswerth, dass die Frage der
Unterrichtsfreiheit, statt immer nur angeregt und punktweise
discutirt zu werden, einmal zu offener und principieller Erörterung käme, damit die halbe und versteckte Anerkennung
des Princips, die sich auch in der Praxis geltend macht, wo
möglich ein Ende nähme und der Gegensatz der Standpunkte
klar würde. Hierzu müsste consequent auf das Verhältniss der
Familienerziehung zur öffentlichen Erziehung, also weiterhin
der Familie zur Gesellschaft, und der Einzelbedürfnisse zu den
gesellschaftlichen Bedürfnissen und Nothwendigkeiten eingegangen, sonach unter Anderem eine Ansicht, die jetzt hier und
da mit der grössten Harmlosigkeit hervortritt, d. h. ohne dass
diejenigen, welche sie gelegentlich äussern, daran zu denken
scheinen, welches grosse Wort sie gelassen aussprechen, die
Ansicht, dass die öffentliche Schule an sich nur ein Auskunfts-
mittel sei, welches die Beschränktheit der Familienverhältnisse
nöthig mache, gründlich entwickelt und ihre Tragweite in das
rechte Licht gesetzt werden. Denn diese Ansicht macht nicht
nur die Schule, sondern alle gesellschaftlichen Institutionen und
schliesslich den Bestand der Gesellschaft selbst zu Auskunfts-
mitteln — für die Unmöglichkeit, dass die einzelne Familie
selbständig die Bedürfnisse befriedigen kann, die sich in der
Gesellschaft, also durch die Surrogatbefriedigung entwickeln;
sie ist aber in der That der einfache Ausdruck der Betrachtungsweise, welche dem Zwangs- und Gestaltungsrechte des
Staates bezüglich des Schulwesens die Grenze der von ihm
geleisteten Mittelgewährung zieht, einer Mittelgewährung, deren Nothwendigkeit der Hintergedanke der die staatliche
Befugniss derartig Abgrenzenden auf blosse Zweckmässigkeitsrücksichten reducirt, indem er sie als eine nur uneigentlich
von dem Staate, eigentlich von den Mittelbesitzenden geleistete
selbstverständlich weiss, wesshalb ihm auch das Recht, das
er dem Staate zugesteht, im Grunde doch nur als ein über-
tragenes gilt. Nach dieser Betrachtungsweise ist also die öffentliche Schule eine Nothanstalt, während wir unsrer-

seits die Privatanstalten als solche charakterisiren zu müssen
glaubten. Dieser Gegensatz der Betrachtung ist schroff genug,
und schliesslich handelt es sich darum, ob die Gesellschaft als
ein wirkliches Etwas, als eine positive, an sich selbst nothwendige Existenz und das ideelle wie das thatsächliche Prius
der Einzelexistenzen angesehen wird oder nicht. In dem letzteren Falle liegt es ebenso nahe, auf den Standpunkt der Haller'schen Restauration der Staatswissenschaften, wie auf den
Standpunkt Rousseau's zurückzukommen — denn der Unterschied beider Standpunkte liegt nur darin, dass sich Haller auf
dem Principe der Vererbung, welches Rousseau in der Abstraction
der individuellen Selbständigkeit beweglich verharrend, weder
ausdrücklich negirt noch ausdrücklich anerkennt, breit genug
niederlässt —; beide Standpunkte fliessen auch in der That
bei vielen der ungeduldig aber zufrieden „Vorwärtsstrebenden",
natürlich ohne dass sie ihren eigenen Ansichten auf den Grund
gehen, zusammen, und die modernste Geschichte bietet uns im
weitesten Umfange das Schauspiel, wie sich in und aus der
fortschreitenden Entfesslung der Individuen die äusserlichsten,
materiellsten und starrsten Abhängigkeitsverhältnisse gestalten.
Wie dies aber im Allgemeinen gilt, so finden wir auch bei
denen, welche der Unterrichtsfreiheit im Prinzipe zugethan
sind, einerseits die Negation des zwangsweisen Eingreifens in
die individuelle Selbstbestimmung, die natürliche Freiheit und
das natürliche Recht der Einzelnen und Familien, andrerseits
die zuvorkommend conservative Anerkennung der sogenannten
concreten Verhältnisse, der Standes- und ganz insbesondere
der Vermögensunterschiede. Die allgemeine Schule, für welche
diese Unterschiede zurücktreten müssen und welche eine dem
allgemeinen Interesse entsprechende, folglich nicht durch das
gegebene und unmittelbare Bedürfniss bedingte Organisation
verlangt, ist ihnen ein unerträglicher Gedanke.

Um etwaigen Missverständnissen des Standpunktes, den
wir einnehmen, zu begegnen, muss ich hier ausdrücklich hervorheben, dass, wenn wir unsrerseits von den Aufgaben des
Staates sprechen und ihm insbesondere die Organisation der
Schule zuweisen, es keineswegs der büreaukratische Staat ist,

den wir im Auge haben, sondern dass wir unter dem Staate
schlechthin die einheitlich organisirte Gesellschaft, unter der
staatlichen Thätigkeit die organisirte sociale Thätigkeit verstehen
— ein Begriff, welcher das, was man Selfgovernment nennt,
nicht ausschliesst sondern einschliesst. Wir finden daher
auch die Mangelhaftigkeit, an der das englische Erziehungswesen unläugbar leidet — denn ein grosser Theil des Volkes
verwildert und verkümmert ohne Erziehung, während die Erziehung der höheren Stände ihre starken Schattenseiten hat —
keineswegs darin begründet, dass die bureaukratische Massregelung fehlt, sondern darin, dass das englische Selfgovernment kein durch- und ausgestaltetes ist, dass sich insbesondere die englischen Gemeinwesen einerseits veräussert, andrerseits aufgelöst haben, und ebenso das Corporations- und Vereinswesen nach der einen Seite der historischen Erstarrung,
nach der andern dem Dienste des unmittelbaren, beschränkten
und wechselvollen Privatinteresses verfallen ist und fortgesetzt verfällt. Wir schreiben entsprechend die Vorzüge, die
dem deutschen Erziehungs- und Schulwesen trotz alledem, was
dagegen gesagt werden kann und muss, zukommen, insbesondere die Allgemeinheit der niedern Schulen und die Pflege
gründlicher und reiner Wissenschaftlichkeit, welche sich die
höheren angelegen sein lassen, keineswegs dem Büreaukratis-
mus als solchem zu — wogegen, von inneren Gründen abgesehen, das durchgreifend gemassregelte Frankreich mit seinem
kümmerlichen, auf dem Papiere bleibenden Volksschulwesen
ein frappantes Beispiel abgeben würde — sondern der guten
Tradition, dem sittlichen Ernste, der den deutschen Regierungen
niemals vollständig abhanden gekommen ist, und dem pädagogischen Geiste, der den Deutschen an sich eignet. Weil aber
dieser Geist dem deutschen Volke eignet, muss es ihn erhalten und entwickeln, oder es würde einen wesentlichen Theil
seines Vermögens einbüssen, sich von seiner Bestimmung entfernen, sich selber und seine Zukunft verlieren. Weil wir
die reale Möglichkeit einer Volksschule haben, müssen wir
sie verwirklichen, oder wir begeben uns eines Cultur- und
Machtmittels, auf das wir angewiesen sind und das wir vor-

aus haben, während wir in anderen Beziehungen und auf anderen Wegen höchstens zu einer mühsamen Concurrenz gelangen und als Nachahmer, wie sich von selbst versteht, zu spät kommen. Insofern aber die Gestaltung des Erziehungswesens wie bedingend für die Gestaltung der Gesellschaft so durch sie bedingt ist, können wir die Hemmungen und Hindernisse, die der Verwirklichung der deutschen Volksschule — welche als solche die ideegemässeste sein müsste — entgegenstehen, weit weniger in unseren büreaukratischen Einrichtungen und Gewohnheiten, obgleich wir diese noch zu überwinden haben, als in der Herrschaft des Privatinteresses sehen, die sich immer mehr geltend macht, in dem Geiste oder dem Ungeiste, welcher sich gegen jede Organisation, die nicht dem unmittelbaren Bedürfnisse dient, sträubt, in dem bequemen und egoistischen Einverständnisse mit dem ungehemmten Fortschreiten einer Civilisation, die den Charakter einer gesunden, humanen und schönen Cultur nicht hat.

Von Solchen, die einerseits die bestehende Schule gegen Vorwürfe, wie sie ihr z. B. nach Ablauf der letzten revolutionären Bewegungen gemacht wurden, rechtfertigen, andrerseits Ansprüche und Forderungen, mit denen man an sie herankommt, abwehren wollen, werden immerzu die Sätze wiederholt, dass die Schule nicht omnipotent sei, dass es andere und mächtigere Factoren für die Erhaltung und Umgestaltung der Volkszustände gebe, dass die pädagogische Wirksamkeit gegebene Aufgaben und über den Zweck, die überlieferte Bildung an die aufwachsende Generation zu übertragen, nicht hinauszugreifen habe. Wir unsrerseits sind weit entfernt, die Schule, wie sie ist, für omnipotent zu halten, finden vielmehr, dass sie trotz aller Ansätze zu einer selbständigen, culturschaffenden Wirksamkeit immer tiefer in eine vielseitige Abhängigkeit und Dienstbarkeit hineingeräth, durch die sie mit der Auflösung in eine Menge von zusammenhanglosen Unterrichts- und Bildungsinstituten, die theilweise schon jetzt die Bezeichnung von Fabriken zulassen, bedroht ist. Wir sehen aber hierin eine Gefahr, der entgegengewirkt werden muss und nur durch eine ausdrückliche Organisation der Schule, und zwar durch

eine Organisation, welche sie hebt, ihre Selbständigkeit sichert
und ihre Potenz erhöht, entgegengewirkt werden kann. Wie
weit sich die Potenz der Schule unter den gegebenen Verhältnissen erhöhen lässt, ist eine allerdings schwer zu beant-
wortende Frage; aber offenbar ist es hier wie überall zum
guten Theile die Energie des Willens, durch welche die Grenze
des Möglichen bedingt ist, und die Schule ihrer Natur nach
für einen nebensächlichen Factor historischer Bildungen anzusehen, wäre eine durchaus unhistorische Anschauung, da es
historische Beispiele nicht nur von frappant unterschiedenen
Wirkungen, welche das so oder so gestaltete und ausgestattete
Schulwesen hier und dort und zwar oft in nächster Nähe hervorgebracht hat — ich erinnere nur an einzelne Schweizer
Kantone — sondern auch von ausgedehnten, historisch höchst
bedeutsamen Gemeinwesen gilt, welche in der öffentlichen
Erziehung ihre eigentliche Basis hatten, so dass diese, als die
politisch-sociale Grundinsitution, für alle übrigen halt- und
maassgebend war. Dass sich ein derartiger Aufbau des Staats-
ganzen auf der Unterlage der öffentlichen Erziehung nur unter
bestimmten historischen Voraussetzungen findet, die sich als
solche weder „von selbst" wiederholen noch gewaltsam schaffen
lassen — und es ist ausschliesslich der Umkreis des hellenischen
Lebens, welcher uns solche Gestaltungen, mannigfach modificirt,
aber ebenso bestimmt und organisch ausgeprägt entgegenstellt —
muss von vornherein zugestanden werden, aber ebenso, dass
es zwischen der vorwiegenden Bedeutung und der völligen
Bedeutungslosigkeit eines historischen Bildungsfactors Mittelstufen giebt und dass Begriff und Wesen der Geschichte die
relative, insbesondere in grösserer Ausbreitung stattfindende
Erneuerung einer historischen Existenzform nicht ausschliessen.
Wie tief also die Kluft der Jahrhunderte ist, so hiesse es doch
uns selbst einen ungerechtfertigten Zwang anthun, wenn wir
von geschichtlichen Vorbildern schlechthin absehen und den
Begriff des Möglichen einseitig der Gegenwart entlehnen oder
aus den gegebenen Zuständen ein allgemein gültiges, die Grenzen unserer Strebsamkeit bestimmendes Gesetz abstrahiren
wollten. Diese Selbstbeschränkung wäre um so weniger ge-

rechtfertigt, als sich die Thatsache unmöglich verkennen und verläugnen lässt — wie sie denn von denen, welche in der geschichtlichen Entwickelung einen gleichmässigen Fortschritt sehen, am wenigstens verläugnet werden kann — dass in demselben Maasse, in welchem das Terrain der Geschichte sich ausgedehnt hat und ausdehnt, die Lebensdauer und die Umbildungsfähigkeit der einzelnen Völker zugenommen hat nnd zunimmt. Für uns hat diese Thatsache gegenüber der ungehemmt wachsenden Noth und gegenüber der Gleichgültigkeit, welche sie möglichst ignorirt, etwas Beruhigendes — sie lässt uns die Ausdehnung der laisser-faire-Principlosigkeit weniger gefährlich erscheinen und ermuthigt uns, gegen sie anzukämpfen — diejenigen aber, welche sich gern den Zwang anthun, die gegebenen Zustände als maassgebend für alle Zukunft anzusehen, sollte sie doch einigermaassen beunruhigen und sie hinsichtlich der Richtigkeit eines Verfahrens, welches wie auf dem nationalökonomischen, so auf andern Gebieten den Ausdruck des faktisch Bestehenden zum Gesetz stempelt, zweifelhaft machen.

Das erziehliche Familienleben, die Kirche und der Staat sind allerdings Factoren der Volkserziehung, denen gegenüber die Wirksamkeit der öffentlichen Schule unter Umständen eine so ziemlich ganz verschwindende sein kann. Was aber zunächst das Familienleben anbetrifft, so lässt es sich als allgemeiner Erziehungsfactor nur unter zwei Gesichtspunkte bringen: es vertritt einerseits die Mannichfaltigkeit concreter, in sich bestimmter und mehr oder weniger abgeschlossener Lebensverhältnisse, und daher die mannigfache Ausprägung individueller Eigenartigkeit, andrerseits die sich unmittelbar forterbende Sitte, die Stetigkeit der einmal gegebenen Existenzform, die Zähigkeit, mit welcher das Volksleben den herausgestellten und angenommenen Charakter gegenüber den politischen und unpolitischen Factoren der Bewegung und Umbildung behauptet. Beide Momente der erziehlichen Bedeutung, welche dem Familienleben als solchem zukommt, schliessen sich allerdings nicht aus, aber das eine oder das andere muss das vorherrschende sein und das eine wie das andere kann zu einseitiger

Geltung gelangen. Überwiegt die Mannichfaltigkeit der Familiengestaltung, die ohne eine gewisse Unveränderlichkeit der
Zustände im Allgemeinen nicht denkbar ist, die Festigkeit der
Familiensitte, die ihren Halt in einer gewissen, die innere Eigenartigkeit nicht ausschliessenden, Gleichförmigkeit der Familienexistenzen hat, also durch den conservativen Charakter des
Volkslebens ebenso bedingt ist, wie sie ihn bedingt, so ist
offenbar das Gegengewicht eines die Einigung und Formirung der socialen Elemente vertretenden Erziehungsfactors
nothwendig, wenn nicht die sociale Auflösung eintreten und
fortschreiten soll, und zwar muss dieser Factor — der kein
anderer als die öffentliche Schule sein kann — die Energie
der Einigung und Formirung ungewöhnlich anspannen, insofern
die Mannichfaltigkeit der Familiengestaltung in die Auflösung
des Familienlebens schlechthin überzugehen droht, oder schon
übergegangen ist, da sich der Fortschritt dieser Auflösung nicht
unmittelbar aufhalten, das Familienleben und die Familiensitt-
lichkeit nicht unmittelbar restauriren lassen — was überhaupt
in der alten Form niemals geschehen kann — sondern hierzu
vor Allem die sociale Formationsfähigkeit erneut werden muss.
Überwiegt die Festigkeit und Stetigkeit der Familiensitte, hat
also das Volksleben einen ausgeprägt conservativen Charakter,
so sind für die geschichtliche Entwicklung und Bethätigung
bewegende, aufregende und entwickelnde Factoren, welche die
latenten Kräfte entbinden und in Richtungen, die über die
unmittelbare Existenz und Existenzbefriedigung möglichst weit
hinausführen, sammeln, unbedingt erforderlich. Zu den Factoren dieser Art gehören vor Allem der Handel und Handels-
geist und die Eroberungspolitik, in deren Dienst die private
und öffentliche Erziehung für die Ausbildung und Entfaltung
bestimmter Fähigkeiten und Talente zu treten pflegen. Als
Ersatz für den Mangel aus- und übergreifender, der Strebsamkeit Bahn gebender Tendenzen wird bei einem ausgeprägt
conservativen Volksleben die öffentliche Erziehung nicht eintreten können, und wo solche Tendenzen zur Herrschaft gelangt sind, nur schwer eine Art von Selbständigkeit gegenüber
den andern Factoren der Volkszustände gewinnen, soweit dies

aber der Fall ist, ausgleichend, d. h. nach der einen Seite befreiend und weckend, nach der andern mässigend wirken. Wo das Volksleben den conservativen Charakter verliert und an die Stelle der Sitte die veränderungssüchtige Mode tritt, aber der Handels- oder der Eroberungsgeist sich nicht nur erhalten, sondern steigern, ist eine verhältnissmässig rasche Erschöpfung nach mehr oder weniger glänzenden Erfolgen die unausbleibliche Folge.

Auf die historische Bedeutung der Religionen und Kirchen, die eine sehr weit- und tiefgreifende ist, kann ich hier nicht eingehen, sondern habe nur zu erwähnen, dass ihnen eine eigentlich pädagogische Wirksamkeit insofern zugeschrieben werden muss, als sie Leben und Sitte ausdrücklich regeln und das sittliche Verfallen der Einzelnen mehr oder weniger direct bestimmen. Dem Christenthume und den christlichen Kirchen eignet vorzugsweise, wo nicht ausschliesslich, eine bewusste pädagogische Tendenz, indem sie die Lebensheiligung der Einzelnen als einen Zweck setzen, den die christlich-kirchlichen Priester, Prediger unn Lehrer durch verschiedenartige Mittel und Einwirkungen — mystische, ästhetische und oratorische, theilweise auch disciplinarische — zu erreichen streben. In wie weit diese Wirksamkeit durchgedrungen, das Leben ein christliches geworden, das Christenthum christlich geblieben ist oder nicht, habe ich nicht zu untersuchen, oder wenigstens nicht im Allgemeinen zu erörtern, während wir punktweise und gelegentlich die kirchlichen Bestrebungen, die in das Gebiet der Wohlthätigkeit und der Erziehung im engeren Sinne eingreifen, allerdings berühren werden. Hier genügt es, die beiden Thatsachen auszusprechen, dass sich die Kirche die Entwicklung der historischen, der politischen und industriellen, der theoretischen und praktischen Triebe und Fähigkeiten nicht zum ausdrücklichen Zwecke setzen kann, dass vielmehr ihre sittlichende Wirksamkeit eine auf die Sammlung und Zurückhaltung, die Abstinenz und die innere Einigung gerichtete sein muss — woraus sich leicht die ausdrückliche Tendenz der Hemmung ergiebt — dass sich aber andrerseits die Kirche und die kirchlichen Parteien sowohl des Wohlthätigkeitswesens wie des Unterrichtswesens —

das sie theilweise erst zu schaffen hatten — so weit als möglich bemächtigt haben und immer wieder zu bemächtigen suchen. Dabei ist zu bemerken, dass die Verweltlichung der
Kirche die Tendenz, die Entfaltung des weltlichen Geistes zu
hemmen, nicht aufhebt, sondern verschärft, mit ihrer Verinnerung und Vergeistigung dagegen das unmittelbare Gestaltungs-
vermögen, durch welches sie die Mangelhaftigkeit der socialen
Organisation ergänzt, zum grossen Theile verloren geht; dass
ferner die religiöse Bewegung, in welcher sich die verhärteten
Formen des Kirchenthums auflösen, allerdings stets und unmittelbar einen entbindenden und anregenden Einfluss ausübt,
dieser Einfluss aber nicht nur bald zurückzutreten pflegt, sondern auch theilweise in gegentheilige Wirkungen ausschlägt;
dass endlich die Kirche, indem sie die Gemeinschaft im Geiste
und in der Wahrheit, im Glauben und in der Erbauung den
äusseren Gemeinschaften entgegensetzt, einen Dualismus der
gesellschaftlichen Existenz ausdrückt und durch die Schärfe
des Ausdrucks befestigt, der für eine schöne und vollkommene Gestaltung dieser Existenz immer wieder aufgehoben
werden muss. Die Folgerungen, welche wir aus allen diesen,
theils sich aus einander ergebenden theils einander modificirenden Thatsachen zu ziehen haben und ziehen, laufen darauf
hinaus, dass die Schule, insofern sie von der Kirche abhängig,
ihr Dienst- und Werkzeug ist, für die Entwicklung und Hebung der Volkskraft unmöglich das sein und werden kann,
was in ihrer Bestimmung liegt, dass sie aber, von der Kirche
emancipirt, sich den Sittlichungszweck und die Sittlichungs-
mittel derselben modificirt aneignen muss, wenn sie nicht
die gewonnene Selbständigkeit sofort wieder einbüssen, sondern als sociale Institution demselben Bedürfnisse, das die
Kirche nothwendig macht, ihrerseits, also ergänzend und er-
füllend, genügen soll — was in entsprechender Weise auch
von den Wohlthätigkeitsbestrebungen gilt. Die Kirche, welche
von der Einrichtung des Schulwesens und von der Organisation der Wohlthätigkeitsbestrebungen absieht, wird bald zu einer äusserlichen und in Folge der Veräusserung entweder zer-
fallenden und scheinbaren, oder die Culturentwicklung nieder-

drückenden Macht; die von der Kirche abhängige Organisation der Schule und der Wohlthätigkeit bleibt eine einseitige und lässt Bedürfnisse, die sie zum Bewusstsein bringt, unbefriedigt; die emancipirte Schule und die emancipirte Wohlthätigkeit sind an sich ohne Organisation, und wenn sie zu einer solchen nicht zu gelangen vermögen, so wird ihre Wirksamkeit in Folge der Freiheit, die sie „geniessen", grade so zu einer zugleich dienstbaren und ungenügenden, wie sie es vermöge ihrer Abhängigkeit war, obgleich sie jetzt vielen Herrn und vielen Zwecken dienen und überall den nächsten Bedürfnissen abhelfen oder abhelfen wollen.

Ähnlich ist das Verhältniss der Schule und der Wohlthätigkeitsbestrebungen zum Staate. Insofern dieser das Volk und Volksleben mechanisch maassregelt, dabei aber von der ausdrücklichen Förderung der Volkssittlichkeit und der Volksintelligenz sowie von der ausdrücklichen Fürsorge für die Nothleidenden, also von der Schule und von Noth- und Hülfsanstalten absieht, hat er den Charakter der Gewaltherrschaft — ein Charakter, der die verschiedenartigsten Modificationen zeigt, immer aber entweder krankhafte Lebens- und Civilisationsgestaltungen, die eigentlich nur Wucherungen sind, oder ein starres Verharren des Volkslebens auf einer gewissen Stufe der Halbcivilisation, das möglicher Weise ein die Volkskraft conservirendes ist, oder auch die Gleichzeitigkeit des Wucherungs- und Fäulnissprozesses, der in bestimmten Regionen um sich greift und einer passiven und conservativen, aber zähen Opposition bedingt. Zu diesen Gewaltherrschaften gehört derjenige moderne Absolutismus, welcher, weil es ihm vorzugsweise auf die Erscheinung der Macht ankommt, als Absolutismus nur halb durchgreift, und, weil er sich mit dem Schein und Schimmer der Civilisation umgeben will, die höchste Bildung und die glänzendsten Talente unmittelbar hervorzutreiben sucht und hervortreibt — der Prachtstaat eines Louis XIV. mit den vielen andern, die ihm nachgemacht wurden. Insofern der Absolutismus als „wohlwollender Despotismus" die Sorge für das Volksrecht zu seiner ernsten Aufgabe macht, also sich unter Anderem auch die Volksbildung angelegen sein lässt,

verliert er den Charakter der Gewaltherrschaft, gelangt aber
bald an die Grenze, an der er sich unfähig fühlt, dem wachsenden Bedürfniss einfach maassregelnd gerecht zu werden, so
dass er sich genöthigt sieht, theils der Selbstbefriedigung einen weiteren Raum als früher zu gewähren, theils seine eigene
Thätigkeit durch die Forderungen, in denen das erhöhte Bedürfniss zum Ausdruck kommt, also durch den Fortschritt
des öffentlichen Geistes indirect bestimmen zu lassen, wobei
sein Verhalten durchweg ein schwankendes wird, indem die
Nachgiebigkeit und die Reaction abwechseln. Dies findet auch
in Bezug auf das öffentliche Schulwesen statt, welches der re-
gulirende Staat nicht aus der Hand geben kann und auch
dann formell zu maassregeln fortfährt, wenn er thatsächlich
sowohl durch die selbständige Entwicklungstendenz der Schule
wie, durch die Bildungsbedürfnisse und Ansprüche, die sich
im Allgemeinen geltend machen, bestimmt wird. Insofern
sich aber der Staat, auch wenn und soweit er das Schulwesen
in der Hand behält, einseitig nachgiebig verhält, d. h. fortgesetzt Concessionen macht, fehlt offenbar der Schule ein positiver Gestaltungsfactor und ihre formlose Selbständigkeit führt
an sich zur Auflösung, so dass die zeitweilig eintretende staatliche Reaction, obgleich sie als solche eine organische Gestaltung nicht setzt, als Hemmniss der fortschreitenden Auflösung nothwendig erscheint. Ganz anders stellt sich die
Sache da, wo der politische Zustand sich durch die unmittelbare Theilnahme Aller an dem Staate, an der Formation des
Staatswillens und an der staatlichen Thätigkeit charakterisirt
— ein Zustand der im Umkreise der modernen Geschichte
nur sporadisch vorhanden ist, da die heutigen amerikanischen
Republiken der positiven Staatsidee entbehren und im Grunde
nur den äusserlichsten und nothdürftigsten Zusammenhalt der
in der Freiheit und Herrschaft der Privatinteressen und Pri-
vatstrebungen sich stetig bildenden und auflösenden, ausbrei-
tungs- und ausdehnungsbedürftigen Gesellschaft darstellen.
Insofern der Staatszweck, an dem alle Staatsbürger wie an
der politischen Thätigkeit direct Theil nehmen, der also Ge-
meinzweck im stricten Sinne ist, als seinen wesentlichen In-

halt die nach aussen zu gewinnende und zu übende Herrschaft hat — ein Inhalt, der sich allerdings unter den Begriff der geschichtlichen Aufgabe bringen lässt — wird und
bleibt der Gegenstand der inneren Politik die Ausgleichung
und Feststellung der Rechtsansprüche, welche die Einzelnen
überhaupt und in Bezug auf die Theilnahme an der öffentlichen Thätigkeit und am öffentlichen Besitze haben. Insofern
dagegen die Gestaltung des Gemeinschaftslebens der herrschende Trieb und Zweck ist, so dass die Herrschaft von
aussen nur als Mittel und zwar als in sich beschränktes Mittel für die Verwirklichung der Gemeinexistenz zum Bedürfniss wird, ist die Theilnahme am Staat nicht nur ein Recht,
dessen Geltendmachung den Einzelnen überlassen, und eine
Pflicht, deren Erfüllung von ihnen gefordert wird, sondern die
unmittelbare Befriedigung, die in dem Herausstellen der Individualität liegt. Hieraus folgt, dass hier die Entwicklung und
Befähigung, wie überhaupt die Gestaltung der Einzelnen in
dem Staatszwecke, dem Zwecke der Gemeinschaftsgestaltung,
begriffen ist, während es dort dem Einzelnen naturgemäss
anheimgestellt bleibt, wie und in wie weit er sich für die Benutzung seiner Rechte befähigt, und die individuelle Ausbildung
von den Einzelnen selbst nur als Mittel der Rechtsbenutzung
und Rechtsausbeutung aufgefasst wird. In dem einen Falle
wird also die Erziehung nothwendig öffentliche Angelegenheit
und zwar die erste und wesentlichste Staatssorge sein, in
dem andern wird es überhaupt keine öffentliche, sondern nur
eine Privaterziehung geben.

Zwischen der politischen Passivität des Volkes und der
Theilnahme Aller, d. h. aller Freien am Staate gibt es eine
Menge von Mittelstufen, die sich entweder vorherrschend durch
die gegebene und ausgeprägte Gliederung des Volkes — in
Gemeinwesen, Stände und Corporationen — bei welcher diesen Gliedern, sofern die politische Passivität ausgeschlossen
ist, eine relative Selbständigkeit zukommen muss, oder durch
eine mehr oder minder mechanische Ermittlung und Vermittlung des Allgemeinwillens — mit welcher zugleich eine entschiedene Annäherung an den antiken Staat und eine entschie-

dene Entfernung von demselben ausgesprochen ist — charakterisiren. Es lässt sich nun von vornherein annehmen, wie
es durch die Erfahrung bestätigt wird, dass bei allen diesen
Mittelzuständen, die öffentliche und die Privaterziehung —
worunter wir nicht die Familienerziehung, die mit der Familienexistenz gegeben ist, sondern die innerhalb und ausserhalb der Familien systematisch durchgeführte, aber den Character der privaten Bedürfnissbefriedigung auch da, wo sie
Schulen entstehen lässt, an sich tragende Erziehung verstehen
— sich nicht ausschliessen, sondern theils nebeneinander bestehen, theils ineinander übergehen. Offenbar aber beweist da,
wo das politische Interesse entweder fehlt oder ein entschieden nach aussen gerichtetes ist, der relative Mangel einer
ausgebildeten Privaterziehung, dass das Volk ohne selbständigen Entwicklungstrieb, eine Form und Bewegung erhaltende Masse ist — wesshalb auch unter den ausgesprochenen
Voraussetzungen die Entwicklung des öffentlichen Schulwesens, wenn sie stattfinden kann und stattfindet, aus der um-
fänglich organisirten Privaterziehung hervorgehen muss —
während da, wo ein reges politisches Interesse sich auf die verschiedenartigen öffentlichen Einrichtungen richtet, die Schwäche
und Formlosigkeit des öffentlichen Schulwesens die Oberflächlichkeit jenes Interesses, also den Mangel einer tieferen historischen Anlage und insbesondere die Unfähigkeit für eine ori-
ginelle Culturgestaltung beweist.

Die Folgerung, die wir aus diesem Überblicke der historischen Verhältnisse, unter denen die Schule besteht und wirksam ist, ziehen wollen, ist die, dass sie einerseits in einfacher
Abhängigkeit von der herrschenden Kirche und dem maasre-
gelnden Staate nur ein sehr schwacher Factor für die Volks-
entwicklung ist, andrerseits, wenn sie sich von dieser Abhängigkeit derartig loslöst, dass sie den Charakter der Privaterziehung annimmt und grade darin ihre Selbständigkeit sucht,
jede selbständige Wirksamkeit verliert und den Fortschritt in
allen möglichen — auseinandergehenden und entgegengesetzten — Richtungen fördert, dagegen da, wo ein lebendiges sociales Interesse vorhanden und dasselbe an sich Culturinteresse

ist, zu einem Grundfactor der Gesellschafts- und Culturgestaltung erhoben werden kann und muss, was undenkbar ist, ohne
dass sie Staatsanstalt wie im strictesten so im vollsten Sinne
wäre oder würde. Wir sprechen dem Volke, bei welchem die
Privaterziehung überwiegt, keineswegs die historische Bedeutung und Activität ab — die Römer, die keine öffentliche
Erziehung hatten, würden gegen eine solche Behauptung den
ersten Gegenbeweis abgeben — wohl aber halten wir die Unterrichtsfreiheit, mag sie staatliche Nothschulen bestehen lassen
oder nicht, — denn das Wesen der Unterrichtsfreiheit besteht
darin, dass die ihrem Begriff entsprechende, v o l l ausgestattete
öffentliche Schule durch sie negirt wird, da es eine durchaus
belanglose, oder vielmehr selbstverständlich zu bejahende Frage
ist, ob n e b e n der vollkommen organisirten öffentlichen Schule
der Privatunterricht und die Privatunternehmungen frei sein
sollen — d a für gefährlich, die Erschöpfung und Auflösung
bedingend, wo w e d e r das Volksleben ein ausgeprägt conservatives, n o c h die Theilnahme der Einzelnen am Staate eine
unmittelbare und stetige, noch eine G l i e d e r u n g des Volkes
— die man durchaus nicht mit der Schichtung und Classenscheidung verwechseln darf, folglich eine Gliederung mit geformten, lebendigen, selbständigen Gliedern — vorhanden ist.
Weiterhin aber machen wir zwischen der historischen Bedeutung der verschiedenen Völker den Unterschied, dass wir dort
die historische Activität als eine äusserlich bewegende, Schranken brechende, ausgleichende und vermittelnde, hier als culturschöpferische zu bezeichnen und jedes Volk vorherrschend
für die eine oder für die andere Activität a n g e l e g t finden.
Von diesem Gesichtspunkte aus erscheint uns allerdings das
griechische Erziehungswesen — das den schönen Menschen, die
vollkommne Individualität bezweckte und darstellte, weil es
die ausdrückliche Erziehung für die Staatsgemeinschaft war —
als ein Ideal, von dem die d e u t s c h e Pädagogik nicht absehen
d a r f, wie wir es denn, und gewiss nicht zufällig! wenn auch
nicht bei allen unseren namhaften Pädagogen, so doch bei
denjenigen unserer grossen Denker und Dichter, welche sich
mit der Erziehungsfrage beschäftigten, als Ideal hervortreten

sehen. Dass wir aber an keine abstracte Verwirklichung dieses Ideales denken und weder von der erweiterten Basis der
modernen Civilisation noch von den fruchtbaren Elementen
höherer Cultur, die im Christenthum liegen und aus ihm erwachsen sind, weder von der geographischen und historischen
Bedingtheit, der sich keine Fort- und Neugestaltung entziehen
kann, noch von dem unmittelbar drängenden Bedürfnisse absehen wollen, bedarf hoffentlich nach den bisherigen Ausführungen keines besonderen Beweises. Nur das Eine will ich
schliesslich noch hervorheben, dass sich der antike Staat und
die antike Erziehung mit den Elenden, Verkommenen und Verkümmerten nicht abgaben, sondern kurzweg von ihnen a b s a -
h e n, dass ihnen also die pädagogischen Noth- und Heilanstalten fremd waren und blieben, während wir die Ausgestaltung
dieser Anstalten als eine nothwendige Voraussetzung und Bedingung des gegenwärtigen pädagogischen Fortschrittes, wenn
er ein gründlicher sein soll, betrachten und v e r l a n g e n.

Dass die Erziehung an sich ein heilpädagogisches Moment
hat, ist schon im Beginn unserer Vorträge hervorgehoben worden; weiterhin haben wir den Kampf gegen die Nothzustände
und Übel, die sich innerhalb der Gesellschaft entwickeln, als
eine unerlässliche sociale Thätigkeit characterisirt, die nicht
bei der Negation — der Ausscheidung, Absondrung und Unterdrückung — stehen bleiben darf, wenn sie einen nach-
h a l t i g e n Erfolg haben soll, also zu einer positiven, d. h.
umbildenden und schaffenden werden muss, und dies um so
gründlicher wird, je mehr sie sich mit dem Geiste der Humanität durchdringt; endlich haben wir an Rousseau und Fichte
gezeigt, wie sich aus der entschiedenen Kritik der gegenwärtigen Civilisation und der Civilisation schlechthin das Verlangen
einer durchgreifenden pädagogischen Reform oder Neugestaltung gewissermaassen von selbst ergibt, dass also, soweit der
Zustand der civilisirten Gesellschaft als ein verderbter und
naturwidriger zum Bewusstsein kommt, die Heilung und Wiederherstellung in der Erziehung gesucht wird und gesucht werden m u s s. Denn die Civilisation — die fortgesetzte Auseinandersetzung und Complication der Bedürfnisse und Thätigkeiten

— bedarf in der That, um nicht in sich selbst zu entarten und die mannichfachsten Entartungen der menschlichen Natur hervorzubringen, eines stetig wirksamen Correctivs, und wenn und wo die Erziehung ein vorzugsweises Mittel für die Entwicklung der Civilisation ist, ist es auch ihre Aufgabe, der Entartung der Civilisation — der Natur- und Culturwidrigkeit und ihren Consequenzen — ausdrücklich und nachdrücklich entgegenzuwirken, weil nur ihre Wirksamkeit in dieser Beziehung eine durchgreifende und gründliche sein kann. Die Erziehung muss also an dem nothwendigen Kampfe gegen die Noth ihrerseits Theil nehmen, oder dieser Kampf bleibt ein oberflächlicher, wenn er nicht auch oder vielmehr vorzugsweise mit pädagogischen Mitteln geführt wird. Wie aber der Kampf gegen das heraüsgetretene Übel nicht die sociale Thätigkeit schlechthin, sondern nur eine Seite dieser Thätigkeit und zwar vermöge ihres negativen Characters, der sich fortgesetzt aufzuheben hat und insoweit aufhebt, als die Beziehung auf die organische Gestaltung der Gesellschaft hervortritt, eine Nebenthätigkeit ist, so verlangt die pädagogische Wirksamkeit gegen schon entwickelte und ausgeprägte Übel und Entartungen besondere oder Nebenanstalten, während ihre Haupt- und Grundwirksamkeit zu dem Selbstgestaltungszwecke der Gesellschaft in unmittelbarer Beziehung stehen muss und bezüglich der herrschenden Noth- und Entartungszustände nur eine vorbeugende sein kann. Die Frage, inwieweit das Moment heilpädagogischer Wirksamkeit, welches die Erziehung an sich hat, zu selbständiger Geltung kommen soll — eine Selbständigkeit, mittelst deren sich die Erziehung mit den ausser ihr liegenden Heil- und Wohlthätigkeitsbestrebungen verknüpft und in ihren Dienst tritt — welche Ausdehnung demnach die besonderen pädagogischen Noth- und Heilanstalten haben dürfen und müssen, nimmt eine besondere Erörterung in Anspruch, auf welche der folgende Vortrag eingehen soll. Jetzt will ich nur bemerken, dass sich das Moment heilpädagogischer Wirksamkeit innerhalb der allgemeinen Schule oder bei der Erziehung der verhältnissmässig Gesunden verstärken lässt, und dass die pädagogischen Noth- und Heilanstal-

ten, obgleich ihre Ausdehnung zunächst von dem Bedürfniss
abhängt, doch unter allen Umständen das bleiben müssen, was
sie ihrem Begriff nach sind, nämlich Nebenanstalten der allgemeinen Schule. Hierzu gehört aber, abgesehen von der damit
geforderten äussern Beschränkung, dass die Nebenanstalt ihr
Verhältniss zu der allgemeinen Schule festhält, also nicht in
ihrem besonderen Zwecke, der im Umkreise der unmittelbaren
Nothlinderung, Besserung und Heilung liegt, aufgeht, sondern
Ergebnisse für die allgemeine Erziehung herauszustellen strebt.
Diese Ergebnisse hat die Schule ihrerseits anzunehmen und zu
verwerthen, wie sie denn die ihr zukommende vorbeugende
Wirksamkeit ohne die Kenntniss der hervorgetretenen Übel
und der sich gegen dieselben bewährenden Mittel nicht zu bestimmen vermag. Grade diese Bestimmung aber ist die
zeitgemässe, historisch bedingte Fassung und Verwirklichung
ihrer Aufgabe, die als ideale über die Zeitumstände und das
Zeitbedürfniss hinausreicht.

Achter Vortrag.

1.

Das Bedürfniss der heilpädagogischen Anstalten und seine Grenzen. — Die allgemeine Schule gegenüber einer herrschenden Krankhaftigkeit. — Der Begriff der sporadischen und endemischen Krankhaftigkeit. Die qualitative Bestimmtheit des Endemischen. — Die territorialen uud socialen Ursachen des endemischen Idiotismus. Die Accomodationsfähigkeit. — Der allgemeine Charakter und die organische Voraussetzung des Idiotismus. — Die Formen der Geisteskrankheiten und der Idiotie.

Mit dem letzten Vortrage haben wir einen Theil der Aufgabe, die wir uns gestellt zu Ende geführt; wir haben die Zwecke und Mittel der Erziehung im Allgemeinen festgestellt und sie zu den gegebenen Zuständen, sowie zu den Existenzfactoren, die über das, was die Erziehung zu wirken vermag, zum Theil sehr weit hinauszugreifen scheinen, in ein bestimmtes Verhältniss gesetzt; wir haben ferner die Heilpädagogik als den pädagogischen Kampf gegen bestimmte Gestaltungen der Noth, des Leidens und der Entartung, die in der civilisirten Gesellschaft hervortreten, damit aber als die Fortsetzung und Besonderung einer Thätigkeit charakterisirt, welche der Erziehung schlechthin zukommt und der negative Ausdruck ihrer nothwendigen und wesentlichen Wirksamkeit ist. Denn — um nochmals zu wiederholen, was ich das vorigemal ausgesprochen — die Civilisation bedarf eines stets wirksamen Correctivs, wenn nicht die Leiden und Entartungen, welche sie nothwendig, d. h. ihrem Wesen gemäss entwickelt, gefährlich um sich greifen sollen, und dieses Correctiv liegt in der Erziehung, insofern sie nicht ein einfaches Mittel des Civilisationsfortschrittes ist, sondern die Idee der menschlichen Naturgemässheit festhält, d. h. immer wieder gewinnt

und zur Geltung bringt. Dies hat sie allerdings, wie wir gesehen haben, positiv, und zwar durch die harmonische Entwicklung der Individuen und die lebendige Darstellung der
Gemeinschaft zu thun; diese positive Wirksamkeit aber ist an
sich eine vorbauende und vorbeugende, und muss sich gewissen
Übeln und Entartungen, die unter besonderen Culturverhältnissen, bei dem besonderen Volke und in besonderen Ent-
wicklungsperioden desselben hervortreten gegenüber bestimmen, wie eine unmitttelbare Reaction gegen die unmittelbar, d. h. bei der erziehungsbedürftigen Jugend erscheinende Entartung unerlässlich ist. Die Mittel dieser Reaction,
soweit sie eben eine unmittelbare und ausdrückliche, nicht in
der allgemeinen Thätigkeitsregelung an sich begriffen ist, sind
theils disciplinarische, theils solche Modificationen der allgemeinen Anregungs- und Bildungsmittel, welche eine besondere Beschäftigung mit dem Einzelnen und ein aussergewöhn-
liches, treibendes und schonendes Eingehen auf seine Individualität in Anspruch nehmen. Dass aber eine derartige Beschäftigung mit den einzelnen, in irgend einer Richtung aus-
artenden Zöglingen eine gewisse Grenze nicht überschreiten
darf, wenn die allgemeine Erziehung, also die Schule, nicht nur
Zeit und Kraft zusammenhalten, sondern überhaupt den ihr zukommenden Charakter behaupten und ihrer Aufgabe gerecht werden soll, springt in die Augen. Mit der entschieden hervorgetretenen und ausgeprägten Ausartung kann und darf sich die allgemeine Schule, um nicht ihre Wirksamkeit zu hemmen und zu zer-
splittern, nicht befassen — sie muss die Anstalt für die Gesundenerziehung nicht nur bleiben, sondern es in einem doppelten Sinne
mehr als bisher werden — und hieraus folgt, da die Entartung des noch Erziehungsbedürftigen und Erziehungsfähigen
eine besondere pädagogische Behandlung verlangt und nur
durch sie nachhaltig überwunden werden kann, die Nothwendigkeit pädagogischer Noth- und Heilanstalten, welche, indem
sie neben der allgemeinen Schule entstehen und bestehen,
aus dem inneren Zusammenhange mit dieser und der allgemeinen Pädagogik nicht heraustreten dürfen — ein Punkt,
auf den wir noch einmal zurückkommen werden.

Die Ausdehnung der pädagogischen Noth- und Heilanstalten ist, wie sich von selbst zu verstehen scheint, von dem Bedürfniss abhängig, insofern diesem Bedürfniss genügt werden soll und bei einigermaassen normalen Zuständen genügt werden kann. Wenn aber eine abnorme Steigerung des Bedürfnisses eintritt, oder seit Langem eingetreten ist, so verringert sich entsprechend schon die äussere, von dem nothwendigen Mittelaufwande abhängige Möglichkeit, ihm durch besondere Anstalten gerecht zu werden, und sodann würden diese Anstalten, wenn es gelänge, sie in der nöthigen Zahl und Ausdehnung zu begründen und zu unterhalten, den Bestand der allgemeinen Schule derartig reduciren, dass sie nur noch uneigentlich als Nebenanstalten derselben gelten könnten — ein Missverhältniss, das allerdings als Folge und Ausdruck des abnormen Zustandes anzusehen, aber damit keineswegs gerechtfertigt wäre. Denn wie jedes Hinausgehen über das Nothwendige ungerechtfertigt ist und zwar um so ungerechtfertigter, je weniger von einer bleibenden Nothwendigkeit die Rede sein kann, so muss das Nothwendige, das den Charakter eines allgemeinen und dauernden Bedürfnisses hat, jedenfalls und soweit als immer möglich, realisirt werden; wenn sich also zwei Nothwendigkeiten gegenüberzustehen scheinen, so handelt es sich darum, welche von beiden als die verhältnissmässig momentane und welche als die an sich bestehende und über jedes absonderliche und vorübergehende Bedürfniss hinausreichende anzuerkennen ist. Wir können aber in dem gegebenen Falle nicht anstehen, den Bestand der allgemeinen Schule, und zwar einen Bestand, der dem Begriffe der Allgemeinheit nicht widerspricht, als eine schlechthin vorhandene Nothwendigkeit, das gesteigerte Bedürfniss pädagogischer Heilanstalten aber als ein vorübergehendes zu betrachten, da ja bei der Annahme einer unheilbaren Abnormität jede Anstrengung, sie zu überwinden, nutzlos, und die besonderen Anstalten zu diesem Zwecke eine Verschwendung wären. Ein relativ gesundes Element muss vorhanden sein, wo man an Heilung und Besserung denkt, und wenn zur Stärkung und Gestaltung desselben die krankhafteren Elemente abgeschieden

werden müssen, so darf doch andrerseits und selbstverständlich sein Fürsichbestand durch die Abscheidung nicht aufgehoben oder insoweit absorbirt werden, dass es sich als
ein blosser Überrest darstellt und damit die Thatsache der
Abnormität fixirt wird. Hieraus folgt, dass es für die Vermehrung und die Ausdehnung der pädagogischen Heilanstalten eine Grenze gibt, die unter allen Umständen nicht überschritten werden darf, und nicht überschritten zu werden
braucht, da der Begriff der Gesundheit an sich ein relativer
ist, und die allgemeine Schule, wie wir vorhin ausgesprochen,
bestimmten Übeln, die zur Herrschaft gelangt sind oder zu
gelangen drohen, gegenüber ihre vorbauende und vorbeugende Wirksamkeit bestimmen kann und muss, also auch
die unmittelbare und ausdrücklich reagierende Thätigkeit, die
ihr an sich und überall zukommt, dem Bedürfniss gemäss zu
erhöhen hat. Ist demnach eine besondere Form der Entar-
tund, z. B. der Kretinismuss, irgendwo endemisch geworden,
so hat man als Hauptfactor für die Beseitigung des Übels von
vornherein die allgemeinen Erziehungsanstalten in das Auge
zu fassen und im Auge zu behalten, d. h. ihnen, soweit es
möglich und zulässig ist, einen heilpädagogischen Charakter zu
geben, ohne die Errichtung besonderer Heilanstalten, die zur
Ausbildung heilpädagogischer Kräfte unerlässlich sind und deren Nutzen vorzugsweise darin besteht, dass sie die durchgreifende Bekämpfung des Übels vorbereiten, zu unterlassen.
Dabei versteht es sich wohl von selbst, dass hier wie überall, wo eine Bevölkerung die Fähigkeit der Selbsthülfe verloren hat, der Staat als Vertreter der gesellschaftlichen Interessen von seinem Rechte der Initiative und der zwangsweisen Organisation einen weitergehenden Gebrauch machen darf
und muss, als es bei normaleren Zuständen nöthig und zulässig ist.

Die Begriffe der endemischen und sporadischen
Krankheit und Krankhaftigkeit scheinen allerdings schwer gegen einander abzugrenzen; dies gilt indessen von allen Häu-
figkeits- und Häufungsbegriffen, ohne dass wir derselben entbehren könnten und ohne dass ihre Anwendung eine unsichere

wäre. Ein grosser Bach kann auch wohl ein kleiner Fluss heissen, und wo der Wind aufhört und der Sturm anfängt, lässt sich schwer sagen, die betreffenden Unterschiede aber sind auch ohne mathematische Bestimmung klar und anwendbar. Wo eine mathematische Bestimmung Bedürfniss wird und stattfindet, besteht sie in der aus Vergleichungen und Zusammenstellungen gewonnenen Durchschnittszahl, welche die mittlere Quantität bezeichnet. Wir haben ein feuchtes Jahr, wenn die für unser Land angenommene mittlere Quantität des Niederschlags beträchtlich überschritten ist, ein trockenes, wenn das Gegentheil statt hat. Um aber das Clima an sich ein feuchtes oder trockenes mathematisch zu kennzeichnen, muss die mittlere Menge des Niederschlags in den verschiedenen Ländern verglichen und hiernach ein allgemeines Mittel der Niederschlagsmenge festgestellt werden. Ebenso lässt sich zunächst das Vorkommen bestimmter Krankheitsfälle in einer Gegend und in einem Lande auf eine Durchschnittszahl bringen, welche als Anhalt für die mathematische Angabe des periodischen und zwar quantitativen Höhegrades der Krankheit dient, ohne noch für die Bestimmung des sporadischen oder endemischen Charakters der Krankheit auszureichen, da dieser einen relativ bleibenden Zustand ausdrückt. Es muss also, um das sporadische Vorkommen und den endemischen Bestand einer Krankheit mathematisch scheiden zu können, eine Vergleichung des mittleren Krankenbestandes bezüglich der bestimmten Krankheit in möglichst vielen Ländern stattgefunden haben. Es fragt sich aber, ob wegen dieser an sich selbstverständlichen Nothwendigkeit die Unterscheidung des sporadischen und endemischen Charakters, den eine Krankheit in dieser oder jener Gegend, diesem oder jenem Lande hat, so lange unzulässig oder doch werthlos bleibt, als die mathematische Begriffsbestimmung noch nicht vollzogen ist und in Ermanglung einer genügenden Statistik nicht vollzogen werden kann. Wir verneinen dies, weil sich erstens immerhin eine Gegend mit mehreren andern und wieder ein Land mit andern in Bezug auf das Vorkommen dieser oder jener Krankheit mit annäherungsweiser Sicherheit vergleichen, also wenigstens ein relatives Verhältniss feststellen lässt, und weil zweitens der Begriff der endemischen und sporadischen Krankheit kein bloss quantitativer, sondern zugleich ein qualitativer ist. Was den ersten Punkt betrifft, so kommt es für die praktische Anwendung des Ausdrucks und die Consequenzen, die man daraus ziehen will, grade auf die relativen Verhältnisse an, so dass die Kenntniss dieser vollkommen ausreicht. So darf man gewiss Krankheiten, die dem Orient in grosser Ausdehnung eigen sind, in Europa aber nur ausnahmsweise vorkommen, hier schon endemisch nennen, wo sich die Anzahl der Fälle dem allgemeinen Durchschnitt annähert, weil die gegebenen europäischen Verhältnisse die Thatsache zu einer auffallenden und der Erklärung bedürftigen machen. Hinsichtlich der qualitativen Bestimmtheit des endemischen Krankheitscharakters ist zu bemerken, dass ohne die Berücksichtigung derselben die auf der genauesten Statistik beruhende Feststellung des Vorhandenseins oder Nichtvorhandenseins endemischer Krankheiten nur ein zweifelhafter Gewinn wäre, während ein Ersatz für den Mangel einer statistischen Unterlage in der Auffassung und Beobachtung dessen, was die qualitative Bestimmtheit des Endemischen überhaupt und bezüglich bestimmter Krankheiten ausmacht, allerdings liegt. Denn zur qualitativen Bestimmtheit einer endemischen Krankheit gehört unter Anderem, dass sie in einer gewissen Abstufung vorhanden ist oder in sich mildernden Formen die Bevölkerung durchsetzt; werden aber diese Abstufungen bei statistischen Vergleichstabellen ausser Acht gelassen und nur die Fälle der ausgeprägten Krankheitsform berücksichtigt so werden die daraus gezogenen Resultate, insofern das Verhältniss zwischen den Fällen der schärfer und minder scharf ausgeprägten Krankheitsformen nicht überall dasselbe ist, bei grösserer Ausdehnung der milderen Formen aber das Übel am tiefsten sitzen kann, nicht selten gradezu falsche sein, während die Beobachtung einer Krankhaftigkeit, welche bei einer bestimmten Bevölkerung mehrfach abgestuft hervortritt, jedenfalls eine Thatsache constatirt, die, abgesehen davon, ob man die Bezeichnung des Endemischen anwenden will oder nicht, von Belang ist. Offenbar aber ist die Bezeichnung nicht gerechtfertigt, wo das häufige Vorkommen bestimmter Erkrankungen sich auf Gelegenheitsursachen gründet, die den Charakter der Zufälligkeit auch als andauernde haben und behalten, deren Wirkungen demnach, so oft und allgemein sie eintreten, sporadische sind. Zu diesen Gelegenheitsursachen gehören in einer Gegend oder einem Lande eingebürgerte Beschäftigungen und Arbeiten, bei denen die Gesundheit in Folge von Verletzungen, starken Erkältungen u. s. w. leicht Schaden nimmt, und zwar auch dann, wenn eine bestimmte Erkrankung der Arbeiter zur fasst ausnahmslosen Regel wird, wie es z. B. bei den Glasarbeitern, den Schleifern, den Arbeiterinnen in den Zündhölzerfabriken der Fall ist, sofern die Wirkung eine gleich der Ursache umschriebene bleibt. Wir haben also, um kurz zu sein, den qualitativ bestimmten Charakter einer Krankheit darin zu finden, dass sie mit dem allgemeinen Gesundheitscharakter, der Constitution der Bevölkerung, in einem bedingten und bedingenden Zusammenhange steht, folglich allgemein und stetig wirksame Ursachen voraussetzt.

Dr. Zillner in seiner verdienstlichen Abhandlung über den Kretinismus in Salzburg sucht den Begriff der endemischen Krankheit kritisch aufzulösen, d. h. als einen halt- und belanglosen, wissenschaftlich unbrauchbaren nachzuweisen. Da aber die eben gegebene, an sich kurze, aber doch vielleicht verhältnissmässig schon zu weite Auseinandersetzung durch die einschlagenden Bemerkungen Zillners wenigstens theilweise veranlasst worden ist, so halte ich es für unnöthig und unerlaubt, noch besonders auf diese Bemerkungen einzugehen. Nur das Eine will ich erwähnen, dass Hr. Dr. Zillner mit Recht hervorhebt, wie wenig bei allgemeinen Vergleichen und statistischen Zusammenstellungen, die sich auf das Vorkommen bestimmter Krankheitsformen beziehen, die Gruppirung der bald gleichmässiger vertheilten, bald mehr an einzelnen Punkten concentrirten Bevölkerung berücksichtigt wird, und wie ungenügend und wissenschaftlich unbestimmt die Annahmen der Territorien sind, die man in Vergleichung bringt. Dass indessen die Mangelhaftigkeit der gegenwärtigen Statistik —

die allerdings gegenüber der sich häufig zeigenden Tendenz
einer voreiligen und renommistischen Verwerthung statistischer
Unterlagen immer wieder betont werden muss — keinen
Grund abgibt, um dem Begriffe der endemischen Krankheit die
Berechtigung und Anwendbarkeit abzusprechen oder diese wenigstens auf die Zeit, in der sich die Statistik nach allen Richtungen ausgebildet haben wird, hinauszuschieben, glaube ich,
soweit es in der Kürze möglich war, gezeigt zu haben. Bei
Zillner hängt aber das kritische Verhalten gegen den Begriff
der endemischen Krankheit damit zusammen, dass er den Begriff des Kretinismus, wo man den endemischen Charakter desselben behauptet, entweder viel zu eng oder viel zu weit gefasst findet, und beides mit seiner Tendenz, die kretinische
Entartuug von den Alpenländern als eine ihnen eigenthümlich
zukommende abzuweisen, und die Entartungsursache als eine
vorzugsweise sociale geltend zu machen. Wir haben ihn in
dieser Beziehung schon citirt, und zwar gelegentlich der Frage
der Verweichlichung, in der er mit Recht einen wesentlichen Entartungsfactor sieht, aber einen Factor, dessen Wirksamkeit vorzugsweise einem gewissen Stadium der Halbcivilisation angehört. Auf diesen letztern Punkt werden wir jetzt
zurückkommen, da wir unsere Ansicht über das Verhältniss
der territorialen und socialen Ursachen des Idiotismus
gleichfalls, wenn auch nur kurz, auszusprechen haben.

Eine tiefere Entartung als die im Idiotismus uns ent-
gegentretende lässt sich nicht denken, weil sie in dem ursprünglich gegebenen Verluste der Menschlichkeit, d. h. dessen, was den Menschen zum Menschen macht, besteht, und
zwar in einem Verluste, welcher — wie es schon in dem Doppel-
begriffe eines ursprünglichen Verlustes liegt — weder die Tendenz zur Menschlichkeit aus-, noch die Entwicklung der Thierheit einschliesst. Der Idiot ist ein verfehlter Mensch, er
steht also zugleich unter und über dem Thiere, welches seinen
Begriff erfüllt, während bei jenem die Ansätze der specifisch
menschlichen oder überthierischen Fähigkeiten vorhanden, aber
ebenso wie die thierischen, die der menschliche Organismus
einschliesst, unentwickelt geblieben sind. Dass eine der-

artig verfehlte Existenz nicht mehr unter den Begriff der
Abnormität zu bringen ist, versteht sich von vornherein, und
deshalb sind auch, was den endemischen Idiotismus und
Kretinismus anbetrifft — obgleich das Uebel als endemisches
nach dem, was ich vorhin gesagt habe, ein sich abstufendes
und mit seinen mildesten Formen einen sehr grossen Theil einer
zusammenlebenden Bevölkerung umfassendes, aber auch, wie
ich jetzt sogleich hinzufügen will, in der Bestimmtheit des
Gegensatzes, den die in derselben Bevölkerung ausgeprägte
Gesundheit hat, ausgedrücktes ist — alle Vorstellungen entschieden abzuweisen, die sich dem Begriffe einer allmälig ausgebildeten aber längst fixirten Abart des Geschlechtes annähern
also einer Auffassung des Kretinismus insbesondere wie sie
Dr. Guggenbühl dem Dr. Damerov gegenkritisch und nicht
ohne Veranlassung, da einzelne Äusserungen Damerovs an eine
solche Auffassung anstreifen, aber doch mit Unrecht unter-
schiebt. Hierbei ist zu beachten, dass die Erscheinung des
endemischen Idiotismus dem Bereiche der Civilisation und Halbcivilisation angehört und sich auch hierdurch wie durch die Nicht-
entwicklung der thierischen Fähigkeiten, die bei dem Idiotismus
Regel, wenn auch keine durchaus ausnahmslose ist, als eine
Degeneration dokumentirt, welche, so tief sie eine Bevölkerung
ergreifen kann, doch nur ein eingetretenes Übel, eine chronische
Gemeinkrankheit ist, die sich überwinden lässt und überwunden
werden muss, wenn nicht die ergriffene Bevölkerung an ihr zu
Grunde gehen soll. Denn da es Bruchtheile civilisirter oder
sich zur Civilisation erhebender Völker sind, welche dem endemischen Idiotismus verfallen, so lassen sich die ergriffenen
Bevölkerungen einerseits nicht mit jenen Völkerschaften, welche
an dem Zusammentreffen mit einer ihnen fremdartigen und
widerstrebenden Civilisation zu Grunde gehen, auf eine Linie
stellen, andrerseits nicht als Abarten auffassen, die sich als
solche zu behaupten vermöchten. Der endemische Idiotismus
ist also mehr als die in der bestimmten Erkrankung hervortretende Erscheinung einer fixirten und sich erhaltenden
Abnormität, und eben deshalb lässt sich sagen, dass er nur
Degeneration ist, indem nur die Degeneration die Möglichkeit

einer gründlichen Beseitigung oder Heilung zulässt und demnach den Angriff einer solchen herausfordert. Zillner findet
die Hauptursache des Kretinismus in der Stagnation der
socialen Entwicklung, und die Beweise hierfür in der Geschichte
Salzburgs. Hierbei bezeichnet er zwei Grade oder Stadien der
Halbcivilisation als der kretinischen Entartung gleich förderliche: das Stadium der Rohheit und rohen Sorglosigkeit und
das Stadium der Verweichlichung. Dass die mit der Civilisation oder dem Streben zur Civilisation gegebene Tendenz, sich
gegen unangenehme äussere Einflüsse ausdrücklich zu schützen
und die sinnliche Behaglichkeit hervorzubringen, als einseitig
wirksame eine rasche Entartung bedingt, haben wir früher hervorgehoben. Aber diese Entartung ist an sich nicht die kretinische, sie nimmt vielmehr bei verschiedenen Voraussetzungen,
die wir als geographische und historische unterscheiden können, verschiedene Formen an, und was die Rohheit und rohe
Sorglosigkeit anbetrifft, so bedingt sie die Häufigkeit krankhafter Erscheinungen und Bildungen zunächst nur — wie es
auch in der Auffassung Zillners liegt — als eine mit den An-
sätzen zur Civilisation verknüpfte, folglich als eine schon im
Beginn der civilisirten Existenz eintretende Verrohung, und
sodann sind die Missbildungen und Leiden, welche in roher
Vernachlässigung und Sorglosigkeit ihren Grund haben, einestheils trotz ihrer Häufigkeit sporadische, anderntheils unter
verschiedenen Umständen mannichfacher Art wie die Entartungsformen, welche durch die Verweichlichung bedingt sind.
Hiernach liegt der Grund für die Entwicklung des Kretinismus
nicht in der Halbcivilisation als solcher, so wenig wie ihn
später eintretende Stockungen des Civilisationsfortschrittes hervorbringen können, es muss vielmehr ein anderer Grund vorhanden sein, welcher die kretinische Form der mit der Halbcivilisation zusammenhängenden Entartung oder, anders gefasst,
ein Uebel bedingt, das sich bei dem Zustande der Halbcivilisation am schnellsten entwickelt und festsetzt, wobei indessen
zu bemerken bleibt, dass, wenn man die Halbcivilisation als
den einen Factor für die Ausbildung des endemischen Idiotismus annehmen will, derselbe doch noch näher, insbesondere

auch nicht bloss als allgemeiner, sondern als ein durch den
Stammescharakter modificirter Zustand bestimmt werden muss,
und dass ferner bei einer entwickelten und, wie man sagt, unaufhaltsam fortschreitenden Civilisation, die Fälle des sporadischen Idiotismus sich erfahrungsmässig häufen können —
eine Häufung, die über eine gewisse Grenze nicht hinausgehen
kann, ohne dass die Unterlage einer allgemeineren Krankhaftigkeit, die sporadisch in die idiotische Entartung ausschlägt,
vorhanden wäre.

Bei dem sporadischen Idiotismus führt die ätiologische
Untersuchung fast immer auf die Thatsache oder Wahrschein-
lichkeit einer widernatürlichen Vernachlässigung oder Ueber-
reizung im ersten Kindheitsalter, auf Verkehrtheiten der Pflege
und Erziehung, wobei ausser den Verletzungen alle Einflüsse
in Betracht kommen, welche Hyperämie und Anämie des Gehirns bedingen — und weiterhin, insofern diese ätiologischen
Momente áls nur hinzukommende oder begünstigende erscheinen und eine Vererbung oder ausgebildete Krankheiten der
Eltern, welche auf die Zeugung und erste Ernährung des
Kindes störend eingewirkt haben, nicht vorliegen, auf die begründete Annahme einer latenten Krankhaftigkeit der Erzeuger oder doch widernatürlicher Verhältnisse und einer widernatürlichen Befriedigung. Alle diese Ursachen sind sociale,
d. h. sie hängen mit der Verrohung, Erschlaffung und Ueber-
reizung, welche das Leben der civilisirten Gesellschaft mit sich
bringt, genau zusammen, und schliessen sich, insofern sich ihre
Ausbreitung in der Zunahme ihrer traurigsten Producte offenbart, nothwendig zu einem Krankheitsboden zusammen, der
an sich selbst Zustand, d. h. herrschende Krankhaftigkeit ist.
Allerdings aber stellt sich bei vorgeschrittener und fortschrei-
tender Civilisation die herrschende Krankhaftigkeit nicht als
die Abstufung des Uebels dar, das ihr Product ist, vielmehr
erscheint dieses Product als die absonderlich geformte Blüthe
der formlos oder in den mannichfachsten Formen fortwuchernden, obgleich zusammenhängenden Krankhaftigkeit, und wir
finden daher die in unverkennbarer Abstufung erscheinende
Herrschaft des endemischen Idiotismus nur da, wo die Civi-

lisation eine zurückgebliebene ist. Diese Thatsache hat ihre
Erklärung einerseits darin, dass die höhere Civilisation die Lebensverhältnisse vermannichfaltigt und die quantitativen Unterschiede überall zu qualitativen umsetzt, die Formation der
Entartung aber durch die gegebene, niedere oder höhere Lebensform bedingt ist, andrerseits darin, dass die territorialen Einflüsse, die einen unläugbaren Factor des endemischen Idiotismus abgeben, sich nur im Bereiche der Halbcivilisation ungebrochen erhalten, wie sie ihrerseits die Dauer
dieses Zustandes theilweise bedingen. Diese Einflüsse sind ihrer
Natur nach durchgreifende, und wo sie die idiotische Entartung bewirken, bringen sie auch nothwendig, indem sie durch
zufällige Umstände modificirt, durch die schützende und mil-
dernde Gegenwirkung, die in der selbstgeschaffenen Existenz,
die als solche eine civilisirte ist, an sich liegt, abgeschwächt
werden und in den Familien und Individuen einer stärkeren
oder schwächeren Reactionskraft begegnen, das Uebel zu einer
abgestuften Erscheinung, wobei, wie ich schon früher angedeutet, die keineswegs ausgeschlossene Vollgesundheit, da sie
sich mittelst einer stetigen, energischen und bestimmten Reaction erhält und herausstellt, den Stempel dieser einseitig in
Anspruch genommenen, aber siegenden Reaction an sich tragen muss. Wir kommen hiermit, da das Verhalten einer solchen Bevölkerung im Allgemeinen, den schädlichen Natureinflüssen gegenüber, ein leidendes bleibt, auf denjenigen Grund
des Uebels, der von vornherein in ihr selbst gelegen haben
muss und in der Mangelhaftigkeit eines nothwendigen Vermögens besteht. Die Ausbreitungsfähigkeit des Menschen
auf der Erde ist an die Bedingung geknüpft, dass er sich der
jedesmaligen Natur und die jedesmalige Natur sich zu accomodiren vermag. Dieses an sich zweiseitige Accomodationsvermögen ist bei den Stämmen, welche bis jetzt nicht in die
Civilisation eingegangen sind und ihr entschieden widerstreben,
als einseitiges, nämlich als das Vermögen, sich der jedesmaligen Natur zu accomodiren oder ihr gemäss zu verändern
— eine Veränderung, welche von der Lebensweise ausgeht
und sich bis zur organischen Bestimmtheit fortsetzt — aller-

dings vorhanden, und zwar bei einigen in besonders hohem
Maasse, während diejenigen, denen es nur beschränkt zukommt,
die Gegenden und Einflüsse, denen sie sich nicht gewachsen
fühlen, instinctiv vermeiden. Zur Anlage für die Civilisation
aber gehört nothwendig auch das Vermögen, die Natur sich
zu accommodiren, also dem Bedürfniss und der gegebenen
Organisation gemäss umzugestalten, und wir haben umgekehrt
dieses Vermögen da, wo sich eine Civilisation, wenn es auch
nur eine anfängliche oder halbe ist, behauptet, vorauszusetzen.
Ebendesshalb aber müssen wir bei Bevölkerungen, welche —
in die Civilisation eingetreten — an ungünstigen Natureinflüssen fortgesetzt leiden, entweder eine von Haus aus schwache
Anlage zur Bewältigung der Natur — welche indessen für
das Eintreten in die Civilisation ausreicht und wie die Civili-
sationstendenz so eine Beschränkung des Vermögens, auf
jede Lebensweise, zu welcher neue Naturumgebungen drängen, einzugehen, an sich bedingt — oder eine von Haus aus
vorhandene absonderliche Beschränktheit des letzteren Vermögens, eine wegen ihrer Starrheit oder auch Zartheit schwer
umzubildende Organisation annehmen. Eine von diesen Gesichtspunkten ausgehende historische Untersuchung, die es sich
zur Aufgabe machte, die Abstammung, die Vermischung und
den ursprünglichen Charakter der am endemischen Idiotismus
leidenden Bevölkerungen festzustellen, würde unzweifelhaft zu
interessanten und wichtigen Ergebnissen führen. Dabei darf
allerdings von den historischen Schicksalen, die den einen oder
den andern Stamm getroffen haben, z. B. von den Wirkungen
langer, grausamer Kriege, halbgelungener Vertilgungsversuche
und consequenter Unterdrückung, nicht abgesehen werden;
wenn aber die jetzt leidenden Bevölkerungen zum grossen
Theil als aus ihren ursprünglichen Wohnsitzen in andere,
schwerer zugängliche und an sich von der Ansiedlung ab-
schreckende verdrängte angesehen werden müssten, so wäre
doch auch hiermit eine ursprüngliche Schwäche der historischen Widerstands- und Neugestaltungsfähigkeit ausgesprochen.
        Kehren wir jetzt zu der Erscheinung des Idiotismus als
solcher zurück, um ihren Charakter und ihren nächsten orga-

nischen Grund zu einem vorläufigen Ausdrucke zu bringen, so
ist die krankhafte Schwäche und Missbildung verschiedener
Organe, welche bei idiotischen Individuen sich durchgängig
findet und bei den Kretinen eine durchgreifende ist, nur als
die secundäre Seite des Übels zu betrachten, und als primäre
die Deformität des Gehirns — die wir als bis zur Missbildung und entschiedenen Mangelhaftigkeit gehende Abnormität und als materielle Entartung zu unterscheiden haben —
überall anzunehmen. Die nothwendige Folge dieser Deformität ist nicht nur die Unvollkommenheit der dem Gehirn zukommenden Functionen, der animalen und specifisch menschlichen, sondern auch eine mehr oder weniger ausgedehnte Re-
gelwidrigkeit in der Gestaltung und Bethätigung des Organismus schlechthin, da für beide die Gehirnthätigkeit ein unentbehrlicher und zwar auch qualitativ bestimmender Factor ist
— Punkte, auf welche wir in unserem nächsten Vortrage ausführlicher zurückkommen. Die Unvollkommenheit des geistigen Vermögens aber muss bei dem Idioten, wenn er diesen
Namen verdienen soll, so weit gehen, dass er dadurch die
Fähigkeit, sich zu seiner Umgebung, der Naturumgebung und
der menschlichen, selbstthätig in ein bewusstes Verhältniss zu
setzen, verliert. Auch der beschränkteste Mensch, wenn er
nicht Idiot ist, findet sich in seiner jedesmaligen Umgebung
zurecht und weiss sich mit den Andern insoweit zu verständigen, als es für seine active Theilnahme an dem gemeinschaftlichen Leben und Thun nothwendig ist. Der Idiot ist
durch seine Organisation isolirt und vermag diese Isolirung
nicht eigenthätig aufzuheben, so dass wir eben desshalb die
uralte Bezeichnung, welche die abschliessende Eigenartigkeit
ausdrückt, durchaus zutreffend finden müssen. An dem all-
gemeinsten, zugleich nothwendigsten und umfassendsten Mittel
zur Herstellung des Rapportes mit der geselligen Umgebung
— der Sprache — hat der Idiot keinen oder nur einen unvollkommenen Antheil. Schon die Gestaltung der Sprach-
werkzeuge ist häufig eine mangelhafte oder hemmende, und
zwar kann hier die Missform nur zufällig eine zufällige sein,
d. h. wir haben sie als eine durch die mangelhafte Gehirn-

bildung oder die schlechte Gehirnbeschaffenheit unmittelbar
oder mittelbar — insofern der Mangel des innern Triebes und
Vermögens das äussere Organ ausarten lässt — bedingte
anzunehmen. Abgesehen von diesen äussern Hemmungen, die
in vielen Fällen nicht vorhanden sind, bleibt die Sprachfähigkeit theils schon an sich, theils als Fähigkeit der wirklichen
Verständigung eine unvollkommene, weil die Vorstellungen,
die der Idiot mit den Worten verbindet, theils undeutliche
und schwache, theils durchaus willkürliche sind und ebenso
ihre Combination theils eine mangelhafte, theils eine regel-
widrige. Das Weltbewusstsein des Idioten ist ein gehemmtes
oder gebrochenes, sein Selbstbewusstsein kann sich nicht verwirklichen, weil es den nothwendigen Zusammenhang mit dem
Gemeinbewusstsein, von dem es ganz oder partiell abgeschieden ist, entbehrt.

Die Formen der Idiotie — auf welche wir in unserem
nächsten Vortrage wiederholt und näher eingehen — müssen
mit den Formen der Seelenstörung oder Geisteskrankheit, die
eine relativ normale Entwicklung zur Voraussetzung haben,
correspondiren, weil beide zu den Typen der normalen Individualität ein bestimmtes Verhältniss haben müssen. Dass für
diese das Temperament der einfachste und allgemeinste Ausdruck ist, habe ich in einem früheren Vortrage ausgeführt,
wobei ich mich gemüssigt fand, den Begriff des Temperamentes kritisch, d. h. mit Bezug auf gäng und gäbe Auffassungen
zu bestimmen. Diese Begriffsbestimmung, auf die ich jetzt
nur zurückweisen kann, rechtfertigt die Eintheilung der See-
len- und Geistesstörungen nach den Temperamenten, und diese
liegt manchen neueren, denen man begegnet, zu Grunde, ohne
dass die erneute Fassung ein schärferer Ausdruck der Sache
wäre. Wenn man Gemüths- und Intelligenzstörungen als den
Grundunterschied angiebt, und dann wieder die traurige und
die heitre Verstimmung einerseits, die bis zum Wahnsinne
steigende falsche Beurtheilung und die Geistesschwäche andrerseits unterscheidet, so ist zu bemerken, dass die traurige und
die heitre Verstimmung — wie auch auszuführen nicht unterlassen wird — sich mit Wahnideen verbindet, und streng ge-

nommen erst durch diese den Charakter der eigentlichen Geisteskrankheit erhält, dass also der Wahnwitz nur dann eine
besondere Form der Krankheit abgeben kann, wenn er einen
Wechsel der Stimmung einschliesst, dieser Wechsel aber bei
keiner Art der Verstimmung ausgeschlossen ist und grade in
der Steigerung sich erneut geltend macht. Zweifelsohne aber
entspricht die Melancholie als Geisteskrankheit dem melancholischen, die Geistesschwäche wiederum als Krankheit —
was in beiden Fällen zu betonen ist — dem phlegmatischen
Temperamente, womit keineswegs gesagt ist, dass diese Temperamente den an Melancholie und Geistesschwäche Leidenden
an sich zukommen; die heitre Verstimmung aber ist man berechtigt, für eine Form der Melancholie zu erklären, wenn sie
in den rhythmischen Wechsel der traurigen und heitern Verstimmung ausgeht, während offenbar die mit steter Spannung festgehaltenen und die abwechselnd herantretenden Wahnideen zu unterscheiden sind, und diese Unterscheidung den
Wahnsinn, der eine eigene Form der Krankheit sein soll, theils
mit der sogenannten heitern Verstimmung, insofern sie in Ideen-
flucht ausgeht, zusammenfallen lässt, theils zu einer qualitativ
bestimmten Form, die mit dem choleischen Temperamente
correspondirt, macht.

Die Idiotie, welche keine, oder doch nur eine ansatzweise
geistige Entwicklung zur Voraussetzung hat, schliesst eigentliche Wahnideen aus, ihre Formen aber stehen mit den
Temperamenten, welche nach der früher gegebenen Charakteristik die formelle Bestimmtheit, wenn auch nicht Inhalt und
Höhe, des geistigen Vermögens und seiner Bethätigung ein-
schliessen, in einem andern und zwar bei Weitem näheren Verhältnisse, als es bei der später entwickelten Geisteskrankheit
der Fall sein kann. Wir unterscheiden: den Stumpfsinn, den
narrenhaften Idiotismus, den melancholischen Idiotismus und den Idiotismus der Beschränktheit, die dem
phlegmatischen, dem sanguinischen, dem melancholischen und
dem cholerischen Temperament entsprechen. Ich behalte mir aber
ein näheres Eingehen zum nächsten Vortrage vor, der den organischen Grund des Übels hypothetisch darstellen soll, wobei seine

möglichen Grundformen zu entwickeln, und mit den Gruppen, welche sich für die beobachtende Erfahrung herausgestellt haben, zusammen zu bringen sind.

2.

Der praktische Zweck und die praktische Wirksamkeit als nothwendig zur Erhaltung und Bestimmung des wissenschaftlichen Interesses und der wissenschaftlichen Forschung. — Das Nebeneinander der Gesunden und Kranken in Bezug auf die Sicherheit des Beobachtens. — Die Benutzung des in jeder Heilanstalt gegebenen Beobachtungsmaterials. Bürgschaft für Beobachtungs- und Leistungsfähigkeit. — Thatsachen und Erscheinungen aus dem Beobachtungskreise der „Levana". Die Allgemeinheit körperlicher Schwächenzustände und Anomalien. Begleitende Krankheiten; Onanie; Epilepsie; Veitstanz. Die Ausnahme eines normalen Körperbaues. Aufgedunsenheit und Schwere. Eigenthümlichkeiten der Kopfform. Die Gesichtszüge, die Beweglichkeit, die Geberden- und Wortsprache, Idiosynkrasieen. — Die Guggenbühl'sche Unterscheidung des Kretinismus und der Idiotie. — Die Abstufungen des Kretinismus im Verhältniss zu den Formen der Idiotie. — Die Modification der Heilmittel. Sinnenübung. —

Da die Heilung und Erziehung der Idioten eine Aufgabe ist, welche sich erst die Gegenwart gestellt hat, so muss wohl das Beobachtungsmaterial, welches für eine wissenschaftliche Scheidung und Bestimmung der Arten des Idiotismus vorliegt, ein noch beschränktes sein. Denn ein bloss theoretisches Interesse führt selten oder niemals zu einer eingehenden Beobachtung, es ist befriedigt, wenn eine Erscheinung, die mehr oder minder überraschend hervortritt und sich interessant macht, im Allgemeinen charakterisirt ist, und der allgemeinen Charakteristik weben sich immer Züge einer willkürlichen oder doch subjectiven Auffassung ein. Selbst als Erscheinung aber sind der Idiotismus überhaupt und der Kretinismus insbesondere bis auf die neueste Zeit, was den Kretinismus anbetrifft, bis zur zweiten Hälfte des vorigen Jahrhunderts, wo sich Horace de Saussure damit beschäftigte, nur vorübergehend in das Auge gefasst worden, die Schilderungen des Übels sind aber abweichende, die Begriffsbestimmungen schwankende,

wie schon hervorgehoben ist. Erst der Heilgedanke schärft
das Auge, erst Heilanstalten machen eine stetige, äusserlich
und innerlich zusammenhängende Beobachtung, indem sie unklare, verwirrte und oft absichtlich falsche Angaben und Mittheilungen der Eltern etc., so wie unbekannte und zufällige
Einwirkungen ausschliessen, möglich.

Ist es also eine Ehrenpflicht der Humanität und Wissenschaft über die Heilbarkeit oder Unheilbarkeit des Kretinismus und des Idiotismus überhaupt in ihren verschiedenen
Graden mindestens ein feststehendes Urtheil zu gewinnen, so
ist auch hierzu die Errichtung von Idioten- und Kretinenanstalten und zwar in genügender Ausdehnung durchaus unerlässlich, wie ohne sie an durchgreifende Erfolge von vorn
herein nicht gedacht werden kann. Dabei will ich sogleich
bemerken, dass eine andere Bedingung der Heilung, auf welche
wir von unserem Standpunkte aus ein besonderes Gewicht
legen, der geregelte Verkehr mit gesunden Kindern, zugleich
nicht minder eine Bedingung der wohlorganisirten Beobachtung
ist, da das, was den Idiotismus, gegenüber dem normalen Verhalten und der normalen Entwicklung charakterisirt, nur zu
leicht verschwindet oder doch weniger bestimmt aufgefasst
wird, wenn der Beobachter es nur und stets mit kranken Kindern zu thun hat, wie die stetige Beschäftigung mit nur idiotischen Kindern, so vieles Interesse sie an sich bietet, unfehlbar ermüdend und abspannend wirkt, so dass auch hierdurch
unsere Forderung des gesunden Elementes motivirt wird.
Ihr Grundmotiv aber ist die Unmöglichkeit der Heilung ohne
gesundes Element — eine Unmöglichkeit, von der wir fest
überzeugt sind und welche die Erfahrung zuletzt überall
bestätigen wird. Seitdem nun Heilanstalten für Idiotismus
und Kretinismus bestehen, sind von denselben auch dankens-
werthe Schilderungen von Einzelfällen und mehr oder weniger eingehende Charakteristiken, welche zur Vergleichung Gelegenheit geben und veranlassen, veröffentlicht worden, und
es ist zu hoffen, dass das auf diese Weise hergestellte Material in kurzer Zeit anwächst. Freilich überzeugt man sich,
wenn man auf die Berichte über Einzelfälle näher eingeht,

dass das Bild, welches sie geben, kein genügend objectives ist, dass insbesondere der ursprüngliche oder der Zustand bei der Aufnahme und der erreichte Erfolg, oder der Zustand bei der Entlassung nicht scharf genug entgegengesetzt werden, und dass es ungewiss bleibt, ob die grosse Differenz der Erfolge, die hier und dort behauptet oder dargestellt werden, mehr in der grösseren oder minderen Zweckgemässheit der Methode begründet, oder aber auf die Differenz der Wahrheitsliebe und Darstellungsgenauigkeit zurückzuführen ist.

In dieser Beziehung kann man die Vermehrung der Anstalten als solche allerdings noch keineswegs als einen Vortheil für eine wirklich wissenschaftliche Praxis betrachten. Es kommt hierbei auf die Befähigung derer, welche heilpädagogische Anstalten errichten, im Allgemeinen und insbesondere auf ihre Fähigkeit, Beobachtungen zu machen und zu formuliren, an. Desshalb ist es in jeder Beziehung eine gerechtfertigte Forderung an den Staat, dass er, wie die öffentlichen und privaten Erziehungsanstalten überhaupt, so insbesondere auch die Heil- und Erziehungsanstalten nicht nur überwacht, sondern auch von vorn herein, wo es sich um Errichtung derselben handelt, ausreichende Bürgschaften der wissenschaftlichen und praktischen Befähigung in Anspruch nimmt. Wir können hier auf die Frage der Unterrichtsfreiheit nicht wiederholt eingehen, aber jedenfalls, und dies geht auch aus unsern früheren Auseinandersetzungen hervor, ist diese Frage noch eine ganz andere als die der Gewerbefreiheit, und die dort maassgebenden Gesichtspunkte sind hier als solche nicht anwendbar. Ist die Bürgschaft einer wissenschaftlichen Befähigung vorhanden und verbindet sich mit dieser die Bürgschaft der Wahrheitstreue, so ist weiterhin noch eine Einigung über die Beobachtungs- und Darstellungsmethode nothwendig, ohne welche die Anhäufung des Beobachtungsmateriales fortgesetzt der Sichtung bedürfen würde. Es müssen also nothwendig die Symptome und technischen Bezeichnungen, d. h. solche Bezeichnungen, unter denen man allgemein dasselbe versteht, festgestellt werden. Eben desshalb aber sind die Versuche: die Formen, die Erscheinungen und Symptome des Idiotismus mit

Benutzung des eben zu Gebote stehenden Materials zu bestimmen, niemals als voreilige und daher belanglose zu bezeichnen, wenn nur überhaupt der Sinn für charakteristische
Unterschiede vorhanden ist und die für die Beobachtung gegebenen Individuem in ihrer Eigenartigkeit scharf aufgefasst und
wirklich beobachtet werden.

In einer Anstalt, welche Kinder aus verschiedenen zum
Theil weit entlegenen Gegenden vereint, werden immer die
meisten Formen des Idiotismus, wenn auch nicht alle in gleich
entschiedener Ausprägung, noch in ihren verschiedenartigen
Modificationen vertreten sein. Jedenfalls ist es zweckgemässer
sich erst innerhalb eines engen Kreises genau zu orientiren,
um dadurch Anhalte für die Vergleichung zu gewinnen, und sodann den Kreis der Beobachtung und Erfahrung weiter auszudehnen, als es ein umgekehrtes Vorgehen sein würde, also
der erspriesslichste Weg, um zu einer sichern und bestimmten
Classification zu kommen — welche die Grundlage jeder tieferen Verständigung abgibt — der, dass die auf verschiedenen
Punkten entstehenden und sich ausbildenden Anstalten allmälig
zu einander in nähere Beziehung treten und den Kreis ihrer
Anschauungen und Erfahrungen gegenseitig erweitern.

In dem engeren Beobachtungskreise, welchen wir uns in
der Levana geschaffen, indem wir die Idiotenheilung und Erziehung zu unserer besonderen Aufgabe machten und ausser
den eigentlich Kranken, nach dem vorhin ausgesprochenen
Grundsatze, auch Halbkranke, schwächliche und schwachsinnige
Kinder und ganz gesunde aufnahmen, war der Kretinismus
nur annäherungs- oder andeutungsweise vertreten, was theils
in der gewöhnlichen Unvermögenheit der Eltern kretinischer
Kinder, theils in ihrer Abneigung, sie aus dem Hause zu geben, begründet war. Dagegen stellten sich die übrigen Formen des nichtkretinischen Idiotismus in mannichfacher Abstufung und meistens so ausgeprägt dar, dass jedes Individuum
eine Gattung zu vertreten schien. Die meisten Fälle freilich
gehörten in das Bereich des Stumpfsinns und zwar derjenigen
Art desselben, bei welcher die mangelnde Erregbarkeit mit
einer auffallend ungesunden Ernährung, skrophulosem Habitus

und grosser Schwäche oder Schwerfälligkeit der Bewegung verknüpft ist. Bei keinem der idiotischen oder auch nur halbidiotischen Kinder fehlten Abnormitäten der Organisation und Symptome der körperlichen Krankhaftigkeit. Wo rhachitische Beschaffenheit, Erweichung und Verkrümmung der Knochen nicht erschien, waren die Symptome, die man unter der Bezeichnung der Scrophulose zusammenfasst, in starker Ausprägung vorhanden; insbesondere der aufgedunsene, harte und unverhältnissmässig grosse Unterleib.

Unter denjenigen Krankheiten, welche häufig mit der nichtkretinischen Idiotie vorkommen, aber auch unabhängig von ihr auftreten und daher wohl nicht als einfache Ursache zu bezeichnen sein möchten, sind der Veitstanz und die Epilepsie voranzustellen. Einen Fall der mit Veitstanz zusammenhängenden Verblödung, welche vollständig überwunden wurde, hatten wir bei einem Mädchen, das sich durch frühzeitige Onanie überreizt hatte. Die Epilepsie war in schlimmster Form bei einem Mädchen vorhanden, welche vom siebenten Jahre an blödsinnig wurde. Die Mondsucht war bei einem unserer Heilpfleglinge, der auch an erweitertem Herzen litt, und dessen Blödsinnsform die der Beschränktheit war, insofern vorhanden, als mit den Mondperioden seine Aufregung, die ihn des Nachts aus dem Bett und ins Freie trieb, zunahm und abnahm. Als Krankheit möchte auch insbesondere bei der Verbindung mit Idiotismus die Onanie zu bezeichnen sein, welche gewiss in vielen Fällen mitwirkender Factor für die Ausbildung der Geistesschwäche und Verblödung ist, zugleich aber auch als Symptom aufgefasst werden muss, indem die Neigung dazu bei einer Verschlimmerung des Allgemeinzustandes als Folge auftritt. Bei mindestens einem Drittel der Levanazöglinge war die Onanie vorhanden, die Einwirkung auf das körperliche Wohlbefinden aber war, wie es auch bei nichtidiotischen Kindern der Fall ist, eine sehr verschiedene.

Bei einem sonst normal erscheinenden Körperbaue und einer der Kräftigung wenigstens fähigen Organisation — die indessen gewisse Abnormitäten der Bewegung fast niemals ausschlossen — war wenigstens der üble Haut- und Mundgeruch,

14*

der als eine durchgehende Eigenschaft der mit Blödsinn
behafteten Kinder betrachtet werden kann, vorhanden. Fast
ebenso allgemein fand sich im Levanakreise die N e i -
g u n g zum Schielen, die uns daher gleichfalls als ein
Charakteristicum gelten, darf, wobei ich sogleich bemerken
will, dass die Spiele und Arbeiten, mit denen die Levana ihre
Erfolge vorzugsweise erzielte, sobald die Kranken überhaupt
stetiger an ihnen Theil nehmen konnten, eine Besserung in Bezug auf das Schielen an sich nach kurzer Zeit hervorbrachten.

Einen vollkommen normalen Körperbau, welcher sogar
schön zu nennen war, und dabei eine ausserordentlich entwickelte Muskulosität und Bewegungsfähigkeit besass, hatte
nur e i n e s unserer kranken Kinder, ein Knabe von neun Jahren, der auch körperlich verwahrlost und mit einer entschieden krankhaften Überreizung der centralen Organe in die
Anstalt kam und ein Vollidiot blieb, aber, sobald die krankhafte Reizbarkeit gehoben und die Störungen der Ernährung —
er litt an Würmern — beseitigt waren, nicht nur eine ungewöhnliche Kraft und Gelenkigkeit, sondern auch eine ungewöhnliche Fähigkeit der instinktiv z w e c k m ä s s i g e n Bewegung entwickelte, die bei der Schönheit seiner Körperbildung
zu einer anmuthigen wurde.

Die durchgängige oder partielle Schwäche der Innervation
ist gemeinhin mit einer ungewöhnlichen S c h w e r e verbunden.
Am auffallendsten war diese Erscheinung bei einem Mädchen,
welches die untern Extremitäten in Folge mangelhafter Innervation sehr schwer bewegen konnte und durchaus nicht
schwammig erschien. Abgesondertes Wiegen lieferte den Beweis, dass diese auffallende Schwere von der Fähigkeit, Stütz-
und Anhaltepunkte für das Sicherheben zu finden, durchaus
unabhängig war. Minder auffallend war dieselbe Erscheinung
bei einem andern Mädchen, welches fetter und schwammiger
war, wogegen jener vollidiotische Knabe, der sich durch Muskelkräftigkeit und Beweglichkeit auszeichnete, auffallend leicht
war. Wir haben in dieser Beziehung noch andere Versuche
gemacht, die aber bis jetzt zu beschränkt geblieben sind, um
daraus ein Gesetz abzuleiten. — Eine auffallende Fettigkeit hatte

sich ausser bei dem eben erwähnten Mädchen, in gleicher
Weise bei drei sonst sehr verschieden organisirten Mädchen
ausgebildet, von denen das eine im späteren Kindheitsalter bis
zur Blödigkeit verdumpft war, dem andern ein narrenhaftes
Wesen eignete, und das dritte in Folge starker Onanie an
einer nach der Pupertät eingetretenen Melancholie litt. Das
letzte hatte an sich und ursprünglich ungewöhnlich feine Formen, während die andern von Haus aus plumper angelegt
waren und ungünstige Verhältnisse des Baues zeigten.

Eine ungewöhnliche Grösse ·oder Kleinheit des Kopfes
fand im Kreise unserer Kranken, ausser bei einem mikroce-
phalen Mädchen, dessen Lebensfähigkeit mühsam gefristet
wurde, nicht vor; eher durfte man bei einzelnen gesunden
Kindern das normale Grössenmass überschritten finden. Eben
so hatten wir nur wenige Fälle von solchen Abnormitäten der
Kopfform, welche bei gesunden Kindern nicht auch vorkommen, so dass unser Beobachtungskreis für die Annahmen der
gegenwärtigen Phrenologie nur geringe Anhalte bietet. Die
hervortretenden Abnormitäten waren: ein ganz steil abfallen-
der Hinterkopf bei Kurzköpfigkeit — auffallend neben andern
Fällen bei einem Mädchen, das in Folge frühzeitiger Onanie
an Veitztanz, theilweiser Lähmung und Verblödung gelitten
hatte, aber hergestellt war und sich sehr gut begabt zeigte,
obgleich es sehr reizbar blieb — ein weit zurückgeschobener
Hinterkopf mit gedrücktem Vorderkopfe, der den Anschein
der Langköpfigkeit abgab und eine gleichförmige Rundung des
ganzen Kopfes bei einer ungewöhnlichen, obgleich noch nicht
abnormen Kleinheit desselben. Die Kopfhöhe war durchweg
eine geringe, obgleich nicht auffallend unter das Mass sin-
kend, das sich bei gesunden und ziemlich begabten Kindern
findet. Vom Sattelkopfe hatten wir einen Fall; das betreffende Individuum war nicht eigentlich idiotisch, obgleich bei
sonstigen Anlagen an einer mildgradigen Beschränktheit lei-
dend und moralisch entschieden entartet Bei allen eigentlichen Idioten war die Stirn zusammengedrückt; das vorhin
erwähnte kurzköpfige Mädchen hat eine vollkommen entwickelte
Stirn. Hinsichtlich der Abnormitäten des Baues machte sich

das Missverhältniss des Ober- und Unterkörpers sogleich bemerkbar, und zwar vorherrschend als Kurzbeinigkeit, da eine
ungewöhnliche Länge der Beine nur bei einem der Blödlinge
von narrenhaftem Typus vorkam. Die Gesichtszüge waren in
der Regel stumpf, nur ausnahmsweise fand sich eine schärfere
Ausprägung; die Dicklippigkeit mit der Gewohnheit des Mund-
offenhaltens herrschte vor, bei manchen zeigte sich auch die
Zunge verdickt. Der Ausdruck der Augen war durchweg
sprechend für den geistigen Zustand; in der Regel starr, ausnahmsweise beweglich. Das Auge des vorhin erwähnten wohl-
gebildeten und vollidiotischen Knaben hatte zwar nicht nur
den Ausdruck der Unruhe, sondern auch den der Scheu, vermochte aber zutraulich bittend und lächelnd zu blicken und
war überhaupt ein ausdrucksvolles.

Die Sprachfähigkeit war bei allen Idioten eine unvollkommen entwickelte, und zwar bei denen, deren Idiotismus
sich ursprünglich zeigte und gestaltete, auch als äussere
Sprachfähigkeit, indem sich organische Hemmungen, wie Dicke
der Zunge, oder wenigstens eine mangelhafte Innervation kund
gab. Die Geberdensprache ist bei den meisten Idioten — die
narrenhaften und diejenigen, welche einen hohen Grad der
Schwachsinnigkeit darstellen, oder an krankhafter Überreizung
leiden, abgesehen — um Vieles unentwickelter als es bei
gesunden Kindern dann der Fall ist, wenn die Entwicklung
ihrer Sprechfähigkeit äusserlich-organisch gehemmt wird oder
auch aus Mangel an Übung zurückbleibt.

Von der Sprachfähigkeit ist natürlich die Theilnahme am
eigentlichen Unterrichte abhängig, so dass diejenigen, bei welchen die Sprachfähigkeit noch ganz unentwickelt war, nur an den
Arbeiten und am Spiel Theil nehmen konnten; sie verhielten sich
zu denselben, obgleich alle allmälig herangezogen wurden, sehr
verschieden, indem bei Manchen die Theilnahme sogleich hervortrat, aber jedes Kind eine Vorneigung zu dieser oder jener
Art der Beschäftigung und des Spieles zeigte. Interessant
war insbesondere auch das Verhalten zu Bildern und zur Mu-
sik; für die leztere besassen die Meisten eine grosse Empfänglichkeit und manche wurden dadurch im höchsten Grade er-

regt; nur einzelne verhielten sich gleichgültig. Zu dem Bilderbetrachten waren die meisten leicht zu bringen, aber die Fähigkeit des wirklichen Sehens war eine sehr verschiedene und
einzelne Kinder hatten vor Bildern, sowohl plastischen wie
Flächenbildern eine wahrhafte Furcht, die sich nur schwer
überwinden liess. Das Bilderverständniss, das bei normalen
Kindern so auffallend frühzeitig eintritt, entwickelt sich bei
den Idioten, wenn sie überhaupt dazu kommen, sehr spät.
Dass im Kreise des Idiotismus mannigfache Idiosynkrasien
vorkommen, lässt sich voraussetzen. Fast jedes Kind charakterisirt sich durch eine auffallende, unmotivirte und immer
wiederholte Bewegung, durch eine absonderliche Vorneigung
für diesen oder jenen Gegenstand, oder durch den ausgebildeten Hang etwas Verwehrtes zu thun. Insbesondere kam
auch die widernatürliche Neigung zum Verschlucken von
Dingen, die dem gesunden Kinde widerstehen, vor. Einzelne
unserer Idioten waren Grasesser, Einer, der einen ganz ausgebildeten Geschmack besass, suchte die Aborte auf, um ein
widernatürliches Geschmacksverlangen zu befriedigen. Bei
mehreren der Levanazöglinge war die Sucht, Gegenstände bestimmter Art zusammen zu suchen und zu verstecken, vorhanden, bei andern entschiedener Zerstörungssinn; dieser und
der Stehlsinn fanden sich vereinigt bei einem Idioten mildern
Grades. Derselbe zeigte aber ausserdem Ansätze zur Pyro-
manie, welche im Alter der Geschlechtsreife wahrscheinlich zu
voller Entwicklung kommt.

Diese mannichfaltigen Erscheinungen, die den Idiotismus
begleiten, und auf welche wir später theils bei der Erörterung
der ätiologischen Momente, theils bei der des Heilverfahrens
zurückkommen, geben, wie sie bei dem bestimmten Individuum
zusammentreten, ausgeprägte Krankheitsbilder ab, und Niemand,
der mit Idioten zu thun gehabt hat, wird behaupten, dass im
Gebiete des Idiotismus Einförmigkeit herrsche und die Individualität sich nicht abscheide, da sie vielmehr fast immer als eine
übertriebene erscheint.

Dass wir aber nach den eben ausgesprochenen Erfahrungen, die Unterscheidung die Dr. Guggenbühl zwischen Kretinen

und Idioten macht, indem er für jene eine durchgreifende körperliche Entartung in Anspruch nimmt, während bei diesen
das Leiden ein lokalisirtes sein soll — ein Ausdruck, den er
nicht braucht, der aber der passende wäre — nicht anerkennen
können, springt von selbst in die Augen. Denn während wir
bis auf eines kein Kind aus einer Kretinengegend hatten, und
nur dieses eine ein kretinöses Aussehen zeigte, konnte doch
nur der mehrerwähnte Knabe als vollkommen wohlgebildet
gelten; die Mehrzahl der Kinder hatte einen entschieden krankhaften Habitus, der sich erst nach längerem Aufenthalte in
der Anstalt milderte, und nur wenige konnten als körperlich
gesund gelten, obgleich auch bei diesen unangenehme Anomalien nicht fehlten, und die Bewegungsfähigkeit war fast bei
allen — ausser jenem vielgenannten vollidiotischen Knaben
einige kaum noch idiotisch zu nennende Kinder ausgenommen
— unentwickelt und unvollkommen. Auch besserte sich stets
mit der körperlichen Gesundheit und insbesondere auch mit
den Fortschritten des Bewegungsvermögens die geistige Empfänglichkeit und Auffassungsgabe, obgleich in vielen Fällen nur
bis zu einer gewissen Grenze, von welcher ab entweder die
körperliche Kräftigung und Beweglichkeit nach wie vor zunahm, der intellectuelle Fortschritt aber ins Stocken gerieth
oder umgekehrt die Intelligenz sich langsam aber stetig fort-
entwickelte, während sich die körperliche Schwäche, insbesondere die partielle Bewegungsunfähigkeit hartnäckig zeigte.

Aus diesen Thatsachen, die sich wenigstens im Levanakreise festgestellt haben, lassen sich nach verschiedenen Seiten
Folgerungen ziehen, es kommt uns aber hier nur auf die eine
an, dass der Unterschied des Kretinismus von den übrigen
Arten der Idiotie in etwas Anderem liegt als in der Ausbreitung der in den Centralorganen gegebenen Entartung gegenüber der Abgrenzung derselben oder der lokalen Deformität,
indem sich diese zwar nie bei dem Kretinismus, jene aber
auch bei den andern Arten des Idiotismus findet. Dass der
Unterschied besteht und ein tiefgreifender ist, lässt sich nicht
läugnen und als Merkmale desselben sind unter Anderem —
von dem Habitus abgesehen — das Verhältniss, welches der

Kretinismus zum Kropf hat, der Mangel des Geschlechtstriebes
bei den Vollkretinen, und das Vorhandensein specifischer, bei
ihrer Beschränktheit höchst entwicklungsfähiger Vermögen bei
den Halbkretinen, wie sie uns bei nicht kretinischen Idioten
nicht vorgekommen sind. Übrigens hat der Kretinismus nicht
nur verschiedene Grade, sondern es machen sich bei ihm auch
dieselben Typen geltend wie bei dem Idiotismus schlechthin,
wie denn die Fexe, die sich in den tieferen Thalgegenden finden, wo der Übergang zum Flachlande stattfindet, sehr häufig
Repräsentanten des narrenhaften Idiotismus sind. Dass der
Kretinismus schädliche territoriale Einflüsse voraussetzt, obgleich dieselben nach Art und Wesen noch keineswegs festgestellt sind, darf angenommen werden, es möchte aber auch
anderen Arten des Idiotismus der Charakter des Endemischen
zugesprochen werden können. Am meisten nähern sich dem
Habitus des Kretinismus unter den Idioten anderer Art die
Stumpfsinnigen, die grösstentheils an einem höchst unvollkommenen Zustande der Beweglichkeit leiden, obgleich nicht
immer an eigentlicher Muskelschwäche. Wohlgeformte Gestalten lässt am entschiedensten diejenige Form des Idiotismus zu,
die wir als die der Beschränktheit bezeichnet haben, und
eben so Muskelkräftigkeit und Wohlbeweglichkeit. Die narrenhafte Form ist, soweit unsere Erfahrung reicht, meist mit
einer besserungsfähigen Muskelschwäche verbunden, lässt aber
am entschiedensten relative körperliche Gesundheit zu und findet sich mit einem blühenden Aussehen zusammen.

Die Frage, ob eine oder die andere Form des Idiotismus der Heilung günstiger sei als die andere, sowie die
andere, in welchem Verhältniss diese Formen zu den Krankheitsursachen stehen, haben wir erst später aufzuwerfen
und zu beantworten. Dass sich die Heilmittel nach i h n e n
wie nach dem Grade des Übels m o d i f i c i r e n müssen,
versteht sich von selbst; insofern aber diese Heilmittel pädagogische sind, handelt es sich auch nur um eine Modification, nicht um die Vermehrung wesentlich verschiedener pädagogischer Wirkmittel; indem wir den Grundsatz, der diese
Vervielfältigung ausschliesst, a u c h im Gebiete der Heilpäda-

gogik consequent festhalten müssen. — Ein Moment, welches
jede pädagogische Übung hat, oder doch haben sollte, ist das
der Anregung und Bildung der Sinne, die für die Blödlingserziehung im Gegensatze zu der Gesundenerziehung besonders
und ausdrücklich stattfinden muss. Hierzu ist ein wirklich
naturgemässes System der Sinnenübung nothwendig und noch
zu schaffen; es muss aber, um eben ein naturgemässes zu
sein und dem vorhin ausgesprochenen Grundsatze zu genügen,
den Charakter der Einfachheit haben und trotz der Mannichfaltigkeit der Übungen festhalten, folglich das Herumgrei-
fen nach verschiedenartigen Reiz- und Erregungsmitteln ausschliessen, sowie es die Momente der Sinnenthätigkeit nicht
abstract auseinandersetzen darf. Für die Ausbildung
eines wirklichen und zusammengreifenden Systems
der Idiotenerziehung sind bis jetzt überhaupt nur
die Anfänge vorhanden.

Neunter Vortrag.

1.

In wie weit ist die „exacte" Kenntniss der Krankheitsursachen für die Heilpädagogik nothwendig? — Abgrenzung der Nothwendigkeit und des
Werthes exacten Wissens. — Die physiologische Erforschung der Ursachen der Idiotie, die Combination von ursächlichen und Folgethatsachen oder die historische Untersuchung. — Die geographische und
ethnographische Bedingtheit des Kretinismus und die geographische
Krankheitskunde im Allgemeinen. — Die methodisch-geregelte Ermittlung der Ursachen des Kretinismus und des sporadischen Idiotismus. —
Historisches über die Beachtung und die literarische Behandlung des
Idiotismus. —

Der Fortschritt der neuern Medicin gegen die ältere wird
insbesondere darin gefunden, dass sie dem Heilverfahren die
Grundlage der pathologischen Anatomie und Physiologie geben will, um den Abweichungen und Veränderungen, welche
eine genaue Untersuchung herausstellt, Wirkmittel, deren Wirkungen wissenschaftlich bekannt und als jene Abweichungen
und Veränderungen hemmende oder aufhebende nachweisbar
sind, entgegenzusetzen, folglich das experimentirende und
empirische Verfahren möglichst auszuschliessen. Ich sage:
möglichst, weil bei der Entwicklungsstufe, auf welcher die
Grundwissenschaften der Medicin, die Physiologie und organische Chemie, stehen, das empirische und experimentirende
Verfahren eine ausgedehnte Nothwendigkeit behält, insofern
überhaupt in den meisten Krankheitsfällen Etwas geschehen
und die Krankheit nicht sich selbst, oder wie man insgemein
sagt, die Heilung der Natur überlassen werden soll. In der
That aber gibt es eine medicinische Partei, welche sich diesem praktischen Nihilismus, um die Aufgabe, welche sich die

wissenschaftliche Medicin zu stellen hat, und mittelst deren
sie mit dem bisherigen unwissenschaftlichen Charakter der
Medicin brechen soll, in unmittelbarer praktischer Consequenz
zu vertreten, stark zuneigt.

Obgleich ich es nun für ungehörig halte, hier über die
Berechtigung der verschiedenen medicinischen Parteien ein Urtheil aussprechen zu wollen, so kann ich doch nicht umhin,
sogleich zu erklären, dass wir die Möglichkeit der Heilpädagogik und das praktische Vorgehen auf ihrem Gebiete von
der sogenannten „exacten" Kenntniss der Krankheitsursachen
nicht abhängig machen oder machen lassen können. Wollte
man dies thun, so müsste man consequenter Weise auch die
pädagogische Wirksamkeit schlechthin sistiren, bis die exacte
Physiologie und Psychologie in soweit entwickelt wären, dass
die Prozesse, welche jede pädagogische Einwirkung veranlasst,
in alle ihre Momente auseinandergelegt und die Nothwendigkeit jeder solchen Einwirkung aus der Bestimmtheit des Bedürfnisses, diese aber wieder aus der Bestimmtheit des organischen Zustandes nachgewiesen werden könnten. Dass ein
solches Sistiren der Erziehungsthätigkeit nicht möglich ist,
versteht sich von selbst; die Erziehung ist eben eine unmittelbare praktische Nothwendigkeit, welcher genügt werden
muss. Aber es ist auch entschieden falsch, die Vernunftge-
mässheit oder Naturgemässheit der Erziehung im Ganzen und
Einzelnen einseitig von der exacten anthropologischen Kenntniss, wie man das Wort versteht, also gewissermassen von
der anthropologischen Section abhängig zu sehen.

Wo sich ein Leben in Erscheinungen, Äusserungen und
Thätigkeiten offenbart, sind diese Offenbarungen zunächst für
sich und in dem Zusammenhange, den sie an sich selbst haben, aufzufassen, um sodann als Offenbarungen einer Innerlichkeit, die ihren Hintergrund bildet, begriffen zu werden.
Dabei bleibt allerdings zwischen der Vorstellung der Innerlichkeit und der des Erscheinenden zunächst ein leerer Raum,
der die erstere Vorstellung zu einer unbestimmten macht und
ein Spielraum für willkürliche Annahmen und Hypothesen ist.
Wenn aber die exacte Wissenschaft hier wie überall den Be-

ruf hat, vermittelnd einzutreten, um diesen leeren Raum aus-
zufüllen, die Unbestimmtheit der Vorstellung aufzuheben und
willkürliche Hypothesen auszuschliessen, was dadurch geschieht,
dass sie die organische Vermittlung zwischen dem Äusseren
und Inneren untersucht und eine genaue Kenntniss derselben
schafft, so ist doch diese Aufgabe eine beschränkte und es
muss dies auch das Resultat ihrer Lösung sein, d. h. die
exacte Wissenschaft macht die Auffassung der Äusserungen
als solcher und der Innerlichkeit als solcher nicht entbehrlich,
und die Kenntniss des Organismus reicht zur Erkenntniss desselben bei Weitem nicht aus. Sie bleibt vielmehr, wo die
Auffassungsfähigkeit des Äusseren und der Äusserungen als
solcher und die lebendige Vorstellung der Innerlichkeit als
solcher fehlen, für die nothwendige Praxis belanglos und unnütz, während, wo jene Auffassung und Vorstellung vorhanden sind, die exacte Kenntniss des Organismus mangeln kann,
unbeschadet einer erspriesslichen, zweckgemässen und vernünftigen Wirksamkeit.

Dies hervorzuheben erscheint grade gegenwärtig geboten,
weil in der gegenwärtigen Pädagogik eine einseitig psycholo-
gisirende Richtung, die nebenbei eine physiologisirende ist, in
einer ungemessenen Art Platz greift, und wir können uns gegen diese Einseitigkeit um so bestimmter erklären, als wir
uns bewusst sind, die Wichtigkeit, welche das exacte anthropologische Wissen für die Pädagogik und ihre Zukunft hat,
nicht zu verkennen, wofür unsere heilpädagogischen Bestrebungen an sich schon ein genügender Beweis sind. Weil wir
aber das Gebiet der allgemeinen Pädagogik durch die Heilpädagogik zugleich erweitern und bestimmen wollen, dürfen
wir die Ausdehnung der heilpädagogischen Wirksamkeit nicht
von vorn herein durch den Anspruch verengen lassen, nur
insoweit ausdrücklich einzuwirken, d. h. — da hierin das pädagogische Einwirken besteht, — nur insoweit Thätigkeiten
hervorzurufen, zu veranlassen und zu regeln, als uns der organische Grund des Übels, das wir beseitigen oder heben
wollen, bekannt ist. Wir halten es zwar für eine wissenschaftliche Aufgabe der Heilpädagogik, ihrerseits dazu beizu-

tragen, dass die organische Begründung bestimmter Übel erkannt werde, aber wodurch sie hierzu specifisch, d. h. insofern sie eben Heil-Pädagogik und nicht Medicin ist, bei-
tragen kann, ist eben das pädagogische Experiment, das allerdings kein vagirendes und principloses sein darf, was es bei
der herrschenden Methodensucht, die sich einseitig den raschen
Erfolg als Ziel stellt, nur zu leicht wird, wie überhaupt eine
Pädagogik, welche in einzelne praktische Zwecke auseinan-
dergeht, für die wirkliche Beobachtung verdorben ist.

Wo der Pädagog eine abnorme Schwäche oder eine abnorme Wucherung eines Bedürfnisses oder eines Vermögens
beobachtet, hat er das Recht und die Pflicht, gegen die Schwäche
anregend, reizend und übend, gegen die Wucherung oder Verkehrung reagirend, hemmend und abschwächend zu wirken,
und die hierzu geeigneten Mittel geben ihm die von wissenschaftlichem Geiste durchdrungene Erfahrung und die Reflexion
an die Hand.

Dasselbe Recht und dieselbe Pflicht hat auch die Heilpädagogik, und damit ist für sie die Nothwendigkeit, die Übel,
welche sie bekämpft, in ihrem organischen Grunde zu
kennen, zu einer relativen herabgesetzt. Mit andern
Worten: so wichtig die Erkenntniss des organischen Krankheitsgrundes an sich ist, so kann doch das heilpädagogische
Vorgehen von der Grenze dieser Erkenntniss als einer exact-
wissenschaftlichen nicht abhängig gemacht werden, und wenn
dieses geschähe, würde die Heilpädagogik denjenigen Beitrag
zur wissenschaftlichen Erforschung des Übels, den grade sie
zu liefern und zu leisten hat, weil sie allein dazu fähig ist,
nicht liefern und leisten.

Dieser allgemeine Satz gilt auch oder insbesondere für
denjenigen Zweig der Heilpädagogik, der sich mit dem kretinischen und nichtkretinischen Idiotismus befasst. Jedenfalls
sind die rechten Pädagogen eben so, und in gewisser Beziehung noch mehr als die rechten Ärzte geeignet, die Symptome des Idiotismus festzustellen und zu gruppiren, also Krankheitsbilder aufzunehmen und für die Formenbestimmung des
Idiotismus zu benutzen. Wie wichtig und unerlässlich diese

Formenbestimmung ist, haben wir schon ausgesprochen und
bewiesen. Ausserdem wird sich der rechte Pädagog über die
Wirkungen, welche seine Mittel hervorbringen, stets Rechen-
schaft geben; er wird immer wissen, wie sich das Individuum
gegen eine bestimmte Anregung zur Thätigkeit und bei einer
bestimmten geregelten Thätigkeit verhält, und aus diesem
Verhalten sind auf die organische Beschaffenheit des Individuums Schlüsse zu ziehen, die der Pädagog in demselben
Maasse selber ziehen kann, als er mit der Physiologie vertraut
ist, während er die Resultate der am lebenden und todten
Körper gemachten medicinischen Untersuchung von der ärztlichen Wissenschaft zu empfangen hat.

Wenn wir daher diesmal auf den organischen Grund des
Idiotismus überhaupt eingehen, so geschieht es nicht mit der
Anmaassung, die in Bezug auf diesen Grund bis jetzt gemachten Untersuchungen und Resultate als solche kritisch zu vergleichen und unsrerseits zu vervollständigen. Wir können es
aber für keine Anmaassung gelten lassen, wenn wir die Resultate der medicinischen Untersuchung zu unserem Standpunkte
und zu den Resultaten, die sich uns aus der pädagogischen
Beobachtung ergeben haben, in ein Verhältniss setzen und,
wo ein Widerstreit oder doch eine Differenz der medicinischen
Ansichten besteht, diejenigen acceptiren, welche sich
mit unsern Grundanschauungen und mit den Erfahrungsresul-
taten, zu denen wir gelangt sind, am passendsten zusammenschliessen.

Was wir den organischen Grund des Übels genannt
haben, ist die physiologisch gefasste Genesis desselben; es
kommt also, um diesen Grund zu finden, darauf an, von den
Symptomen und Erscheinungen zu ihrer nächsten organishen
Bedingtheit, von dieser, d. h. von den innern Degenerations-
und Missformen mittels der Unterscheidung des Bedingenden
und Bedingten zu dem einfachsten Ausdruck des ursprünglichen Übels, das demnach als ein mit der Ausbildung des
Orgainsmus sich entwickelndes begriffen werden muss, fort-
zugehen. Es möchte aber schwer, ja unmöglich sein, einseitig auf dem Wege der exacten physiologischen Untersuchung

zu einem genügenden und zutreffenden Begriffe und Ausdrucke des physiologischen Entstehungsgrundes zu gelangen, weil die Abstraction von den Krankheitsursachen, die sich objectiv und erfahrungsmässig als solche darstellen, eine gewaltsame wäre, und jede gewaltsame Abstraction sich durch Schwierigkeiten, die scheinbar zur Zeit unüberwindlich sind, rächt. Will indessen die physiologische Untersuchung erproben, wie weit sie kommen und welche Resultate sie feststellen kann, ohne die Erfahrung von Krankheitsursachen, die sich objectiv formuliren lassen, zu berücksichtigen und ohne aus ihr die Schlüsse zu ziehen, die Gesichtspunkte zu gewinnen und die Hypothesen zu construiren, welche den Fortschritt der physiologischen Untersuchung als solcher bestimmen, d. h. ihr Aufgaben entgegenstellen und ihren Resultaten zu einer objectiven Bestätigung dienen könnten, so lässt sich gegen diese Beschränkung auf die eigenen und eigensten Mittel als Experiment Nichts einwenden, ja es mag der Versuch, auf dem Wege der physiologischen Untersuchung ohne äussere Hülfe und unbeirrt vorzuschreiten ein zur Zeit d. h. voreiligen Annahmen, die zur Scheingewissheit leiten, gegenüber nothwendiger sein. Aber andrerseits ist durchaus nicht abzusehen, warum der erfahrungsmässigen Zusammen- und Feststellung objectiver Krankheitsursachen die wissenschaftliche Berechtigung und der wissenschaftliche Charakter fehlen sollten. Wo die Combination von Thatsachen als ursachlichen und Folgethatsachen möglich ist, ist diese Combination eine wesentliche und unerlässliche wissenschaftliche Aufgabe, neben welcher die andere bestehen bleibt, aus der gründlich, d. h. exact untersuchten Bestimmtheit der Thatsache auf die möglichen Ursachen zu schliessen.

So schwierig es also sein mag, die Erkrankungen, die dem Gebiete des Idiotismus angehören, auf objective Ursachen auf dem Wege der historischen Untersuchung zurückzuführen so ist doch diese Schwierigkeit kein Grund, um von der betreffenden Combination der Thatsachen abzusehen, wie zu dem Herabsehen auf die in dieser Weise gewonnenen Resultate und ihre Gewissheitsgrade die bestimmten Resultate, zu denen die physiologische Untersuchung bis jetzt gelangt ist, keinen Grund abgeben. Mögen die Annahmen, die beispielsweise hinsichtlich der territorialen Ursachen des Kretinismus bis jetzt hervorgetreten sind, immerhin als Hypothesen ohne wissenschaftliche Begründung gelten können, so sind sie doch die Anfänge einer wissenschaftlichen Behandlung des Gegenstandes von der geographischen und ethnographischen Seite — Anfänge, die sich erweitern und zusammenschliessen können und werden, und zwar in dem Maasse, in welchem sich einestheils die geographisch-ethnographische Wissenschaft überhaupt entwickelt und ausbildet, anderntheils insbesondere die geographische Krankheitskunde Fortschritte macht und der Zusammenhang des jedesmaligen Krankheitsstandes und Charakters mit der jedesmaligen Bestimmtheit der meteorologischen Erscheinungen sowie mit gegebenen geographischen Beschaffenheiten eines mehr oder minder ausgedehnten Gebietes durch fortgesetzte Beobachtungen und eine genaue Statik der betreffenden Verhältnisse herausgestellt wird.

Wenn man findet, dass bestimmte Thatsachen mit andern, die von vorn herein als Folgethatsachen angenommen werden müssen, stets zusammentreffen, so ist man vollkommen berechtigt, die ersteren als ursächliche anzunehmen und es handelt sich nur noch darum, die Vermittlung, die zwischen Ursache und Wirkung vorhanden ist, durch exacte Untersuchungen, deren Richtung immerhin die Hypothese zu bestimmen hat, kennen zu lernen.

Bezüglich des Kretinismus würden also, um zu sichern Resultaten über das Vorhandensein und die Bestimmtheit territorialer und localer Ursachen zu gelangen, folgende Fragen durch geregelte Nachforschungen, Beobachtungen und Feststellungen zu beantworten sein:

1) Wo hat der Kretinismus einen entschieden endemischen Charakter?

2) Welches ist die geognostische Beschaffenheit und die Oberflächengestaltung der Kretinengegenden?

3) Wie verhält sich die Oberflächengestaltung insbesondere zur Möglichkeit des Luftwechsels, der Ventilation,

und zur Insolation, die geographische Beschaffenheit
zu den hydrographischen Verhältnissen, insbesondere
zum Wasserabfluss und zur Wasserstauung sowie zur
Wasserbeschaffenheit?

4) Welches sind die besonderen Witterungsverhältnisse
der Kretinengegenden?

5) Welche auffallenden Charaktermerkmale zeigen die Vege-
tation und das thierische Leben, abgesehen von denen,
welche sich aus der Lage und der geognostischen Basis
von selbst ergeben?

Es unterliegt wohl keinem Zweifel, dass, wenn diese
Fragen ihre genügende Beantwortung, die nur das Ergebniss
geregelter und ausgedehnter Ermittelungen sein kann, gefunden haben, die nöthige Klarheit über die den Kretinismus bedingenden territorialen Einflüsse und Zustände gewonnen sein
wird. Insofern sich dabei Differenzen nicht bloss nebensäch-
licher Art hinsichtlich der geographischen Beschaffenheit der
Kretinengegenden, d. h. derjenigen Beschaffenheit, die für die
endemische Krankhaftigkeit bedeutend sein kann, herausstellen,
wird man diese Differenzen zu den Formdifferenzen, die der
Kretinismus verschiedener Gegenden zeigt — Formdifferenzen,
auf welche beispielsweise auch Herr Regierungsrath Dr. Knolz,
der sich so ergiebig mit der Kretinenfrage beschäftigt hat,
einen grossen Nachdruck legt — in ein bestimmtes Verhältniss zu setzen haben. Wo sich aber die Begrenzung und die
Modificirbarkeit der territorialen Einflüsse in auffallenden Abweichungen, also darin zeigt, dass die Extensivität und Inten-
sivität des kretinischen Übels da geringer ist, wo die Stärke
der als schädlich bestimmten Einflüsse grösser ist und umgekehrt, so wird man den Grund dieser Abweichungen, also
eine modificirende und zwar wesentlich modificirende Bedingung des Übels zunächst in der Abstammung, dem nationalen
Charakter, und weiterhin in dem Kulturzustande, dem Charakter der Civilisation zu suchen haben. Über dieses Verhältniss ist das Nöthige schon früher ausgesprochen worden,
und ich will hinsichtlich der Fähigkeit, ungünstige territoriale
Einflüsse zu überwinden, jetzt nur beispielsweise hervorheben,

dass einschlagende Beobachtungen an den deutschen und sla-
vischen Bevölkerungen, die in den Kretinengegenden Öster-
reichs häufig zusammenwohnen, schon gemacht worden sind.
Wie unerlässlich und dringend die Ermittelung dieser
Verhältnisse ist, wenn man das endemische Übel überhaupt
angreifen will, springt in die Augen. Die Beseitigung der objectiv bedingenden Ursachen desselben ist keine specielle Aufgabe der Medicin, sondern eine Aufgabe des Staates, für welche
verschiedene Factoren: die systematische Hebung der Landes-
cultur im ökonomischen Sinne, welche die Beseitigung von
weitreichenden territorialen Krankheitsursachen einschliesst, die
Gesundheitspolizei als vorbauend regelnde, die organisirte Erziehung eintreten müssen — Factoren, deren Verhältniss zu
einander wir schon mehrfach besprochen haben. Zur Feststellung der Krankheitsursachen aber, die beseitigt werden
müssen, ist die sichere Bestimmung des organischen Grundes,
den das Übel als solches hat, nicht nöthig, wenigstens nur
sehr bedingt, und auf keinen Fall kann und darf mit Massnahmen gegen die Ausbreitung des Übels gewartet werden,
bis seine physiologische Natur klar erkannt ist, was im höchsten Grade unpraktisch wäre.

Was den sporadischen Idiotismus und seine Ursachen
anbetrifft, so sind Ermittelungen darüber zwar gleichfalls schwierig, aber doch nicht unmöglich. Auch hierbei kommt es auf
eine Ermittelungsmethode an, und es müsste daher unter Anderem dafür gesorgt sein, dass kein idiotisches Kind einer Anstalt übergeben würde, ohne die Aufnahme eines doppelten
Statusprotokolles, eines von dem Bezirks- oder Hausarzte und
eines von der Ansalt aufzunehmenden, in welchen beiden die
ätiologischen Momente, soweit sie sich durch Aussagen der
Eltern und Pfleger, durch polizeibehördliche Angaben und
durch Selbstbeobachtung ermitteln lassen, berücksichtigt sein
müssten. Insbesondere wären Fragen zu stellen: auf Alter,
Constitution und Gesundheitszustand der Eltern und Geschwi-
ster, wenn letztere vorhanden, auf die Lebens- und Ernäh-
rungsweise der Familie sowie auf den Charakter des ehelichen
und Familienverhältnisses, auf die Schwangerschaftszustände

15*

und den Verlauf der Kinderkrankheiten, auf Art der ersten
Pflege und Erziehung etc.

Es kann wohl nicht Wunder nehmen, dass bis jetzt in
Bezug auf die bezeichneten Ermittelungen so wenig geschehen
ist. Im Allgemeinen nehmen erst neuester Zeit vom Staate
ausgehende und geregelte Ermittelungen einen umfassenderen
Charakter an und die Statistik befindet sich in der ersten
Kindheitsperiode; sodann aber hat sich das humane und wissenschaftliche Interesse für den endemischen Idiotismus und
den Idiotismus schlechthin, nachdem es um die Zeit der französischen Revolution entschieden herausgetreten, nur sehr langsam entwickelt und beschränkt sich auch noch gegenwärtig
auf kleinere Kreise, weil die sociale Bedeutung ,des Gegenstandes noch viel zu wenig gewürdigt, auf die Frage aber,
ob Vollidioten heilbar sind oder nicht, ein zu einseitiges Gewicht gelegt wird.

Die erste Charakteristik des Kretinismus findet sich bei
Paracelsus, dem Lutherus medicorum, während wir eine
solche weder bei den alten Schriftstellern, noch bei denen des
Mittelalters finden, was ein Nichtvorhandensein des Übels nicht
beweist, obgleich sich aus verschiedenen Gründen annehmen
lässt, dass es in der neueren Zeit zu einer weiteren Ausdehnung gelangt ist.

Im Jahre 1788 schrieb Malacarne in Turin seine Briefe
über die Kretinen, denen er im folgenden Jahre eine Abhandlung
folgen liess.

Im Jahre 1792 erschien das erste umfassende und gründliche Werk über den Kretinismus von dem Strassburger Fo-
déré, der den Grund dés Übels in der Übersättigung der in
Gebirgsthälern stagnirenden Luft mit Feuchtigkeit fand.

Saussune, der die Region des Kretinismus für die Alpen
feststellte, ist schon erwähnt worden.

Deutsche Gelehrte, die sich mit dem Kretinismus beschäftigten, waren Ackermann in Mainz, und Iphofen, der in
seinem 1817 herausgebenen Buche als nächsten Grund für
die kretinische Entartung den Mangel der Lebenskraft, als
entferntere den Mangel elektrischer Materie in der Luft be-

hauptet, und die verschiedenen über den Kretinismus aufgestellten Meinungen und Ansichten einer scharfen Kritik unterwirft.

Seitdem haben sich die Abhandlungen und kleinen Werke, welche den Kretinismus zum Gegenstande haben, ansehnlich gemehrt, und es ist darunter viel dankenswerthes. Insbesondere zu erwähnen sind die Knolz'schen Arbeiten von 1827 und 1843, als sehr gediegene Leistungen, und die Abhandlung Zillner's über den Kretinismus in Salzburg, die für das ärztliche Publicum zum Anhalt in der Kretinenfrage zu werden angethan ist. Bisher sind bei dem Ansehen, welches Professor Virchow in der medicinischen Welt geniesst, seine gelegentlichen Mittheilungen und Ansichten über den Kretinismns viel citirt und als maassgebend angenommen worden.

Die erste Regierung, welche die Angelegenheit in die Hand nahm und sich durch eine eigens ernannte Commission einen ausführlichen Bericht erstatten liess, war die sardinische, der Erste, der eine Kretinenheilanstalt errichtete — im Jahre 1841 — Guggenbühl — ein Mann, dessen Name, auch wenn sich so entschieden herausgestellt hätte, wie jetzt nachgesprochen wird, dass er seiner Aufgabe durchaus nicht gewachsen, mit Achtung genannt werden müsste, weil er mit heiligem Eifer eine solche Aufgabe sich gestellt. Wir kommen auf die praktischen Bestrebungen Dr. Guggenbühl's und seiner Nachfolger später zurück, wenn wir uns mit den bisherigen Versuchen und Unternehmungen auf dem Gebiete der Heilpädagogik überhaupt beschäftigen. Jeder Versuch aber, den Idiotismus praktisch anzugreifen hat sich bisher auch mit dem Versuche, einen bestimmten theoretischen Standpunkt in der Sache einzunehmen, verknüpft, was die früher von uns ausgesprochene Ansicht, dass der praktische Angriff der Idiotenheilung die theoretische Auffassung und Kenntniss des Idiotismus in seiner kretinischen und nichtkretinischen Form rascher als man bis jetzt noch glaubt, fördern werde, bestätigt.

Unsere praktische Beschäftigung mit den Idioten hat uns allerdings nur einen verhältnissmässig kleinen Kreis näherer Beobachtung gestattet, aber uns doch die Möglichkeit

gegeben, die Formenbestimmung, welche wir für die naturgemässe halten, in den einzelnen Gruppen bestimmter Individuen thatsächlich dargestellt zu sehen. Jede streng aufge-
fasste Formdifferenz aber weisst durch sich selbst auf Differenzen der organischen Krankheitsursache hin und nöthigt
dazu, sich eine solche mindestens vorstellig zu machen.

2.

Die Krankheitsursachen und der organische Krankheitsgrund. — Die Unent-
 behrlichkeit der Hypothese. — Die Deformität als materielle Entartung
und als Missform. Verhältniss der materiellen Beschaffenheit, der äusseren Form und Structur. — Die allgemeine Function des Nervensystems und die aus ihrem Begriff sich ergebenden Formen der den Idiotismus begründenten Deformität. — Die Vorherrschaft des Gangliensystems
bei der kretinischen Entartung. Das Verhältniss des Kretinismus zu
den Formen der Idiotie. — Charakteristik des idiotischen Stumpfsinns,
der idiotischen Melancholie, der idiotischen Beschränktheit und Narrenhaftigkeit. — Objective-Ursachen. —

Wenn wir von dem organischen Grunde eines Übels
sprechen, so haben wir darunter den einfachen physiologischen Ausdruck der Thatsache zu verstehen, oder die
Frage nach dem organischen Grunde des Leidenszustandes ist
die Aufforderung, die Erscheinungen und Äusserungen desselben auf eine krankhafte Bestimmtheit des Organismus, die sich
in ihnen fortsetzt und herausstellt, zurückzuführen. Insofern
aber diese Bestimmtheit als eine gegebene und sich aus und
durch sich selbst entwickelnde aufgefasst wird, wie sie es kann,
können wir sie auch als den subjectiven Grund des Übels im
Unterschiede von den objectiven Ursachen bezeichnen, welche
sich ihrerseits wieder als organische, aber nicht im Individuum
selbst liegende Voraussetzungen desselben und als äussere
Einflüsse und Einwirkungen, die es hervorbringen, unterscheiden lassen. Die letzteren sind entweder unbedingt wirksame, d. h. sie bringen das Leiden hervor, sofern sie einen
Organismus bestimmter Geltung überhaupt treffen — wobei
indessen die volle und die gebrochene Stärke zunächst für die

Quantität des Leidens in Betracht kommt — oder sie setzen eine besondere Anlage voraus, welche sich zu dem organischen Grunde des Leidens als reale Möglichkeit verhält, und der hervorbringenden Einwirkung um so mehr den Charakter der blossen Veranlassung giebt, je mehr sie an sich schon ausgebildet ist. Sowie sich die Anlage realisirt oder das Leiden beginnt, ist der organische Grund desselben gegeben, dieser erscheint also bei vorhandener Anlage als das Product zweier Factoren, eines primären, auf den die Anlage zurückgeführt werden muss, und eines secundären, welcher die zurückgetretene Wirksamkeit des ersteren durchsetzt. Wir fassen aber in der Vorstellung des organischen Grundes das Product als productiv, d. h. als die Krankheit bedingend auf, weil und wenn uns diese als eine entwickelte Erscheinung entgegentritt, während wir da, wo eine Krankheit einfach durch irgend eine äussere Einwirkung hervorgebracht erscheint, die organische Bestimmtheit, welche ihre erste Form ausmacht, nicht als ihren organischen Grund bezeichnen, da wir in diesem Falle nicht die Vorstellung einer von innen ausgehenden Entwicklung haben. Hierbei müssen wir uns nothwendig die äussere Einwirkung als eine solche, für welche die Reactionsfähigkeit des Organismus nicht bestimmt ist, oder das Medium der Schädlichkeit als ein in die Assimilation, durch welche sich der Organismus erhält nicht eingehendes vorstellen. Eine organische Voraussetzung des Uebels aber, die dem leidenden Organismus objectiv ist, kann nur in den organischen Functionen, denen der Organismus sein Werden verdankt, also in der Zeugung und der den Zeugungsact fortsetzenden Ernährung, oder in der Bestimmtheit der zeugenden Individuen gesucht und gefunden werden. Sie besteht also entweder in Störungen und Regelwidrigkeiten der bezeichneten Acte oder in einer fixirten, mehr oder weniger ausgebildeten Krankhaftigkeit der Erzeuger und es lässt sich dabei an eine Uebertragung oder an eine Begründung der Krankheit, welche nur bis zur Anlage oder bis zum organischen Grunde reicht, denken; je mehr sich aber die Uebertragung dem Charakter der Ansteckung nähert, um so weniger kann von einer organischen Voraus-

setzung des Uebels im strengeren Sinne des Worts gesprochen
werden. — Um indessen für das Folgende kein Missverständniss aufkommen zu lassen, will ich noch bemerken, dass der
organische Grund des Uebels nur dann als ausgesprochen
gelten kann, wenn der bestimmte Krankheitscharakter zu
der Bestimmtheit der physiologischen Thatsache, in welcher
der organische Krankheitsgrund gefunden wird, in Beziehung
gesetzt ist. Sonach ist der Ausdruck des organischen Grundes ein mangelhafter, wenn als solcher eine irgendwie ent-
standene Deformität angegeben wird, ohne dass aus ihr das
Wesen der Krankheit, und aus ihrer Bestimmtheit die Form
derselben abgeleitet würde, wenn auch der Zusammenhang der
Krankheit mit der vorgefundenen Deformität an sich keinem
Zweifel unterliegt. Diese Mangelhaftigkeit wird durch die genaueste Bestimmung der Deformität und ihrer Ursachen nicht
gehoben, wogegen freilich, wenn diese Bestimmung fehlt, der
Ausdruck des organischen Grundes gleichfalls ein mangelhafter ist, auch wenn der Zusammenhang zwischen der Deformität und dem Wesen wie der Form der Krankheit einen annähernd genügenden Ausdruck hätte.

Ich habe den allgemeinen Begriff der Krankheitsursache kurz,
wie eben geschehen, auseinandersetzen wollen, weil eine Verständigung über die Tragweite der einschlagenden Bezeichnungen
nothwendig erscheint, wo die Charakteristik eines Übels auf die
Genesis desselben eingehen und aus dieser seine möglichen
Formen ableiten soll. Dass wir aber, was speciell den organischen Grund des Idiotismus, wie der Begriff definirt worden
ist, anbetrifft, auf die Hypothese angewiesen sind, wird jeder
Kundige anerkennen, und der Werth hypothetischer Ausführungen lässt sich immer anzuzweifeln. Ich habe daher geltend
zu machen, dass man den Werth der Hypothese, an sich genommen, also abgesehen von bestimmten Hypothesen, eben so
wenig unterschätzen wie überschätzen darf. Zunächst bedarf
das der exacten Untersuchung dienende Experiment der vor-
greifenden Hypothese, um nicht ein richtungs- und zielloses
zu sein, d. h. das wissenschaftliche Experimentiren kann nur
so stattfinden, dass man fortgesetzt die Bestätigung irgendwie

begründeter Vermuthungen und Schlüsse sucht, um, wo sich
eine solche Bestätigung nicht ergiebt, die Reflexion auf das
mögliche Sachverhältniss zu erneuen; jede Annahme aber
hat den Charakter der wissenschaftlichen Hypothese um so
entschiedener, je einfacher und zugleich — hinsichtlich der
durch sie bedingten Erscheinungen — umfassender die angenommene Thatsache ist. Weiterhin kommt es unzweifelhaft
für das wissenschaftliche Erkennen darauf an, die Erscheinungen zu gruppiren oder die gegebenen Erscheinungsgruppen
aufzufassen; so lange aber der Ausdruck für eine innere
Verknüpfung der Erscheinungen fehlt, bleibt die Zusammenfassung und Charakteristik einer Gruppe, die zunächst als
solche vorstellig werden muss, eine unzureichende und unbe-
friedigende für die Vorstellung. Demnach erfüllt der Ausdruck des noch verborgenen Grundes, der als solcher ein hypothetischer ist, obgleich er als ein vorläufiger betrachtet werden muss, einen wesentlichen Zweck, oder vielmehr ein Bedürfniss, das durch den Erkenntnisstrieb bedingt ist, also
auf die Gefahr des Irrthums hin befriedigt werden muss, wenn
nicht die Entwicklung des Erkenntnisstriebes widernatürlich
gehemmt werden soll — wobei ich an den bekannten Les-
sing'schen Ausspruch erinnern will. Endlich ist zu sagen, dass
die Darstellung der Thatsachen als solcher, soweit ihre Combination aufgefunden und constatirt sein mag, niemals ausreicht, um ihren innersten Zusammenhang zum Bewusstsein
zu bringen, dass also nicht nur ein vorläufiger, sondern auch
ein so zu sagen nachträglicher Ausdruck dieses Zusammenhanges, der allerdings nur im uneigentlichen Sinne ein hypothetischer ist, schlechthin nothwendig bleibt. Ich muss indessen diese allgemeinen Bemerkungen, die eine Art von Rechtfertigung gegen den Vorwurf willkürlicher Annahmen, dem ich
mich allerdings durch die Behandlung des vorgesetzten The-
mas aussetze, abgeben sollen, abbrechen, damit ich nicht die
Weitläufigkeit der Entschuldigung zu entschuldigen habe.
Übrigens nehmen wir, wie früher gesagt wurde, das Recht in
Anspruch, wo sich die Ansichten der Fachmänner — der Mediciner und Physiologen — entgegenstehen, die unserem Stand-

puncte entsprechende Ansicht zu adoptiren ohne auf eine
Erörterung der Beobachtungen und Gründe, welche sich die
Gegner entgegensetzen, einzugehen. Dabei mag erwähnt sein,
dass die schon früher citirte Abhandlung Zillners eine ausgezeichnet präcise Zusammenstellung der Gehirnerkrankungen
und Gehirndeformitäten enthält, welche als Grund des idiotischen Zustandes angenommen werden können und erwiesen
sind. Natürlich begnüge ich mich, auf diese Zusammenstellung, die bei den Aerzten voraussichtlich eine allgemeine Anerkennung finden wird, hinzuweisen, da hier ein Referat zu
geben nicht meines Amtes ist, und der Versuch, die hypothetische Darstellung, welche ich beabsichtige, mit den ätiologischen Bestimmungen Zillners irgendwie zusammen zu fassen,
mich zu weit führen würde, auch wenn die Schwierigkeit desselben geringer wäre als sie es ist. Dass dabei meine eigene
Darstellung nicht nur eine hypothetische, sondern zugleich eine
einseitige bleiben wird, ist mir wohl bewusst, wie aus dem,
was ich vorhin über die zwiefache Mangelhaftigkeit, die dem
Ausdrucke des organischen Grundes zukommen kann, sagte,
hervorgeht. Indessen wird es überhaupt noch lange dauern,
ehe die wissenschaftliche Erörterung, Untersuchung und Behandlung gerade dieses Objectes zu einer Art von Abschluss
gedeiht. Der Raum für eine hypothetische Vermittlung des
organischen Krankheitsgrundes mit den Formen der Idiotie ist
durch die ätiologische Eintheilung, welche Zillner giebt und
welche eine doppelte theils nach den Ursachen, theils nach
dem Sitze des Übels ist (Schädelverbildungs-, Meningeal-, Ce-
rebral-Idiotie) nicht hinweggenommen.

Der organische Grund des Idiotismus liegt, wie allgemein
angenommen wird, in einer Deformität des Cerebro-Spinalsy-
stems. Als allgemeiner Begriff schliesst die Deformität sowohl die materielle Entartung wie die Missform, d. h. das
ausgeprägte Missverhältniss ein, welches ein Organ hinsichtlich der Stärke und Gestalt seiner Theile oder auch einfach
betrachtet gegenüber der gewöhnlichen, relativ normalen
Grösse und Form darstellt. Insofern die materielle Entartung als allgemeine oder partielle Wucherung oder Schwund

im Gefolge hat, bedingt sie die Missform; aber umgekehrt
kann auch die gegebene, also anderweitig bedingte Missform, indem sie der vorhandenen Entwickelungstendenz wider-
steht und die nothwendigen Functionen beeinträchtigt, materielle Entartungen herbeiführen. Mit dieser zwiefachen Möglichkeit ist nicht die Nothwendigkeit ausgesprochen, d. h.
bei der materiellen Entartung kann sich die gegebene Form als
äussere erhalten, ja sogar, insofern durch die Entartung die
Entwicklung und Formation nicht ausgeschlossen ist, zu einer
normal erscheinenden ausbilden, während die Missform die
materielle Entartung nicht bedingt, insofern sie zwar unter
allen Umständen die organischen Functionen beschränkt, aber
ihren qualitativen Charakter nicht zu verändern braucht. Ebendesshalb ist da, wo die Missform und die materielle Entartung zugleich erscheinen, noch keineswegs anzunehmen, dass
diese durch jene oder jene durch diese bedingt ist, indem die
zwiefach vorhandene Deformität einen einfachen und durchgreifenden Krankheitszustand darstellen oder die einfache und
gleichzeitige Folge eines weiteren und tieferen Grundes selbst
da sein kann, wo für ein Organ eine besondere und selbständige Umhüllung oder Bedeckung, die als solche die Entfaltung
des Organs begrenzt, vorhanden ist, ein Punct, auf den wir
nachher, da die deforme Schädelbildung vielfach als einfacher
Grund für die idiotische Schwäche und Entartung angenommen wird, zurückkommen müssen. Indessen reicht die Unterscheidung der Form und der materiellen Beschaffenheit, insofern bei der letzteren nur an Mischungsverhältnisse gedacht
und die Form als äussere, als Bestimmtheit der Abgrenzung
aufgefasst wird, zum Ausdruck des Bestandes, den ein Organ
hat, und des Zustandes, in dem es sich befindet, keineswegs
aus, weil sie eine unvermittelte ist und, was die Materie anbetrifft, die Vorstellung der Formlosigkeit, was die Form anbetrifft, die Vorstellung der Äusserlichkeit und Zufälligkeit
nicht ausschliesst. Es fehlt also ein Mittelbegriff und zwar
ist dies der Begriff der Structur, die zunächst als die sich
nach innen und zwar innerhalb der inneren Gliederung fortsetzende Form bezeichnet werden kann, ebenso aber, insofern

die materielle Beschaffenheit auf den Lagerungsverhältnissen
der kleinsten Theilchen beruht, als die sich nach aussen fortsetzende Gruppirung der Stoffbestandtheile oder als die fortgesetzte Veräusserung der materiellen Beschaffenheit, die in
der Gliederung ihren Abschluss gewinnt. Hiernach ist die
Structur bis zu einer gewissen Grenze einerseits mit der materiellen Beschaffenheit, andrerseits mit der Form und ihrer
inneren Gliederung gegeben; insofern aber die Materie Veränderungen eingeht, welche die Structur als fixirte nicht unmittelbar berühren, und insofern die äussere Form für die
Functionen eines Organs an sich unwesentlich ist, kommt der
Structur, indem sie bei gleicher Beschaffenheit der relativ
formlosen Materie, bei gleicher Ausdehnung und gleicher Form
des Organs eine verschiedene sein kann, eine selbständige
Bedeutung für den organischen Zustand zu. Hierbei ist im
Allgemeinen zu bemerken, dass weder die Quantität, mag sie
als einfache Ausdehnung oder als Gewicht bestimmt werden,
noch die chemisch ermittelte Beschaffenheit der relativ formlosen Materie für sich einen Maasstab für die vorauszusetzende
Energie eines Organs abgeben können, dass vielmehr, wenn
eine solche Schätzung keine oberflächliche und trügerische
sein soll, nicht nur zugleich sondern vorzugsweise die Form,
insoweit sie einerseits durch die innere Gliederung, andrerseits durch das nothwendige Verhältniss des einen Organs zu
dem andern bedingt ist, und die Structur, sofern sie zu ermitteln ist, in Betracht gezogen werden müssen — eine Bemerkung, die insbesondere auch für die gegenwärtige Phrenologie gilt. Ferner ist hervorzuheben, dass die materielle Entartung entweder in Zersetzungen und Verwandlungen bestehen kann, welche die Hemmung und Störung der stoffbil-
denden Thätigkeit voraussetzen lassen und an die Vorgänge
der mit dem Aufhören des Lebens eintretenden Auflösung
erinnern, oder in einer Metamorphose, welche die Beschaffenheit des einen Organs der eines andern annähert, also
nicht sowohl eine Hemmung und Störung, als vielmehr eine
Verkehrung oder eine einseitige Tendenz der stoffbilden-
den Thätigkeit offenbart, dass aber jene Fälle ihrer Natur

nach mehr dem Gebiete eintretender Krankheiten, diese mehr
dem Gebiete ursprünglicher Entartung angehören, folglich dem
Gebiete, auf welchem wir uns befinden, indem wir uns mit
dem Idiotismus beschäftigen.

Wollen wir die Auseinandersetzung des Deformitätsbe-
griffes, die ich eben gegeben oder versucht, auf die Entartung
anwenden, in welcher wir den organischen Grund des Idiotismus zu sehen haben, so müssen wir zunächst für die eigenartige Function des Nervensystems und seiner Centren einen
Ausdruck finden. Im Allgemeinen besteht diese Function
darin, dass durch sie Erregungen oder innere Bewegungen
von bestimmten Puncten zu bestimmten Puncten, an welchen
eine Modification oder ein Umsatz der Erregung oder Bewegung stattfindet, fortgepflanzt werden. Wir haben also die
allgemeine und die besondere Erregungsfähigkeit, welche letztere mit der Gliederung des Systems zusammenhängt und bei
den centralen Gliedern die Reflexions- und Übertragungsfähigkeit einschliesst, zu unterscheiden. Bleiben wir aber bei
dieser noch ganz allgemeinen Bestimmung stehen, so ergeben
sich als die möglichen Grundformen der den Idiotismus
bedingenden Deformität einerseits die allgemeine Schwäche
oder krankhafte Steigerung der Erregbarkeit, andrerseits die
partielle Schwäche der mit einer besonderen Erregbarkeit
gegebenen Energie, welcher eine anderweitige relative Ener-
giesteigerung entspricht, folglich ein Missverhältniss der Energieen, das nothwendig mit der Ausbildung oder Nichtausbil-
dung besonderer Organe zusammenhängt und die Reflexions-
und Übertragungsfähigkeit derartig beeinträchtigt, dass entweder die Gehemmtheit oder die Ungehemmtheit bestimmter
Thätigkeiten als Krankheitscharakter erscheint. Was die allgemeine Schwäche oder Steigerung der Erregbarkeit anbetrifft,
so weist sie unzweifelhaft auf eine materielle Entartung hin,
während die partielle Schwäche ein Formenmissverhältniss
voraussetzen lässt; sie ist indessen ohne eine partielle Schwäche
und Steigerung nicht denkbar, da die Spannung zur Erregbarkeit und die Reaction gegen das Übermaass der Erregung
oder Empfindung als centrale Energieen angenommen werden

müssen. Diese partielle Schwäche aber kann nicht einfach
aus der mangelhaften Entwicklung oder Ausbildung irgend
welcher Organe folgen, weil die Anspannung und Reaction
als Thätigkeiten ohne positive Bestimmtheit die ausschliess-
liche Function keines dem Nervensysteme angehörigen Organes
ausmachen können, und die an den peripherischen Organen
für sich erscheinende Schwäche oder Steigerung der Erregbarkeit die Annahme materieller Abnormität fordert. Wir sind
also darauf hingewiesen, den Zustand derjenigen Entartung
anzunehmen, durch welche der nothwendige Gegensatz bestimmter Organe bis zu einem gewissen Grade aufgehoben
oder der Charakter des einen dem andern mitgetheilt ist.
Dagegen verliert da, wo ein Missverhältniss verschiedener
Energieen vorhanden ist, keine derselben ihren eigenthümlichen Charakter, um einen fremdartigen anzunehmen, die Bezeichnung der Krankheitsform aber werden wir bei dem Idiotismus demjenigen Organ entlehnen, dessen Thätigkeit das
p o s i t i v e oder positivere geistige Vermögen darstellt, folglich die Krankheit als Gehemmtheit auffassen, wo dieses Organ das schwache ist, als Ungehemmtheit, wo die Schwäche
einem andern und zwar einem regulirenden Organe zukommt.
Da nun bei den Grundformen des Uebels nur die Grundener-
gieen in Betracht kommen können, und die Fähigkeit der Reflexion und Übertragung sich in eine die Erregung verinnernde
und eine sie veräussernde theilen muss, so haben wir bei derjenigen Deformität, welche in dem Missverhältniss der Energieen besteht, ebenso wie bei jener, welche auf einer materiellen Entartung beruht, z w e i Grundformen anzunehmen.
Haben Sie aber aus der bisherigen, allerdings nur andeuten-
den oder vielmehr auf die Begriffsbestimmung der Temperamente zurückweisenden Charakteristik der Formen des Stumpf-
sinnes und der Melancholie, der Beschränktheit und Narrenhaftigkeit eine Vorstellung von derselben gewinnen können
oder mögen, so werden Sie nicht in Zweifel sein, dass wir
den Stumpfsinn und die Melancholie als die beiden Formen
der materiellen Entartung, die Beschränktheit und Narrenhaftigkeit als die beiden Formen des organischen Missverhält-

nisses auffassen — Bezeichnungen, deren Kürze und Unzulänglichkeit die eben gegebene Auseinandersetzung entschuldigt. Ehe ich jetzt zu einer näheren Charakteristik der bezeichneten Formen, die Möglichkeit der Entartung und des Missverhältnisses bestimmend, fortgehe, scheint es mir zweckmässig, den Kretinismus, welcher nur endemisch auftritt, also territoriale Einflüsse einer bestimmten, obgleich mehrfache Modificationen nicht ausschliessenden Art voraussetzen lässt, und sich hierdurch wie durch eigenthümliche und stark ausgeprägte Charakterzüge, die unzweifelhaft mit der Bestimmtheit seiner Voraussetzung zusammenhängen, von allen andern Erscheinungen der Idiotie abscheidet, im Voraus zu berücksichtigen. Wir können denselben, um dies sogleich zu bemerken, als eine besondere Form der Idiotie nicht anerkennen, da sich eine solche durch eine bestimmte Mangelhaftigkeit des menschlich-seelischen Vermögens charakterisiren muss, der Kretinismus aber die verschiedenen Arten dieser Mangelhaftigkeit, also die verschiedenen Formen der Idiotie innerhalb seines Umkreises zeigt oder hervorbringt, und zwar so, dass die Abstufungen des kretinischen Uebels, ohne die allgemeinen Charaktermerkmale desselben einzubüssen, durch das Hervortreten anderer Formen der seelischen Mangelhaftigkeit eine qualitative Bestimmtheit erhalten. Demgemäss haben wir den Kretinismus entweder als eine charakteristische Modification, welche alle Formen der Idiotie erleiden, oder, und zwar richtiger, als eine Erkrankung aufzufassen, die an sich eine weitere organische Ausdehnung hat als die mit der idiotischen Deformität gegebene, aber diese Deformität in irgend einer Form nothwendig einschliesst — ein Verhältniss, welches noch näher zu bestimmen ist, weil sich bei dem Kretinismus die Missform und das Missverhältniss der Energieen als durch eine allgemeine Entartung bedingt darstellen, ohne dass eine partielle Integrität der im Allgemeinen entarteten Organe ausgeschlossen wäre. Hierbei mag noch bemerkt sein, dass zwar, wie wir früher geltend gemacht, die Guggenbühl'sche Unterscheidung des kretinischen und nicht kretinischen Idiotismus den Begriff des ersteren viel zu weit ausdehnt, indem

die dem nicht kretinischen Idiotismus zu Grunde liegende Deformität bei der Form des Stumpfsinns in der ganzen Peri-
pherie des Nervensystems zur Erscheinung kommt, immer aber
irgend welche organische Verbildungen, Störungen und Anomalien bedingt, dass aber der Kretinismus in der That stets
das Bild einer durchgreifenden körperlichen Entartung abgiebt,
wie wir es unter den nichtkretinischen Idioten nur bei Stumpfsinnigen oder bei solchen, die an einer der Nebenkrankheiten
des Idiotismus leiden, obgleich in wesentlich verschiedener
Ausprägung finden.

Knolz in seiner hervorragenden Abhandlung über den
Kretinismus, die schon im Jahrgange 29 der medic. Jahrbücher
des österreichischen Staates veröffentlicht ist, führt aus, dass
das Gangliensystem bei den Kretinen einen hohen Grad der
Ausbildung zeigt, dass man alle Nervengeflechte im Unter-
leibe ungewöhnlich entwickelt findet und dieser Entwicklung
die der Baucheingeweide entspricht, und dass sich endlich
auch der sympathische Nerv — der die Vermittelung des Rumpf-
nervensystems mit dem Cerebrospinalsystem, folglich die
Selbständigkeit des ersteren vertritt — gleichfalls durch die
Grösse seiner Ganglien auszeichnet. Hierauf gestützt, erkennt
Knolz in einer unnatürlichen Vorherrschaft des Gangliensystems den organischen Grund des Kretinismus, und wir befinden uns mit ihm in Übereinstimmung. Die anatomisch-physiologischen Thatsachen, welche er anführt, lassen sich, bei
der Leichtigkeit, mit der sie herauszustellen sind, und bei der
Kenntniss des Übels, welche Knolz besitzt, nicht bezweifeln,
und treten uns in der äussern Erscheinung des Kretins gewissermassen offen entgegen, obgleich in Modificationen, welche
nicht einfach aus dem Grade des Übels abzuleiten sein möchten, sondern die Berücksichtigung der qualitativen Bestimmtheit verlangen, die es mit seiner Abstufung annimmt, wobei
zu bemerken bleibt, dass die Stärke eines Organs, auch wenn
sie eine krankhafte ist, nicht einseitig in seiner Ausdehnung
erscheint. Dass aber die Vorherrschaft des Gangliensystems
ein Krankheitsgrund ist, folgt aus dem Begriffe des thierischen
Organismus, innerhalb dessen durch dieses System das vege-

tative Princip vertreten und zu momentaner Bedeutung herabgesetzt ist, so dass die Selbständigkeit des Systems nur eine
relative sein kann oder durch den Gegensatz zum Cerebrospinalsystem und in ihm bestimmt sein muss. Die Umkehr
dieses normalen Verhältnisses — die bei dem menschlichen
Organismus seiner Natur und Anlage nach leichter stattfindet als bei dem thierischen, worauf ich sogleich zurückkomme
— ist an sich ein Krankheitszustand, welcher einerseits ohne
eine abnorme Schwäche des Cerebrospinalsystems, mag diese
als primäre oder als secundäre aufzufassen sein, nicht gedacht werden kann, andrerseits nothwendig die Verirrung und
Verkehrung der theilweise entbundenen und doch im Umkreise
und unter den Bedingungen des thierischen Lebens verlau-
fenden Ernährungs- und Bildungsprocesse bedingt. Hierbei
ist zu beachten, dass das Gangliensystem, als selbständiges,
aber für den thierischen Organismus bestimmtes gedacht, die
Tendenz der fortgesetzten Centrenbildung hat, und dass ein
Moment seines Gegensatzes gegen das Cerebrospinalsystem die
Vielheit relativ selbständiger Centren ist. Denken wir uns
aber die Tendenz der Centrenbildung, die an sich dem im
Pflanzenleben wirksamen plastischen Triebe entgegengesetzt
ist, als eine ursprünglich entbundene und überschlagende, so
muss sie offenbar zugleich centralisirend und decentralisirend
wirken, und zwar centralisirend da, wo an sich die Röhren-
bildung oder die einfachen Abschlüsse derselben, decentralisirend da, wo zur Entfaltung und Ausgliederung bestimmte Centralorgane gesetzt sind. Hieraus folgt, dass die abnorm vor-
greifende Thätigkeit des Gangliensystems einerseits die Neigung zu abnormer Verdickung in sich selbst hat und darstellt,
aber auch zugleich auf die abhängigen Systeme überträgt,
d. h. in der organischen Bildung schlechthin durchsetzt, andrerseits, indem sie das Cerebrospinalsystem ergreift, den Process der Entfaltung und Ausgliederung abnorm beschleunigt
und hierdurch die Entwicklung der qualitativen Bestimmtheit,
welche den Theilen des Organs zukommt, von vornherein unterdrückt. Da nun das menschliche Gehirn zu einer Entfaltung und Gliederung angelegt ist, welche durch sich selbst

eine erhöhte Centralisation fordert, so findet hier die über-
greifende Tendenz des Gangliensystems die Ansätze zur
Scheidung und Absonderung, deren sie bedarf, vor, und wie
dies bei dem thierischen Gehirn in weit geringerem Maasse
der Fall ist, so besitzt dasselbe an sich eine grössere Spann-
kraft gegen das Gangliensystem dadurch, dass es sich unmittelbar für die beschränktere Activität des thierischen Organismus gestaltet, eine Thatsache, die sich in der andern der
instinctiv zweckgemässen oder vorgebildeten Bewegung, die
dem thierischen Organismus weit entschiedener als dem menschlichen eignet, offenbart. Wir finden in Folge dieses Verhältnisses auch hier den alten Satz bestätigt, dass das an sich
Höhere oder Edlere der grösseren Entartung fähig ist. Offenbar aber participirt bei der kretinischen Entartung, wie sie
jetzt begründet, das Cerebrospinalsystem an dem Charakter
des Gangliensystems, womit an sich die Langsamkeit und Unbestimmtheit der Reflexions- und Übertragungsthätigkeiten
ausgesprochen ist. Da indessen die relative Selbständigkeit,
welche den einzelnen Partieen des menschlichen Gehirns zukommt, nach der einen Seite in dem bestimmten Verhältniss
zu peripherischen Organen gegeben ist, und da nicht nur die
Entwicklung dieser, sondern auch die der entsprechenden Gehirnpartieen ungleichmässig stattfinden kann und wirklich stattfindet, so erscheint eine partielle Ausbildung des Gehirns um
so eher möglich, je später die kretinische Entartung eintritt.
Weil aber die Partie des Gehirns, welche ihren qualitativen
Charakter behauptet, gewissermaassen das Gehirn schlechthin
vertritt, ist eine ungewöhnliche oder abnorme Entwicklung und
Ausbildung derselben nicht nur möglich, sondern, einen milderen Grad des Übels überhaupt und die Functionsfähigkeit der
entsprechenden peripherischen Organe insbesondere vorausgesetzt, nothwendig, so dass hierin die bei Kretinen milderen
Grades vorkommenden sehr beschränkten, aber ausserordentlich entwickelten Fähigkeiten — die sich bei Stumpfsinnigen
nicht zeigen — ihre Erklärung finden.

   Was die Schädelbildung der Kretinen anbetrifft, so erscheint sie allerdings durchweg abnorm, und desshalb haben

schon Malacarne und Ackermann die Unregelmässigkeit der
Schädelbildung, insbesondere aber der Schädelbasis, welche
für die innere Gliederung des Gehirns und seine nothwendigen Verbindungen zunächst oder auch allein in Betracht
kommt, als Grund des Kretinismus angenommen. Neuerdings
hat wieder Virchow die Ansicht aufgestellt, dass die verfrühte und unregelmässige Verknöcherung der Nähte die Gehirnentwicklung hemme und störe, und hierdurch das mangelhafte Geistesvermögen bedinge; als den Grund der Verbil-
dung aber bezeichnet er einen fötalen Entzündungsprocess, der
unter den günstigeren Bedingungen mit der Drüsenanschwel-
lung und Kropfbildung verlaufe. Wenn wir aber den Satz,
den unter Anderen auch Knolz adoptirt, dass die Formenbildung der Wände bei den verschiedenen Höhlen des thierischen Organismus durch die Art, wie sich die enthaltenen
Eingeweide entwickeln und gestalten, bestimmt wird, als richtig
anerkennen, so können wir in der deformen Schädelbildung
der Kretinen nur eine secundäre Thatsache sehen, die nicht
den Grund der niedergehaltenen Gehirnthätigkeit, sondern nur,
und zwar nur unter Umständen einen mitwirkenden Factor
der Hemmung abgeben kann. Indem die grösseren Partieen
des Gehirns ihre Schaalen zunächst selbständig bilden und dann
zusammenschliessen, werden die einzelnen Schaalen durch eine
beschleunigt verlaufende Entwicklung der betreffenden Partieen
eher zusammengebracht, zugleich aber, sofern diese Entwicklung eine ungleichmässige ist, in verschobener Stellung, und
die Verknöcherung der Nähte, welche naturgemäss eintritt,
wenn sich die primäre Ausdehnungstendenz des Organs erschöpft hat, kann auch da, wo sie nicht durch das Zusammentreten der Schaalen an sich bedingt, sondern besonders
beschleunigt erscheint, bei dem inneren Zusammenhange, in
welchem die organischen Bildungen überhaupt und die Schaa-
lenbildungen insbesondere mit denen der eingeschlossenen Organe stehen, auf eine für die Zuständlichkeit des Gehirns
gleichgültige Ursache nicht zurückgeführt werden — es müsste
denn ein besonderer und entscheidender Grund vorhanden
sein, das Gehirn als frei und unberührt von einer Entartung,

welche sich in allen Systemen des Organismus Missformen
bedingend offenbart, anzunehmen. Da sich ein solcher Grund
nicht anführen lässt, das krankhafte Princip aber, obgleich sich
seine Wirkungen bei jedem Systeme modificiren, überall als
ein die Entwicklung verfrühendes, übertreibendes und ver-
äusserndes erscheint, so sind wir in keiner Weise genöthigt
oder auch nur veranlasst, dem Gedanken an eine mechanische
Gehemmtheit der Gehirnentwicklung Raum zu geben.

Die Erscheinungen des Kretinismus und des idiotischen
Stumpfsinns stellen beide in ein besonders nahes Verhältniss.
Der Vollkretin ist, was die Form seines geistigen Unvermögens
anbetrifft, stumpfsinnig, während wir bei den stumpfsinnigen
Idioten, die nicht Kretinen sind, immer eine mehr oder weniger allgemeine körperliche Entartung und Missgestaltung finden, die zwar eine von der kretinischen unterschiedene ist, indem sie der Wucherbildungen im Bereiche des Gefäss- und
des Drüsensystems entbehrt, wie sie auch ausgeprägte Abnormitäten der Kopfform und insbesondere Verschiebungen nur
höchst selten bietet, aber stets eine krankhafte Ernährungsthätigkeit, die sich nicht als eine schwache bezeichnen lässt,
offenbart, und das Nervenleben, soweit es vom Cerebrospinalsystem abhängig ist, als ein herabgedrücktes zeigt. Die Erregbarkeit sowohl der motorischen als der sensibeln Nerven
ist eine sehr schwache, die Leitung eine langsame, die sinnliche Empfindung und Beweglichkeit unentwickelt. Der Zustand des Seelenlebens ist der der Dumpfheit oder Lähmung,
und ein Missverhältniss der seelischen Energieen tritt bei dieser
allgemeinen Energielosigkeit nicht hervor. Indessen treten
zeitweilig innere Erregungen oder Gemüthsaffectionen in Tönen
und Geberden, das gewöhnliche indifferente Verhalten unter-
brechend hervor, theils durch die Aufregung der Essgier veranlasst, theils aber auch ohne erkennbare Veranlassung, sodass
sie durch ihr seltnes und überraschendes Hervortreten an die
Wirkungen erinnern, welche gesammelte Reize im Gebiete
des Gangliensystems hervorbringen. Hiernach erscheint bei
den nicht kretinischen Stumpfsinnigen wie bei den Kretinen
der Gegensatz, in welchem normaler Weise das Cerebrospinal-

und das Gangliensystem stehen, bis zu einem gewissen Grade
ausgeglichen; wir haben aber Grund, die damit ausgesprochene
Schwäche des ersteren Systems bei den Stumpfsinnigen als
eine primäre, also keine ursprüngliche Überreiztheit und
Überwucherung des im Gangliensystem wirksamen Formbil-
dungstriebes, sondern nur eine secundäre und beschränkte,
durch die Schwäche des Gehirns und seiner Organe bedingte
Emancipation des naturgemäss abhängigen Systems anzunehmen, den Mangel der Erregbarkeit aber in einer materiellen
Entartung, wie der Ausdruck früher definirt wurde, begründet
zu finden.

Bei der melancholischen Form der Idiotie sind die Sinnes-
werkzeuge durchweg normal wie die Bewegungsfähigkeit; dabei erscheint die Sensibilität im Allgemeinen, im Gegensatze
zu dem Mangel der Erregbarkeit bei dem Stumpfsinn, als
Empfindlichkeit gesteigert, während sich der Bewegungstrieb
häufig als ein zurückgehaltener darstellt. Das objective Bewusstsein ist allerdings getrübt und gebrochen, und zwar, wie es
im Begriff des Idiotismus liegt, der Art, dass der Kranke ein
klares und reines Verhältniss zu seiner Umgebung nicht gewinnen kann; aber das Anschauungs-, Vorstellungs- und Com-
binationsvermögen, befinden sich in einer Thätigkeit, die eine
normale wäre, wenn sie einestheils eine zusammenhängende
bliebe und sich energisch in Anspruch nehmen liesse, anderntheils nicht die Neigung, sich, wie man sagt, Gedanken zu
machen, oder, um einen andern gäng und geben Ausdruck zu
brauchen, zu Hirngespinsten hinter sich hätte. Hieraus ergiebt sich zur Genüge, dass die materielle Entartung des Cere-
brospinalssystems, die wir bei der Melancholie annehmen, nur
eine partielle sein kann; sie besteht aber als Krankheitsgrund
in einer krankhaften Steigerung des Innengefühls oder der
Selbstempfindung, an welcher die nach aussen gerichtete Sensibilität nur participirt, während die leidenden Organe das
Gangliensystem und das dem Gangliensystem zugewandte, die
Erregungen desselben zu Stimmungen umsetzende Gehirnorgan
sind. Das Verhältniss beider Organe zu einander wird auch
hier dadurch zu einem abnormen, dass die nothwendige Dif-

ferenz, sie sich bei der unmittelbaren Beziehung zu erhalten
hat, bis zu einem gewissen Grade aufgehoben ist, und zwar
derartig, dass das Gangliensystem an dem Charakter des Cerebrospinalsystems durch eine erhöhte Bestimmtheit der Empfindungen participirt. Damit ist an sich ausgesprochen, dass die
primäre Überreizung nicht die des Gangliensystemes, sondern
die des Selbstempfindungsorganes ist, welches das Gangliensystem zu einem dienstbaren Organe für sein Empfindungsbedürfniss herabgesetzt oder erhöht hat, aber seinerseits die abnorm
starken und abnorm bestimmten Erregungen, die es empfängt,
nicht aufzuheben vermag, sondern auf das Organ der Vorstel-
lungsfähigkeit reflectirt, wodurch ein krankhaft gesteigerter Umsatz der Innengefühle in objective Vorstellungen bedingt ist.

Der narrenhafte Idiotismus chararakterisirt sich durch
eine ungehemmte und unbeherrschte Vorstellungsthätigkeit,
welche theils als ein unzusammenhängendes Hervortreten verschiedener Vorstellungen, theils als die unaufhaltsame Ro-
tation fixer Vorstellungsreihen, welche eintritt, sobald die erste
Anregung gegeben ist, erscheint. Es fehlt also hier die regu-
lirende Energie, die wir einem Organe zuschreiben, welches
sowohl zu der Rückenmarkssäule wie zu dem grossen Gehirn
ein bestimmtes Verhältniss hat, indem es den Entladungen
der motorischen Erregungskraft vorsteht, die Zweckgemässheit der Bewegungen bedingt, und die Erregungen des
grossen Gehirns durch seine Gegenspannung abgrenzt und zu-
sammenhält. Während dieses Organ bei den narrenhaften
Idioten unverhältnissmässig schwach ist, besitzt es bei den beschränkten eine verhältnissmässige Energie und übt auf das
Organ der Vorstellungsthätigkeit einen Druck aus, der die
Ausbreitung und Entwicklung der Vorstellungen unmöglich
macht. In Folge dieses ursprünglichen Missverhältnisses charakterisirt sich die idiotische Beschränktheit durch die enge
Bestimmtheit der Vorstellungen, die fast nur als Zweckmässig-
keitsvorstellungen ausgebildet erscheinen, durch den Mangel
des theoretischen Interesses — welches wie bei der Narrenhaftigkeit und Melancholie so bei den milderen Graden des
Stumpfsinns nicht fehlt — und durch einen starken Bethätig-

ungstrieb, der, wenn er sich nicht als ein überreizter in einer
unruhigen und unermüdlichen Beweglichkeit äussert, die einen
besonderen, nicht seltenen, aber allmälig zu überwindenden
Krankheitszustand bezeichnet, sich in einseitiger. meist absonderlicher Richtung entwickelt und häufig in Idiosynkrasieen
ausschlägt. Die sinnliche Perception ist bei den beschränkten
Idioten, von Krankheitszuständen die als zurücktretende Mit-
factoren des Übels erscheinen, abgesehen, ebenso normal wie
die Bewegungsfähigkeit, ja in vielen Fällen die sinnliche Auffassung eine ungewöhnlich rasche und energische, die Muskulosität eine ungewöhnlich ausgebildete, während die narrenhaften Idioten zwar beweglich, aber schwach zu sein pflegen
und mit den Sinnen lebhaft, aber unsicher auffassen.

Ich brauche kaum besonders hervorzuheben, dass hiermit
nur die einfachen und ausgeprägten Grundformen des Idiotismus charakterisirt sind, dass sich noch eine Anzahl Mittel-
formen bestimmen lassen und nebst der Mildgradigkeit des
Übels die objectiven und insbesondere auch secundären Ursachen desselben eine Menge von Modificationen abgeben. Dass
die Mildgradigkeit des Kretinismus, insofern sie die Integrität
einzelner Gehirnpartieen einschliesst, zunächst der Melancholie,
sodann aber auch der Beschränktheit und Narrenhaftigkeit der
nicht kretinischen Idioten ähnliche Zustände des seelischen
Vermögens bedingt, folgt aus der gegebenen Darstellung von
selbst. Die Mannichfaltigkeit in den Krankheitserscheinungen
ist bei dem sporadischen Idiotismus naturgemäss eine grössere
wie bei dem endemischen, da diese auf eine allgemeine und
energisch wirksame Ursache zurückzuführen ist. Worin das
den Kretinismus erzeugende Medium besteht, ist bis jetzt noch
unermittelt. Nachdem nach einander Feuchtigkeit und Dampf-
spannung, Mangel an Elektrizität und Ozongehalt in der Luft,
Abwesenheit des Jods in der Nahrung und im Wasser als Krankheitsursachen angenommen worden sind, hat schliesslich Vir-
chov den Factor des Übels als ein Miasma bezeichnet, welches nicht weiter bestimmt wird. Jedenfalls ist der die Krankheit im menschlichen Organismus bedingende Einfluss ein den
Ernährungs- und Fortpflanzungstrieb im Allgemeinen stei-

gernder, die betreffenden Organe und Functionen überreizen-
der, die specifisch animalen Energieen, sofern sie sich nicht
durch eine besondere Anspannung erhalteu und ausprägen,
herabstimmender. Der Keim der ausgesprochenen Krankheit ist
immer schon im Fötusleben gelegt, und die Entartung darf
als ein ursprüngliches Umschlagen des plastischen in den Fortpflanzungstrieb bezeichnet werden. Die Formen der materiellen Entartung bei der sporadischen Idiotie weisen als solche
und im Allgemeinen auf organische Voraussetzungen, wie ich
sie früher charakterisirt, die Formen des organischen Missverhältnisses auf gelegentliche schädliche Einwirkungen hin,
insofern das Übel als ein ursprünglich gegebenes und bestimmt
ausgeprägtes erscheint. Dagegen lassen sich die Beschränktheit und Narrenhaftigkeit nicht anbilden, obgleich die letztere
entwickeln, während schlechte Ernährung und Lebensweise im
ersten Kindheitsalter, unverständige Pflege und verkehrte Erziehung den Stumpfsinn und die Melancholie bei einiger Anlage hervorbringen.

Zehnter Vortrag.

1.

Der „gewöhnliche“ Schulunterricht gegenüber dem Kretinismus. — Die medicinischen Ankläger des gegenwärtigen Schulwesens. — Die Verhand-
lung der Gesundheitsfrage in der allgemeinen Lehrerversammlung und
die daraus hervorgegangenen „Resolutionen“. — Die „Gesundheitslehre“
als „Disciplin“ der Volksschule. — Die Bekämpfung der Onanie. —
Das Baden, Schwimmen und Turnen als Gegenmittel gegen die Onanie
und gegen die „geistige Überreizung“. — Die Gymnastik der Volksschule und die Gymnastik schlechthin in unpädagogischer und pädagogischer Auffassung. — Die äusserliche Behandlung der Gesundheitsfrage.

Die meisten der ärztlichen und nichtärztlichen Schriftsteller, welche sich mit dem Kretinismus beschäftigt haben,
wie Köstl, Virchow und Andere, sind der Ansicht, dass selbst
die „gewöhnliche“, von heilpädagogischen Gesichtspunkten
nicht ausgehende Erziehung im Stande sei, die Kretinen milderen Grades zu einem verständigen Verhalten und zur Erwerbsfähigkeit zu bilden. Daraus würde folgen, dass da, wo
dies nicht geschieht, die gewöhnliche Erziehung sich auf einer
sehr niederen Stufe befindet oder nur theilweise und unterbrochen in Wirksamkeit tritt, von einer Ausdehnung und Hebung der gewöhnlichen Erziehung aber unmittelbar günstige
und zwar entschieden günstige Wirkungen für die Milderung
des endemischen Übels zu erwarten wären. Dass dabei vorzugsweise, wenn nicht ausschliesslich, an die Schulerziehung
gedacht wird, liegt auf der Hand, da die Verbesserung der
Hauserziehung viel weiter reichende, den Erfolg, welchen man
in das Auge fasst, theilweise schon einschliessende Voraussetzungen hat. Aber auch die Volksschule lässt sich nirgends
und am wenigsten in Kretinengegenden ohne ernsthafte Anstren-

gungen auf einen höheren Standpunkt bringen, indem der gegebene Charakter der Bevölkerung, die herrschende Dürftigkeit, der Mangel an Mitteln und an gebildeten Kräften Schwierigkeiten darbieten, die an sich nur langsam überwunden werden können und die das endemische Übel, den Bevölkerungs-
charakter als solches mitbestimmend, potenzirt. Sonach würde
und wird die Beseitigung der nächsten und stärksten Hemmnisse, welche der Verallgemeinerung und Hebung des Schulunterrichts in Kretinengegenden entgegenstehen, unzweifelhaft
geraume Zeit, nicht unbedeutende Opfer und eine eifrige und
nachhaltige Thätigkeit kosten, während es zweifelhaft ist, ob
die in dem gewöhnlichen Sinne „gehobenen" Schulen und
die Ausdehnung des gewöhnlichen Schulunterrichts eine wesentliche Besserung des herrschenden Gesundheitscharakters
hervorzubringen vermögen, was doch nothwendig wäre, wenn
nicht das, was bei einzelnen Kretinen milderen Grades erreicht wird — wenn es erreicht wird! — ein verschwindendes Resultat sein soll. Für diesen Zweifel können wir uns
— abgesehen von den Erfahrungen, die wir gemacht haben
und dem Standpunkte, den wir einnehmen, also abgesehen von
unserer Überzeugung, dass der herrschende Schulunterricht ein
durchaus unzureichendes Mittel gegen irgend eine herrschende
Entartung ist — auf jene ärztlichen Stimmen berufen, welche
das gegenwärtige Unterrichtswesen mehr oder minder entschieden für gesundheitsschädlich, die körperliche Entwicklung und
die geistige Frische benachtheiligend erklären. Allerdings haben diese Ankläger weniger die gewöhnlichen Volksschulen
als die gehobenen Volksschulen, insbesondere in den Städten,
mit ihren gesteigerten Ansprüchen und die höheren Bildungsanstalten im Auge. Aber erstens sind offenbar die gewöhnlichen Ansprüche bei körper- und geistesschwachen Kindern
schon als gesteigerte anzusehen, zweitens lässt sich, insofern
der Unterschied des Unterrichts in den gewöhnlichen und in
den gehobenen Schulen nur ein quantitativer, aber kein qualitativer ist, von dem ersteren — die ausgesprochene Anklage als
begründet angenommen — nur ein geringerer oder auch ver-
schwindender Grad der Schädlichkeit behaupten, der indessen

zu den Erfolgen, die der gegenwärtige Unterricht im Allgemeinen bezweckt und erreicht, im geraden Verhältnisse stehen
würde. Hiernach muss man entweder die Erwartungen, welche
die kretinen- und schulenfreundlichen Ärzte aussprechen, sehr
herabstimmen, oder der ärztlichen Anklage der Schule, wie
sie hervorgetreten ist, die Berechtigung absprechen, oder,
wenn man weder das Eine noch das Andere will und kann,
einen qualitativ veränderten Unterricht in Anspruch nehmen,
was wieder entweder nur in Bezug auf die Kretinen oder allgemein geschehen kann, und in jenem Falle die Forderung
eines heilpädagogischen Charakters der Schulen in den Kretinengegenden, in diesem die einer Umbildung des Erziehungswesens schlechthin, welche für die Kretinengegenden den heilpädagogischen Charakter der Schule einschlösse, wäre. Unser
Standpunkt in dieser Frage ist bereits festgestellt, wir haben
ihn aber dessenungeachtet — dem Verhalten der Ärzte und
dem bezüglichen der Pädagogen gegenüber — nochmals
und ausdrücklich geltend zu machen.

Als Momente des schwächenden und krankmachenden
Einflusses, welchen die Schulen, wie sie sind, ausüben, haben
Lorinser — der die Schulen, insbesondere das moderne
Gymnasium, vom medicinischen Standpunkte mit einer das
meiste Aufsehen erregenden Energie angriff — und die Anderen, welche in ähnlicher Art und Richtung aufgetreten sind,
hervorgehoben: das widernatürlich verlängerte Sitzen, insbesondere das zum Schreiben u. s. w. nöthige Krummsitzen
— wobei Lorinser auch die überhand nehmende Kurzsichtig-
keit berücksichtigt — die in den Schulzimmern gewöhnlich
verdorbene Luft, das Verhalten natürlicher Bedürfnisse, die
Unthätigkeit der Muskeln und die Überreizung des Gehirns durch übermässige geistige Anstrengung. Von Seiten
der Pädagogen wurden theils die behaupteten Einflüsse und
Übelstände in Abrede gestellt und als übertrieben bezeichnet,
theils die Nothwendigkeit betont, den gesteigerten Culturan-
sprüchen zu genügen und demnach, wenn auch nicht die
Krankhaftigkeit so doch die körperliche Schwäche als ein un-
vermeidliches, mit dem Fortschritte der Civilisation gegebenes

Übel, als ein Verlust, durch den die Vortheile und Vorzüge
der Cultur erkauft werden müssen, wenigstens indirect ausgesprochen, theils endlich die thatsächliche, wenn auch nicht
überall in gleichem Maasse zutreffende Richtigkeit vieler, der
erhobenen Beschuldigungen anerkannt, auf den Zwang der
Verhältnisse und die Unzulänglichkeit der vorhandenen Mittel
entschuldigend hingewiesen, und als eine Aufgabe, die sich die
Schule allerdings zu stellen habe, die erweiterte und strengere
Rücksichtnahme auf die Gesundheit der Schüler zugestanden
oder auch betont. Die Gesundheitsfrage wurde hiernach pädagogischer Seits in Zeitschriften, Vereinen und endlich auch
auf der allgemeinen deutschen Lehrerversammlung verhandelt.
Fassen wir den Hauptinhalt dieser Verhandlungen, wie es in
den „Resolutionen" an sich geschah, zusammen, so läuft er
etwa auf folgende Sätze hinaus: dass allerdings auch die
Schule — nicht bloss die Familie — die Gesundheit zu berücksichtigen und insbesondere zu schonen habe, dass sie
zu diesem Zwecke für geräumige und angemessene Localitäten,
für Luftventilation, für zweckmässige Tische und Bänke, für
eine gute Haltung beim Schreiben u. s. w. sorgen müsse,
dass sie ebenso auf zeitweilige Bewegung zu sehen habe und
das Turnen als Abspannungs- und Ausgleichungsmittel gegenüber der geistigen Anstrengung womöglich überall einzuführen
und dabei mehr auf die körperliche Stärkung als auf besondere Gewandtheit und Kunstfertigkeit Rücksicht zu nehmen sei,
dass gegen die Ausartungen der Phantasie — das Träumen
— als gegen eine Hauptquelle unnatürlicher, die Gesundheit
zerrüttender Laster gewirkt und die Kenntniss des menschlichen Körpers und der Gesundheitsregeln ausdrücklich — d. h.
durch absonderliche Belehrung — bei den Schülern vermittelt
werden müsse. Gegen alle diese Sätze, wie sie aus den Verhandlungen hervorgingen — etwa die Forderungen ausgenommen, die sich auf die Zweckgemässheit der Locale, der
Utensilien u. s. w. beziehen — lassen sich Einwendungen
machen, oder wir sind vielmehr von unserm Standpunkte aus
genöthigt, ihnen unsere Zustimmung ausdrücklich zu versagen,
weil sie das Nothwendige unzulänglich erfassen und aus-

drücken, ebendesshalb aber theils auf Nebensächliches ein zu
grosses Gewicht legen, theils von schiefen Motiven und Gesichtspunkten aus zu positiv abzuweisenden praktischen Consequenzen gelangen. Eine solche Consequenz, die dem vorherrschenden oder vielmehr einseitigen Gesichtspunkte der Ge-
sundheits s c h o n u n g gemäss aus der Annahme gezogen wird,
dass die Lehre als solche das Verhalten zu bestimmen vermöge — wobei vielleicht das abstracte Lehren einer bestimmten Nützlichkeits- und Vorsichtsmoral für wirksamer angenommen wird als Morallehren und Moralpredigten andern
Charakters — ist die Forderung, die Schüler der Volksschule
mit dem menschlichen Körper, den Organen und ihren Functionen, den Bedingungen des gesunden Lebens und den Ge-
sundheiterhaltungs - Regeln bekannt zu machen. Wir haben
diese Forderung als eine unpädagogische zurückzuweisen, weil
die ausdrückliche und fortgesetzte Reflexion auf die eigenen
körperlichen Zustände, die durch anatomisch - physiologische
Belehrungen in Anspruch genommen und veranlasst wird, für
das Alter, in dem die Schüler der Volksschule stehen, widernatürlich ist, die Kenntniss vom menschlichen Körper,
welche die Volksschule durch derartige Belehrungen vermitteln kann, eine höchst dürftige und lückenhafte, verkehrte
Vorstellungen nicht ausschliessende, sondern indirect hervor-
rufende bleibt — wie▸denn bei den Verhandlungen als selbstverständlich ausgesprochen wurde, dass die Physiologie der
Volksschule von den Geschlechtsorganen und ihren Functionen abzusehen habe! — und aus beiden Gründen der praktische Nutzen, der das Motiv für den betreffenden Unterricht
abgeben soll, noch abgesehen davon, dass eine solche Motivirung als einseitige unberechtigt ist, nicht erzielt, aber eine
schädliche Wirkung, und zwar möglicher Weise eine sehr tiefgreifende, hervorgebracht werden würde. Dass ein abgesonderter und absonderlicher Unterricht in der Physiologie „pe-
stalozzisch“, d. h. in der That anschaulich gegeben werden
könnte, wird Niemand behaupten können — obgleich Pestalozzi selbst und seine Schüler in den Irrthum verfallen sind,
bei dem Anschauungsunterrichte von dem menschlichen Kör-

per auszugehen — und eben so wenig, dass er sich einem organisch gegliederten Lehrplane der Volksschule mit mehr Berechtigung als z. B. eine besondere Physik oder eine besondere „Nationalökonomie", — die freilich neuester Zeit gleichfalls als Unterrichtszweig der Volksschule wirklich verlangt wird! — einfügen lasse. Wie aber jeder nicht als absolut nothwendig nachzuweisende, jeder nicht zu einem gewissen Abschlusse gelangende, jeder verfrühte und verfrühende Unterricht positiv schädlich wirkt, so muss dies insbesondere von einem solchen gelten, der die Unbefangenheit des kindlichen Gemüthes stört, reflectirende Betrachtungen, die nur das wissenschaftlich-praktische Interesse natürlich motivirt, in Anspruch nimmt, und in Gesetze und Regeln ausläuft, welche, so weit sie sich nicht von selbst verstehen, weder genügend begründet werden können, noch überhaupt als feststehende angesehen werden dürfen. In allen diesen Beziehungen lassen sich die geforderte Körper- und Gesundheitslehre und die, wie erwähnt, von etlichen Stimmen verlangte „Volkswirthschaftslehre der Volksschule" zusammenstellen, d. h. die eine wie die andere Forderung sind nur der Misskennung und Missachtung der kindlichen Natur, einer durchaus unpädagogischen Denkweise und einer verkehrten und verfälschten Tendenz, den Schulunterricht praktischer zu machen, möglich. Dabei will ich nicht unterlassen zu bemerken dass es nach unserer Ansicht allerdings eine Aufgabe der Volksschule ist, und zwar keine unwesentliche, eine lebendige Anschauung der menschlichen Gestalt zu vermitteln, wie es zu ihren wesentlichen Aufgaben gehört, nationalökonomische Anschauungen und Fähigkeiten zu erzeugen, dass aber für die eine und für die andere Aufgabe der Gesammtunterricht oder vielmehr die Gesammterziehung eintreten muss, und dass gerade desshalb weil dies nicht geschieht und man sich vor der hierzu nöthigen Reform scheut, weil wir mit andern Worten und allgemeiner gesagt in der Periode der halben Bedürfnisse, der unmittelbaren und halben Bedürfnissbefriedigung, der schwankenden Concessionen und der widernatürlichen .Surrogate stehen, Vorschläge wie die bezeichneten gemacht und angenommen werden können — eine Annahme, welche freilich halb geduldig, d. h. ohne den rechten Ernst und Eifer, die Sache anzugreifen, stattfindet.

Auf den Kampf gegen das Laster der Onanie — das allerdings weiter verbreitet ist als Manche meinen — wurde bei den Verhandlungen nur sehr oberflächlich eingegangen, und es ist überhaupt zu sagen, dass sich die ältere, philanthropinistische Pädagogik mit diesem Gegenstande nicht nur häufiger sondern auch ernster beschäftigt hat als die gegenwärtige. Wir dürften in diesem Absehen einen Fortschritt finden, wenn es durch die allgemein gewordene Einsicht bedingt wäre, dass die Onanie ebenso sehr und noch mehr Symptom wie Ursache der Krankhaftigkeit, also eine Form, in welcher sich diese steigert, ist, dass es demnach nicht sowohl auf die disciplinarische und moralisirende Reaction gegen das Laster — obgleich davon nicht abgesehen werden kann — als darauf ankommt, die Grundursachen der mit der Verfrühung und Entartung des Triebes zusammenhängenden Krankhaftigkeit aufzuheben, und dass hierzu vor allen Dingen die naturgemässe, gesunderhaltende, weil gesundmachende Bethätigung nothwendig ist. Diese Einsicht aber können wir so lange nicht voraussetzen, als die Schule, indem sie den von aussen an sie herankommenden Forderungen immer weitergehende Concessionen macht, den theoretischen Unterricht widernatürlich verfrüht und ausdehnt, und die Forderung einer harmonischen Bethätigung des ganzen Menschen nur theoretisch anerkennt ohne ihr praktisch gerecht zu werden. Dass die Schule die krankmachenden Einflüsse und Einwirkungen der herrschenden Lebensweise nicht als solche und unmittelbar beseitigen kann, versteht sich von selbst, und dass, was die Onanie insbesondere betrifft, ein Hauptgrund der Krankhaftigkeit, welche die Neigung dazu einschliesst, in einer ungesunden Ernährung und jener Art der Verweichlichung liegt, die auch die Armuth zulässt, muss zugestanden werden; ebenso, dass in einzelnen Fällen das Laster angelehrt wird. Aber jedenfalls ist von der Schule zu fordern, dass die positive Bethätigung, welche sie in Anspruch

nimmt und regelt, die Reaction gegen die Wirkungen und
Nachwirkungen der von ihr nicht beherrschten Lebensweise
an sich einschliesst, und dieser Forderung genügt die gegenwärtige Schule nach unserer Überzeugung — die offen auszusprechen wir uns nicht scheuen dürfen — so wenig, dass
sie vielmehr ihrerseits das Übel fördert. Denn eine der Ursachen, auf welche die Neigung zur Onanie zurückgeführt
werden muss, ist, wie die Erfahrung jedem wirklichen Beobachter bestätigen wird, die verfrühte und einseitige Bethätigung der Intelligenzorgane, deren Überreizung sich auf die
Organe der Selbstempfindung überträgt. Dabei ist weit weniger an die Reize zu denken, welche auf die kindliche Phantasie ausgeübt werden — vorausgesetzt, dass es nicht solche
sind, welche blasirend, das kindliche Phantasieleben schwächend
wirken — als vielmehr an die künstliche Anspannung einer
für das Kind unmotivirten Aufmerksamkeit, einer theoretischen
„Assimilation", die trotz aller Vermittlungsversuche eine unvermittelte bleibt, und einer „geistigen" Selbstthätigkeit, die
von dem Kinde natürlicher und berechtigter Weise nicht gefordert werden kann. Wie sich in diesen Beziehungen der
Unterricht nicht bloss trotz, sondern theilweise wegen der
herrschenden Naturgemässheitsbegriffe naturwidrig gestaltet,
habe ich früher, wenn auch nur punktweise auseinandergesetzt,
und will hier nur hervorheben, dass die Phantasieverirrungen,
die bei dem Kinde erscheinen, theils in der erzwungenen Unthätigkeit seines Schaff- und Wirktriebes, theils in dem Mangel
einer geregelten Phantasiebefriedigung begründet sind, dass
sie aber dass verfrühte Hervortreten des Geschlechtstriebes
nicht sowohl bedingen, als durch dasselbe einen bestimmten
Charakter erhalten, während sie durch andere verfrühte Triebe
anders bestimmt werden.

Das „Träumen" der Kinder, nämlich das wache, ist keineswegs eine schlechthin krankhafte Erscheinung, insofern man
darunter das zeitweilige Insichversunkensein versteht, bei dem
sich Phantasie und Reflexion ungebunden und ungestört er-
gehen, da es sich auch bei durchaus gesunden und insbesondere nicht selten bei talentvollen Knaben und Mädchen findet.

Einen krankhaften Charakter erhält es, wenn es zur unbeherrschten Neigung und entweder ein leeres und dumpfes wird oder sich mit verfrühten Empfindungen und Trieben verknüpft. Aber auch als krankhaftes ist es weder die Hauptursache für die Neigung zur Onanie, noch auch nur eine nothwendige Mit- oder Nebenerscheinung derselben, da Onanisten, denen man ein träumerisches Wesen durchaus nicht zusprechen kann, nicht selten sind. Dass der Erzieher eine kränkliche und matte Träumerei nicht aufkommen lassen soll, versteht sich von selbst; das einzige ausreichende Gegenmittel aber ist der Wechsel naturgemässer Thätigkeiten, welche den Zögling vollkommen in Anspruch nehmen, und dasselbe gilt von der Onanie, welche, einmal entwickelt — zu welcher Entwicklung, wie ich widerholen muss, die Schule ihrerseits beiträgt — so wenig dadurch, dass bestimmte schädliche Einwirkungen, die das Übel mitbedingen, beseitigt werden, wie durch moralische Reden und belehrende Vorstellungen — auf welche die Philanthropinisten zu viel Gewicht legten — gründlich überwunden wird. — Mit grösserem Rechte als das „Träumen" ist zu den Neigungen und Suchten, welche das Übel nicht nur begleiten, sondern auch fördern, beispielsweise die Lesesucht zu rechnen, die sich ausser den Schulstunden an schlechten und an guten Büchern — deren es unter den für die Unterhaltung der Kinder ausdrücklich geschriebenen nur wenige giebt — mit der Gier der Schlaffheit befriedigt. Wie aber Niemand läugnen wird, dass dieser Sucht überhaupt und aus allgemeinen pädagogischen Gründen entgegengewirkt werden muss, so ist ein gründlicher Erfolg auch hierin nicht durch Aufsicht und Verbot zu erzielen, sondern nur durch eine allseitige, wohl geregelte Thätigkeit der Zöglinge im Allgemeinen, und einen naturgemässen, das Sprachgefühl ästhetisch bildenden, an das vollkommene Lesen gewöhnenden Sprachunterricht insbesondere — einen Sprachunterricht, wie ihn die gegenwärtige Schule noch keineswegs gestaltet hat und auf der Unterlage des herrschenden Leseunterrichts nicht gestalten kann.

Das Baden, Schwimmen und Turnen sind als Gegenmittel

gegen die Neigung zur Onanie und gegen die Folgen derselben
oft und dringend genug empfohlen worden, und es ist nicht
zu läugnen, dass sich diese „Mittel", wenn es gelingt, die betreffenden Individuen zu einer besonders energischen Anspannung zu bringen, bis zu einem gewissen Grade stets bewähren. Aber abgesehen davon, dass man bei vielen Onanisten
nicht weiter kommt als dass sie sich der stets zu erneuenden
Nöthigung fügen, ohne zum Wasser und zur Kraftentfaltung
Lust zu gewinnen, ist der beste Erfolg ein begrenzter, weil die einmal entwickelte Neigung sich nicht vollständig entwurzeln lässt,
sodass sie leicht wieder ausschlägt und mindestens die Erregbarkeit der Phantasie bestimmt, mit der Neigung aber die aus der
Überreizung resultirende Schwäche sich erhält, wie überhaupt
intensiv nachtheilige Einwirkungen, welche die Nervencentren
erlitten haben, nur durch einen langsamen Umbildungsprocess
überwunden werden, wobei nicht ausser Acht gelassen werden
darf, dass eine forcirte Anwendung der „Gegenmittel" mehr
schadet als nützt, wenigstens im Allgemeinen, also nur bei
solchen Organisationen zulässig erscheint, welche mit einer besonderen Reizbarkeit eine ungewöhnliche Zähigkeit und Restau-
rationsfähigkeit verbinden, und zwar immer erst dann, wenn
diejenige Ausgliederung des Körpers, die sich normaler Weise
mit dem Übergange in das Jünglings- und Jungfrauenalter
vollbringt, stattgefunden hat. Denn wenn die eigentliche Gymnastik, welche zugleich excentrische, d. h. die äussersten Möglichkeiten der Bewegungs-(Beugungs- und Streckungs-)Fähigkeit
herausstellende und streng abgemessene, als solche vorgestellte
und regelmässige Bewegungen verlangt, dem Knaben- und
Mädchenalter nach unserer Überzeugung nicht zukommt,
weil für dasselbe nur die Mannichfaltigkeit relativ freier und
motivirter Bewegungen, also nur das gymnastische Spiel —
neben Arbeiten, die ein gymnastisches Moment haben, und
neben den Wanderungen — natürlich und der schönen Ausgliederung förderlich ist, so versteht es sich von selbst, dass
wir ein angestrengtes Turnen auch als allgemeines Gegenmittel gegen krankhafte Neigungen und Schwächen in der
bezeichneten Periode nicht zulässig finden können, während

die Heilgymnastik im engeren Sinne, welche bestimmte organische Veränderungen durch zweckgemäss bestimmte Bewegungen zu erzielen sucht, für jede Altersstufe dieselbe Berech-´
tigung hat, indem die ihr zufallenden Individuen von der Schule
ausgeschiedene sind und sein müssen. Die Hauptaufgabe bleibt
demnach, der Genesis des Übels zuvorzukommen, was von
Seiten der Schulerziehung nur durch eine Thätigkeitsregelung,
wie sie durch den pädagogischen Zweck, das Individuum allseitig zu entwickeln, an sich gefordert ist, geschehen
kann; diese allgemeine Thätigkeitsregelung aber, welche das
individuelle Bedürfniss überall anspannend und nachlassend
zu berücksichtigen hat, ohne die Allseitigkeit der Bethätigung
jemals aus den Augen zu verlieren, ist auch das einzige ausreichende Mittel — sofern diese Bezeichnung auf sie anwendbar ist — um der physisch-moralischen Entartung, die schon
hervorgetreten ist, nachhaltig entgegenzuwirken. Mit andern
Worten: die Erziehung ist ein um so wirksameres Correctiv
bezüglich der verschiedenartigen jugendlichen Entartungen, je
entschiedener und voller sie ihrer positiven Aufgabe gerecht
wird. Davon aber ist sie unzweifelhaft noch weit entfernt,
so lange sie die Gymnastik oder das Turnen, abgesehen von
der Unzulässigkeit desselben in der Volksschule, aus dem
einseitigen Gesichtspuncte eines Gegenmittels nicht sowohl
gegen besondere Entartungen als gegen die geistige Anstrengung und den damit verbundenen Übelstand des Stillsitzens
betrachtet und behandelt — ein Gesichtspunct, über welchen
bei den Verhandlungen der Lehrerversammlung in der That
nicht hinausgegangen wurde.

Während einzelne Ärzte, insbesondere unter denen, die
sich mit Orthopädie und Heilgymnastik vorzugsweise beschäftigen, ein gewisses Quantum und eine gewisse Qualität von
Bewegungen nicht nur als nothwendig für den normalen Stoff-
wechsel, insofern durch diesen die körperliche Gesundheit bedingt ist, sondern auch als unerlässlich für die Frische, Energie und harmonische Ausbildung des geistigen Vermögens erklären und hier und da die Verwirklichung der schönen
Individualität als einen wesentlichen Zweck, der ohne zusam-

menhängende Übung der Beweglichkeit nicht erreicht werden
kann, aussprechen — beispielsweise erwähne ich den Vorsteher der orthopädischen und heilgymnastischen Anstalt zu
Leipzig, Dr. Schreber, der diesen Gesichtspunct am conse-
quentesten herausstellt — ist die noch herrschende Auffas-
sungsweise der Gymnastik bei den Pädagogen, wie nicht nur
die in Rede stehenden Verhandlungen, sondern auch die den
Gegenstand betreffenden Besprechungen und Äusserungen der
pädagogischen Blätter beweisen, eine durchaus unpädagogische
und wird es so lange bleiben als die Nothwendigkeit der
ästhetischen Erziehung nicht entschiedener anerkannt und
gründlicher begriffen wird wie es gegenwärtig durchweg der
Fall ist. Für die ästhetische Erziehung ist die Gymnastik ein
unbedingtes Erforderniss, weil sie ohne diejenige Ausgestaltung der Leiblichkeit, durch welche diese zu einer normalen
wird — und die Normalität muss ausdrücklich realisirt werden, wenn die Erziehung überhaupt eine Nothwendigkeit ist! —
nicht gedacht werden kann. Die Schönheit aber schliesst
die Kraft und Wohlbeweglichkeit, da sie nur mittelst der
energischen und, allseitigen Bewegung hergestellt werden kann
und die Gesundheit, insofern diese theils die Voraussetzung
für die volle Bethätigung und Entwicklung des Bewegungsvermögens, theils durch die ausreichende, d. h. mindestens
nothdürftige Bewegung bedingt ist, ein, während umgekehrt die
Gesundheit, welche, abstract gedacht, ein negativer Begriff ist,
weder die Kraft und Gewandheit noch die Schönheit einschliesst.
Wenn demnach die Erziehung die Schönheit in der That herstellt — so weit es bei den gegebenen Individuen möglich ist
— stellt sie auch die Gesundheit her, die bei dem menschlichen Organismus, sofern sie nicht eine schwache, d. h. eine
des Schutzes in fortgesetzter Steigerung bedürftige und die
Activität einschränkende werden soll, der fortgesetzten Wiederherstellung oder Kräftigung bedarf — eine Nothwendigkeit
welche mit der Nothwendigkeit der Civilisation gegeben ist,
weil diese das unmittelbare Verhältniss des Menschen zur
Natur und den damit gegebenen Zwang einer steten und allseitigen Bethätigung aufhebt und für die Entwicklung der

Menschlichkeit aufheben muss, indem sie aber die Schutzmittel
gegen äussere Einwirkungen vermehrt und die Bethätigung
der Einzelnen vereinseitigt, die schwache Gesundheit bedingt
und ihren Bestand ermöglicht, folglich, da jede Bedürftigkeit
an sich wächst, fortgesetzt schwächend wirkt, sofern nicht eine
freie und ausdrückliche Wiederherstellung des Verhältnisses
zu dem Natursein, ein geregelter Verkehr mit der Natur, der
den geregelten Kampf mit den Natureinflüssen einschliesst,
und eine freie und ausdrückliche Reproduction der natürlich
bedingten Allseitigkeit der Bethätigung den Charakter, der
Naturwidrigkeit, den die Civilisation hat und in gewisser Weise
haben muss, fortgesetzt aufhebt. Hieraus folgt, dass die Gesundheitsschonung — die stete aber negative Berücksichtigung der Gesundheit — die Gesundheitsschwäche, die sie
voraussetzt, nicht nur bestehen lässt, sondern fördert, dass aber
weiterhin die nothwendige Kräftigung der Gesundheit dem
Pädagogen ein abstracter oder abgesonderter Zweck nicht
sein darf, da seine positive Aufgabe die Mittel dieser Kräftigung — die Kraftentwicklung, und den geregelten Verkehr
mit der Natur — an sich einschliesst, diese Aufgabe demnach
nicht begriffen und erfüllt wird, wenn man das Motiv für
die bezeichneten Mittel in der Rücksichtnahme auf die Gesundheit sucht und findet. Wie jedoch eine derartige abstracte
Motivirung des Turnens, des Badens und Schwimmens, der Wanderungen u. s. w. eine unzureichende Auffassung und Durchführung der positiven Erziehungsaufgabe beweist, so wird auch
der Zweck der Gesundheitskräftigung, eben weil er abstract ge-
gefasst ist, nicht erfüllt, indem die betreffende Mittelge-
staltung als pädagogisch unmotivirte und nicht von pädagogischen Gesichtspuncten ausgehende entweder der Willkür oder
einem abstracten, einseitig aus der anatomisch-physiologischen
Kenntniss des Körpers abgeleiteten Gesetz verfällt und in dem
einen wie in dem andern Falle zu einer widernatürlichen, dem
Bedürfniss nicht genügenden und doch über dasselbe hinausgehenden wird.

Wo man das „Turnen" als ein nothwendiges Mittel der
Abspannung und Ausgleichung — als ein Gegenmittel gegen

die Nachtheile des stetigen Sitzens und die geistige Überreizung
— betrachtet und behandelt, wird man den Zweck mit dem
geringsten Aufwande und möglichst direct zu erreichen suchen.
Es kommt dann nur auf eine „ordentliche" Bewegung an,
welche die versessenen Glieder wieder geschmeidig macht,
einen raschen Blutumlauf bewirkt und das Muskelsystem stärkt
— eine Stärkung, durch welche die Reizbarkeit der Nerven
und des Gehirns, wie man meint, ein Gegengewicht erhält.
Das Spiel mit lebhaften und energischen Bewegungen würde
zu diesem Zwecke unläugbar genügen, wenn es den Raum
und die Zeit, die zu seiner Entfaltung nöthig sind, erhalten
könnte; aber es nimmt eben zu viel Zeit weg und kann ausserdem nicht dem Belieben der Zöglinge anheimgegeben werden,
sofern es seinen bestimmten Zweck bei allen erfüllen soll,
während sich doch der „Pädagog" nicht berufen fühlt es zu
ordnen und zu leiten. Man sieht also davon ab und hält
sich, direct den Zweck im Auge, an regelmässige Bewegungen,
die sich einfach commandiren lassen, also, da es geordnete
Turnübungen giebt, an die vorhandenen und bekannten Turnübungen, und zwar an die einfachen, weil es, wie bei den
Verhandlungen über die Gesundheitsfrage in der Lehrerversammlung ausgesprochen wurde, nicht darauf ankommt, eine
besondere Gewandtheit auszubilden, sondern einfach darauf,
den Körper zu kräftigen. Aber mit diesen einfachen Übungen —
abgesehen davon, dass in dem Alter der Volksschule ein eigentliches Interesse für sie nicht in Anspruch genommen und geweckt
werden kann — wird der einfache Zweck, den Körper durch-
zuarbeiten und gesundheitsgemäss zu entwickeln, nicht erreicht,
da der systematische Zusammenhang, in dem sich eine Übung
durch die andere ergänzt, fehlt, und zudem die Ausführung
durchweg eine mangelhafte und energielose bleibt, sofern man
aber die energische Anstrengung fordert und durchsetzt, die
körperliche Entwicklung nicht gefördert, sondern beeinträchtigt wird. Somit ist die Verfrühung des eigentlichen Turnens
nicht durch eine würdige, sondern durch eine unwürdige Auffassung der Gymnastik oder ihrer Nothwendigkeit bedingt,
und lässt, wie jede andere Verfrühung, nicht nur den be-

schränkt gefassten Zweck unerfüllt, sondern wirkt auch mehr oder minder schädlich, indem es sich jedenfalls, ob spielend oder ernst betrieben, der Entwicklung des natürlichen Bewegungstriebes, dessen geregelte Befriedigung es nicht ist, entgegensetzt. Allerdings ist die Pädagogik bei dem eben charakterisirten Hereinziehen einzelner Turnübungen des Jahn'schen Turnens in die Volksschule nicht stehen geblieben — obgleich Alles, was in der allgemeinen Lehrerversammlung in Bezug auf den Gegenstand gesagt wurde, einen Fortschritt über diese Art propädeutischer Gymnastik nicht bekundete — vielmehr ist die Gestaltung einer selbständigen Gymnastik für das Alter der Volksschule mehrfach und nicht bloss ansatzweise versucht worden. Diejenigen aber, welche diese Versuche machten, indem sie die Gestaltung des Spiels umgingen, verfielen, um die Willkür und Einseitigkeit auszuschliessen, auf eine Combination allseitiger Bewegung, mit welcher sie, auf der Unterlage der anatomischen Analyse fussend, dem pädagogischen Gesetz: „vom Einfachen zum Zusammengesetzten" gerecht werden wollten, wozu sie, wenigstens zum Theil, bei der Heilgymnastik borgen gingen — ein Fortschritt, den wir als einen wahrhaften nicht anerkennen können, sondern als die Systematisirung einer unnatürlichen Bedürfnissbefriedigung bezeichnen müssen. Wie wir die Gültigkeit des pädagogischen Grundsatzes „vom Einfachen zum Zusammengesetzten" in dieser abstracten Fassung überhaupt negiren, so haben wir insbesondere die Anwendung desselben auf die Gymnastik abzuweisen, was aber die Heilgymnastik anbetrifft, so ist ihr Gebiet ein von dem der Gesundengymnastik bestimmt geschiedenes und bestimmt zu scheidendes, und wenn die letztere von der ersteren irgend eine Förderung zu erwarten hat, so findet diese am allerwenigsten mittelst einer unmittelbaren Übertragung statt, welche den nothwendigen Gegensatz aufhebt oder verwischt, wie überhaupt für ein fruchtbares Verhältniss der allgemeinen und der Heilpädagogik ihre Aufgaben zunächst auseinandergehalten und zwar ausdrücklich auseinandergehalten werden müssen, womit selbstverständlich nicht die gegenseitige Indifferenz, sondern das Gegentheil gefordert ist. —

Als dem Alter der Volksschule nicht entsprechend müssen wir auch die von Spiess gestaltete Gymnastik erklären, obgleich in dieser der ästhetische Bildungszweck zur Geltung gelangt und die rhythmische wie die gemeinsame Bewegung nicht nur genügend, sondern vorwiegend berücksichtigt sind. Was Spiess für die Gymnastik der Volksschule oder der Altersstufe, die dieser entspricht, geleistet hat, lässt sich mit der Gestaltung, die Fröbel dem Kindergarten gegeben, in Parallele setzen, und mittelst dieser Zusammenstellung ist der Standpunct, den wir der Spiess'schen Gymnastik gegenüber einnehmen, kurz bezeichnet, da wir unsere Ansicht über den Fröbel'schen Kindergarten schon wiederholt ausgesprochen haben. Wie aber die Beschäftigungen, Spiele und Arbeiten des Fröbel'schen Kindergartens, abgesehen davon, dass in ihnen die mathematische Combination einseitig vorherrscht und die ästhetische Sinnigkeit, insbesondere was die Spiele anbetrifft, zur Unkindlichkeit und Widernatürlichkeit ausschlägt, zum Theil überhaupt für die Altersstufe des Kindergartens verfrüht sind, also in die Elementarclasse der Volksschule verlegt werden müssten, so stellt die Spiess'sche Gymnastik, insofern sie mit den gehörigen Modificationen einestheils beschränkt, anderntheils erweitert und ergänzt gedacht wird, allerdings eine Stufe und zwar die erste der eigentlichen Gymnastik dar, die eigentliche Gymnastik aber gehört nicht in die Volksschule, indem ihre Berechtigung erst mit dem Übergange zum Jünglingsalter eintritt. Ebenso kann das Jahn'sche Turnen — ich wähle die kürzeste Bezeichnung, da ich sie als verständlich voraussetzen darf — bei seiner ausgesprochenen Einseitigkeit nur eine Stufe der Gymnastik darstellen, und zwar ist dasselbe bei zweckgemässer Reduction dazu angethan, die zweite, dem mittleren Jünglingsalter, also circa dem Alter vom sechszehnten bis zum achtzehnten Jahre zukommende Stufe der Gymnastik, für welche die Barren- und Reckübungen charakteristisch sein müssen, zu vertreten. Auf der dritten und letzten Stufe der eigentlichen Gymnastik — wozu beispielsweise die militärischen Übungen in der durch das moderne und modernste Kriegswesen bedingten Form nicht mehr ge-

hören — würden die praktisch-ästhetischen Bewegungen,
bei denen einerseits der Kampfzweck, andrerseits der Zweck
der gemeinsamen Selbstdarstellung den ausgeprägten Charakter der einzelnen Übungen bedingen, einzutreten haben. Eine
weitere Auseinandersetzung der hiermit angedeuteten Abstufung der Gymnastik ist jetzt nicht am Platz; ich habe mir
aber diese Andeutungen nicht versagen wollen, da sie immerhin genügen, um wenigstens für den Kundigen unsere Stellung
zu den Vorschlägen und Maassregeln, welche der erneute Eifer
für die Gymnastik in der letzten Zeit hervorgerufen hat, einigermaassen zu bezeichnen.

Mit der pädagogischen Auffassung der Gymnastik, welche
von dem Gedanken der bewussten, für die Verwirklichung der
menschlichen Individualität nothwendigen Selbstgestaltung auszugehen hat, verträgt es sich von vornherein nicht, wenn die
gymnastischen Übungen als Körperübungen den Übungen des
Geistes entgegengesetzt werden, wie denn die beliebte Entgegensetzung der Gehirn- und Muskelanstrengung, abgesehen von der Art, wie die Muskeln angestrengt werden, eine
physiologisch falsche ist. Indem die gymnastischen Übungen die mit dem menschlichen Organismus gegebene Beweglichkeit allseitig und vollkommen herausstellen, um sie zu
einer energisch beherrschten und ästhetisch zusammengehaltenen zu bilden, sind es Übungen der nach aussen und innen
gerichteten Sinnlichkeit, des Combinationsvermögens, der plastischen Phantasie und des plastischen Verstandes und endlich das specifische Bildungsmittel der Willensenergie; sie nehmen also, obgleich in relativer Einseitigkeit, den ganzen
Menschen in Anspruch und sind nothwendig, um den Zusammenhang der menschlichen Vermögen herzustellen, so dass
ohne sie von einer pädagogischen Ausgestaltung der Individualität nicht die Rede sein kann. Wie aber die Gymnastik
— deren Vertretung im Alter der Volksschule die Spiele, die
Arbeiten und die Wanderungen bilden, insofern allen dreien
ein gymnastisches Moment zukommt, welches möglichst herauszustellen ist — von vornherein als geistiges und sittliches
Bildungsmittel betrachtet und behandelt werden muss, so ha-

ben wir zu behaupten, dass die besondere Übung der theoretischen Vermögen, sofern sie naturgemäss stattfindet, die
körperliche Entwicklung, die Gesundheit und Kräftigkeit so
wenig beeinträchtigt, dass sie vielmehr nothwendig ist, um die
menschliche Leiblichkeit zu vollkommener Entwicklung zu
bringen. Wir haben dies für das erste Kindheitsalter
schon früher geltend gemacnt, es gilt aber auch für die folgenden Altersstufen und ergiebt sich, sofern nicht die abstracte
Entgegensetzung der Geistigkeit und Leiblichkeit als Dogma
festgehalten wird, unmittelbar aus dem Begriffe des Organismus, wie es durch die Erfahrung bei einer unbefangenen und
eingehenden Betrachtung überall bestätigt wird. Während die
einseitig, d. h. ohne ihr nothwendiges und positives Correctiv,
das in der fortgesetzten und ausdrücklichen Wiederherstellung
der individuellen und socialen Ganzheit liegt, fortschreitende
Civilisation schwächt, werden durch die wahrhafte Cultur
auch die „körperlichen" Energieen potenzirt. Sofern daher
die von ärztlicher Seite geltend gemachte und von pädagogischer Seite theilweise angenommene Forderung, die geistige
Anregung und Anstrengung nicht zu verfrühen und nicht zu
übertreiben, eine Forderung quantitativer Mässigkeit, für
welche sich keine bestimmten Grenzen finden lassen, bleibt,
ist mit der betreffenden Nachgiebigkeit der Pädagogen wenig
oder Nichts gewonnen: der Streit um das rechte Maass und
die Vereinbarung darüber sind äusserlich und belanglos, so
lange nicht auf die Qualität der Anregungen und Anstrengungen, also auf die Naturgemässheit der pädagogisch geregelten Bethätigung eingegangen wird. Diese ist die Haupt-
frage, und ihr gegenüber haben diejenigen, die sich auf gesundheitgemässe Einrichtungen und Vorrichtungen beziehen,
nur eine nebensächliche Bedeutung. Den Ärzten muss in diesen Dingen die erste und letzte Stimme eingeräumt werden,
und desshalb ist es kaum zu entschuldigen, wenn sich eine
Versammlung von Pädagogen auf endlose Debatten über Ventilation, zweckgemässe Tische und Stühle u. s. w. einlässt.
Die Frage der Ventilation verliert von der Wichtigkeit, die ihr
unter den gegenwärtigen Verhältnissen zugestanden werden

kann, einen grossen Theil, wenn die Schulkinder mehr als
jetzt im Freien unterrichtet werden, die Sitzfrage, wenn die
Schule aufhört eine Sitzanstalt zu sein. Sind aber Unterricht
und Erziehung naturwidrig, während sie doch die Zöglinge
ganz in Beschlag nehmen, so wird auch da, wo die Schulzim-
mer an Luftigkeit und Trockenheit nichts zu wünschen übrig
lassen und alle Utensilien raffinirt gesundheitgemäss sind, in
dem von ärztlicher Seite behaupteten und beklagten traurigen
Gesundheitszustande unserer Jugend eine wesentliche Besserung nicht eintreten.

<hr />

2.

Die Grenze der pädagogischen Verantwortlichkeit bezüglich der Gesundheitsfrage. — Die Kenntniss und Anerkennung des allgemeinen Übels
als Vorbedingung des dagegen gerichteten Kampfes. — Das Verhältniss
des gegenwärtigen Gesundheits- und Kräftigkeitsstandes zu dem in früheren Perioden; der „schwächende" Einfluss der „Civilisation." — Die
Militärconscriptionen. — Die ökonomischen und industriellen Zustände
als Factoren des herrschenden Gesundheitscharakters; die hieraus resultirende Verpflichtung der ärztlichen Wissenschaft und der Pädagogik. —
Die pädagogische Gestaltung der Nothanstalten. — Die durch abnorme
socialökonomische Verhältnisse bedingten Nothanstalten. Die Arbeitsschule. — Die heilpädagogischen Anstalten als Unterart der Nothanstalten. — Besondere Bemerkungen.

Wenn wir bezüglich der Gesundheitsfrage wie bezüglich
anderer auszusprechen haben, dass die gegenwärtige Schule
das nicht ist und leistet, was sie sein und leisten kann und
muss, so dürfte es bei der Empfindlichkeit vieler Schulmänner, welche sich durch jede allgemeine Kritik persönlich angegriffen fühlen, nicht ganz überflüssig sein, uns ausdrücklich
gegen die Absicht zu verwahren, als wollten wir die praktischen Vertreter der heutigen Pädagogik auf die „Anklage-
bank" setzen und ihre „Verurtheilung" von Seiten des Publicums herbeizuführen suchen. Der Zustand des Schulwesens ist
nicht einseitig von den theoretischen und praktischen Pädagogen abhängig, und zwar da, wo eine ausgedehntere Unter-

richtsfreiheit besteht, vielleicht noch weniger als da, wo „regu-
lirt" wird, weil, wie ich früher ausgeführt, eine begriffs- und
ideegemässe Gestaltung der Schule, wenn sich die mannichfachen
Bedürfnisse und Ansprüche des Publicums unmittelbar bestimmend gelten machen, unmöglich ist, während die einseitige
Maasregelung von oben nicht die begriffsgemässe Form, obwohl die organische Lebendigkeit und Entwicklung ausschliesst.
Die Schule, die wir verlangen, weil wir sie für eine geschichtliche Nothwendigkeit halten, kann nur unter der Bedingung
in das Leben treten, dass das pädagogische Interesse ein allgemeines geworden ist, dass sich aus und mit diesem Interesse — welches sich vor allen Dingen auch als ein gewäh-
rendes zu bewähren hätte — ein allgemeines pädagogisches
Bewusstsein bildet, und dass dieses als ein vermitteltes zu
einer organisirenden Potenz wird. Das gegenwärtige Publicum aber ist in pädagogischer Beziehung theils völlig indifferent, theils will es die Schule zum Dienste des Privatinteresses
erniedrigen, indem es seine verschiedenartigen, durch Nützz-
lichkeits- und Moderücksichten bestimmten Ansprüche wenigstens indirect geltend macht. Wir hätten also, um klägerisch
aufzutreten, zunächst und vorzugsweise das grosse Publicum
anzuklagen, d. h. für den unzulänglichen Bestand und die un-
längliche, ebendesshalb aber in vielfacher Beziehung ausschrei-
tende und nachtheilige Wirksamkeit der Schule verantwortlich
zu machen, woraus sich von selbst ergiebt, dass wir dieses
Publicum nicht als „Richter" gegen die Gesammtheit der
praktischen Pädagogen anrufen können, sondern im Gegentheil
von den praktischen Pädagogen verlangen müssen, dass sie
den Concessionen, die diesem vielgestaltigen Publicum gemacht
werden, eine Schranke setzen. Dass diese Concessionen in so
weiter Ausdehnung gemacht worden sind und gemacht werden, ist allerdings als Vorwurf auszusprechen, wir verkennen
aber nicht, dass die Nachgiebigkeit gegen die elterlichen und
sonstigen Ansprüche theils eine nothgedrungene, d. h. schwer
zu vermeidende ist, theils als eigentliche Nachgiebigkeit insofern nicht gelten kann, als sie sich mit herrschenden pädagogischen Grundsätzen vereinbaren lässt. Solchen herrschenden

Grundsätzen können wir, eben weil sie herrschende sind, den Charakter einer gewissen Zeitgemässheit auch da nicht absprechen, wo wir uns entschieden dagegen erklären müssen — eine Erklärung, mit der wir auf den Vorzug und Vortheil dieser gewissen Zeitgemässheit verzichten. Ein solcher Verzicht steht uns selbstverständlich frei, wie wir das Recht haben, das bestehende Schulwesen unter den Gesichtspunkt eines pädagogischen Ideales zu stellen, da kein Pädagog, der dies nicht thut, den Namen verdient. Eine Bürgschaft aber, dass unser pädagogisches Ideal kein willkürliches ist, suchen und finden wir darin, dass wir von den ausgeprägten und ausgedehnten Nothzuständen und Übeln, mit denen die praktische Pädagogik zu kämpfen hat oder zu kämpfen hätte, nicht absehen, sondern sie als Offenbarungen dessen, „was Noth thut", ernst in das Auge fassen. Dieser Ernst ist keine „Hypochondrie", und so wenig wir zu den Civilisations-Juchheisten gehören — zu denen, die sich im Gerassel des heutigen Fortschritts höchst behaglich fühlen — so wenig ist unsere Stimmung eine hoffnungslose und kann es schon desshalb nicht sein, weil wir den Kampf gegen das Übel verlangen und selbst, so weit unsere Kräfte reichen, führen. Wir wollen uns also keineswegs bei dem Klagen und Anklagen aufhalten, empfinden aber durchaus keinen Respect vor der „Starkgeistigkeit," welche, was sie nicht sehen will, dem Bereiche der Gespensterseherei zuschiebt und vermöge ihres flüchtigen Blickes in allen Thatsachen, die auf den geheimen wie offenen Fortschritt bedenklicher Übel hinweisen, nur ein verschwindendes Moment der allgemeinen Entwicklung erkennt und anerkennt.

Was den herrschenden Gesundheitszustand anbetrifft, so lässt sich nicht bestreiten, dass für die Beurtheilung desselben der gebildete Arzt die entschiedenste Competenz besitzt, dass er also zuerst, wenn auch keineswegs allein, gehört werden muss. Wenn man sagt, dass es dem Arzt zu gehen pflege wie dem Criminalisten, welcher durch seine tägliche Beschäftigung mit Verbrechen endlich dahin gelangt, nicht nur Einzelne rasch verdächtig zu finden, sondern sich auch die Ka-

tegorien der unentdeckten Verbrechen und der zum Verbrechen geneigten Individuen viel ausgedehnter vorzustellen als
sie es in der That sind, indem das abnorm geschärfte ärztliche Auge, wohin es sich wende, Symptome der Krankheit
und Krankhaftigkeit entdecke, das ärztliche Vorurtheil aber
die Bedeutung dieser Symptome, auch wenn sie wirklich vorhanden, überschätze, so liegt in dieser Behauptung unzweifelhaft etwas Wahres, und bei den meisten Ärzten sind wir
keineswegs genöthigt, ihr nach oberflächlicher Anschauung ab-
gegebenes Urtheil über die Kräftigkeit, Leistungs- und Er-
tragsfähigkeit einzelner Individuen und ganzer „Altersclassen"
als maassgebend anzunehmen. Hat aber der Gesichtskreis des
Arztes durch ethnographische und geschichtliche Studien mit
sorgfältiger Combination der für den Gesundheits- und Kräf-
tigkeitszustand verschiedener Bevölkerungen und Generationen
bedeutsamen Thatsachen die nöthige Weite und Sicherheit gewonnen, so fällt sein Urtheil über das Verhältniss, in welchem
die gegenwärtige Civilisation und Generation zu andern Zeiten
und Geschlechtern bezüglich der Gesundheit und Kräftigkeit
stehen, schwer in die Wagschale, und es abzulehnen oder
leicht zu nehmen wäre Leichtsinn oder Verblendung. Wenn
also in dem Kreise der gebildeten und historisch umsichtigen
Ärzte sich immer mehr Stimmen dahin vereinigen, dass der
gegenwärtigen Civilisationsepoche der adynamische Krankheitscharakter eignet, dass die durch verschiedene Ursachen, insbesondere durch ungenügende Ernährung, einseitige Beschäftigung und mannichfache Überreizung bedingte Schwäche überhand nimmt, mit dieser Zunahme aber die der Verkrüppelun-
gen und Verbildungen wie die der Seelenstörungen verknüpft
ist, so ist ein solches Gesammturtheil wohl dazu angethan,
ernste Reflexionen über den ökonomischen und sittlichen
Fortschritt, in welchem wir nach den Versicherungen oder
Voraussetzungen unserer Optimisten uns befinden, hervorzurufen. Jedenfalls beruht der Glaube, dass die Menschheit in
einer stetigen und gleichmässigen Entwicklung zu höherer
Vollkommenheit begriffen ist, ebenso auf einer fast gedanken-
losen Abstraction von der wirklichen Geschichte, wie der an

dere, dass die Civilisation als solche und überall die Abnahme der körperlichen Rüstigkeit und Kräftigkeit bedinge und dass die Menschheit nothwendig immer mehr herabkomme — eine Betrachtungsweise, bei welcher fabelhafte Vorstellungen von der Grösse und Kraft der Voreltern im Spiele sind —; die Gleichgültigkeit gegen das Übel aber, die aus der einen wie aus der andern Ansicht hervorgeht, ist, wie nicht oft genug wiederholt werden kann, eine gefährliche Schwäche, über welche sich insbesondere die Nationalökonomie und Pädagogik, auch von ihrer geheimen Herrschaft sich befreiend, entschieden erheben müssen, wenn sie nicht in ein vielgeschäftiges Nichtsthun verfallen sollen und wollen, wie ein solches die medicinische Praxis bleibt, so lange sie in mehr oder minder glücklichen Curen, d. h. in der Behandlung einzelner Fälle aufgeht.

Gegen manche von den Thatsachen, welche für die Verschlechterung der gegenwärtigen Generation angeführt werden, lassen sich allerdings Einwände erheben. So kann gegenüber den ungünstigen Ergebnissen den Militärconscriptionen gesagt werden, dass die allgemeine Militärpflichtigkeit erst seit der französischen Revolution Platz gegriffen hat, also die Ergebnisse der jetzigen Conscriptionen keine Folgerungen in Bezug auf das Verhältniss der gegenwärtigen zu der früheren Generation erlauben, dass die Ansprüche an die Tüchtigkeit des einzelnen Mannes wenigstens in manchen Beziehungen sich gesteigert haben und fortgesetzt steigern, und dass, was in den neuesten Kriegen von verschiedenen Truppen geleistet wird, als Gegenbeweiss gegen eine fortschreitende Entartung gelten dürfe — was ausdrücklich auszusprechen der gegenwärtig die Geschichte machende Herrscher Frankreichs sich bewogen fand. Aber abgesehen davon, dass das Motiv zu dieser ausdrücklichen Erklärung in einem guten Bewusstsein nicht zu suchen ist und dass der Gedanke nahe liegt, es möchten die jetzigen, ungewohnt mörderischen Kriege, indem sie die energischen Elemente der Bevölkerungen künstlich concentriren und in äusserster Anspannung verzehren, zu einer dauernden Erschöpfung führen, abgesehen also davon, dass die Möglich-

keit einer solchen Kriegführung die allgemeine Kräftigkeit
der Bevölkerungen mindestens nicht beweist, während die
Abschwächung, die unmittelbar und durch die Corruption, die den
jetzigen Krieg in ungewohnter Art begleitet, stattfindet, nicht
bezweifelt werden kann — sind die einfachen Ergebnisse der Militärconscriptionen insofern von Gewicht, als sie eine progres-
sive Zunahme der körperlichen Untauglichkeit herausstellen, was
in der That schon jetzt trotz der Schwankungen in den einzelnen Jahrgängen behauptet werden kann. Neben dieser fast
durchgreifenden Thatsache ist die gänzliche Verkommenheit
der Bevölkerung in vielen Industriedistricten, die durch die
regelmässig wiederkehrenden Industriekrisen regelmässig dem
Elend Preis gegeben sind, notorisch und zeigte sich unter
Anderem darin, dass für Arbeiten, die einzige Körperanstren-
gung erfordern, die Arbeiter fehlten. Dieselben Ursachen aber
haben da, wo sie schwächer wirken, dieselben, wenn auch
weniger auffallend und langsamer eintretenden Wirkungen,
und hätten wir keine Gelegenheit, diese Wirkungen, täglich
und überall in der Erscheinung der Schwäche Schlaffheit
und Kränklichkeit — die sich unserem ästhetischen Sinne wider-
wärtig aufdrängt, ohne dass wir ärztliche Symptomaliker zu sein
brauchen — zu beobachten, so dürften wir a priori aus der Kenntniss der Lebens- und Arbeitsweise der Bevölkerungen in den
untern und höheren Ständen auf das allmählige Verkommen
dieser Bevölkerungen schliessen, wobei wiederholt bemerkt
sein mag, dass wir bei einer solchen Folgerung den specifisch
bestimmten Charakter der gegenwärtigen Civilisation im
Auge haben.

Dem gegenüber ist der Widerspruch einzelner Schulmänner, die sich auf ihre speciellen Erfahrungen berufen, bedeu-
tungslos, weil diese Erfahrungen beschränkt sind, unter besonders günstigen Verhältnissen gemacht werden, und überall ein
geübter Blick dazu gehört, um den Schein der Gesundheit und
Blüte, der unter allen Verhältnissen ein Vorzug der über das
Kindheitsalter hinausgelangten Jugend bleibt, von der wirklichen und nachhaltigen Kräftigkeit zu unterscheiden, und kein
besonders geübter Blick, um sich insbesondere durch die

„Bausbäckigkeit" nicht täuschen zu lassen. Indem solche Berufungen den Anklagen der Ärzte, welche für die Verschlechterung des Gesundheitszustandes die jetzige Schulerziehung verantwortlich machen, entgegengesetzt werden, drücken sie den Willen aus, auf die Gesundheitsfrage nicht näher einzugehen und haben das Bewusstsein von der Zeitgemässheit der gegenwärtigen Schule zum Hintergrunde. Denn die der Schule geltende Anklage wird als allgemeine, der Civilisation schlechthin geltende aufgefangen und auf dem kürzesten Wege zurückgewiesen, womit die Voraussetzung der Verantwortlichkeit und jeder Grund, die Berechtigung des herrschenden Erziehungssystems vom Standpunkte der Gesundheitspolizei aus in Frage zu stellen, negirt ist. Dass andere Schulmänner sich gemüssigt gefunden haben, auf die Anklagen und Forderungen der Ärzte einzugehen, haben wir gesehen, zugleich aber, dass dies in ziemlich äusserlicher, auf allerhand Zugeständnisse und Berücksichtigungen hinauslaufender Art geschah, also ohne die Gesundheitsfrage zu der ganzen Aufgabe der Erziehung 'in ein durchgreifendes Verhältniss zu setzen. Die heutige Pädagogik zeigt hiernach keine Neigung, die Grösse des Übels, einen Fortschritt der physischen und sittlichen Verkümmerung, dem gegenüber die Schule ihre Wirksamkeit wesentlich zu ändern hätte, anzuerkennen und• sich die ihr in dieser Beziehung zugeschobene Verantwortlichkeit zu Herzen zu nehmen. Die Concessionen aber, zu denen sie sich dessen ungeachtet — wie sie dies auch sonst thut — drängen lässt, sind solche, die sie nicht machen dürfte, wenn sie die Selbständigkeit der pädagogischen Einsicht gegenüber der ärztlichen Anschauungsweise bewähren wollte. Hierzu rechnen wir insbesondere die vielfach befürwortete Einführung der Physiologie und Gesundheitslehre in die Volksschule und die beabsichtigte Verallgemeinerung eines Turnens, welches dem Alter der Volksschule nicht angemessen ist und um so weniger angemessen sein wird, je mehr man der Heilgymnastik auf die Gestaltung desselben Einfluss einräumt.

Die Verantwortlichkeit der Schule bezüglich des herrschenden Gesundheitszustandes ist in der That eine beschränkte,

obgleich entschiedene, und die Ärzte, welche sich die Schule
anzuklagen beeilt haben, hätten dabei von den gegebenen ökonomischen und industriellen Zuständen nicht absehen sollen.
Die Frage, wie diese Zustände im Interesse der allgemeinen
Gesundheit und Kräftigkeit zu bessern sind, ist unzweifelhaft
eine schwierige; die medicinische Wissenschaft dürfte sich aber
der Verpflichtung nicht entschlagen, auf sie einzugehen, d. h.
ihre Forderungen, und zwar über die gesundheitgemässere
Einrichtung dieses oder jenes Productionsbetriebes hinaus-
gehende, an die theoretische und praktische Nationalökonomie zu stellen, wie die Pädagogik nicht davon absehen darf,
an dem Kampfe gegen die ökonomischen Nothzustände ihrerseits Theil zu nehmen, wozu die Schule für die Entwicklung
und Gestaltung der Volksarbeit ganz anders wirksam sein muss,
als sie es gegenwärtig ist. Allerdings wird diese Wirksamkeit
der Schule, obgleich an sich weit positiveren Charakters als
es der Einfluss der medicinischen Kritik sein kann, eine mittelbare und beschränkte bleiben müssen, da für die Gestaltung
der Volksarbeit verschiedenartige und von einander unabhängig
erscheinende Factoren zusammenzugreifen haben und die allgemeine Schule nicht davon abgehen soll, ihren Zweck rein
pädagogisch zu fassen und ihre Mittel entsprechend zu formen.
Aber die beschränkte und mittelbare Wirksamkeit der allgemeinen Schule ist von der höchsten Wichtigkeit oder vielmehr
von kaum zu berechnender Tragweite, wenn sie die Grenzen
des Nothwendigen wirklich ausfüllt, weil sie für alle übrigen
Factoren, die bei derjenigen Hebung der Volksarbeit, welche
zugleich und an sich Hebung der sogenannten arbeitenden
Classe ist, in Betracht kommen, die Bedeutung des eigentlichen Mittelfactors hat. Wenn ferner die allgemeine Schule
den Zweck, die Noth unmittelbar zu heben, ausschliesst, also
den Charakter der Nothanstalt nicht annehmen darf, so halten
wir es doch für unzulässig, die durch die Noth hervorgerufenen Anstalten, weil sie dies sind, als ausserhalb dem Bereiche der
Pädagogik liegend zu betrachten und zu behandeln, und fordern
vielmehr, dass der gegebene Charakter der Nothanstalt durchweg so weit es möglich ist, d. h. soweit es der besondere Zweck

zulässt, überwunden werde. Wir können in der Abstraction von dem Zwecke der Nothlinderung und Nothbeseitigung nur den Ausdruck eines unwahren Idealismus erkennen, und sind überzeugt, dass für eine freie und allseitige, dem Bedürfniss der Gegenwart entsprechende Verwirklichung der allgemeinen Schule die pädagogische Gestaltung der Nothanstalten eine wesentliche Vorbedingung ist, dass also der wahrhafte pädagogische Fortschritt, die intensive Erhöhung der pädagogischen Wirksamkeit zunächst diejenige Erweiterung, mittelst deren sie sich der Nothanstalten bemächtigt, in Anspruch nimmt.

Dass es im Interesse der allgemeinen Schule liegt, die widerstrebenden, hemmenden und krankhaften Elemente aus- scheiden zu können, wird Niemand läugnen. Aber die Möglichkeit einer consequenten Ausscheidung ist wenigstens als moralische — sofern die Moral mit der Humanität zu- sammenhängt — nicht gegeben, so lange nicht die Auszu- scheidenden ausser der Schule bedürfnissgemässe Zuflucht- stätten finden, was nur dann der Fall ist, wenn erstens An- stalten, die den Namen der Zufluchtsstätten überhaupt verdie- nen, in genügender Anzahl bestehen, und wenn zweitens die Behandlung der Ausgeschiedenen eine pädagogische bleibt. Denn ihre Erziehungsbedürftigkeit dauert unter allen Umstän- den fort, obgleich sie sich besondert, und die pädagogische Praxis hat sich logischer und humaner Weise so weit zu er- strecken, als die Grenzen der Erziehungsbedürftigkeit reichen. Wenn jene doppelte Voraussetzung fehlt, ist das Ausscheiden ein Aufgeben und Ausstossen, und um so weniger gerecht- fertigt, als es kaum irgendwo consequent durchgeführt wird. Wollte aber die allgemeine Schule in dieser Beziehung — einerseits der Humanität, andrerseits den vielfachen Rücksich- ten, welche Vortheil und Vorurtheil auflegen, zum Trotz — consequent sein, und sollte zugleich die eigentlich pädagogi- sche Wirksamkeit auf den Umkreis der derartig „gereinigten" Schule beschränkt bleiben, so würde die Pädagogik auf die Lösung von allerdings schwierigen, aber sich aufdrängenden und belangvollen Aufgaben verzichten, und durch diesen Ver- zicht beweisen, dass es ihr weder mit dem Eingehenwollen auf

die Individualität, von dem genug gesprochen wird, Ernst,
noch die Tendenz, die Schule als sociale Institution aufzufassen und zu dem Entwicklungsbedürfnisse der Gesellschaft in
ein wirkliches Verhältniss zu setzen, auch nur ansatzweise
vorhanden ist. In diesen beiden Richtungen aber, die zur
Einheit gebracht werden müssen und können, liegt, wie nach
unserer Überzeugung auf die Länge unmöglich verkannt werden kann, der wahrhafte pädagogische Fortschritt.

Was das Eingehen auf die Individualität insbesondere betrifft, so wird dasselbe einestheils durch den Heilzweck —
mag es sich um körperliche oder moralische oder geistige Gebrechlichkeit und Entartung handeln — anderntheils durch
die Nothwendigkeit, den Mangel des Familienlebens und der
Familienerziehung zu ersetzen, in einer Art in Anspruch
genommen, wie es bei relativ normalen und in relativ normalen Verhältnissen erwachsenden Kindern niemals der Fall
ist, es müssen sich also, wenn jener Zweck und diese Aufgabe pädagogisch begriffen, aufgenommen und durchgesetzt
werden, nothwendig wesentliche Gesichtspuncte für die „normale" Erziehung, und zwar nach der disciplinarischen wie nach
der didaktischen Seite hin ergeben — Gesichtspuncte, deren
die heutige Pädagogik bedarf, wenn sie nicht bei der oberflächlichen Anwendung längst formulirter „psychologischer"
Grundsätze stehen bleiben soll. Von einer socialen Pädagogik
aber, d. h. von der wirklichen Beziehung der Erziehungsthätigkeit und der Erziehungsinstitute auf das allgemeine Bedürfniss der Gesellschaft kann so lange nicht wohl die Rede sein,
als die Pädagogen auf den tieferen Grund scharf hervortretender Nothzustände nicht reflectiren, die symptomatische Bedeutung, die das häufigere Vorkommen bestimmter Entartungsfälle hat, verkennen, und zu einer pädagogischen Theilnahme
an den Wohlthätigkeitsbestrebungen, die über den Zweck
einer blossen Beschwichtigung des Leidens hinausreichen, nicht
getrieben fühlen. Wir müssen also diese Theilnahme verlangen, wenn wir die Schule als selbständigen Factor der Culturgestaltung wollen und hierzu ihre Erhebung über das abstracte Individualitätsprincip auf der einen, über die dienst-

bare Abhängigkeit von den Privatinteressen auf der andern Seite als eine unabweisbare Nothwendigkeit erkannt haben. Dabei versteht es sich von selbst, dass die Theilnahme der Pädagogen als solcher an allen pädagogischen Wohlthätigkeitsbestrebungeu nur eine theoretische sein kann, aber als solche eine lebendige und eingehende sein muss, während die Praxis hier wie sonst die Arbeitstheilung in Anspruch nimmt. Hier wie sonst aber wird die Arbeitstheilung nur dadurch eine wahrhaft fruchtbare, dass der Zusammenhang der zusammengehörigen Bestrebungen fortgesetzt heraus- und hergestellt, befestigt und erneuert wird, was nur unter der Voraussetzung möglich ist, dass die Pädagogik als solche das Interesse für die Gestaltung der Noth- und Heilanstalten einschliesst und pflegt, dass dieses Interesse schöpferisch wird, in dem es die vereinzelt bestehenden Anstalten dieser Art vervollständigt, ergänzt und hebt, und dass die Specialpädagogen ihrerseits das Verhältniss, welches sie zu der allgemeinen Pädagogik haben, mit klarem Bewusstsein erfassen und festhalten.

Die heilpädagogischen Anstalten sind eine besondere Art der Nothanstalten, die sich in solche, welche durch abnorme Verhältnisse, und in solche, welche durch die Abnormität der Individuen bedingt sind, eintheilen lassen. Zu jenen gehören: die Waisenhäuser, die Krippen, die Kinderbewahranstalten, die Arbeitsschulen, und thatsächlich die Armen- und die Fabrikschulen, deren Nothwendigkeit, sofern sie behauptet werden kann, durch die Vermehrung und zweckgemässe Einrichtung der Arbeitsschulen aufgehoben werden sollte; zu den heilpädagogischen Anstalten im weiteren Sinne alle diejenigen, die es mit physisch, moralisch und geistig abnormen oder deformen Kindern zu thun haben. — Bei der ersten Art von Nothanstalten ist es die Familienlosigkeit der Kinder oder die Unfähigkeit der Familien, für ihre Kinder selbständig zu sorgen, welche Ersatz und Hülfe nothwendig machen. Dass die hiermit ausgesprochene Noth eine viel weitere Ausdehnung hat, als sie durch die genannten Anstalten abgegrenzt erscheint, dass zunächst in gewissem Sinne, insofern nämlich die pädagogische Unzulänglichkeit der Familie betont wird,

auch die sogenannten Kindergärten und die Pensionate zu den
Nothanstalten zu rechnen sind, und dass schliesslich an die
allgemeine Schule der Anspruch gemacht werden muss, die
Unzulänglichkeit und Mangelhaftigkeit des Familienlebens und
der Familienerziehung schlechthin und in zeitgemässer
Weise zu ergänzen — eine Ergänzung, die in manchen Beziehungen als eine vorübergehend nothwendige aufzufassen ist,
in andern aber, und zwar auch da, wo sie durch einen an
sich selbst aufzuhebenden Mangel bedingt ist, als eine blei-
bend eintretende betrachtet werden muss, insofern der betreffende Mangel aus der Auflösung von Zuständen resultirt,
die sich als solche nicht restauriren lassen — haben wir wiederholt hervorgehoben und ausgeführt. Wenn aber hiernach
die allgemeine Schule von dem, was Noth thut, und zwar wie
überhaupt so insbesondere in Folge der ausgedehnten Auflösung und Abschwächung der Familie Noth thut, nicht absehen kann und darf, und wenn sie, insofern sie die herrschende Noth berücksichtigt, den momentanen Charakter
einer Nothanstalt hat, den sie aufhebt, indem sie die äussere
Nothwendigkeit zu einer idealen umsetzt — so ist offenbar
die pädagogische Gestaltung der besonderen und eigentlichen Nothanstalten so möglich wie nothwendig: nothwendig,
weil ohne sie die pädagogische Energie, die sich auf die
Nothabhülfe zu richten hat, zu keiner wirklichen Bethätigung
kommen und deshalb das abstracte Verhalten gegen die bestehenden Nothzustände trotz der Tendenz, darüber hinauszu-
kommen, fortdauern würde, möglich, weil die Freiheit in der
Befriedigung zwingender Bedürfnisse nicht verloren geht, sondern gewonnen wird, also in dieser Befriedigung die Fähigkeit idealer Gestaltung bewährt werden kann und, um sich
zu entwickeln, bewährt werden muss. Folglich darf die Pädagogik die in bestimmten Nothzuständen hervor- und heran-
tretende Veranlassung, für die Familie einzutreten und die
häusliche und öffentliche Erziehung zu verschmelzen, nicht unbenutzt lassen, muss sie vielmehr energisch ergreifen und
ausbeuten.

Hiermit ist bezüglich der Waisenhäuser ausgesprochen,

dass sie für die gegenwärtige Pädagogik ein besonderes Interesse haben müssen, und dass es höchst unzeitgemäss wäre, der hier und da hervortretenden Neigung, die Vertheilung der Waisen an Familien einzuführen, nachzugeben. Hinsichtlich der Krippen und Kinderbewahranstalten haben wir gelegentlich geltend gemacht, dass es bei ihnen darauf ankommt, die halbe Hülfe in eine ganze zu verwandeln, was ohne das entschiedene Eintreten der Pädagogik nicht möglich ist. Freilich ist dieses Eintreten nicht von der Pädagogik als solcher abhängig, da vor Allem die äussern Mittel beschafft werden müssen, und dies gilt von allen den eigentlichen, vorhin zusammengestellten Nothanstalten, die hierzu durch die Armuth der Kinder und Eltern gestempelt werden. Wenn aber die principlose und unorganisirte Wohlthätigkeit in eine organisirte und zweckbewusste umgewandelt werden kann und muss, und wenn hierzu in der Gegenwart die zeitgemässen Ansätze nicht fehlen, so kann es der Pädagogik bei wahrhaft lebendigem Interesse und ernstem Willen nicht schwer werden, sich die ihr gebührende Theilnahme an den Wohlthätigkeitsbestrebungeu zu erringen, ihre Gesichtspunkte zur Geltung zu bringen und eine zureichende Mittelbeschaffung ihrerseits, also indirect, herbeizuführen. Wo die Tendenz zu einer geordneten und über die Beschwichtigung der Noth, die unmittelbare Befriedigung der dringendsten Bedürfnisse hinausreichenden Wohlthätigkeit vorhanden ist, muss sich endlich die Einsicht, dass die halbe Hülfe mehr Aufwand erfordert als die ganze und dass dem durch sich selbst fortwuchernden ökonomisch-sittlichen Elende nur mittelst einer ausreichend unterstützten, zweckbewussten und consequenten Erziehung gründlich entgegengewirkt werden kann, Bahn brechen. Dabei ist zu berücksichtigen, dass für die Unterhaltung und Gestaltung der genannten Nothanstalten ausser den wohlthätigen Vereinen auch die Gemeinde- und Staatsbehörden in Anspruch genommen werden können und müssen, weil diejenige „Selbsthülfe" der Gesellschaft, die sich in der Organisation der Wohlthätigkeit vollbringt, nur als eine relativ nothwendige, in dem keineswegs normalen Dualismus der socialen und politischen

Interessen und Wirkfactoren begründete anerkannt werden
kann. Durch das abstracte Verhalten gegenüber dem Bedürfniss der unmittelbaren Nothabhülfe gewinnt der „Staat" so
wenig wie die Schule die Freiheit einer idealen Gestaltung,
vielmehr geht ihm diese Freiheit in demselben Maasse verloren, als sich das Übel ausdehnt, und diese Ausdehnung ist
unausbleiblich, insofern es seinen tiefern Grund grade in dem
vorhin bezeichneten Dualismus, also darin hat, dass die ökonomische Entwicklung, dem Privatinteresse einseitig anheimgegeben, des nothwendigen Regulators, der in der allgegenwärtigen Macht des socialen Interesses liegt, entbehrt. Auch
wir finden die Staatshülfe principiell verwerflich, insofern sie
eine wohlthätige in dem gewöhnlichen Sinne, also auf Pallia-
tive hinauslaufende ist; sie hat aber diesen Charakter nicht, insoweit sie, als eine prophylaktische, darauf gerichtet ist, die
verkommenden Bestandtheile der Bevölkerung zur Selbsthülfe
zu befähigen, und ist insoweit eine durch die Desorganisation der Gesellschaft bedingte Nothwendigkeit: der nothwendige Anfang zu einer Regulirung der ökonomischen Verhältnisse und Thätigkeiten, die mit einer büreaukratischen Maass-
regelung derselben, wie früher zur Genüge auseinandergesetzt
worden ist, Nichts zu thun hat.

Es würde mich hier zu weit führen, wenn ich auf dieses
wiederholt berührte Thema näher eingehen wollte, während
ich nicht umhin kann, noch mit einigen Worten die Wichtigkeit, welche unter denjenigen Nothanstalten, die durch socialökonomische Missverhältnisse direct bedingt sind, den Arbeitsschulen zukommt, hervorzuheben. Durch die Vermehrung und zweckgemässe Einrichtung derselben müsste zunächst, wie ich schon ausgesprochen, die Nothwendigkeit der
Fabrikschulen, welche das Unterrichtsbedürfniss der in Fabriken arbeitenden Kinder unmittelbar zwischen und nach der
Arbeit mit möglichster Zeitersparung befriedigen sollen, und
die Nothwendigkeit derjenigen Armenschulen, welche die gewöhnliche Volksschule für die zahlungsunfähigen und äusserlich wie innerlich vernachlässigten Proletarierkinder verkürzt
darstellen — wenn hier überhaupt von einer Nothwendigkeit

die Rede sein kann — beseitigt werden. Gegen die Fabrikarbeit der Kinder hat man vom Standpunkte der Humanität
aus genug geeifert, und sie gehört in der That zu den aller-
traurigsten Thatsachen, welche der Fortschritt der modernen
Industrieentwicklung mit sich gebracht hat. Ihre niederdrü-
ckende, gemüthlich und geistig wie körperlich verkümmernde
Wirkung aber wird durch die Fabrikschulen nicht gemildert
— wie es wohl die An- und Absicht wohlwollender Fabrik-
herren ist — sondern insofern erhöht, als einem zweifelhaften
Gewinne zu Liebe die karg zugemessene Erholungszeit verkürzt wird. Dennoch liesse sich ein Gesetz, welches die Fabrikarbeit der Kinder wesentlich beschränken oder ganz ver-
bieten wollte, kaum human nennen, da unter den gegebenen
Verhältnissen die Kinder mit den Eltern auf die Verdienstarbeit angewiesen sind und die Gelegenheit dazu als ein „Glück"
von ihnen betrachtet werden muss. Lässt sich aber die Nothwendigkeit der Verdienstarbeit — die auch bezüglich der
Kinder nur eine relativ traurige ist — weder hinwegdecre-
tiren, noch durch die blos gewährende Wohlthätigkeit beseitigen, so würde überhaupt keine Hülfe möglich sein, wenn
nicht die Möglichkeit vorhanden wäre, Kinder in einer der
kindlichen Natur entsprechenden, anziehenden und bildenden,
zugleich aber lohnenden Weise zu beschäftigen. Diese Möglichkeit von vornherein läugnen zu wollen, wäre eine unberechtigte Willkür, da der bei allen gesunden Kindern vorhandene und niemals ganz zu unterdrückende Schafftrieb — der
allerdings Abwechselung verlangt — die Erfahrung, dass unter
günstigen Verhältnissen die Kinder den Eltern mannichfach
und förderlich helfen, und zwar ohne in ihrer Entwicklung
gehemmt zu werden oder vielmehr zu Gunsten derselben, und
selbst die Verdienstarbeit in den Fabriken, insofern sich bei
manchen Arten derselben eine zweckgemässe, die nachtheiligen
Wirkungen aufhebende und förderliche herausstellende Modification sehr wohl denken lässt, von vornherein dafür sprechen.
Aus denselben Gründen und weil im Allgemeinen die pädagogische Benutzung und Entwicklung des kindlichen
Schafftriebes der gegenwärtigen Erziehung fehlt — ein

Mangel, der unter den gegebenen historischen und socialen
Verhältnissen an sich die Einseitigkeit dieser Erziehung und
zwar eine in die Naturwidrigkeit nothwendig auslaufende Einseitigkeit ausdrückt — weil also, wo zur Bethätigung des
kindlichen Schafftriebes ein äusserer Zwang nicht vorhanden
ist, dieser Trieb höchstens eine regellose, ansatzweise und
schwächliche Befriedigung hat, durchgängig aber zurückge-
drängt wird und verkümmert, haben wir die Nothwendigkeit
der kindlichen Verdienstarbeit nur als eine relativ traurige zu
bezeichnen, müssen aber um so bestimmter fordern, dass die
pädagogische Gestaltung und Übung der Arbeit wenigstens,
d. h. zunächst da in Angriff genommen werde, wo die Kinder an sich — um ihrer Existenz willen — arbeiten müssen. Dies kann nur in besonderen Arbeitsschulen geschehen,
welche indessen, wenn das Bedürfniss einmal anerkannt und
die Möglichkeit, ihm gerecht zu werden, erwiesen wäre, zuletzt allgemein werden würden, da es an Armenkindern,
für welche eine einigermassen lohnende Beschäftigung ausser
den Fabriken und ausser dem Hause, insoweit die Theilnahme
an der häuslichen Arbeit der Eltern gleiche Nachtheile wie
die Fabrikarbeit hat, mehr als wünschenswerth ist, nirgends
fehlt.

Allerdings erfordert die erste Einrichtung der Arbeitsschulen, wenn es eine zulängliche sein soll, keinen geringen
Aufwand, und es wird überall eine Zeitlang dauern, ehe sich
die Anstalten durch sich selbst erhalten können. Ebenso ist
klar, dass die pädagogische Gestaltung der Arbeit, wo die
Verwerthung der Producte wesentlich berücksichtigt werden
muss, grössere Schwierigkeiten wenigstens nach einer bestimmten Seite bietet als da, wo dieselbe Rücksicht nicht genommen
zu werden braucht, und dass sie, durch abnorme Verhältnisse bedingt, eine schlechthin normale nicht werden kann.
Bezüglich des ersten Punctes aber können wir nur wiederholen, dass der volle Aufwand sich am sichersten und ersten
lohnt, und unsere Überzeugung aussprechen, dass die Selbsterhaltung der Arbeitsschulen bei einem erzieherischen und
bildenden Betriebe der Arbeit möglich, dass sie, einmal er-

reicht, ein grosser Erfolg, und dass von vornherein der Beitrag, den die Anstalten zu dem Producte der Gesammtarbeit liefern würden, keineswegs gering anzuschlagen ist. Grade, weil wir hiervon überzeugt sind, müssen wir gegen die unpädagogische Gestaltung der Arbeitsschulen — die eigentlich ein Widerspruch mit sich selbst ist — gegen die Industrieschulen und dergleichen Anstalten, welche im Grunde nichts weiter thun, als dass sie die Fabrikarbeit der Kinder ausserhalb der Fabriken und mit gewissen Bürgschaften gegen die äussersten Missbräuche organisiren, entschieden protestiren, da sie als blosse Surrogate dessen, was Noth thut, nur der augenblicklichen Bedürfnissbefriedigung dienen und um des augenblicklichen Erfolges willen den Angriff der gründlichen Hülfeleistung hinausschieben, während sie die Entwicklung der Zustände, aus denen die Hülfebedürftigkeit erwächst, nicht aufhalten, sondern im Gegentheil beschleunigen. — Für die Einrichtung und Leitung von Industrieschulen kann der Pädagog als solcher nicht in Anspruch genommen werden; die betreffenden Geschäftsmänner verstehen besser als er, wie die für sie verwendbare Fertigkeit und Verdienstfähigkeit am schnellsten erzielt wird. Anders verhält es sich mit den Arbeitsschulen, welche — die Freiheit des künftigen Arbeiters im Auge — die Ausbildung der praktischen Intelligenz und des allseitigen Geschicks mit dem Zwecke, einen unmittelbaren Verdienst zu vermitteln, vereinbaren sollen. Allerdings macht diese Aufgabe die rein pädagogische Gestaltung der Arbeitsübungen, wie ich sagte, unmöglich; andrerseits aber setzt eine solche Gestaltung vielfache Versuche und Erfahrungen, die auf dem Gebiete der allgemeinen Schule nicht gemacht werden können, und vor allen Dingen die Grunderfahrung voraus, dass, wie es einen Übergang von dem freien, d. h. auf praktische Zwecke nicht bezogenen Schaffen zu der lohnenden Arbeit giebt, so jede Arbeit in bedingter Weise zur freien Productivität erhoben werden kann. Wir sind hiernach der Ansicht, dass das Experiment der Arbeitsgestaltung — worunter wir selbstverständlich einen Versuch, der wieder aufgegeben werden dürfte, nicht verstehen — einerseits den

Arbeitsschulen, andrerseits den Privatanstalten zukommt, die sich in der günstigen Lage befinden, in der Darstellung eines Schulideales nicht gehemmt zu sein, und zwar aus Gründen, die ich nicht mehr ausdrücklich auseinanderzusetzen brauche, insbesondere den Pensionaten, dass also beide in verschiedener Art und unter verschiedenen Bedingungen der allgemeinen Schule in der Gestaltung der Arbeitsübungen voranzugehen haben. Damit soll aber keineswegs gesagt sein, dass sich die allgemeine Schule indessen müssig zu verhalten das Recht hätte; sie soll und muss vielmehr — das Bewusstsein ihrer nothwendigen Reform vorausgesetzt — indem sie an den Kindergarten, von dem sich hoffentlich bald sagen lässt, dass er pädagogisch gestaltet ist, anknüpft, zu den Arbeitsschulen in ein bestimmtes Verhältniss tritt und das ausser ihr Erprobte benutzt, das allgemein mögliche System der Arbeitsübungen ohne Überstürzung und gewagtes Experimentiren, aber gleichmässig fortschreitend feststellen und verwirklichen, wozu ihr weder die Arbeitsschulen, noch die Privatanstalten das fertige Vorbild abgeben können.

Im Unterschiede von den Nothanstalten, welche den durch sociale Missverhältnisse bedingten Nothzuständen direct entgegenwirken, haben es die heilpädagogischen Anstalten mit einzelnen Individuen von ausgeprägter Abnormität und Deformität zu thun, die einer besonderen, die vorhandene organische Mangelhaftigkeit ergänzenden oder das vorhandene Leiden heilenden Behandlung bedürfen. Während es die Aufgabe jener ist, mit einer grösseren Anzahl solcher Kinder, denen in Folge abnormer Verhältnisse die allgemeine Schule nicht zugänglich oder für welche dieselbe unzureichend ist, trotz dieser Verhältnisse und theilweise durch sie begünstigt eine normale Gemeinschafterziehung zu verwirklichen, muss sich die heilpädagogische Wirksamkeit dem jedesmaligen Zweck gemäss modificiren und die Erziehungsgemeinschaften, welche sie darstellt, tragen nothwendig einen absonderlichen Charakter. Dessen ungeachtet kann und muss die Heilpädagogik sich zunächst theoretisch zu den Nothanstalten der ersten Art und zu der allgemeinen Schule in ein bestimmtes Verhältniss setzen und sich

desselben stets bewusst bleiben, weil ausserdem ihre praktische
Thätigkeit zu einer beschränkten, mehr oder minder handwerksmässigen — wenn auch künstlichen — und zu einer im Ganzen
und für das Ganze verschwindenden wird; weiterhin aber darf
sie keineswegs davon absehen, auch ihrerseits und innerhalb ihres
Umkreises die normale Gemeinschaftserziehung praktisch darzustellen, da sie des gesunden Elementes, welches sie hierzu
bedarf, auch zu ihrem nächsten, dem Heil- oder Hülfszwecke
bei einzelnen ihrer Zweige durchaus nicht entbehren kann,
während es bei andern mindestens grosse Vortheile gewähren
würde. In unserem folgenden Vortrage werden wir auf beide
Puncte ausführlicher zurückkommen; hinsichtlich des zweiten
aber muss ich hier hervorheben, dass die praktische Combination verschiedenartiger Nothanstalten, abgesehen von ihren
Vortheilen für den Heil- und Hülfszweck, eine Nöthigung enthält, über die abstracte Auffassung dieses Zweckes hinauszugehen, also dem theoretischen Verhältnisse der heilpädagogischen Bestrebungen unter einander, zu den Wohlthätigkeitsanstalten und zu der Volksschule, welches wir fordern, eine Basis
giebt, und hinsichtlich dieses Verhältnisses, also des ersten
Punctes, dass die ätiologische Untersuchung bei den Abnormitäten und Deformitäten, mit denen es die Heilpädagogik zu
thun hat, im Besonderen wie im Allgemeinen auf die social-
ökonomischen Missverhältnisse hinleitet, dass demnach für eine
gründliche Erörterung der an bestimmte Aufgaben der Heilpraxis anknüpfenden Verhütungsfrage wie für die gründliche
Erörterung der Gesundheitsfrage schlechthin von den social-
ökonomischen Zuständen unmöglich abstrahirt werden kann.
Dabei will ich nicht unterlassen, nochmals auszusprechen, dass
die ärztliche Wissenschaft als solche verpflichtet ist, die socialen Krankheitsursachen scharf formulirend herauszustellen und
auf die Nothwendigkeit der Änderung entschieden hinzuweisen. Wenn wir einen Arzt die Redensarten hin- und herdrehen
hören, dass die socialen wie die territorialen Ursachen chro-
nischer Krankheiten durchweg noch im Dunkel liegen, und
dass, auch wenn sie bekannt seien, die ärztliche Wissenschaft
Nichts daran ändern könne, dass sich demnach der Arzt auf

den Heilzweck im einzelnen Falle zu beschränken habe, so
werden wir ihm das Recht hierzu gern einräumen, aber zugleich uns für berechtigt halten, seine Einzelcuren, sofern
wir dazu Gelegenheit haben oder veranlasst sind, scharf in
das Auge zu fassen, und es kann uns für dieselben kein gün-
stiges Vorurtheil geben, wenn derselbe Arzt für bestimmte
chronische Krankheiten, wie den Blödsinn, eine von der ärztlichen eingeschlossene pädagogische Behandlung, also einen
pädagogisch gebildeten Arzt verlangt und dabei durch seine
Auffassung und Darstellung von ihm angeblich angewandter
pädagogischer Mittel beweist, dass er von der Pädagogik auch
nicht das Mindeste versteht.

Die heilpädagogischen Anstalten in solche, die es mit
physischen, in andere, die es mit moralischen und in
noch andere, die es mit geistigen Gebrechen zu thun
haben, einzutheilen, ist man wohl berechtigt, sofern man damit nicht abstract scheiden will, sich also des Zuzammen-
hanges, in welchem die verschiedenen Arten der Gebrechlichkeit
stehen, bewusst ist, und ihre Bedingtheit durch einander, die
ihre bestimmten Grenzen hat, von vorn herein berücksichtigt.
Dass die geistige Schwäche und Verkehrtheit den Grund einer
deformen Organisation hat, dass die moralische Entartung
theils mit der geistigen Deformität zusammenhängt, theils in
krankhaften Zuständen, die diese Deformität an sich nicht bedingen, wurzelt, und dass die körperliche Gebrechlichkeit niemals ohne Einfluss auf die Gemüths- und Geistesbeschaffen-
heit ist, hebt, wie leicht zu sehen, das Recht der betreffenden
Unterscheidung und Eintheilung nicht auf.   Wir haben hier
nur darauf zurückzuweisen, dass jeder Bestimmtheitssphäre
des Individuums eine relative Selbständigkeit zukommt, dass,
wenn die geistige Deformität mit unmoralischen Suchten, mit
Schwäche der Sinnen- und Bewegungsorgane und bestimmten
krankhaften Zuständen verknüpft ist, die primäre Krankheitsursache in jeder Bestimmtheitssphäre, also auch in der der
Geistigkeit liegen kann, in welchem besonderen Falle die moralische Entartung und die körperliche Schwäche und Krankhaftigkeit durchaus als secundäre Krankheitsmomente aufge-

fasst werden müssen, dass also nicht nur die Deformität der niedern Bestimmtheitssphäre, der Basis, sondern auch die der höheren sich fortsetzen kann, und dass, wo eine Deformität als eine entschieden abgegrenzte erscheint, diese Abgrenzung theils eine scheinbare, theils nicht bloss als negative, sondern zugleich als positive, d. h. als Resultat einer besonderen, die Ausdehnung des Übels hemmenden Energie zu betrachten ist — eine Betrachtungsweise, welche sich uns am haüfigsten bei der moralischen Entartung aufdrängt, die wir gar nicht selten mit ausgezeichneter Körperkräftigkeit und höchst entwickelter, wenn auch einseitig entwickelter Intelligenz verbunden finden.

Zu den physischen Gebrechen, welche eine heilpädagogische Behandlung, das Wort im weiteren Sinne genommen, in Anspruch nehmen, gehören: der Mangel eines Sinnes — die Blindheit und Taubheit — die Missformen der Gestalt, welche das Bewegungsvermögen beeinträchtigen, und die abnorme Schwäche der äusserlichen Sprechfähigkeit, welche die Formen des Stammelns und Stotterns hat. Das letzte Gebrechen kommt nur in kretinösen Gegenden häufig, sonst, wenigstens als ausgeprägtes verhältnissmässig selten vor, macht aber die Theilnahme der Patienten am Schulunterichte bei starker Ausprägung, wenn nicht unmöglich so doch sehr schwierig und für die Mitschüler störend, sodass die Ausscheidung aus der Schule wo nicht durchaus geboten so doch höchst wünschenswerth ist. Die besondere — heilpädagogische — Behandlung kann mehr den Arzt oder mehr den Pädagogen in Anspruch nehmen, da das Stammeln — die mangelhafte Articulation — entweder vorherrschend in einer mangelhaften und in einer abnormen Beschaffenheit der Sprachorgane oder in dem Mangel der rechten Übung und in allgemeiner Nervenschwäche, das Stottern aber — die momentane Gehemmtheit des Aussprechenkönnens — entweder vorherrschend in organischen Fehlern, die das Aussprechen erschweren, in krampfhafter Affection der Stimmritzenbänder und in einer unregelmässigen Respiration, oder in eingewurzelten Verwöhnungen und in der Disharmonie der Denk- und Sprechthätigkeit begründet ist.

Wo organische Fehler und tiefer liegende krankhafte Affectionen nicht vorhanden sind, trägt die Nachlässigkeit der häuslichen und Schulerziehung die Schuld des Übels, das in solchen Fällen bei rechtzeitiger Aufmerksamkeit und verständiger
Übung nicht zur Ausbildung kommt; jene Fehler und Affectionen aber vermag der Arzt, wenn überhaupt, nur langsam zu
überwinden und kann hierbei von pädagogischen Hülfsmitteln
nicht absehen, da in jedem Falle die Übung, so weit sie ermöglicht ist, eintreten muss, in vielen Fällen aber der Heilzweck selbst die Bestimmtheit der Bethätigung verlangt. Umgekehrt kann zwar der Pädagog, wo das Vorhandensein von
Fehlern und Affectionen erwiesen oder auch nur wahrscheinlich ist, ohne den Arzt nicht operiren und wird selbst da, wo
er die pädagogische Versäumniss pädagogisch gut zu machen
hat, von dem ärztlichen Urtheil nicht absehen dürfen, er wäre
indessen ein schlechter Pädagog, wenn er nicht die Fähigkeit
hätte, die normale Übung, für welche er die Kenntniss der
Organe im Allgemeinen besitzen muss, dem Besserungszwecke
gemäss zu modificiren. Dabei ist zu berücksichtigen, dass sich
der Pädagog, wo er eintritt, auf eine äusserliche Sprachgym-
nastik, wie sie ihm etwa der Arzt, ohne sie selbst zu üben,
vorzeichnen könnte, niemals beschränken, d. h. die Übung des
äussern Sprachvermögens von dem des innern niemals ablösen
darf, was sich da, wo die Disharmonie beider Vermögen der
Grund des Übels ist, von selbst versteht, aber auch dann gilt,
wenn es sich nicht von selbst zu verstehen scheint. Hieraus
folgt, dass in einer Anstalt, welche Stammelnde und Stotternde behandelt — und Anstalten sind hier wie sonst der
Einzelbehandlung vorzuziehen — Arzt und Pädagog neben
und mit einander wirken müssen, ohne dass einer von beiden
der blosse Executor des andern sein könnte. Eben dieser
Folgerung wegen bin ich auf dass betreffende, verhältnissmässig untergeordnete Übel, für welches eigene Anstalten noch
kaum hervorgetreten sind, wenn auch kurz so doch näher
eingegangen, als es mir hier erlaubt scheint, weil für den Begriff der Heilpädagogik das Verhältniss des Arztes und Pädagogen sogleich und überall in Betracht kommt; und auch jetzt,

obgleich wir ausdrücklich darauf zurückkommen, nicht unberührt bleiben konnte.

Tiefer greifend als das Gebrechen des Stammelns und Stotterns — welches, insofern es mit Geistesschwäche verbunden ist, als selbständiges Übel nicht gelten kann — ist der Mangel des Gesichts und des Gehöres, der beiden wesentlichsten Organe der geistigen Assimilation, von denen, weil sie dies sind, weder das eine noch das andere fehlen kann, ohne dass hierdurch eine Abnormität der geistigen und gemüthlichen Organisation, die sich unmöglich schlechthin aufheben lässt, **bedingt** würde. Indem ich hiermit ausspreche, dass bei der Taubheit und Blindheit von einer eigentlichen Heilung seitens des Pädagogen nicht die Rede sein kann, sondern nur von der möglichsten Ausgleichung oder Ergänzung des vorhandenen Mangels — eine Ergänzung, für welche vor Allem die vollkommene Erkenntniss der Qualität dieses Mangels, d. h. der durch ihn bedingten geistig-gemüthlichen Abnormität erforderlich ist, und welche ohne abnorme Entwicklung der nicht fehlenden Sinne nicht gedacht werden kann — habe ich darauf hin- und zurückzuweisen, dass der Begriff der Heilpädagogik und der heilpädagogischen Anstalten weiter gefasst werden muss, als er sich aus der strengen und eigentlichen Bedeutung des „Heilzweckes" ergiebt. Die Wirksamkeit der Heilpädagogik — die es weder mit Fällen, die der Arzt für sich heilen kann, noch mit solchen zu thun hat, für welche die normalen Erziehmittel ausreichen oder ausreichen müssten — ist im Allgemeinen eine bessernde, und die heilpädagogischen Anstalten könnten hiernach füglicher Besserungsanstalten heissen, wenn nicht auch diese Bezeichnung eine specifische Anwendung hätte, indem sie zunächst an die moralische Besserung denken lässt. Fassen wir aber den Besserungszweck allgemeiner, so verlangt er überall, also nicht bloss bei dem Mangel eines äusseren Sinnes, die absonderliche oder abnorme Entwicklung ergänzender Fähigkeiten, worauf wir gelegentlich zurückkommen. Das Verhältniss des Heilpädagogen zum Arzt aber ist bei den verschiedenen Anstalten ein verschiedenes, ein näheres oder ferneres, ein praktisches oder bloss theoretisches, wie denn in den Taubstum-

men- und Blindeninstituten, sofern die Heilung aufgegeben ist,
der Arzt nur in ähnlicher Weise „nothwendig" erscheint wie
in allen übrigen Erziehungsanstalten, was auch von den moralischen Besserungsanstalten gilt, während in den Anstalten für
missgestaltete und der freien Bewegung unfähige Kinder das
Eintreten des Pädagogen nur durch die Zweckmässigkeitsrück-
sicht, d. h. dadurch bedingt erscheint, dass die zu heilenden
Kinder dem Unterrichte, der eine qualitative Veränderung nicht
erleidet, nicht entfremdet werden sollen. Wir werden indessen
später geltend zu machen haben, dass hiermit das rechte und
nothwendige Verhältniss keineswegs ausgesprochen ist, und
dass, was insbesondere den Streit der mechanischen Orthopäden und der Heilgymnastiker anbetrifft, die Pädagogik vollkommen berechtigt ist, daran Theil zu nehmen, wobei sie Be-
hauptungen, die aller pädagogischen Erfahrung Hohn sprechen,
zu bekämpfen hat. In den Anstalten für Idioten, die es nicht
nur mit der tiefsten, sondern auch der am mannichfachsten
gestalteten Entartung zu thun haben, hat die unbedingt nothwendige Verständigung des Arztes mit dem Pädagogen den
weitesten Umfang und muss theoretisch bis zu einer gewissen
Grenze stattgefunden haben, ehe sie bei dem praktischen Zusammenwirken möglich ist. Auf dieses Verhältniss der ärztlichen und pädagogischen Theilnahme an der theoretischen und
praktischen Gestaltung der Heilpädagogik, so wie auf die Beziehung, in welche sich die verschiedenen heilpädagogischen
Anstalten zu einander und zu der Volksschule zu setzen haben,
also auch auf ihre bestimmte Bedeutung für den pädagogischen
Fortschritt noch näher einzugehen, muss dem folgenden Vortrage vorbehalten bleiben.

Elfter Vortrag.

1.

Der Beginn der Schulpflichtigkeit und des eigentlichen Unterrichtes. — Die pädagogischen Momente der Pflege. — Tagebuchführung in den Krippen. — Die Säuglingsanstalten und Dr. Leopold Besser. — Die Altersstufe des Kindergartens und ihre Wichtigkeit für die Entwicklung. — Die Übergabe krankhafter Kinder an besondere Heilanstalten und ihre Rechtzeitigkeit. — Die Einführung der Kinderbewahranstalten in den Kretinengegenden. — Die Regelung der Ernährung durch die Krippen und Kinderbewahranstalten. — Die Vertretung der Krippen und des Kindergartens durch die heilpädagogischen Anstalten. — Die Nothwendigkeit des gesunden Elementes für die heilpädagogischen Anstalten und die Frage, wie ein solches zu erlangen ist. — Die Combination der Blinden- und Taubstummeninstitute mit den Waisenhäusern, der Idiotenanstalten mit den Besserungsanstalten für verwahrloste Kinder.

Unter den Fragen, welche bezüglich der Gesundheitsschonung der Kinder aufgeworfen zu werden pflegen, ist auch die: mit welchem Jahre die Schulpflichtigkeit und der Schulunterricht beginnen sollen?

Wir möchten auf diese Frage antworten: so spät als möglich, wenn wir uns die einseitige Beschäftigung und Anstrengung des in die Schule eingetretenen Kindes, wie sie in der Regel ist, vergegenwärtigen, weshalb wir mit den Bemühungen den Beginn der Schule wenigstens auf das siebente Jahr hinauszuschieben, wie es z. B. dem Canton Zürich endlich gelungen ist, nur einverstanden sein können. Das siebente Jahr müsste unter allen Umständen, d. h. auch dann, wenn die Schulbildung eine natur- und gesundheitgemässe wäre, für den Beginn des eigentlichen Schulunterrichts, da es hierfür das normale Stufenjahr ist, festgestellt werden und

19*

es versteht sich von selbst, dass die blosse Hinausschiebung
des Unterrichts ohne die Umgestaltung desselben nur ein Pal-
liativmittel ist, das wir aber in diesem Falle zu befürworten
nicht umhin können. Wird jedoch die Frage auf Erziehung
und Unterricht schlechthin gestellt, so haben wir zu antworten, dass beide so früh als möglich, nämlich nach der Geburt zu beginnen haben. Die pädagogischen Momente, welche
die naturgemässe, von einem richtigen Instincte geleitete
Pflege und Wartung des Kindes an sich enthält, die anregende
Beschäftigung mit demselben, das Spiel mit ihm, insbesondere
auch das Spiel mit seiner Begierde und seinem Verlangen, das
Gehen- und Sprechenlehren und Anderes haben wir gelegentlich erwähnt und hervorgehoben, wie wichtig sie für die gesunde Entwicklung des Kindes sind. Ihr Mangel bewirkt
immer ein Zurückbleiben dieser Entwicklung und in vielen
Fällen eine völlige Verdumpfung seiner Lebendigkeit, das
Zurücktreten der Erregbarkeit und des Bewegungstriebes, während das Übermaass, das theils mit der Verfrühungssucht,
theils mit der Langweile der Ältern und Wärterinnen, zu deren
Ausfüllung die Beschäftigung mit den Kindern dient, in anderer Weise schädlich wirkt.

Bei den arbeitenden Klassen fehlen häufig schon die aller-
ersten Bedingungen für das Gedeihen des Kindes, da die Mütter, zur Arbeit gezwungen, nicht im Stande sind, die Neuge-
borenen regelmässig und ausreichend zu nähren, sowie ge-
hörig abzuwarten. Zur Linderung dieser Noth sind in vielen
grösseren Städten die „Krippen" — zu denen Paris das
Beispiel gegeben hat — eingerichtet worden. Für die wissenschaftliche Beobachtung des ersten Kindeslebens könnten die
Krippen bei einer sorgfältigen und wohlorganisirten Benutzung
die reichhaltigste und ergiebigste Unterlage abgeben; indessen
ist zu dieser — gewiss der gerechtfertigsten Ausbeutung der
Noth — bis jetzt kaum ein Anfang gemacht worden, der in
der Anlage von Tagebüchern und der Veröffentlichung der
aus diesen zu ziehenden anthropologisch-statistischen Resultate
bestehen müsste. Zu berücksichtigen sind bei solchen Tagebüchern die verschiedenen Symptome der vorschreitenden kör-

perlichen Reife, insbesondere das Zahnen, das Wachsen der
Haare, die Annäherung der Fontanellen im Verhältniss zu der
hervortretenden Kräftigkeit, die Entwicklung der Sinne, das
erste Hervortreten der sinnlichen Aufmerksamkeit, des Hörens
und des Sehens, wobei es eine wichtige und interessante Aufgabe ist, die Momente festzustellen, in welchen und durch
welche hindurch das Kind Formvorstellungen gewinnt, indem
das Sehen mit dem Fühlen zusammengreift; ferner die Äusserungen des Geschmackssinnes und der durchaus individuellen
Vorneigung und Abneigung in Bezug auf Geschmacksgegenstände;
die stufenweise Entwicklung der Beweglichkeit, insbesondere
des Fühl- und Wirkvermögens der Hände; das Hervortreten
der Fortbewegungsversuche, die sehr verschieden sind, besonders in Bezug auf die Neigung und Fähigkeit des Kriechens
im Verhältniss zu den Gehversuchen; sodann das Hervortreten
und die Bethätigung des Äusserungstriebes: die Ansätze zur
Sprache und die stufenweisse Ausbildung des Sprachvermögens,
wobei wieder insbesondere das Verhältniss des Äusserungstriebes zu der Ausdehnung der Verständnissfähigkeit zu berücksichtigen ist; das Erwachen und die Äusserungen des
Spieltriebes. In somatischer Beziehung sind noch besonders
zu berücksichtigen: die Gestalt, welche das Nahrungsbedürf-
niss in Bezug auf Quantität und Qualität annimmt an sich und
im Verhältniss zu dem Wachsthum und der Kräftigkeit; sodann das Wachsthum als solches und insbesondere die Veränderung der ursprünglich gegebenen Verhältnisse der verschiedenen Körpertheile zu einander, namentlich auch die Veränderung der Kopfform; endlich die Kinderkrankheiten,
bei denen durch eine sorgfältige Beobachtung festzustellen ist,
in wie weit sie als nothwendige Entwicklungskrankheiten anzusehen sind oder nicht. Auffallendes Zurückbleiben in irgend
einer Beziehung fordert eine besonders sorgfältige Beobachtung
heraus und die ursächlichen Momente sind wo möglich zu ermitteln.

Vom socialen Gesichtspuncte aus betrachtet ist die Nothwendigkeit der Krippen gewiss die traurigste, die sich denken lässt. Denn dass sonst gesunde und kräftige Mütter auch
bei dem besten Willen ihrer nächsten Mutterpflicht nicht

zu genügen vermögen, bezeichnet einen Zustand der arbeitenden Klassen und eine Tiefe des Arbeitswerthes, deren Abnormität höchst bedenklich ist oder sein sollte. Eben deshalb kann das Übel durch die Wohlthätigkeit nur gelindert,
nicht gehoben werden, wie überhaupt die Wirksamkeit der
Wohlthätigkeit, auch wenn sie eine organisirte ist, über die
unmittelbare Linderung nicht weit, nämlich nur bis, zur Anregung gründlicher Reformbestrebungen reicht. So lange aber
die Wohlthätigkeit eintreten muss, sollte sie auch nicht auf
halbem Wege stehen bleiben, wie es bei den Krippen durchgehends geschieht. Denn erstens bleibt die Ernährung der
Kinder eine unzulängliche, weil der abgearbeiteten Mutter die
Milch fehlt und die Störung der Nachtruhe sie vollends schwächt,
wobei der zeitweilige Aufenthalt in der älterlichen Woh-
nung auch dem Kinde nicht förderlich, bei rauher Witterung
schon das Hin- und Hertragen möglicher Weise schädlich ist.
Auf die Frage: ob künstliche Ernährung der Säugung durch
die Mutter oder durch Ammen vorzuziehen sei, was Dr.
Besser geltend macht, können wir hier nicht eingehen, sondern nur unsere Überzeugung aussprechen, dass die künstliche
Ernährung nur als Surrogat und als unvermeidliche Nothwendigkeit Berechtigung hat, und dass, wenn es nicht dahin gebracht werden kann, dass die Mütter den Kindern eine quantitativ und qualitativ ausreichende Milch gewähren, die Ernährung
der Ammen, trotz ihrer Bedenklichkeiten, der künstlichen Ernährung noch immer vorzuziehen ist. Zweitens wäre dem
ausgesäugten Kinde ebenso wie dem säugenden ein Asyl nothwendig, aus den Gründen, die ich vorhin angeführt — ein
Asyl, wo es neben den ersten Bedingungen gesunden Lebens
die nöthige Anregung und Weckung findet. Vereinzelt bestehen solche Asyle allerdings, aber leider ist ihre Einrichtung und die Beschäftigung der Kinder in ihnen ausgesucht
naturwidrig, wenigstens grade in denen, die wir kennen. Der
Beschäftigungstrieb soll durch das schon erwähnte unglück-
selige Papierzupfen befriedigt werden, der Spieltrieb wird sehr
einseitig, beispielsweise durch aus Dosen springende Teufelchen,
angeregt und in Anspruch genommen, und dazu kommt die

Nothzucht des verfrühten Auswendiglernens von Sprüchen und Sentenzen.

Dr. Leopold Besser, Hausarzt im neuerrichteten Waisenhause zu Rummelsburg bei Berlin und Gründer und Vorsteher der damit verbundenen Krippe, der die angegebenen Missstände der Krippen kritisch auseinandergesetzt, folgert daraus nicht die Nothwendigkeit der Abhülfe, sondern die Nothwendigkeit auf die Hülfe zu verzichten Er will nur Säuglingsanstalten für zahlende Mütter und entwirft zu solchen einen Plan, bei dem er auf die höheren Stände rechnet — eine Rechnung, die doch wohl fehl gehen möchte. Arbeiterinnen, die zahlen können und bürgerliche Mütter werden sich zur Benutzung solcher Anstalten ebenso wenig entschliessen, wie eigentlich vornehme Mütter. Es bleibt also nur ein kleiner Kreis von Müttern übrig, insbesondere auch die Mütter unehelicher Kinder. Im Anschluss an eine andere grössere Anstalt hat ein solches Säuglingsinstitut eher Aussicht auf Erfolg und Nutzen, als wenn es selbständig bestehen soll.

Ist das Kind, wie man wohl sagt, durchgebracht — etwa im dritten Lebensjahre — so pflegt man es häufiger „sich selbst zu überlassen" als sich „zu viel" mit ihm zu beschäftigen, und es tritt von da bis zur Schulzeit eine Art von Interregnum ein. Und doch ist grade diese Zeit für das Gestaltgewinnen der Individualität von dem allergrössten Belange, so dass was innerhalb derselben versäumt und verfehlt wird, schwer nachzuholen und gut zu machen ist. In dieser Zeit ist beispielsweise der lebhafte Verkehr der Kinder unter einander und die Gestaltung bestimmter Verhältnisse zwischen ihnen von grosser Wichtigkeit. Die Kinder werden aber aus Bequemlichkeit und aus Vorurtheil entweder von andern Kindern vollständig abgeschieden, oder es ihnen selbst überlassen, welchen Umgang sie finden; ferner kann in dieser Zeit der Beschäftigungstrieb des Kindes nicht durchaus sich selbst überlassen werden, wenn nicht die Launenhaftigkeit sich festsetzen und die später geregelte Beschäftigung zum grossen Nachtheile für die kindliche Entwicklung als ein Zwang empfunden werden soll; endlich ist es in dieser Zeit, wo der

Frage- und Mittheilungstrieb am lebendigsten wirken und wo
es als eine pädagogische Unterlassungssünde bezeichnet werden muss, die Befriedigung dieser Triebe dem Zufall anheim
zu geben.

In dem ersten Lebensalter — dem bis zum dritten Jahre
— gehen eine Menge Kinder an Vernachlässigung und übler
Behandlung ganz zu Grunde; diejenigen aber, die trotz einer
solchen durchkommen, sind wenigstens zum grossen Theil von
Haus aus nicht schwach organisirt, und die Folgen dessen,
was sie erlitten, könnten in der zweiten Lebensperiode — vom
dritten bis zum siebenten Jahre — noch gründlich überwunden
werden, wenn nicht in dieser die Vernachlässigung und die
verkehrte Behandlung sich fortzusetzen, wenn auch eine andere Gestalt anzunehmen pflegten. Dabei ist wohl zu beachten, dass sich mit dem Alter die Aufgabe der Überwachung
und Beschäftigung des Kindes erleichtert, wie die Aufgabe
einer zweckgemässen Ernährung; dass es aber theilweise dieselben Familien sind, welche das in sein zweites Lebensalter
eintretende Kind sich selbst überlassen, die sich früher zu viel
mit demselben abgegeben haben, und dass da, wo die Noth
die gehörige Pflege des Kindes im ersten Lebensalter unmöglich macht, diese Unmöglichkeit keineswegs auch für die
zweite fortbesteht. Daraus folgt, dass es um die physische
und moralische Gesundheit der aufwachsenden Generation um
Vieles besser stehen würde, als es steht, wenn nur die Familien als solche einen wahrhafteren Bestand hätten, als sie
gegenwärtig haben. Wenn aber die Familienerziehung überhaupt durch die Lockerung und Veräusserung der Häuslichkeit und des Familienlebens die Kraft und Fähigkeit, die sie
unter bestimmten historischen Verhältnissen in der That besassen, z. B. in Deutschland zur Zeit vor dem dreissigjährigen Kriege und wieder als die Nachwehen desselben einigermassen überwunden waren, und da, wo das Schulwesen in
einem dürftigen Zustande, die Schulzucht und der Schulunterricht entschieden mechanischen Charakters waren, besitzen
mussten, um die sittliche Cultur zu erhalten, zur selben
Zeit, gegenwärtig im weitesten Umfange verloren haben, so

offenbart sich dieser Verlust vorzugsweise während der bezeichneten Periode des Kindeslebens und hat in derselben die nachtheiligsten Folgen. Den gewaltsam abgeschiedenen und verabsäumten Kindern fehlt die nöthige Anregung und wenn sie nicht geistig verdumpfen, so bildet sich doch in ihnen eine gewisse Neigung zur Leerheit aus; dabei entstehen üble, zum Theil unüberwindliche Angewöhnungen; und dasselbe ist da der Fall, wo die Kinder dieses Alters ohne alle Überwachung und Wahl sich zusammenfinden, da hier die Gefahr der Mittheilung und Ansteckung hinzukommt. Insbesondere wird auch in diesem Alter für die Neigung zur Onanie, obgleich sie meistens erst später hervortritt, der Grund gelegt. Daher sind, wie wir früher geltend gemacht, die Kinderbewahranstalten, die Kleinkinderschulen und Kindergärten im höchsten Grade und im dringlichsten Sinne zeitgemäss, und insofern noch zeitgemässer wie die Säuglingsanstalten und Krippen, als sie sich leichter allgemein machen und zweckmässig einrichten lassen als jene, die allerdings eine ausserordentliche Anstrengung der organisirten Wohlthätigkeit erfordern würden, wenn ihre Wirksamkeit keine verschwindende sein soll. Dabei bleibt zu betonen, dass es nicht nur auf das Vorhandensein aller dieser Anstalten, sondern auf ihre äussere und innere Einrichtung wesentlich ankommt, und dass sie bei ungenügender und zweckwidriger Einrichtung eben so viel schaden wie nützen können. Insbesondere sind die Bewahranstalten, Kleinkinderschulen und Kindergärten der doppelten Gefahr ausgesetzt, entweder zu einer Art von Kindergefängnissen und Torturanstalten zu werden, die das freie Ausleben unmöglich machen, so dass sie in Folge der einseitigen Auffassung des Bewahrzweckes einen niederdrückenden, schwächenden Einfluss üben, oder, so weit die unbedingte Herrschaft des Fröbel'schen Systems eintritt, was bis jetzt nur bei den günstiger gestellten Anstalten dieser Art, bei denen, welche keine Noth- und Wohlthätigkeitsanstalten sind, der Fall zu sein pflegt, überreizend und blasirend wirken. Wir müssen aber hoffen und erwarten, dass sich einestheils in der Praxis und durch sie die Künstlichkeit der Fröbel'schen Methode von

selbst bricht und das Übermaass der Anregung abschwächt,
anderntheils die strengere und ernstere Pädagogik sich der
Kindergartenangelegenheit zuwendet und die Nothanstalten
zuerst in das Auge fasst. Wenn sich erst das Bedürfniss
als allgemeines geltend macht, dann werden die Kritiker der
Kindergärten, deren Kritik viele Momente der Berechtigung
hat, genöthigt sein, ihre Negation in eine Position umzu-
setzen, d. h. an der Gestaltung der Sache ihrerseits Theil zu
nehmen, was dieser Gestaltung nur zum Vortheil gereichen
kann. Die rechtgestalteten Wahranstalten, Kleinkinderschulen
und Kindergärten aber werden wie die Vermittlung zwischen
Haus und Schule, von deren Nothwendigkeit früher die Rede
gewesen, so die Vermittlung zwischen der allgemeinen Schule
und den heilpädagogischen Anstalten abgeben.

Wie die Ärzte fortgesetzt klagen, dass man sich durchgängig zu spät an sie wendet, so wird bezüglich der Unter-
bringung körper- oder geistesschwacher oder solcher Kinder,
welche eine bestimmte Entartungstendenz zeigen, der Grundsatz: je früher, je besser: stets wiederholt. Gegen diesen
Grundsatz können wir uns unmöglich erklären, wir müssen
ihn vielmehr der Zögerungspolitik der Ältern gegenüber auch
unsrerseits energisch betonen, so lange es eben steht, wie es
jetzt steht. Anders würde es sich verhalten, wenn die Krippen, die Wahranstalten, Kleinkinderschulen und Kindergärten
überall bestünden, wenn sie die rechte Gestalt hätten und
wenn die allgemeine oder Volksschule überhaupt das wäre,
was sie ihrem Begriff gemäss sein muss, also insbesondere
eine gesunde oder gesundmachende Bethätigung wirklich darstellte und auf die Beseitigung von Abnormitäten durch eine
rechtzeitige Berücksichtigung derselben, weil der Individualität
schlechthin, und durch das Hineinziehen in die gesunde Bethätigung zu wirken vermöchte. Unter dieser Voraussetzung
würden wir den Grundsatz geltend machen: dass man die
Übergabe irgendwie krankhafter Kinder an besondere Heilanstalten eben so wenig verfrühen, wie
verspäten dürfe, ein Satz, den wir für die Blinden- und
Taubstummeninstitute späterhin besonders in's Auge fassen und

modificiren werden. Denn es lässt sich nicht verkennen, dass
das Kind, welches der medicinischen oder der medicinisch-päda-
gogischen Behandlung in einer besonderen Anstalt — und die
Anstalt ist der Einzelbehandlung immer vorzuziehen — unterworfen wird, eine Verpflanzung erleidet, die auch ein Moment der Gefährlichkeit hat, und den gewohnten Umgebungen, Einflüssen und Einwirkungen, dem Existenzboden der
Familie entzogen, unter Umständen unmittelbar dadurch
gewinnen, unter andern Umständen aber auch einen Verlust
erleiden kann, der ihm nicht ersetzt wird. Die schädlichen
Einflüsse, welche die Art der Familienexistenz überhaupt und
die mangelnde oder verkehrte Erziehung insbesondere üben,
sollten nur ausnahmsweise sein, wenn sie es auch in der
That nicht sind; es liegt aber jedenfalls in dem Familienwesen
eine physisch-geistige Nahrungskraft, die ihm durchaus eigenthümlich ist und welche durch Surrogate niemals ganz ersetzt
wird. Dabei ist noch ausdrücklich hervorzuheben, dass der
plötzliche Abbruch des gewohnten Lebens und die unvermittelte Versetzung in eine ungewohnte Umgebung wie ihrer verschiedenen Boden- und Luftbeschaffenheit, unter fremde Menschen und in neue Lebensregelung, wie in vielen Fällen schon
an sich eine heilsame Erregung des ganzen Menschen hervorbringen, so in andern die Lebensfähigkeit bedrohen können,
dass sie mit einem Wort eine Krisis bedingen, die wie jede
Krisis, die entschiedene Besserung oder die unaufhaltsame
Verschlimmerung des Zustandes einleiten kann. Es kommt
also, da überall blos das Nothwendige geschehen darf und
mit dem Nothwendigen Alles geschieht, darauf an, ob die
Aufnahme des kranken Kindes in eine Anstalt nothwendig ist.
Diese Nothwendigkeit aber ist nicht nur von dem Zustande
des Kindes, sondern auch zunächst von dem Zustande der
Familie abhängig und würde sich im Allgemeinen bedeutend
reduciren, wenn die Voraussetzung, von der ich vorhin sprach,
also rechtgestaltete Kindergärten und Wahranstalten, welche
für eine Neugestaltung der Volksschule die Unterlage abgeben, vorhanden wären.

Erst vom dritten Jahre ab, welches ein Stufenjahr ist,

pflegt sich der Charakter, und zwar sowohl der Grad wie die Art einer in der Anlage vorhandenen Krankhaftigkeit oder Krankheit entschieden herauszustellen, und nur diejenigen Kinder, bei denen eine Deformität oder Deformation unverkennbar ist, gehören, principiell genommen, in heilpädagogische Anstalten, denen freilich, worauf wir sogleich und wiederholt zurückkommen, ein gesundes Element nicht fehlen darf. In sehr vielen Fällen aber würde unzweifelhaft die krankhafte Anlage bei der Gemeinsamkeit gesunder kindlicher Bethätigung, durch das Spiel und die spielende Beschäftigung und durch die diätetische Behandlung, die auch, von Kindergärten nicht ausgeschlossen ist, den Wahranstalten aber wesentlich zukommt, gehoben werden.

Weil wir von diesem günstigen Resultate vollkommen überzeugt sind, halten wir es für geboten, dass der Staat bezüglich der Gegenden, wo endemische Krankheiten, insbesondere auch wo der endemische Idiotismus herrscht — ob in der kretinischen oder nichtkretinischen Form — die allgemeine Errichtung und Einrichtung von Wahranstalten — Krippen und Kindergärten — in die Hand nimmt, indem er dieselben den Gemeinden zur Pflicht macht, die Kosten, welche diese nicht aufbringen können, trägt und die Ausführung überwacht und beaufsichtigt, während er da, wo die ausgesprochene Voraussetzung nicht vorhanden, die Errichtung und Einrichtung der Wahranstalten den Gemeinden und der Privatwohlthätigkeit überlassen kann und dem Charakter, den diese Anstalten haben, gemäss überlassen muss, ohne sich jedoch der Anregung und Überwachung begeben zu dürfen. An der officiellen Überwachung müssten überall die Bezirksärzte participiren und nicht nur in Bezug auf die diätetische Ordnung, auf Bad, Tagschlaf, Zeitverhältniss der Beschäftigung im Freien und im Zimmer, Nahrung, sondern auch schon bei dem Baue, wie bei der Wahl und bei der Einrichtung eine entscheidende Stimme haben. Was die Nahrung insbesondere betrifft, so wird in den weitaus zahlreichsten Fällen die Wahranstalt erst dadurch zu einer rechten Wohlthat, dass sie die Ernährung der Kinder der Hauptsache nach übernimmt, was

durchweg gegen eine angemessene Vergütung geschehen soll,
damit die Ältern das Bewusstsein erhalten, ihre Kinder selbst
zu ernähren und ernähren zu müssen, und damit sie, was sie
durch die Anstalt ersparen, nicht zu einer Überfütterung der
Kinder zu verwenden versucht sind. Freilich findet diese
Überfütterung auch bei den dürftigsten Verhältnissen statt,
weil sie in der Überladung mit den wohlfeilsten Stoffen und
zwar theils mit solchen, deren Nährgehalt besonders an pla-
stischer Nahrung äusserst gering ist, theils mit solchen, welche,
wenn auch nahrungsreicher, doch durch ihre Schwerverdau-
lichkeit dem Alter nicht zusagen. Indessen wird die Neigung
zur Überfütterung abnehmen, wenn der Vortheil, den die Wahranstalt in Bezug auf die Nahrungskosten gewährt, sichtbar wird,
ohne dass die Vergütung hinwegfiele oder eine zu niedrige
wäre; und sodann begründet die zweckgemässe Ernährung,
indem sie leicht verdauliche und gehaltvollere Nahrungsmittel
in kleineren Partien öfter gewährt, als es in den Häusern der
Armen geschieht, bei den Kindern selbst eine der Überfütterung widerstrebende Gewohnheit. Übrigens kann in den
Krippen, Bewahranstalten, Kleinkinderschulen und Kindergärten, weil sie den eigentlichen Schulcharakter noch nicht
herausstellen dürfen, auf die besondere Schwäche und begin-
nende Entartungen weit mehr Rücksicht genommen, die Behandlung überhaupt mehr individualisirt werden, als dies in
der allgemeinen oder Volksschule möglich und zulässig ist.
Auch ist es mit dem Charakter der Wahranstalt nicht nur
verträglich, sondern durchaus geboten, dass sie einen stehenden oder Hausarzt hat, welcher unter Umständen derselbe sein
kann, dem die officielle Überwachung obliegt oder auch ein
anderer und in jedem dringenden Falle gerufen werden kann,
ausserdem regelmässige Besuche macht, dabei auch die Tage-
buchsnotizen controlirt und theilweise selbst liefert. Die Tagebuchführung nimmt hier natürlicher Weise einen andern
Charakter an als in der Krippe; es werden nicht mehr regelmässige Notizen über jedes Kind für jeden Zeitabschnitt ein-
getragen, sondern nur die auffallenden Erscheinungen in dem
Allgemeinbefinden der Kinder und in der Entwicklung der

Einzelnen verzeichnet. Für die Einrichtung des Kindergartens
selbst und für die Folge, in welcher die Beschäftigungen aufgenommen werden sollen, ist es wichtig zu beobachten, wann
die Bedürfnisse und Neigungen zu dieser oder jener Bethätigung ungezwungen und unangeregt hervorzutreten und wann
sie wieder zurückzutreten pflegen.

Unter den gegenwärtigen Verhältnissen, d. h. bei dem
Mangel der Wahranstalten und Kindergärten oder da, wo
solche mit ungenügender und zweckwidriger äusserer und innerer Einrichtung bestehen, müssen wir, wie gesagt, die Verantwortlichkeit betonen, welche die Ältern auf sich laden,
indem sie theils aus Scheu vor den Kosten, theils aus Scheu
vor Heilanstalten als solchen, und in einem falschen Vertrauen
auf die gutmachende Zeit, theils auch aus falscher, bis zur
Widrigkeit gehender Zärtlichkeit den nothwendigen Schritt der
Übergabe möglichst lange hinausschieben. Zugleich aber müssen wir geltend machen, dass die heilpädagogischen Anstalten
ihrerseits die Krippe und den Kindergarten zu vertreten und
darzustellen haben, dass also eine genügende Anzahl gesunder
Kinder, ohne welche die Vertretung und Darstellung namentlich des Kindergartens unmöglich ist, für sie gefordert werden
muss. Der Grund dieser Forderung ist nach dem vorhin Gesagten klar; denn da und wo Kindergärten und Wahranstalten
nicht bestehen, müssen den heilpädagogischen Anstalten die
Kinder von unentschieden krankhafter Anlage gleichfalls
übergeben werden, und wie für diese die zweckgemäss geregelte Diät und Beschäftigung wie das belebende Zusammensein
ausreicht, so sind sie zugleich für dieselben unerlässlich;
Kinder solcher Art einer „abgesonderten" heilpädagogischen
Behandlung unterworfen oder auf ihres Gleichen angewiesen,
wobei Spiel und Beschäftigung nur zu einer ansatzweisen oder
dürftigen Darstellung kommen könnten und das gesellige Zusammensein ein gedrücktes bleiben müsste, würden die Anlage zur Krankheit unfehlbar entwickeln. — Was die irgendwie
gebrechlichen, krüppelhaften und die eines Sinnes entbehrenden Kinder, die sonst gesund sind, anbetrifft, so ist es für
die Gemüthsfreiheit und Gemüthsheiterkeit der ersteren von

Belang, dass sie des Zusammenseins mit theilnehmenden gesunden Kindern und mindestens des Anblicks und der Mitempfin-
dung ihrer fröhlichen Thätigkeit nicht entbehren, die Blinden
und Taubstummen aber müssen ausserdem aus praktischen
Rücksichten an den Umgang mit vollsinnigen gewöhnt werden,
da sie später vereinzelt mit solchen umzugehen haben. Wir
fordern aber das gesunde Element auch zur Heilung der entschieden deformen und entarteten Kinder, weil die anregende
und belebende Kraft desselben durch Nichts ersetzt werden
kann, und solchen Kindern, auch wenn sie an Spielen und
Beschäftigungen nur noch in höchst beschränkter Weise Theil
nehmen können, diese Theilnahme förderlich wie nichts Anderes und nur durch das Hineingezogenwerden in die gemeinsame Bethätigung, deren Anschauung und Beispiel von vornherein anregend wirkt, möglich ist. Die heilpädagogischen
Anstalten dieser Art werden demnach gegenwärtig Kinder von
allen Gesundheitsabstufungen umfassen müssen, während, die
Allgemeinheit wohleingerichteter Wahranstalten und Kindergärten vorausgesetzt, die mittleren Abstufungen eine immer
schwächere Vertretung finden würden.

Woher aber dies jetzt wie später nothwendige gesunde
Element nehmen?

Das Vorurtheil des Publicums und der Eltern sträubt sich
dagegen, gesunde Kinder in Erziehungsanstalten zu geben, die
sich mit Heilpädagogik befassen, und ist kein Vorurtheil,
in so fern das gesunde Element nicht die genügende Stärke
dem kranken gegenüber hat. Ist dieses der Fall, so darf man
eine psychische Ansteckung für die Gesunden nicht fürchten,
und es erwachsen den letzteren aus einem geregelten Verkehr
mit den schwachen und deformen Kindern bestimmte Vorzüge
der sittlichen Bildung, die bei den andern, im Kreise der Gesunden und Scheingesunden Verharrenden, nicht gewonnen
werden können, insbesondere die Gewöhnung an ein humanes,
nicht nur mitleidiges, sondern auch helfendes und eingehendes
Verhalten gegen die Missformigen und Schwachen — ein Verhalten, das ihnen nicht eine blosse Pflicht, sondern zur Neigung wird, weil sie die Belohnung, die es in sich selbt trägt,

kennen lernen. Abgesehen von diesem besonderen Vortheile
aber geben die heilpädagogischen Anstalten, weil sie einestheils auf eine grundsätzlich geregelte Diät angewiesen sind
und die Mittel, welche eine solche im Allgemeinen und für
besondere Fälle in Anspruch nimmt, z. B. Badeeinrichtungen
besitzen müssen, anderntheils die gesundmachenden und
daher auch gesunderhaltenden Beschäftigungen, um ihrem
Zwecke zu entsprechen, pflegen müssen, eine Bürgschaft
für die positive, nicht blos in der Gesundheitsschonung bestehende Gesundheitspflege, wie sie die gewöhnlichen Privatanstalten nicht abgeben.

Indessen und trotzdem ist das Vorurtheil da und wird sich
noch lange erhalten, ein Hinderniss für das Gedeihen und die
Ausbreitung der heilpädagogischen Privatanstalten, das allerdings
für diejenigen Anstalten die von der Nothwendigkeit des gesunden Elementes absehen, nicht zu bestehen scheint, in der
That aber doch besteht, und zwar nicht nur unmittelbar, insofern
diese Anstalten bessere Erfolge erzielen würden, wenn sie von
der Nothwendigkeit des gesunden Elementes nicht absehen
wollten und müssten, sondern auch unmittelbar, insofern das
Vorurtheil gegen das Zusammensein von Gesunden mit Kranken sich auch auf das Zusammensein von minder Kranken
mit mehr Kranken ausdehnt, also überhaupt der gesammel-
ten Krankenbehandlung entgegen ist.

Aber dieses Hinderniss, das heilpädagogischen Privatunternehmungen entgegensteht, ist nicht das einzige, und wie in
dieser, so scheint in anderen Beziehungen das Feld der Heilpädagogik für die Privatunternehmung als ein ungeeignetes, oder,
wenn der finanzielle Gesichtspunct — nicht blos im Sinne der
Speculation, sondern auch in dem, der für ein erspriessliches
Wirken nothwendigen Selbsterhaltungsfähigkeit — vorange-
stellt wird, als ein unergiebiges. In der That läuft das, was
Privatunternehmungen auf diesem Gebiete leisten können,
sollen und wollen, darauf hinaus, dass sie Bresche brechen
— in die Indifferenz der Gesellschaft gegen die Übel, die ihr
keineswegs äusserliche sind und bleiben, sondern an ihrem
Wohlsein zehren und mit tiefliegenden Leiden zusammenhängen,

dass sie zeigen, was nothwendig geschehen muss, und vorläufig
wie den Zweck, so die Mittel experimentirend und ansatzweise
darstellen. Bemächtigt sich aber, wie es hiernach geboten erscheint, der Staat und die organisirte Wohlthätigkeit der Aufgaben der Heilpädagogik, indem sie die Gründung und Einrichtung heilpädagogischer Anstalten in die Hand nehmen —
wie denn bis jetzt keine derartige Anstalt Privatanstalt geblieben ist und zu bleiben vermochte — so bietet sich auch
ohne Schwierigkeit das Mittel, um dem Bedürfnisse dieser Anstalten nach gesundem Elemente gerecht zu werden. Dieses
Mittel besteht einfach in der Combination verschiedenartiger
Nothanstalten, wie sie der Staat und die organisirte Wohlthätigkeit errichten müssen, ohne Privatunternehmungen und
Privatstiftungen auf der einen, die Concurrenz der Kirche und
der religiösen Gemeinschaften auf der andern Seite auszuschliessen.

Insofern auch für die Blinden- und Taubstummeninstitute
die Vertretung der Vollsinnigkeit in ihrem Kreise mindestens
wünschenswerth, nach unserer Ansicht nothwendig ist, liegt
in ihrem Interesse eine Combination mit den Waisenanstalten,
gegen welche kaum im Interesse der letzteren oder der Waisen, die sie zu erziehen haben, Einsprache erhoben werden
möchte. — Eine solche Einsprache wäre aber allerdings bei
dem Vorschlage zu erwarten: mit den Waisenhäusern heilpädagogische Anstalten, die es mit Siechen oder Blödlingen
zu thun haben, zu verbinden, und wir würden selbst, trotz
dem, was wir vorhin gegen das Vorurtheil einer Benachthei-
ligung der Gesunden durch einen geregelten Verkehr mit
Idioten gesagt haben, eine solche Combination nur als ausnahmsweise gerechtfertigt finden. Dagegen findet sich eine
andere, die wir nicht nur für durchaus ungefährlich, sondern
für durchaus zweckentsprechend halten: die der Idiotenanstalten mit den Besserungsanstalten für verwahrloste Kinder. Den Kindern, die in diese Kategorie
gehören oder doch von den Besserungshäusern aufgenommen
zu werden pflegen, fehlt es durchgängig nicht an der Lebendigkeit, die sie anregungsfähig für Idioten macht; sie müssen

aber einer strengen Lebensordnung unterworfen und insbesondere durch die Arbeit und zur Arbeit erzogen werden, die
ihnen lieb zu machen die erste Aufgabe der betreffenden Heilpädagogik ist; eben so ist das Spiel für sie ein nothwendiges
Heilmittel, und die Sorge für die schwachen und hülflosen
Kinder, die von ihnen bestimmter und consequenter als von
anderen Gesunden, die in einer Idiotenanstalt erzogen werden,
in Anspruch genommen werden müsste, ist ein für sie insbesondere geeignetes, gewissermassen specifisches, sittliches
Bildungsmittel, während bei der an sich nöthigen sorgfältigen
Überwachung Niemand einen nachtheiligen Einfluss der moralisch verwilderten Kinder auf die Blödlinge fürchten wird.
Übrigens hängt in manchen Fällen, wie schon berührt, die
moralische Entartung mit einer ursprünglichen Deformität begrenzter Art, die also keine ausgeprägte Form des Idio-
lismus bedingt, wohl aber partielles Unvermögen und krankhafte Neigungen, eng zusammen, und die verschiedenen Aufgaben der Heilung greifen überhaupt überall vielfach in einander, weshalb die praktische Combination auf jeden Fall theoretisch förderlich ist, und jeder Heilpädagog, um des Namens
würdig zu sein, sich um alle Zweige der Heilpädagogik bekümmern muss, wie er die Volksschule mit ihren Nebenanstalten beständig im Auge zu behalten hat, wenn er auch
seine praktische Thätigkeit ausschliesslich der einen oder der
andern Art der heilpädagogischen Praxis widmet. Bis jetzt
haben die einzelnen heilpädagogischen Anstalten weder zu
einander, noch zur Volksschule ein rechtes Verhältniss.

2.

Die unvermittelte und punctweise Verwerthung heilpädagogischer Resultate für die Gesundenerziehung und die Nothwendigkeit einer Vermittlung. — Der Taubstummenunterricht und die Heilgymnastik als Beispiele. — Das einseitige Interesse für die Spracherzielung bei den Vertretern der allgemeinen Pädagogik und denen der Taubstummenerziehung. — Die Theilnahme der Heilgymnastiker an der Gestaltung der normalen Gymnastik. Paradoxe Ansicht eines Orthopäden über Muskelstärkung. Der pädagogische Gesichtspunct. — Die verschiedenen heilpädagogischen Aufgaben in ihrem Verhältniss zur Idiotenerziehung. Die Besserungsanstalten.

Das Verhältniss der Noth- und heilpädagogischen Anstalten zu einander kann und sollte, wie wir gesehen haben, theilweise zu einem unmittelbar praktischen gemacht werden; unbedingt nothwendig aber für eine weiter und tiefer greifende Wirksamkeit und die volle sociale Bedeutung dieser Anstalten ist ihr wahrhaftes, umfassendes und lebendiges theoretisches Verhältniss, welches, obgleich eine unmittelbare Gemeinsamkeit des theoretischen Interesses diese und jene Art von Instituten verknüpfen mag, als allgemeines und durchgreifendes vermittelt werden muss, und nur dadurch vermittelt werden kann, dass jede besondere Anstalt ihre Aufgaben und Mittel zu der allgemeinen Pädagogik, also zuerst und zuletzt zu der Ausgestaltung der Volksschule in eine möglichst directe und bestimmte Beziehung setzt. Ich habe schon früher darauf hingewiesen, dass diese Beziehung das natürliche Mittel ist, um den inneren Zusammenhang der verschiedenartigen pädagogischen Wohlthätigkeitsbestrebungen heraus- und herzustellen und die an sich nothwendige Arbeitstheilung auf diesem Gebiete zu einer wahrhaft erspriesslichen und fruchtbaren zu machen — was sie insoweit nicht ist, als die Absonderungssucht, welche die Nothwendigkeitsmomente der Arbeitstheilung einseitig herauskehrt und festhält, eine einseitige und beschränkte Auffassung der betreffenden Aufgaben und Ziele, diese aber eine Ausbildung der Mittel bedingt, die der allgemeinen Erziehung nicht zu Gute kommt und eben deshalb zuletzt in eine wesentliche Beeinträchtigung derer, denen sie unmittelbar zu Gute kommen soll — der Zöglinge und Pa-

tienten — ausläuft. In dieser Hinsicht ist sogleich zu bemerken, dass allerdings bei den betreffenden Fachleuten neben
der ausgesprochenen Indifferenz gegen die allgemeine Schule
und einer absichtlichen, hier und da mit Geheimnisskrämerei
versetzten Abschliessung auch nicht selten die Ansicht hervorgetreten ist und hervortritt, dass die specifisch bedingte
Behandlung dieses oder jenes Unterrichts in den heilpädagogischen Anstalten zu einer Reform desselben in der allgemeinen
Schule den Weg zeige und anbahne. Beispielsweise ist auf
den Gewinn, den der erste Sprachunterricht der Hörenden aus
dem Taubstummenunterrichte ziehen könnte, mehrfach hingewiesen worden, und einzelne Vertreter der Heilgymnastik haben eine von dieser ausgehende, auf „wissenschaftlichen Principien" beruhende Neugestaltung der ganzen Gymnastik in
Aussicht gestellt und theilweise auch angegriffen.

Dass wir nun unsrerseits das Streben, die Heilpädagogik
auf den Fortschritt der allgemeinen Pädagogik zu beziehen,
anzuerkennen haben, folgt aus dem Gesagten, aber keineswegs, dass wir mit dem punctweisen und unmittelbaren Über-
greifen der Heilpädagogik in die allgemeine einverstanden sein
müssten und es wirklich wären. Wir haben vielmehr zu betonen, dass das Verhältniss der heilpädagogischen Anstalten
zu der allgemeinen Schule der Vermittlung bedarf, und dass
hierzu vor allen Dingen der Unterschied der durch die Abnormität bedingten abnormen und der normalen Erziehungs-
und Unterrichtsweise herausgestellt und festgehalten, sodann
aber die verschiedenen Aufgaben der Heilpädagogik wie der
pädagogischen Nothanstalten auf die verschiedenen Seiten der
allgemeinen Erziehungsaufgabe bezogen werden müssen. Nur
auf diesem Wege oder unter dieser Vorbedingung lässt sich
klar erkennen, inwieweit einerseits die allgemeinen Erzie-
hungs - und Bildungsmittel für die besonderen Anstalten zu
modificiren sind — eine Modification, welche über das Nothwendige nicht hinausgehen darf, wenn das Verhältniss zu der
allgemeinen Schule festgehalten und der Zweck der Hülfe oder
Besserung einer einseitigen Auffassung nicht verfallen soll —
und inwieweit sich andrerseits die allgemeine Schule der „Vor-

arbeit", welche in der specifischen, eigenthümlich bedingten
Ausbildung bestimmter Unterrichts- und Erziehungsmittel liegt,
bemächtigen darf und muss. Ist aber der eben ausgesprochene Satz, dass die Modification der allgemeinen Erziehungs-
und Bildungsmittel in den pädagogischen Hülfs- und Besserungsanstalten die Grenzen des Nothwendigen nicht überschreiten
darf, richtig, so folgt daraus von selbst, dass die allgemeine
Schule von keinem der Erziehungs- und Bildungsmittel,
welche die besonderen Anstalten haben und ausbilden, abzusehen, sondern sich dieselben in der gehörigen Modification
fortschreitend anzueignen hat. Denn wenn es irgend einen
absonderlichen Zweck der pädagogischen Hülfe und Besserung, der nicht ein Moment der allgemeinen Erziehungsaufgabe wäre, nicht geben kann, und wenn es sich eben deshalb
in den pädagogischen Hülfs- und Besserungsanstalten überall
nur um eine Modification der allgemeinen Erziehung, durch
welche ein solches Moment ungewöhnlich entfaltet und ausgeprägt wird, handeln soll, so ist klar, dass die Praxis dieser
Anstalten im strengen Sinne specifische, der allgemeinen Schule
fremde oder fremdbleibende Mittel nicht besitzen und anwenden darf, dass demnach, wenn sie dessenungeachtet der Nothwendigkeit nachgebend oder durch die Erkenntniss des Nothwendigen bestimmt, solche Mittel herausbildet, hierin ein
Mangel der allgemeinen Erziehungspraxis zu Tage tritt und
durch die Verwandlung des specifischen in ein allgemeines
Erziehmittel gehoben werden muss. Insoweit dies aber der
Fall ist, haben wir anzuerkennen, dass die pädagogischen
Hülfs- und Besserungsanstalten der allgemeinen Schule voran-
gehen und vorarbeiten, oder den zur Nothwendigkeit gewordenen pädagogischen Fortschritt vertreten. Dabei ist jedoch
die Verwandlung der specifischen in allgemeine Erziehmittel
zu betonen, d. h. die allgemeine Schule kann und darf die
Erzieh- und Bildemittel, welche die Nothpädagogik gestaltet
hat, nicht in derselben Form aufnehmen, sondern muss sie
selbständig, von der Idee der allgemeinen Nothwendigkeit und
Zweckgemässheit ausgehend, gestalten.

Die Beispiele, welche ich vorhin für das vorhandene Be-

streben, von der Heilpädagogik aus verschiedene Zweige des
Unterrichts zu reformiren, angeführt habe, sind zugleich Beispiele für die eben ausgesprochene Nothwendigkeit des selbständigen Verhaltens, welches der allgemeinen Schule oder
der allgemeinen Pädagogik derartigen Reformversuchen gegenüber zukommt. Was den Taubstummenunterricht betrifft, so
lag der Gedanke, die Mittel, welche dazu dienen oder dienen
sollen, bei den Taubstummen das Sprechensehen und das
Selbstsprechen zu erzielen, für eine Verbesserung des ersten
Sprachunterrichts der Hörenden zu verwerthen, ziemlich nahe,
und ist in doppelter Richtung verfolgt worden, indem einerseits die Vermittlung der Zeichen und Laute, die bei den
Taubstummen durch ein Mundalphabet stattfinden sollte, als
vortheilhaft für einen gründlichen Anfang des Leseunterrichts
bei den Hörenden ausgesprochen und empfohlen wurde, andrerseits der Sprachbegriffsunterricht, den man für Taubstumme
nothwendig fand, mit seiner Zergliederungsmethode dem normalen Sprachunterrichte unmittelbar oktroyirt werden sollte.
Allerdings sind die hiermit bezeichneten, in ziemlich schroffer
Art gemachten Versuche erfolglos geblieben, weil sich ihnen
sofort die abweisende Kritik erfahrner Taubstummenlehrer ent-
gegensetzte — wie denn die Männer, von denen sie ausgin-
gen, als Fachleute im stricten Sinne nicht gelten konnten —
sodass in diesem Falle die gleichzeitig auf den Unterricht
der Taubstummen und Vollsinnigen gerichtete Reformabsicht
abgewiesen war, ehe sie an die allgemeine Pädagogik heran-
kam. Indessen sind hiermit die Versuche, Vortheile, welche
der Sprachunterricht der Taubstummen ergiebt oder zu ergeben scheint, auf den normalen Sprachunterricht zu übertragen, keineswegs abgeschnitten, und daraus, dass sie nicht
sowohl von Fachvertretern, als vielmehr von Vertretern der
allgemeinen Schule gemacht wurden, und zwar von anerkannten Pädagogen, wie es Graser und Daniel unzweifelhaft
waren, ist zu folgern, dass sich für die allgemeine Pädagogik
die Scheidelinie, welche den normalen von dem heilpädagogischen Unterrichte trennt oder trennen muss, noch keineswegs
bestimmt herausgestellt hat, wodurch an sich bedingt ist, dass

die Verwerthung der heilpädagogischen Resultate wie eine an-
satz- und punctweise so eine unsichere bleibt.

Die Berührungspuncte zwischen der allgemeinen und Heilpädagogik liegen noch immer da, wo die erstere ohne Noth
ein methodisches Verfahren, welches sich dem durch beschränkt
gefasste Hülfs- und Heilzwecke bedingten oder bedingt erscheinenden annähert, ausgebildet hat, während sie da fehlen,
wo die weitergefassten Aufgaben der Noth- und Heilpädagogik
auf Erziehungsmittel geführt haben, die an sich den Charakter
der Allgemeinheit besitzen. Dies zeigt sich hinsichtlich des
Taubstummenunterrichtes darin, dass die Sprachaneignung der
Taubstummen, welche wegen des Sinnenmangels eine abnorme
Analyse wie der Laute so der Begriffe in Anspruch nimmt,
von den Pädagogen einseitig oder doch vorzugsweise in das
Auge gefasst wird, weil und obgleich die analytische
Sprachlehrmethode an sich um Vieles weiter ausgegriffen hat,
als es unter der Voraussetzung der Vollsinnigkeit nöthig und
zulässig ist, wogegen die Ersatzmittel für den Mangel der
Tonsprache und ihres Verständnisses wie des Gehörsinnes
schlechthin — Ersatzmittel, durch welche die Entwicklungsfähigkeit der übrigen Sinne, ihre eigenthümliche Bedeutung
für das Seelenleben und die Nothwendigkeit einer gleichmässigen Sinnenbildung positiv herausgestellt werden — nicht die
genügende Berücksichtigung finden, weil und obgleich sie, wie
eben andeutungsweise schon ausgesprochen, auf eine nothwendige Ergänzung des Unterrichts der Vollsinnigen und insbesondere darauf hinweisen, dass die Übung der Sinne, wenn
sie eine harmonische sein soll, der Besonderung und des Zu-
sammengreifens der Sinnenthätigkeiten bedarf, aber in keinem
Falle einen abstracten Charakter, wie er durch einen Sinnenmangel motivirt ist, anzunehmen hat. Dabei ist allerdings
zu sagen, dass die praktischen Vertreter der Taubstummenerziehung ihrerseits die im Allgemeinen bezeichneten „Ersatzmittel", die auf die möglichste Ausbildung des Sinnes für Form,
Bewegung und Ausdruck hinauslaufen, grade gegenwärtig und
in Deutschland immer auffallender zurückstellen, um sich auf
die Erzielung des Verstehens und Sprechens der Tonsprache

zu concentriren. Wie aber diese Concentration durch die Richtung des allgemein pädagogischen Interesses mitbedingt erscheint, so haben dessenungeachtet oder auch deshalb die
einschlagenden Fragen der Taubstummenbildung, bei den
Pädagogen keineswegs die Theilnahme, die sie verdienen und
in Folge davon keine ausreichend umsichtige und gründliche
Erörterung gefunden. Zu diesen Fragen gehören ausser der
zuerst auftretenden, in welchem Verhältnisse die Geberden-
und Wortsprache an sich stehen und welche Geltung oder
Stellung der ersteren in den Taubstummenanstalten eingeräumt
bleiben soll, die Fragen, wie das systematische Bilderbetrachten dem Bedürfniss der Taubstummen gemäss zu gestalten und nach welcher Methode, wie bis zu welchen Grenzen das zeichnende und plastische Darstellen, für welches
die Taubstummen naturgemäss eine eigenthümliche Neigung
und Anlage besitzen, zu üben ist.

Die beiden letzten Fragen haben eine unmittelbare praktische Bedeutung für die allgemeine Pädagogik, weil es sich
bei ihnen um Bildungsmittel handelt, die ihrer Natur nach
allgemeine sind und deren Nothwendigkeit das besondere Bedürfniss der Taubstummen besonders offenbart, so dass es
darauf ankommt, über die Gleichheit und den Unterschied des
Bedürfnisses und der Fähigkeit, die nach dieser Seite zwischen
den Gehörlosen und Vollsinnigen bestehen, klar zu werden,
um hiernach die Gleichheit und den Unterschied der Unterrichtsmethode zu bestimmen. Dass es die allgemeine Pädagogik trotz aller Ansätze noch nicht zu einem systematischen
Bilderbetrachten gebracht hat und dass die Ausbildung der
Darstellungsfähigkeit innerhalb der Volksschule in einer Art,
die gegenwärtig nicht mehr zu entschuldigen ist, vernachlässigt wird, lässt sich leider nicht läugnen; wenn wir aber deshalb jede ausgiebige Anregung zu dem unerlässlichen pädagogischen Fortschritte, der in dieser Beziehung zu machen ist,
willkommen heissen müssen, so würde eine an den Taubstummenunterricht anknüpfende Erörterung des Gegenstandes
insbesondere geeignet sein, die entscheidenden psychologischen
und praktischen Gesichtspuncte für die Nothwendigkeit und

Methode der betreffenden Unterrichtsaufgaben unmittelbar herauszustellen. Wer wirklich erkennt, was der Taubstumme
entbehrt, indem er sich das Mittheilungsmittel der Tonsprache
nur auf künstlichem Umwege aneignen kann, ohne jemals in
den Vollbesitz derselben zu gelangen, dem müssen andrerseits
auch die Schranken der tonsprachlichen Mittheilung und Darstellung, also die Einseitigkeit einer blos sprachlichen Bildung
zu klarem Bewusstsein kommen. Ebendeshalb hat auch die
Frage, in welchem Verhältnisse die Ton- und Geberdensprache
bei der Taubstummenerziehung stehen sollen und in welchem
Verhältnisse sie an sich stehen, wenn auch kein unmittelbar
praktisches, so doch ein theoretisches Interesse für jeden Pädagogen, und eine erneute Aufnahme derselben ist mehr als
wünschenswerth, insofern wir mit Recht in der Concentration
des Taubstummenunterrichts auf das Erzielen des Sprechen-
sehens und Sprechenkönnens eine Einseitigkeit sehen, durch
welche zu Gunsten eines Vortheils, der gross genug ist, aber
doch überschätzt wird, der Zweck der innerlichen Ergänzung
und Entwicklung eine wesentliche Beeinträchtigung erleidet,
welche demnach gar nicht dazu angethan ist, gegenüber der
französischen Schule des Taubstummenunterrichts die deutsche
Gründlichkeit zu beweisen, obgleich die thatsächlichen Ursachen, welche in der Pariser Taubstummenanstalt der Durchführung des Tonsprach-Unterrichts entgegenstehen, ich könnte
sagen selbstverständlich, nicht mit der tieferen pädagogischen
Einsicht und Absicht, sondern vielmehr mit der Neigung zu
verhältnissmässig leichten und möglichst augenfälligen Erfolgen
zusammenhängen. —

Was die Möglichkeit anbetrifft, die Taubstummen mit Erfolg zu unterrichten, ohne sie aus der allgemeinen Schule aus-
zuweisen — eine Möglichkeit, welche diejenigen, die sie behaupten, der Unmöglichkeit, durch Anstalten dem Bedürfniss
zu genügen, gegenüberstellen, um sofort die alle Schulmeister
berührende Forderung anzuknüpfen, dass jeder von ihnen auch
Taubstummenlehrer sein müsse — so würde sie nach unserer
Ansicht selbst dann nur eine scheinbare sein, wenn die Methode Graser's, der am entschiedensten für den Schulunter-

richt der Taubstummen aufgetreten ist, oder irgend eine andere
im Stande wäre, das Sprechensehen und Sprechenkönnen so
rasch zu erzielen, als es zu der Theilnahme der Taubstummen
an dem Unterrichte der Hörenden nöthig wäre, sofern diese
Theilnahme schon in der Unter- oder auch Mittelklasse stattfinden soll. Denn der wirkliche Besitz der Sprache ist damit,
dass der Taubstumme sprechen sieht und selber spricht, keineswegs erzielt, vielmehr bleibt bei der raschen Aneignung
der Tonsprache, wie sie für den Zweck der sofortigen Theilnahme an dem allgemeinen Unterrichte nöthig wäre, die Auf-
fassungs- und Mittheilungsfähigkeit nothwendig eine so beschränkte und oberflächliche, dass jene Theilnahme unmöglich
eine fruchtbare sein könnte. Dagegen könnte wohl eine wirkliche und zweckentsprechende Theilnahme der Taubstummen
an dem Unterrichte der Oberklasse und unter besonders günstigen Vorbedingungen auch schon der Mittelklasse erzielt werden, wenn die Aufnahme in die Taubstummenanstalten wesentlich früher statt hätte, als es jetzt der Fall ist, also nicht
erst in dem sechsten oder siebenten, sondern schon im dritten
oder vierten Lebensjahre. Die Schwierigkeiten, welche dem
entgegenstehen, sind allerdings gross, und noch grösser diejenigen, welche eine dem Bedürfniss auch nur annähernd entsprechende Ausdehnung der Taubstummenanstalten als unmöglich erscheinen lassen; wir sind aber überzeugt, dass sie bei
einem ernsten Willen mit der Zeit überwunden werden
könnten, wobei jedoch von einer Gestaltung des Taubstummen-
und des Volksschulunterrichtes, die beide in ein näheres Verhältniss brächte und den Übergang zur Volksschule leichter
und erspriesslicher machen würde, nicht abzusehen wäre.

　　Die Tendenz, von der Heilpädagogik aus die Praxis der
allgemeinen Schule möglichst unmittelbar zu reformiren, tritt,
wie ich oben sagte, in frappanter Weise auch bei den Vertretern der Heilgymnastik hervor, welche bekanntlich, wie so
viele Gegenstände, die uns ursprünglich gehören, den Umweg
ins Ausland machen müssen, um durch eine ausländische Eti-
quette mehr zu imponiren, sich als schwedische in Deutschland Bahn gebrochen hat. Dass die Heilgymnastiker die pä-

dagogische Gymnastik von vornherein in das Auge fassten,
lag in der Natur der Sache, da die Heilwirksamkeit der für
den absonderlichen Zweck absonderlich bestimmten Bewegung
die positiv prophylaktische, plastisch stärkende Wirksamkeit
der im Allgemeinen geregelten Bewegung zur Voraussetzung
hat, und diese Voraussetzung, um die Heilgymnastik bei
dem ärztlichen und nicht-ärztlichen Publicum zur Anerkennung zu bringen, als medicinisch-pädagogische Nothwendigkeit in medicinisch-wissenschaftlicher Form geltend gemacht
werden musste. Darin, dass sie dies thaten und noch
thun, also abgesehen von ihren specifisch medicinischen
Leistungen, dürfen und müssen wir ein nicht unwesentliches
Verdienst sehen, zwar nicht, weil es ihrer bedurft hätte, um
die Nothwendigkeit der Gymnastik überhaupt zum Bewusstsein zu bringen — denn diese Nothwendigkeit ist von den
ältesten Zeiten bis auf die Gegenwart, wenn auch nicht allgemein und gleichmässig, vermöge der Praxis anerkannt, und
wo die Leibesübungen geregelt wurden, das instinctive Bedürfniss zum Zweckbewusstsein erhoben worden — wohl aber,
weil die Menge der pädagogisch Indifferenten medicinisch-
prophylaktischen Gesichtspuncten zugänglich ist und sich durch
solche anregen und bestimmen lässt, weil gegen die Gymnastik bei einem „philiströs" gewordenen Publicum Vorurtheile
bestehen, die theilweise nur durch medicinische Erklärungen
niederzuschlagen sind, und weil endlich der exact-wissenschaft-
liche Ausdruck an sich bekannter Thatsachen und an sich
anerkannter Forderungen, so ungenügend er sein mag, ein zu
bestimmter Zeit eintretendes theoretisch-praktisches Bedürfniss ist, das nicht unbefriedigt bleiben darf.

Wenn wir es somit der Heilgymnastik immerhin und unzweifelhaft Dank zu wissen haben, dass sie die allgemeine
oder pädagogische Nothwendigkeit der Gymnastik ihrerseits
mit Nachdruck ausgesprochen und eingehend bewiesen hat,
so bleibt doch dieses Verdienst ein bedingtes, und wir können
um so weniger umhin, diese Bedingtheit und Beschränktheit
hervorzuheben, als die maassgebenden Gesichtspuncte für die
Gestaltung der verschiedenen Unterrichtsdisciplinen und Er-

ziehungsmittel allerdings in der stets zu erneuenden Erkenntniss ihrer Nothwendigkeit liegen, wir aber dessenungeachtet,
den Anspruch der Heilgymnastiker, für die Neugestaltung der
Gesundengymnastik maassgebend einzutreten, abweisen müssen. Denn zunächst können wir die Kenntniss der anatomischen Verhältnisse und der physiologischen Vorgänge als den
privilegirten Besitz der Heilgymnastiken wie der Mediciner
überhaupt nicht gelten lassen, die Erfahrungen aber, welche
die heilpädagogische Praxis hinsichtlich der Wirksamkeit bestimmter Bewegungen vermittelt, liegen eng begrenzt in dem
weiten Umkreise einer immer und überall möglichen, höchst
mannichfaltigen Erfahrung, die den Charakter der Bestimmtheit gewinnt, wo die ausdrückliche Reflexion eintritt, sodass
von einer ausschliesslichen Befähigung der Heilgymnastiker,
die Nothwendigkeit gymnastischer Übungen für die Praxis
auseinanderzusetzen, nicht wohl die Rede sein kann.
Abgesehen von der Fähigkeit aber ist die pädagogische Praxis auf eine dem Heilgymnastiker insbesondere zukommende,
exact wissenschaftliche Auseinandersetzung dessen, was die geregelte Bewegung wirksam und nothwendig macht, ebensowenig angewiesen, und durch sie der Fortschritt dieser Praxis
ebensowenig bedingt, wie beispiels- und vergleichsweise die
Entwicklung der Malerei in wesentlicher Abhängigkeit von
den Fortschritten steht, welche die wissenschaftliche Farben-
lehre gemacht hat. Endlich und im Zusammenhange damit
hat die Nothwendigkeit der Gymnastik noch ganz andere Momente als das des Gesundheits- und Kräftigkeitszweckes, und
wenn die medicinische Wissenschaft beansprucht, das Gebiet
der „körperlichen Erziehung" zu beherrschen, so hat die Pädagogik ihrerseits diesen Begriff als einen unlogischen und
die dualistische Anschauung, auf welcher er beruht, als eine
unberechtigte zu erklären. Wenn aber die Heilgymnastiker,
wie im geheimen Bewusstsein, dass die von der Heilgymnastik ausgehende Gestaltung der allgemeinen Gymnastik eine
Abnormität wäre, sich auf die Verkommenheit und Krankhaftigkeit des gegenwärtigen Menschengeschlechtes stützen, um
die Dringlichkeit der möglichst allgemeinen Einführung einer

in ihrem Sinne systematischen Gymnastik zu begründen, so
dürfen wir zwar über Thatsachen, welche in der That eine
mit dem Charakter der gegenwärtigen Civilisation gegebene
Entartungstendenz zu beweisen scheinen, nicht willkürlich hin-
wegsehen, müssen sie uns vielmehr ernstlich zu Herzen nehmen, haben aber andrerseits festzuhalten, dass die Erziehung
der Gesunden, wenn auch nur relativ Gesunden, welche die
allgemeine Schule aufnimmt, eine wirkliche Gesundenerziehung
bleiben oder auch theilweise werden muss, folglich auf die
Voraussetzung der Krankhaftigkeit nicht eingehen darf, •wenn
wir nicht an der „Restauration" des Geschlechtes überhaupt
verzweifeln wollen, dass aber zu einer solchen Verzweiflung
bei dem kernigen Element, das in unserem Volksleben „trotz
alledem" sich erhalten hat, und bei der Erneuungs- und Umbildungsfähigkeit, die als historische den modernen Völkern,
als anthropologische der Jugend eignet, kein Grund vorhanden ist.

Wir haben hiernach den Unterschied, der an sich zwischen der pädagogischen Gymnastik und der heilgymnastischen
Behandlung besteht, theoretisch und praktisch nicht nur fest
zuhalten, sondern möglichst entschieden herauszustellen, um
jeden Versuch, die heilgymnastische Behandlung zu verallge-
meinern oder die Schulgymnastik in eine prophylaktische Heilgymnastik zu verwandeln, abzuweisen und abzuwehren. Jener
Unterschied besteht aber, kurz zusammengefasst darin, dass
die pädagogische Gymnastik die Darstellung und Herstellung
der schönen Bewegung und der schönen Bewegungsfähigkeit,
durch diese aber nicht nur die Darstellung und Herstellung
der schönen Leiblichkeit, sondern der vollkommenen Individualität überhaupt bezweckt, während die heilgymnastische
Behandlung, die eine solche bleibt, auch wenn sie einen prophylaktischen Charakter annimmt, von der Darstellung der
schönen Bewegung und Bewegungsfähigkeit als solcher absieht
und absehen muss, weil sie als eigentliche Heilgymnastik die
Bewegungen den besonderen Heilzwecken gemäss zu bestimmen und abzugrenzen hat, als prophylaktische, aber, insofern
sie die heilgymnastische Erfahrung, Übung und Theorie wirk-

lich benutzen und verwerthen will, über die theoretische und
praktische Analyse der Bewegungen, und insofern sie sich
als solche eine pädagogische Form giebt, über den abstracten
Gesundheits- und Stärkungszweck — den sie nach unserer
Ansicht grade wegen der abstracten Auffassung desselben nicht
zu erfüllen vermag — durchaus nicht hinauskommt. Hierbei
will ich nicht unterlassen, wenigstens beiläufig zu erwähnen,
dass nicht nur die Formeln, mittelst deren die Heilgymnastiker die verschiedenartigen Bewegungen zu bezeichnen suchen
und welche zu ungeheuerlichen Wortzusammensetzungen werden, sondern auch weitläufige anatomische Beschreibungen
einen höchst unzulänglichen Ausdruck selbst für einfache Bewegungen abgeben — eine Unzulänglichkeit, die sich mit jener
vergleichen lässt, die der complicirteste mathematische Ausdruck in seiner Anwendung auf die organische Form hat —
und dass sich auch hierin die Unfähigkeit der Heilgymnastik
oder der exacten Wissenschaft überhaupt, von einer durch sie
geschaffenen Basis thatsächlich ausgehend die Gymnastik zu
gestalten, deutlich offenbart. Für den Gymnastiker wird die
anatomisch-physiologische Kenntniss des menschlichen Körpers
niemals mehr werden können, als sie es für den plastischen
Künstler ist, wobei bemerkt werden muss, dass das anatomische Studium, insofern es dem modernen Plastiker die stete
Anschauung lebendig bewegter Nacktheit, wie sie der griechische hatte, theilweise ersetzen muss, diesen Ersatz nur unvollkommen leistet.

Indem ich aber die Unfähigkeit der Heilgymnastik, auf
wissenschaftlicher Unterlage eine neue Gymnastik zu begründen, hervorhebe, will ich weder die Verdienstlichkeit der Fortschritte, welche die anatomich-physiologische Wissenschaft gemacht hat und täglich macht, herabsetzen, noch mich gegen
die einzelnen Heilgymnastiker aussprechen, welche die pädagogische Gymnastik in das Auge fassen. Denn abgesehen
von dem negativen oder doch bedingten Verdienste, welches
sich dieselben dadurch erwerben, dass sie die Vorurtheile des
Publicums bekämpfen und die Dringlichkeit einer allgemeinen
Übung der Gymnastik ihrerseits geltend machen, kann der

einzelne Heilgymnastiker, obgleich ihm als solchem die'
specifische Fähigkeit für die Gestaltung und den Betrieb
der Gymnastik abgesprochen werden muss, diese Fähigkeit
sehr wohl als persönliche besitzen, und die anatomisch-
physiologische Kenntniss des menschlichen Körpers, die bis
zu einer gewissen Grenze jedem Gymnastiker unentbehrlich
ist, giebt nur insoweit ein Hinderniss für die gesunde Auffassung und Ausbildung der Gesundengymnastik ab, als sie in
unmöglicher und unzulässiger Weise verwerthet werden soll
— eine Tendenz, von welcher der begabte Heilgymnastiker
sich frei machen und frei erhalten kann. Dies wird in demselben Maasse der Fall sein, in welchem sich bei ihm mit
ästhetischen und pädagogischen Interesse die ästhetische und
pädagogische Einsicht entwickelt hat. Wir dürfen uns aber
nicht begnügen, dieses Interesse und diese Einsicht bei demjenigen Heilgymnastiker, der an der Gestaltung der allgemeinen Gymnastik mitwirken will — eine Mitwirkung, auf welche
unter der ausgesprochenen Voraussetzung ein grosser Werth
zu legen ist — in Anspruch zu nehmen, sondern haben sie
auch für das abgesonderte Gebiet der Heilgymnastik zu verlangen, soweit es diese mit erziehungsbedürftigen und erziehungsfähigen Individuen zu thun hat. Nach unserer Ansicht sind die heilgymnastischen Anstalten für heilbedürftige
Kinder ein unabweisliches Bedürfniss; sie gehören aber ihrer
Natur nach zu den heilpädagogischen Anstalten, womit
an sich ausgesprochen ist, dass die in ihnen wirksamen Heilgymnastiker mindestens diejenige pädagogische Bildung besitzen müssen, die zu einer fortgesetzten Verständigung mit
den pädagogischen Wirkgenossen erforderlich ist — einer Verständigung, welche der Ausbildung der Heilgymnastik als solcher nur förderlich sein kann und jene Excentricitäten, die von
ärztlicher Seite scharf genug angegriffen worden sind, am
sichersten ausschliesst.

Wir sind überzeugt, dass die Heilgymnastik, in dem sie
sich wissenschaftlich geltend macht, einen förderlichen Einfluss
auf die medicinische Wissenschaft und Praxis ausüben wird,
ja wir stehen nicht an, durch diesen Einfluss den Fortschritt

der gegenwärtigen Medicin in der Auffassung und Durchführung ihrer socialen Aufgabe wesentlich bedingt zu halten.
Das Princip, von welchem die Heilgymnastik ausgeht und ausgehen muss, der Grundsatz, dass die willkürliche, also be-
stimmbare Bethätigung ein wesentlicher Factor für die Aus-
und Umbildung zunächst der unmittelbar bethätigten und sodann auch der übrigen, mit ihnen zusammenhängenden Organe
ist, braucht von Seiten der Pädagogik kaum ausdrücklich
geltend gemacht zu werden, weil alle Pädagog ikdarauf basirt,
wogegen in dem Gebiete der Medicin, wo er nur nebenbei
anerkannt erscheint, die theoretischen und praktischen Consequenzen, die er enthält, erst und noch zu ziehen sind. Indem
dies die Heilgymnastik thut, leitet sie die Vermittlung zwischen Medicin und Pädagogik schlechthin — eine Vermittlung,
deren Nothwendigkeit wir öfter ausgesprochen haben — von
medicinischer Seite ein, und wir können es deshalb durchaus nicht auffallend finden, dass die Vertreter der Heilgymnastik von allen Medicinern das entschiedenste allgemein-pä-
dagogische Interesse zeigen, und theilweis dieses Interesse
bethätigen zu können und bethätigen zu müssen glauben, ehe
sie noch die Bedeutung der Heilgymnastik für die medicinische
Wissenschaft und Praxis herausgestellt und gesichert haben,
was doch allerdings ihre nächste Aufgabe, d. h. diejenige ist,
durch deren Lösung sie überhaupt festen Boden und das Recht
gewinnen, als Vermittler zwischen Medicin und Pädagogik
auch nach der pädagogischen Seite hin entschieden aufzutreten. Dass aber die Heilgymnastik erst anfängt, sich Bahn
zu brechen, dass sie vor der medicinischen Kritik, die sie
herausforderte, vielfach zurückweichen musste, und dass wichtige theoretische Vorfragen, die sie anregte, noch nicht erledigt sind, lässt sich unmöglich verkennen und verhehlen. In
den Streitpuncten, die zwischen den Heilgymnastikern und
ihren absoluten oder relativen Gegnern, z. B. den mechanischen
Orthopäden, noch schweben, steht unser Vorurtheil im
Allgemeinen auf der heilgymnastischen Seite, wir sind aber
nicht befugt, dieses Vorurtheil zum Ausdruck und zur Geltung zu bringen und müssen die Entscheidung auf dem medi-

cinischen Gebiete geduldig abwarten. Jedenfalls ist es ein
Verdienst der Heilgymnastiker, physiologische Fragen, wie die
des Processes der Muskelernährung und Neubildung, des Zusammenhanges, der zwischen der Muskelbildung und Muskelthätigkeit und der Knochenformation auf der einen, dem Nervenleben auf der andern Seite stattfindet u. s. w. von ihrem
bestimmten Standpuncte aus energisch aufgenommen und angeregt zu haben, da es derartige Fragen sind, welche dazu
nöthigen, die Ergebnisse des sich unablässig auseinandersetzen-
den, von der einheitlichen Betrachtung des Organismus ablei-
tenden Experiments zusammenzufassen und zu formuliren.
Ebenso lässt sich kaum hinwegläugnen, dass in praktischer
Beziehung die von den Heilgymnastikern vertretene Reaction
gegen ein Heilsystem, das organische Processe wie unorganische rectificirt, zeitgemäss ist, und dass es ein noch unan-
gebautes Gebiet der medicinischen Thätigkeitsregelung gibt,
wie weit oder wie eng man die Grenzen desselben abstecken
mag. Wir können und müssen daher, ohne die physiologischen und medicinischen Streitigkeiten, in welche die Heilgymnastiker verwickelt sind, für erledigt zu halten und ohne
ihnen im Voraus Recht zu geben, ihre Berechtigung, in den
bezeichneten Richtungen vorzugehen, unsrerseits anerkennen
und hervorheben. Weiterhin jedoch kann uns das Abwarten
eines exactwissenschaftlichen Abschlusses der von den Heilgymnastikern hervorgerufenen Streitfragen nicht hindern, unsere physiologische Anschauung, die wir nach den Ergebnissen der fach- und exactwissenschaftlichen Untersuchungen zu
modificiren, aber auch nur zu modificiren haben werden, zu
einem uns zukommenden Ausdrucke zu bringen, noch weniger
aber uns zum Schweigen verpflichten, wenn wir von Vertretern der medicinischen Praxis und Wissenschaft zu unserem
Erstaunen Thatsachen und Wahrheiten in Frage gestellt finden, deren Constatirung des fachmedicinischen Wissens keineswegs bedarf, wie ihre Verläugnung in einer schlechthin
unwissenschaftlichen Form auftritt.

Beispielsweise begegnen wir in dem Buche Schilling's,
das die Orthopädie auf ihrem gegenwärtigen Standpuncte dar-

stellen soll und die mechanische Orthopädie der Heilgymnastik
gegenüber vertritt, dem weitläufig ausgeführten „Beweise", dass
die Muskeln nicht durch Übung, sondern durch Ruhe erstar-
ken, obgleich diese Ruhe keine ununterbrochene sein dürfe und
die Bewegung zur Muskelstärkung insofern beitrage, als sie
das Wohlsein überhaupt erhöhe. Was unter dieser Behauptung zu verstehen ist — denn in einer bestimmten Auffassung
und Abgrenzung ist sie keineswegs allzu paradox — geht aus
dem Beweise hervor, der sich einerseits unter Anderem auf
die Unbehaglichkeit der Anstrengung und das Wohlgefühl der
Ruhe, auf die dicken Schenkel der sitzenden Arbeiterinnen und
die Wohlgenährtheit und Bewegungslust der lange im Stall
gestandenen Pferde beruft, andrerseits die erhöhte Kräftigkeit,
die das Ergebniss fortgesetzter Übungen ist, nicht als solche
anerkennt, sondern als erhöhte Geschicklichkeit erklärt. Allen
Windungen und Wendungen dieses Beweises, bei welchen der
unwillkürliche Humor den absichtlichen überwiegt — denn
dem Verfasser, der unzweifelhaft zu den Wohlgenährten gehört, ist es mit seiner Verdammung abmagernder Anstrengung
süsser Ernst — ausdrücklich zu folgen, ist unmöglich und
unnöthig; ich will daher nur noch erwähnen, dass der Verfasser die „enragirten" Gymnastiker mit beissend sein wollen-
der Ironie an die Turnlehrer erinnert, die sich aus Gesund-
heitsrücksichten ihres anstrengenden Amtes entheben lassen,
und durch die Unmöglichkeit, jedes beliebige Individuum durch
consequente Übung zu einem Herkules zu machen, die Impo-
tenz der Gymnastik bezüglich der Kraftentwicklung „apago-
gisch" triumphirend darthut. Mit der vollkommensten Naivität
ignorirt er den Unterschied zwischen Fettigkeit und Muskulosität, gibt sich die unnöthige Mühe, den durch die Thätigkeit
der Muskeln bedingten Stoffverlust wissenschaftlich auszudrücken, lässt sich nicht im Mindesten dadurch beirren, dass die
Nothwendigkeit des Ersatzes eine allgemein anerkannte, die
entsprechende Ernährung, wo von der kräftigenden Wirksamkeit der Gymnastik gesprochen wird, eine selbstverständliche
Voraussetzung ist, und schiebt — bei seinem apagogischen
Beweise gegen diese Wirksamkeit — den Gymnastikern oder

vielmehr sich selber die unmögliche Abstraction von den natürlichen, mit der jedesmaligen Organisation gegebenen Grenzen der Kraftentwicklung, unter. Dass eine solche Beweisführung eine ernsthafte Widerlegung nicht verdient, brauche ich hier kaum zu sagen, will indessen die Gelegenheit benutzen, um über das Verhältniss der Muskelkräftigkeit zu dem Muskelumfange auf der einen und zu dem, was Hr. Dr. Schilling Geschicklichkeit nennt, auf der andern Seite das Nöthigste zu bemerken.

Hr. Schilling beruft sich zum Beweise, dass die Übung die Muskeln nicht stärke, indem er Vergrösserung und Stärkung ohne Weiteres als gleichbedeutend nimmt, auf die Tissot'schen, in gewissen Intervallen an gymnasticirenden und nicht gymnasticirenden Armen vorgenommenen Messungen. Diese Messungen sind belanglos, sofern dabei zunächst die ursprüngliche Fettigkeit und Magerkeit der Individuen und sodann die unterschiedene Dichtigkeit der Muskeln, die sich für das Gefühl als ein unterschiedener Grad der Festigkeit oder Weichheit offenbart, ausser Acht gelassen sind. Ein fetter Körper wird in Folge bisher ungewohnter, aber consequent fortgesetzter Muskelanstrengung an Umfang verlieren, indem die Beschleunigung der Respiration, der Circulation, der Stoffwechselprocesse überhaupt und der Muskelbildung insbesondere die Fettablagerungen absorbirt. An dem magern, bisher schwach geübten Körper werden die Muskeln durch die verstärkte Übung, auch wenn sich die Ernährung entsprechend steigert, hinsichtlich des äusseren Umfanges zunächst nicht zunehmen, weil die Vermehrung der Muskelfasern, die wir allerdings im Allgemeinen anzunehmen haben, wo die Assimilationsfähigkeit derselben durch ihre erhöhte Thätigkeit gesteigert wird, zunächst zur Verdichtung der Muskeln dient, indem es diese ist, welche die Reizbarkeit und Contractionsfähigkeit in quantitativer Vermittlung potenzirt. Endlich wird eine Vergrösserung des Muskelumfanges stattfinden, wo sie einerseits durch die Lage, Umgebung und Bestimmung des Muskels ermöglicht, andrerseits durch die Begrenztheit der qualitativ vermittelten Erhöhung des Contractionsver-

mögens, also durch die Unmöglichkeit, die Innervation über
eine gewisse Grenze hinaus zu steigern, gefordert ist. Die
Innervation aber, welche zunächst von der Reizkraft des motorischen Nerven und sodann von der theilweise durch sie
bedingten Reizbarkeit der Muskelfasern abhängt, bildet das
eine Moment der Muskelkräftigkeit, dessen anderes die
Quantität der Muskelfasern und zwar einestheils, insofern die
Muskeln den Charakter elastischer Bänder haben, vermöge der
durch die Menge der Fasern bedingten physikalischen Halt-
barkeit, anderntheils vermöge derjenigen Potenzirung der
Reizbarkeit ist, die sich aus der Annäherung der Fasern, also
aus der Verdichtung des Muskels ergibt.

Diese Verhältnisse, auf die ich hier nicht näher eingehen
kann, machen die Erscheinungen und Thatsachen, die in das
Gebiet des Kraftbesitzes und der Kraftäusserung fallen und
theilweise als auffallende bezeichnet werden können, obgleich der Praktiker mit ihnen vertraut ist, leicht erklärlich.
Sie erklären unter Anderem die Möglichkeit der Tissot'schen
Messungsresultate, deren der Praktiker — derjenige, der auf
Turnplätzen und in Fechtsälen heimisch war und die Gymnastik wirklich geübt hat — wahrhaftig nicht bedarf, um sich
zu überzeugen, ob und wie die Übung den Muskel quantitativ
und qualitativ stärkt. Der Praktiker weiss, dass die regelmässige energische Übung den Muskel zunächst härtet und
weiterhin seinen Umfang vergrössert, indem sie früher nicht
sichtbare und selbst kaum fühlbare Muskeln und Muskelpartien
hervortreten lässt, dass aber die quantitative Stärkung, wie
sie bei den verschiedenen Muskeln keineswegs im graden Verhältnisse zu der Übung und Kräftigkeitszunahme steht — wobei ich kaum hervorzuheben brauche, dass die auffallend verschiedene Kräftigkeit von Muskeln gleichen Umfangs eine
ursprünglich gegebene Thatsache ist, die durch keine Übung
aufgehoben, sondern höchstens modificirt werden kann, und
dass bei vielen Muskeln, z. B. denen der Zunge die quantitative Stärkung die Function erschweren würde — in ähnlicher
Weise bei verschiedenen Individuen die Zunahme der Kräftigkeit von der quantitativen Zunahme der Muskeln mehr oder

weniger abhängig erscheint, sodass die sichtbare und fühlbare Muskelstärke als einfacher Maasstab der Kräftigkeit nicht
gelten kann, auch wenn Blick und Gefühl geübt genug sind,
um die Muskelstärke von der indifferenten Fülle der Gewebe
und Auflagerungen zu unterscheiden und die Normalität oder
Abnormität des Verhältnisses zwischen Knochenbau und Muskulosität herauszufinden. Die Constitutionen und Organisationen sind eben verschiedene, und ich bin auf diesen Unterschied auch mit Bezug auf die Muskelkräftigkeit, die bei Individuen verschiedener Constitution die gleiche sein kann, aber
wo sie dies ist, nicht als gleiche erscheint, schon früher
eingegangen. Für die betreffenden, damals und jetzt ausgesprochenen erfahrungsmässigen Thatsachen liegt der eng-
gefasste Erklärungsgrund in dem vorhin bezeichneten Verhältnisse der beiden Momente, welche bei der Muskelkräftigkeit in Betracht kommen. Wenn aber die Innervation als
Thätigkeit der motorischen Centralorgane aufgefasst werden
muss, so ist einerseits in der Energie dieser Organe das Moment der Reizkraft als solcher und das Moment der Beherrschung oder Regulation — die sich negativ in der Isolirung
des Reizes und dem Ausschlusse der sogenannten Mitbewe-
gungen geltend macht — zu unterscheiden, andrerseits anzuerkennen, dass beide Momente durcheinander bi zu einer
gewissen Grenze bedingt, also die Möglichkeit, die Reizkraft
ohne die Regulationsfähigkeit und diese ohne jene zu erhöhen
eine beschränkte ist. Hieraus folgt, dass es einerseits ein
unerlaubter Sprung ist, überall da, wo sich eine Kräftigkeit
ohne nachweisbare Zunahme der Muskeln offenbart die Erklärung in der erhöhten Regulationsfähigkeit — in dem, was
Hr. Dr. Schilling erhöhte Geschicklichkeit nennt — zu finden,
obgleich die Reizkraft der Centralorgane nur durch ihre Bethätigung, welche stets Regulationsthätigkeit ist, zunehmen
kann, und dass eben deshalb andrerseits die Erhöhung der
Règulationsfähigkeit die der Reizkraft oder der Muskelkräftigkeit schlechthin wenigstens insoweit einschliesst, als es sich
um energische Wirkungen, bei denen Schwere und Widerstand
zu überwinden sind, nicht blos um die Beherrschung von Be-

wegungen handelt, die an sich keinen Kraftaufwand fordern. Die gymnastische Bewegung aber ist durchweg die gewandtkräftige, welche nicht dieses oder jenes Organ in abgesonderte Activität setzt — indem die ruhige Haltung der bei einem bestimmten Act unbetheiligt erscheinenden Glieder ohne Ausnahme eine gespannte sein muss — sondern fortgesetzt den ganzen Organismus in modificirter Weise in Anspruch nimmt oder in Anspruch nehmen soll, um die gegebene Bewegungsfähigkeit als beherrschte und zusammengehaltene, oder als einheitliches Vermögen zu entwickeln.

Damit ist die eigentlich gymnastische Bewegung als ästhetische, die an sich gegebene Vollkommenheit der Gestalt offenbarende gefordert und wie der abstracte Kräftigungszweck so die Übung einer Gewandtheit, die sich in abstracten, d. h. von dem Zwecke der Gestaltdarstellung abgelösten und daher unschönen Bewegungscombinationen zeigt, ausgeschlossen. Dagegen ist es allerdings nicht ein Neben-, sondern ein Hauptzweck der Gymnastik — ein Zweck, der in den Vordergrund gestellt werden muss, weil er die übrigen einschliesst — die Combinationsfähigkeit, die ein wesentliches Moment der Regulationsfähigkeit ist, im Zusammenhange mit der plastischen Phantasie zu entwickeln und auszubilden. Indem dies geschieht, erhält die Bethätigung und Übung der Willensenergie, des Muthes und der Anspannungsfähigkeit — eine Bethätigung und Übung, für welche die Gymnastik das specifische Mittel ist, weil das motorische und das Willensvermögen in dem unmittelbarsten Verhältnisse stehen — einen idealen Inhalt, mit welchem ihre Abgrenzung gegen die Mannigfaltigkeit objectiver Zweckbethätigungen, ihr innerer Zusammenhalt und ihre ästhetische Beziehung auf das Selbstbewusstsein, d. h. den Begriff der menschlichen Individualität gegeben ist. Diesen voll zu verwirklichen ist die Gymnastik, wenn die Erziehung überhaupt, unbedingt nothwendig, weil sie eben für sich und in einem Sinne wie kein anderes Erziehungsmittel die Darstellung und Herstellung der Individualität bezweckt und erzielt, indem sie als die zur Arbeit der Selbstgestaltung erhobene Spielthätigkeit, wie wiederum kein anderes,

von dem Spiele abgeschiedenes Erziehungsmittel, den inneren
Zusammenhang der menschlichen Vermögen unmittelbar herausstellt und realisirt. Soll aber die Gymnastik dieser Auffassung gemäss gestaltet und geübt werden, so ist sie zu allen
übrigen Erziehungs- und Bildungsmitteln und diese zu ihr in
ein bestimmtes Verhältniss zu setzen, d. h. die Art und Gestalt des Gesammtunterrichts und der Gesammterziehung ist
für die Möglichkeit der wirklichen Gymnastik, und die Art
und Gestalt der gymnastischen Übungen für die Bestimmtheit
des Gesammtunterrichtes und der Gesammterziehung nichts
weniger als gleichgültig.

Ich bin mit diesen Bemerkungen, so allgemein sie gehalten sind, auf die Frage der Gymnastik näher eingegangen als
es hier gestattet erscheint, weil ich nicht bei der nackten Behauptung stehen bleiben wollte, um mit der Entschiedenheit,
die ich für nothwendig halte, geltend zu machen, dass die Gestaltung der Gesundengymnastik wesentlich Sache der Pädagogen ist und bleiben muss, folglich von den Medicinern als
solchen nur ein indirecter Einfluss auf dieselbe ausgeübt werden kann und darf. Dies gilt selbstverständlich auch von den
Heilgymnastikern trotz des pädagogischen Interesses, das sie
naturgemäss haben und zeigen, oder vielmehr wegen dieses
Interesses von ihnen vorzugsweise, insofern den übrigen Medicinern die Tendenz, auf die Gestaltung der Gesundengymnastik einzuwirken, weit ferner liegt. Hierbei kommen, wie ich
schon früher bemerkt, einzelne Heilgymnastiker, die sich durch
eine ursprüngliche pädagogische Begabung auszeichnen und
in überraschender Weise ein pädagogisches Urtheil bewähren,
nicht in Betracht; es handelt sich um die Heilgymnastiker a l s
s o l c h e, welche an sich noch nicht Heilpädagogen sind und
da, wo sie fruchtbar mit Pädagogen zusammenwirken wollen,
zu einer Verständigung mit diesen gelangen müssen. Eine
solche Verständigung wird ohne Zweifel wie jede heilpädagogische Praxis, welche den Arzt und Pädagogen wirklich
verbindet, belangvolle pädagogische Gesichtspuncte in verschiedenen Beziehungen abgeben, was aber die Sache der Gesundengymnastik betrifft, so wird die Förderung derselben

von Seiten der Heilgymnastik wesentlich darin bestehen, dass
diese in der früher bezeichneten Weise Vorurtheile des Publicums überwindet, physiologische Fragen, bei denen die Pädagogik im Allgemeinen interessirt ist, zur Entscheidung bringt
und insbesondere die diätetischen Bedingungen, unter
welchen die vollkommene Uebung und Wirksamkeit der Gymnastik möglich wird, klar und entschieden herausstellt. Indem
sie es theils mit Fällen einer durch ungünstige Verhältnisse
und Einwirkungen geschwächten, gehemmten und verkümmerten Bewegungsfähigkeit, theils mit solchen zu thun hat, in
denen irgendwie bedingte und ausgeprägte krankhafte Zustände
durch die Regelung der frei gebliebenen Beweglichkeit gehoben
werden können und sollen, so ist sie darauf angewiesen, die
übrigen Factoren der normalen Entwicklung und Gestaltung
zu dem einer gesundheitsgemässen Bewegung in ein bestimmtes Verhältniss zu setzen, wobei nicht nur die Ernährung und
Lebensweise, wie sie an sich zweckgemäss und einer gehobenen „Muskelthätigkeit" entsprechend sind, sondern auch die
Ausdehnung und der Charakter der anderweitigen Bethä-
tigungen berücksichtigt werden müssen. Während wir daher
den vortheilhaften Einfluss, welchen die Taubstummenerziehung,
deren Aufgabe nicht sowohl Heilung als Ersatz eines unheilbaren Mangels ist, auf den Fortschritt der Gesundenerziehung
ausüben kann und soll, in der Ausbildung von positiven Bildungsmitteln suchen, die in der Volksschule bis jetzt nur ungenügend vertreten sind, besteht nach unserer Ansicht die der
Heilgymnastik, d. h. ihren wissenschaftlichen Vertretern, zukommende und für eine erneute Gestaltung des allgemeinen
Erziehungswesens nicht nur wünchenswerthe sondern nothwendige Leistung darin, dass sie ihrerseits eine gründliche
und die Thätigkeitsregelung, die als zusammenhängende der
Pädagogik zukommt, mitumfassende Diätetik schafft.

Bei der gegensätzlichen Zusammengehörigkeit der Taubstummen und Blindenerziehung sind die Gesichtspuncte, die
für ein fruchtbares Verhältniss der letzteren zu der allgemeinen Pädagogik zur Geltung kommen müssen, indirect schon
bezeichnet, und da es uns jetzt nur darauf ankam, an Bei-

spielen nachzuweisen, dass die Ergiebigkeit der heilpädagogischen Bestrebungen und Leistungen für das allgemeine Erziehungswesen einer ausdrücklichen Vermittlung bedarf, eine
nähere Auseinandersetzung der betreffenden Verhältnisse aber
dem zweiten Cyclus unserer Vorträge vorbehalten bleibt, so
müssen wir uns mit dem kürzesten Ausdruck der Bedeutung,
welche die Blindeninstitute in allgemein pädagogischer Beziehung haben oder gewinnen müssen, begnügen. Da wo
die Blindenerziehung über das, was die allgemeine Schule
leistet und selbst über das, was sie leisten kann und darf,
hinauszugehen vermag und wirklich hinausgeht, liegen die An-
knüpfungspuncte für das allgemein pädagogische, theoretische
und praktische Interesse, also in der besonderen Ausbildung
des Tastsinnes und des Gehöres, welche die Blindheit nothwendig macht und ermöglicht, und in der besonderen Entwicklung der musikalischen und sprachlichen Auffassungs- und
Darstellungsfähigkeit. Bezüglich jener stellt der rechte Blin-
denunterricht heraus, welche Wichtigkeit der Tastsinn und das
Gehör für die unmittelbare — sinnlich-verständige — Erkenntniss der Dinge haben und dass in der Sinnenbildung der
Vollsinnigen nach dieser Seite, obgleich sie nicht durch die
systematische Uebung, welche der Sinnenmangel bedingt, sondern gelegentlich zu erzielen ist, noch sehr Viel geschehen
kann und muss; der Sprachunterricht der Blinden aber —
um von dem Musikunterrichte, der zu den am meisten be-
günstigten Unterrichtszweigen der Volksschule gehört, abzusehen — könnte und sollte zu einem Musterunterrichte für die
Volksschule insbesondere hinsichtlich der Uebung des Sprach-
gedächtnisses und des Sinnes für Rythums und Wohlklang,
also des sprachlichen Schönheitssinnes erhoben werden, wobei
allerdings wieder, wenigstens was die Entwicklung des Gedächtnisses angeht, zwischen dem Bedürfniss der Blinden
und Vollsinnigen eine strenge Grenze zu ziehen ist. — Suchen
wir einen allgemeinen Ausdruck des Gewinnes, der sich aus
der pädagogischen Beschäftigung mit den Gebrechlichen und
eines Sinnes Entbehrenden für die pädagogische Theorie, also
zunächst für die pädagogische Anthropologie und Physiologie

— diejenige, welche auf die Erziehungsaufgabe angewandt
wird und anwendbar ist — ergeben kann und soll, so haben
wir auf die Erfahrungen und Beobachtungen hinzuweisen, durch
welche die von körperlicher Gebrechlichkeit, von Hemmungen
des Bewegungsvermögens und von dem Mangel eines Sinnes
abhängige Bestimmtheit der Vorstellungen, der Gemüths-
stimmung, der Sinnesart und des Charakters constatirt, also
der Zusammenhang zwischen den verschiedenen Bestimmtheitssphären der Individualität herausgestellt wird. Hierbei ist zu
beachten, dass die Gebrechlichkeit und Mangelhaftigkeit, mit
denen es die Heilgymnastik und die Taubstummen- und Blindenerziehung zu thun haben, als an sich und verhältnissmässig äusserliche, d. h. äusserlich bedingte aufzufassen sind, während bei den Blödsinnigen die Bewegungsfähigkeit und die
mangelhafte Sinnlichkeit durchgängig als secundäre, d. h. durch
den Zustand der Centralorgane bedingte Übel angesehen werden müssen. Wir kommen auf dieses Thema in dem zweiten
Cyclus unserer Vorträge ausführlich zurück, haben aber gegenwärtig mindestens auszusprechen, dass sich im Gebiete des
Idiotismus die verschiedenartigen Abnormitäten und Deformitäten, für welche besondere heilpädagogische Thätigkeiten und
Institute vorhanden sind, derartig concentriren, dass ihr
Charakter eine bestimmte Modification erleidet, und dass demgemäss die heilpädagogischen Bestrebungen in der medicinisch-
pädagogischen Behandlung der Idioten ihre begrenzte und
abzugrenzende Concentration haben und finden müssen. Dabei sind, was die Modification desselben Leidens in den unterschiedenen Gebieten der Heilpädagogik anbetrifft, die verschiedenen Formen der moralischen Entartung, wie sie ansatzweise oder ausgeprägt bei den Idioten, bei den Blinden, Tau-
ben und Gebrechlichen, und bei physisch und geistig gesund
erscheinenden Kindern hervortritt, nicht zu übersehen sondern
besonders zu beachten, um zu der Erkenntniss zu gelangen,
wie und wo die moralische Hässlichkeit und Krankheit als
durch die physische und geistige Abnormität bedingt oder
als in ihrer eigenthümlichen Bestimmtheitssphäre entwickelt, und
in diesem Falle als über die Sphäre der Moralität hinausgrei-

fend und sonstige krankhafte Zustände bedingend oder
nicht bedingend anzunehmen sind.

Diese Erkenntniss ist insbesondere wichtig für diejenigen
Anstalten, welche die Besserung moralisch entarteter Individuen und zwar solcher, bei denen die unmoralische Neigung
als solche und abgesondert entwickelt erscheint, zu ihrer Aufgabe machen. Unbändiger Trotz, bösartige Schadenfreude,
Diebessinn, widernatürlich verfrühte Genusssucht und insbesondere auch ein verfrühter Geschlechtstrieb sind die am häufig-
sten und entschiedensten auftretenden, theils mit einander zusammenhängenden, theils einander ausschliessenden Erscheinungen einer jugendlichen Verderbtheit, welche eine besondere
— heilpädagogische — Behandlung fordert, und unter ihnen
ist keine, welche sich nicht bei Idioten in absonderlicher, an
die Idiosynkrasie reichender Ausprägung vorfände, wie es nur
selten einen Idioten giebt, der nicht einen bestimmten Charakter moralischer Hässlichkeit darstellte oder doch einen hässlichen Charakterzug an sich hätte. Von den Charakterzügen,
welche man den Taubstummen und Blinden beizulegen pflegt,
kommen zwar manche auf Rechnung ihrer Umgebung und
ungeeigneter Behandlung, andere aber hängen mit ihrem Zustande auf das genaueste zusammen, und gewisse Neigungen
derselben, wie bei den Blinden der reizbare Geschlechtstrieb,
nehmen eine stete Aufmerksamkeit in Anspruch. Die Consequenz dieser Thatsachen, die einer weiteren Auseinandersetzung
bedürfen und sie im zweiten Cyclus unserer Vorträge finden
werden, ist für die Pädagogik der Besserungsanstalten die,
dass sie mit den übrigen Zweigen der Heilpädagogik weit
mehr Berührungspuncte hat als gewöhnlich angenommen wird
und als die herrschende Praxis der „Besserung" zeigt, dass
demgemäss im Interesse dieser Praxis ein näheres Verhältniss
zu heilpädagogischen Bestrebungen und Anstalten anderer Art
mehr als wünschenswerth ist, und dass die Befähigung dazu
mit der Qualification zur „Seelsorge", wie dieselbe durchweg
verstanden wird, nicht einfach zusammenfällt. Es giebt allerdings Fälle, in denen wir nicht umhin können, die moralische
Abnormität und Deformität als eine ursprüngliche und zugleich

begrenzte anzunehmen, weil wir sie mit einer gesunden Leiblichkeit und einer energischen — wenn auch nothwendig ver-
einseitigten — Intelligenz zusammenfinden, während zugleich
demoralisirende Einflüsse von ausserordentlicher Stärke nicht
nachweisbar sind. Aber selbst in diesen Fällen, welche keineswegs die Mehrzahl ausmachen, wie in denen einer durch
demoralisirende Einflüsse unzweifelhaft bewirkten Entartung
halten wir die beiden Hauptmittel des gegenwärtigen Besse-
rungssystems, die strenge Disciplin und die religiöse Einwirkung für durchaus unzureichend, ohne ihre Nothwendigkeit
und Wichtigkeit zu verkennen. Denn die in ihrer eigenen
Sphäre entwickelte moralische Entartung schliesst — nicht
nur trotz, sondern auch wegen ihrer Frühzeitigkeit — die Lust
an der offenen oder geheimen Opposition und die Verkümmerung der Organe, deren Erregbarkeit die religiöse Empfänglichkeit bedingt, ein, weshalb sich in einem gewissen Sinne sagen
lässt, dass die disciplinarische Strenge dem entarteten Bedürfnisse entgegenkommt, während die religiösen Weckungs-
versuche auf eine Unempfindlichkeit treffen, die durch die
Stetigkeit der unmittelbaren Einwirkung am allerwenigsten gehoben wird. Hieraus folgt, dass die Besserungspraxis auch
da, wo es ihr nicht obliegt, vor allen Dingen den körperlichen
und geistigen Zustand als Grund der moralischen Entartung
in das Auge zu fassen, darauf angewiesen ist, den schöpferischen Thätigkeitstrieb und den Gemeinschaftssinn, mit ihnen
aber die Hingebungsfähigkeit und Gewissenhaftigkeit in absonderlicher Weise, d. h. durch eine Mittelsteigerung, welche
die allgemeine Schule nicht zulässt, zu stärken und zu heben.
Wir kommen hierauf in unseren späteren Vorträgen zurück
und ich will jetzt zum Schluss, nur noch hervorheben, dass
zwar nach unserer Überzeugung die Besserungspraxis zahl-
reichere und nachhaltigere Erfolge bei den Einzelnen erzielen
kann, als sie wirklich erzielt, dass aber auch hier die Einzel-
erfolge an sich verschwindende bleiben, und der wesentliche
Gewinn in der Erkenntniss der Grundursachen, durch welche
die individuelle und sociale Demoralisation bedingt sind, sowie
der allgemeinen und positiven Reactionsmittel, welche der

Fortschritt des Übels unbedingt fordert, gesucht und gefunden werden muss. Wenn diese Erkenntniss den pädagogischen Eifer und die lebendige Praxis hinter sich hat, also in der That aus ihnen hervorgeht, so kann und wird es nicht eine in der Befriedigung des Wissens ausgehende oder in die Resignation auslaufende, sondern die Triebkraft socialer Forderungen und Strebungen sein.

Zwölfter Vortrag.

1.

Der historische Fortschritt der heilpädagogischen Wohlthätigkeit. — Das negative Verhalten der antiken Gesellschaft. — Die christliche Barmherzigkeit in ihrer Beschränkung und mit ihren Gegensätzen. — Die Cagots. — Das Reformationszeitalter uud der Protestantismus. — Der Pietismus. — Die rasche Entwicklung der Heilpädagogik im achtzehnten Jahrhundert. — Die Anstalten für Kretinen- und Idiotenerziehung. Dr. Guggenbühl. Sägert. Dr. Erlenmeyer. Preisfragen. — Der Begründer der Taubstummeninstitute: Abbé de l'Epée. Französische und deutsche Schule. — Valentin Haüy und Johann Wilhelm Klein als Begründer der Blindeninstitute. — Die Anstalten für Besserung sittlich verwahrloster Kinder. — Das Falke'sche Institut in Weimar und das „Rauhe Haus" in Hamburg. — Die innere Mission und der Socialismus. — Die orthopädischen Anstalten. — Der Zukunftsanspruch der Heilpädagogik.

In den letzten Vorträgen haben wir die Forderung aufgestellt und begründet, dass die verschiedenen Zweige der Heilpädagogik einerseits zu der allgemeinen Pädagogik und Schule, andrerseits zu einander in ein viel näheres Verhältniss treten müssen, als es gegenwärtig besteht, indem nur hierdurch die heilpädagogischen Bestrebungen sich zu der Bedeutung, die ihnen zukommt, erheben können. Diese unsere Forderung aber geht auf die bewusste und ausdrückliche Realisirung eines Zusammenhanges, der sich schon bisher trotz der herrschenden Absonderung, also in beschränkter Weise, geltend gemacht und eben damit seine innere Nothwendigkeit bewiesen hat. Denn in der That haben sich die heilpädagogischen Bestrebungen historisch betrachtet — und diese Betrachtungsweise soll heute und zum Schluss die vorherr-

schende sein — nur äusserlich und desshalb auch bis zu einem
gewissen Grade nur scheinbar unabhängig von einander entwickelt.

Die humane und wissenschaftliche Tendenz, welche die
heilpädagogischen Bestrebungen hervorgetrieben hat, ist ein
und dieselbe: die Tendenz, die von Haus aus die Ausgeschiedenen, Ausgestossenen und Verlorenen in dem Umkreis der
menschlichen Gesellschaft aufzunehmen, ihre Isolirung aufzuheben, damit aber die Schuld der Vernachlässigung, welche
der Gesellschaft den Heilbedürftigen gegenüber zugesprochen
werden muss — eine Schuld, die nicht nur die einer langen
Vernachlässigung ist, sondern in den Ausartungen der Civilisation liegt, welche die Quelle besonderer Deformitäten sind
— so weit als möglich, die Kraft der Wiederherstellung, der
Restaurstion und Regeneration bewährend, zu tilgen. Es vereinigen sich in dieser Tendenz Schuldgefühl und Selbstgefühl; die Civilisation, welche die Entmenschlichung in verschiedenen Formen nicht nur bestehen liess, sondern ihrerseits
erzeugte und darüber zum Bewusstsein kommt, glaubt in sich
selber auch die Kraft der Heilung zu haben, und der wissenschaftliche Eifer, wo er wirklich vorhanden, wird durch die
schwierigsten Aufgaben am meisten gereizt.

Dass sich aber die hiermit charakterisirte Tendenz Bahn
gebrochen, ist noch nicht lange her: die Geschichte der heilpädagogischen Bestrebungen umfasst bis zur Gegenwart nur
einen sehr kurzen Zeitraum, weil sie im strengen Sinne erst
mit den letzten Jahrzehnten des achtzehnten Jahrhunderts beginnt, so dass sich auch hierdurch diese Zeit als eine Zeit des
Umschwungs, als eine epochemachende erweist.

Die antike Gesellschaft, die durch und durch eine politische war, verdammte die gebrechlich und krankhaft Gebor-
nen zur Nichtexistenz oder überliess sie mindestens ihrem
traurigen Schicksale; Menschen, die der Staat nicht brauchen
konnte, waren von jeder Rücksicht von vornherein ausgeschlossen und als Last oder Übel auf dem kürzesten Wege
zu beseitigen. Abgesehen davon, dass auf das Fortleben
schwächlicher, kränklicher und missgestalteter Kinder kein

Werth gelegt, sondern vielmehr hier und da ihr Ableben ausdrücklich bewirkt wurde, ist von heilpädagogischen Bestrebungen und Instituten überall keine Spur vorhanden. Bei den
Griechen sträubte sich der ästhetische Sinn gegen die Beschäftigung mit verkümmerten und unvollkommenen Menschen, und
sie legten wie die Römer auf die Entwicklung des Innenlebens
nicht den Werth, den wir darauf zu legen gewohnt sind; sie
erkannten wohl das Recht der Individualität und der Persönlichkeit an, aber nicht die Berechtigung des Subjectes.

Das Christenthum, welches die Starrheit der Staatsidee
löste, indem es die Idee der Menschlichkeit, der allgemeinen
Verwandtschaft zur Geltung brachte und welches die Liebe,
die es predigte, vorzugsweise als Barmherzigkeit bethätigt
verlangte, schien den Armen und Unglücklichen Theilnahme
und Erlösung bringen zu müssen, und hat in der That wie
den früher allgemeinen Bestand der Sklaverei überwunden, so
den politischen Mord in dem vorhin bezeichneten Sinne als
öffentliche und gesetzliche Sitte unmöglich gemacht; es hat
weiterhin die Übung der Barmherzigkeit nicht nur zu einer
Pflicht Aller, sondern ausserdem zu einem besonderen Berufe
besonderer Classen erhoben, indem die Bestimmung der meisten
religiösen Orden auf Werke der Barmherzigkeit und Fürsorge
hinausging und Wohlthätigkeitsanstalten der verschiedensten
Art in Fülle hervortrieb. Aber wie die Unterwerfung unter
ein von Gott gegebenes Schicksal an sich ein Moment der
christlichen Gesinnung war und dem christlichen Bewusstsein
überall nicht die Aufhebung, sondern die Linderung des Übels
als Aufgabe erschien, so konnte auch bei den gegebenen historischen Zuständen und Verhältnissen die christliche Gesinnung
nicht zu einer unbedingten und einfachen Herrschaft gelangen,
musste vielmehr der Sitte und Art der Völker, der barbari-
schen wie der an einer absterbenden Civilisation siechenden,
wie andrerseits dem praktischen Bedürfnisse überall Concessionen machen. So finden wir im Mittelalter neben einem wahrhaft religiösen, in der Aufopferung gewissermassen schwelgen-
den Eifer barmherzigen Beistandes die entschiedene Tendenz
der Absonderung und Ausscheidung, die sich mit dem Bedürf-

niss verband, ganze Classen als vom Himmel gestrafte, auch
äusserlich zu kennzeichnen, ihnen das Brandmal einer mystisch
vorgestellten Schuld aufzudrücken und sie gesetzlich ehr- und
rechtlos zu machen.

Interessant ausser vielen andern Thatsachen ist in dieser
Beziehung das Schicksal der Cagots, der Bewohner der Moräste des westlichen Frankreichs, welche, in ungesundes Terrain gedrängt und hier unter dem Einflusse desselben und
einer Armuth, die von vorn herein durch die der Zeit eigene
Absonderungssucht und Verachtungsregelung — wenn man
so sagen darf — mitbedingt war, verkümmernd und ver-
kommend, zu einer rechtlosen und nichtswürdigen Classe
durch Sitte und Gesetz nachdrücklichst gestempelt, und von
der Möglichkeit, ihren Zustand zu bessern, ein für allemal
ausgeschlossen wurden. Die Cagots unterlagen dem Elende
nicht, sie pflanzten sich, wie dies bei niedergedrückten Bevölkerungen häufig der Fall, und gewissermaassen ein historisches Naturgesetz ist, in ungewöhnlicher Progression fort
und haben sich, obgleich sich mit der Vermehrung die Entartung steigerte, seit der Staat im vorigen Jahrhunderte ihre
Rechte als Christen und Bürger anerkannte und diese Anerkennung gegen die eingewurzelten Vorurtheile, Sitten und Ge-
wohnheitsrechte durchsetzte, den Beweis geführt, dass ihre
Entartung eine gemachte war, indem sie nicht einmal einer besonders eingreifenden Hülfe bedurften, um sich aus ihrem
kläglichen Zustande zu erheben. Gegenwärtig ist der Cagotis-
mus, der eben so charakteristisch wie der Kretinismus ausgeprägt
war, aus jenen Gegenden bis auf den Namen verschwunden;
die Moräste sind ausgetrocknet, in Culturboden verwandelt,
die Bewohner gesund und verhältnissmässig wohlhabend.

Im merkwürdigen Gegensatze zu dieser Erscheinung finden
wir die Kretinen im Mittelalter und bis in die neueren Zeiten
in den Gegenden, wo sie heimisch sind, mit einer Art reli-
giöser Verehrung umgeben, wie sie die orientalischen Völker
den Irren und Wahnwitzigen und hier und da auch den Blinden zukommen lassen, wovon sich auch bei den Griechen
Spuren finden. Ein Kretin im Hause galt für eine Begün-

stigung des Himmels, und das abergläubische Vorurtheil —
in der Wirkung mit der Härte zusammentreffend — ging so
weit, dass wohlhabende Familien sich einen Familienkretin
durch Versetzung eines ihrer Kinder in eine Wucherstätte des
Kretinismus verschafften. Abgesehen von einer solchen
abergläubischen Betrachtungs- und Behandlungsweise, die sich
auch sonst hier und da findet, stempelte die Mildthätigkeit
wie die Härte des Mittelalters die verschiedenen Arten der
Elenden zu Classen, die auf den Genuss der Mildthätigkeit
ein Privilegium hatten, aber ihr Elend, an dessen Beseitigung
nicht gedacht wurde, das vielmehr als ein schlechthin gegebener Zustand galt, zur Schau tragen mussten, wenn sie sich
überhaupt in die Öffentlichkeit wagten.

Die Zeiten nach der Reformation waren aus verschiedenen
Gründen für die weitere Organisation der Wohlthätigkeit —
auf welche die Verkommenen und Versiechten nach wie vor
angewiesen blieben — eine ungünstige: insbesondere trat im
Umkreise des religiösen Lebens die Werkthätigkeit zurück, die
dogmatischen Gegensätze, ihr Kampf und ihre Formulirung in
den Vordergrund. Die erste Entwicklung des Protestantismus
fiel zudem mit einer allgemeinen politischen und commerziellen
Aufregung zusammen, welche allen sich in der Stille organisirenden und fortwirkenden Bestrebungen ungünstig zu sein
pflegt; in Deutschland speciell aber wurden weiterhin durch
den dreissigjährigen Krieg Noth und Elend so allgemein, dass
es den besonders Unglücklichen überlassen bleiben musste,
für sich selber zu sorgen.

Innerhalb des Protestantismus war es erst die von Spener
und Franke hervorgerufene pietistische Richtung, welche
auf die Bethätigung des Glaubens durch die Liebe und durch
barmherzige Werke ein erneutes Gewicht legte, wobei die Erziehung der Verlassenen zur Frömmigkeit und Nützlichkeit
vorzugsweise in das Auge gefasst wurde. In diesen Männern
lebte der pädagogische Eifer, der sich in den deutschen Re-
formatoren offenbarte und wirksam war — denn die deutsche
Volksschule ist ihre Schöpfung — in einer andern Form wieder auf. Ihr Erziehungssystem war ein von dem Geiste des

Pietismus durchdrungenes, eigenthümliches, so dass in der
Geschichte der Pädagogik die Pietisten- wie Jesuitenschulen,
welche gleichzeitig hervortraten und einen ausserordentlichen
Einfluss erlangten, eine bestimmte Stellung einnehmen. Die
Heilbedürftigkeit wurde aber auch von den Pietisten nur
oder doch vorzugsweise in einem specifisch religiösen und zwar
specifisch protestantischen Sinne — denn der Katholicismus geht
auf die Nothwendigkeit der innern Umwandlung, Erneuung und
Wiedergeburt in der Art, wie es der Protestantismus thut, nicht
ein — begriffen und berücksichtigt. Unter die Kategorie der
Besserungsbedürftigen gehörten in diesem Sinne eigentlich Alle,
weshalb die pietistischen Erziehungsanstalten als Besserungsanstalten umfassender Art bezeichnet werden können.

Diejenigen Kategorieen der Heilbedürftigen, welche in das
Gebiet der Heilpädagogik, wie wir es umschrieben haben,
fallen, blieben nach wie vor sich selbst und der zufälligen
Mildthätigkeit, den Familien und Versorgungsanstalten überlassen, weil man nicht nur ihre Heilung und Erziehung für
unmöglich, sondern sogar für einen vermessenen Eingriff in
das göttliche Walten hielt, wie denn der bekannte, durch Les-
sing unsterblich gemachte Hauptpastor Götze in Hamburg
gegen die irreligiöse Vermessenheit, die Taubstummen zum
Reden bringen zu wollen — es war die Zeit, in welcher die
Bestrebungen und Erfolge des Abbé de l'Epée zu allgemeiner Anerkennung gelangten — donnernde Predigten hielt. Diese
Ausscheidung und besondere Behandlung der moralisch Heilbedürftigen oder derer, die dies in einem ausgezeichneten Grade
waren, erschien unnöthig, da die herrschende Schulzucht, zu
welcher die Pietisten die fortgesetzte religiöse „Rührung" hin-
zubrachten, an sich schon auf solche Heilbedürftigkeit berechnet und, wo die Gnade Gottes dazu kam, für ausreichend gehalten wurde, indem, wie schon bemerkt, die Lehre von der
ursprünglichen Verderbtheit der menschlichen Natur den Grad-
unterschied dieser Verderbtheit ziemlich verwischte. Diese
Anschauungsweise ist im Verlaufe der modernen Entwicklung
in den Hintergrund getreten, aber noch keineswegs verschwunden und macht sich gegenwärtig zum mindesten und ziemlich

unangefochten da geltend, wo es sich um die moralische Besserung „Aufgegebener" und „Ausgestossener" handelt.

Erst in der zweiten Hälfte des achtzehnten Jahrhunderts,
wo, während die Aufklärung um sich griff, der religiöse Geist
sich punctweise sammelte, und sowohl die Religiosität wie die
Aufklärung, sofern die letztere nicht in die Breite der Oberflächlichkeit und Selbstgefälligkeit auseinander ging, eine accen-
tuirt humane Richtung gewannen, wo die Herstellung des
natürlichen Menschen zu einem neuen Glauben wurde, als
dessen beredtester Apostel Rousseau auftrat und die wissenschaftliche Forschung neue Schwingen ansetzte, traten heilpädagogische Bestrebungen in dem Sinne, den wir mit dem Worte
verbinden, punctweise aber energisch hervor.

In dieser Zeit begründete der Abée de l'Epée, wo nicht
den Taubstummenunterricht, der als ein Geheimniss behandelt
schon früher überraschende Resultate ergeben hatte, in welcher Beziehung die Spanier Pedro de Ponce und Johannes
Rodriguez Pereira, der sich in Frankreich geltend machte,
zu nennen sind, so doch die Erziehung der Taubstummen in
besonderen Anstalten; errichtete Valentin Haüy, in
demselben Jahre mit Pestalozzi geboren, das erste Blinden-
institut zu Paris, und wurden Besserungsanstalten in einem
anderen Sinne als die ·gegenwärtigen Rettungshäuser, die mit
der innern Mission zusammenhängen, gegründet. Diese Gleichzeitigkeit kann um so weniger als zufällig betrachtet werden,
als die reformatorische Bewegung in der Pädagogik, die in
Pestalozzi Gestalt gewann, in Wohlthätigkeitsbestrebungen
ausschlug und Pestalozzi selbst durch sein Erbarmen mit dem
Volkselende zu seinem Auftreten als pädagogischer Schriftsteller und Praktiker gedrängt wurde.

Jüngeren Datums sind die orthopädischen Anstalten und
am spätesten fand die heilpädagogische Behandlung der Kretinen und Blödlinge einen praktischen Boden, obgleich schon
mit der zweiten Hälfte des achtzehnten Jahrhunderts, wie erwähnt, der Kretinismus von wissenschaftlich gebildeten Männern als eine interessante und bedenkliche Erscheinung in das
Auge gefasst, charakterisirt und auf verschiedene Ursachen

hypothetisch zurückgeführt wurde, womit sich der jedesmaligen Hypothese entsprechende Vorschläge der Gegenwirkung
verbanden. Diese Vorschläge trugen, wie es durch die Unbestimmtheit der Auffassung, die sich immerhin fühlbar machte,
bedingt war, gleichfalls den Charakter der Unbestimmtheit an
sich, und für den pädagogischen Angriff des Übels boten sich
nicht so begrenzte Angriffspuncte dar, wie es bei der Aufgabe
der Taubstummen- und Blindenerziehung der Fall ist. —
Welchen Standpunct der Italiener Malacarne, der Genfer de
Saussure, der Strassburger Foderé, die Deutschen Ackermann, später Iphofen und der damals in Salzburg lebende
Professor Dr. Knolz dem Gegenstande gegenüber einnahmen,
haben wir in der Kürze auseinandergesetzt. Dennoch blieb
auch im neunzehnten Jahrhunderte die Behandlung der Angelegenheit eine theoretische und erreichte als solche bald die
Grenzen, die einer solchen reintheoretischen Behandlung, wie
wir früher bemerkten, gesteckt sind, bis der Schweizer Guggenbühl — in dem Lande, das nicht nur durch seine Natur-
schönheit, sondern auch durch seinen naturkräftigen Menschen-
schlag berühmt und vielfach idealisirend geschildert ist, und
das dennoch zu den Heerdstätten des Kretinismus gehört, in
einem Lande ferner, das durch Pestalozzi, Fellenberg und
Wehrli ein Ausgangspunct, wenn auch nicht grade ein Sitz
der pädagogischen Reformation wurde — sein Leben und
Streben der Erlösung der Kretinen aus ihrer Versunkenheit
widmete, und im Jahre 1841, am dreihundertjährigen Todes-
tage des grossen Paracelsus die erste Kretinenanstalt auf
dem Abendberge errichtete, um der Abbé de l'Epée der
Kretinen zu werden. Dass Guggenbühl an die einfache Grösse
dieses bescheiden-genialen Mannes hinanreiche, wird Niemand
behaupten wollen; es fehlt ihm hierzu zwar nicht die Consequenz des Willens, aber die Consequenz eines sinnig construi-
renden Geistes. Auch ist sein Schicksal dem des Abbé de
l'Epée entgegengesetzt, da dieser bei seinem Auftreten mit
dem heftigsten Widerstande, mit Verhöhnung und Verfolgung
zu kämpfen hatte, aber stetig seinen Weg verfolgend am Abend
seines Lebens einer allgemeinen Anerkennung und Verehrung

gewiss, und, was ihm mehr werth war als der Ruhm, das
Schicksal seiner Kinder, der Taubstummen seines Institutes,
gesichert sah, während Guggenbühl bei seinem ersten Auftreten die Aufmerksamkeit zu erregen, die Theilnahme zu gewinnen verstand und bald als reformatorischer Heilbringer
zum Theil in ganz excentrischer Weise gefeiert wurde, gegenwärtig aber des Ruhmes der Originalität entkleidet, der scho-
nungslosesten Kritik ausgesetzt ist und in seinen Bestrebungen
nicht gefördert wird, am wenigsten in seinem Vaterlande.
Man kann und muss nun allerdings eingestehen, dass er über
das medicinische und pädagogische Experimentiren nicht hin-
ausgekommen, dass er einen Weg, auf dem sich fest und sicher
weiter gehen liess, nicht gefunden hat, aber einestheils sind
die Schwierigkeiten, welche sich der Behandlung des Idiotismus entgegenstellen, viel complicirtere, als diejenigen, die der
Taubstummenunterricht vorfand und vorfindet, anderntheils
bleibt Dr. Guggenbühl das unbestrittene Verdienst die Idioten-
und Kretinenfrage wirksam und nachhaltig angeregt und durch
sein Beispiel praktische Bestrebungen auf diesem Gebiete hervorgerufen zu haben.

Unabhängig von Dr. Guggenbühl und ganz in der Stille
machte der damalige Director der Taubstummenanstalt in Berlin, Sägert, im Jahre 1842 einen Anfang der Blödlingserziehung und stellte sich die Aufgabe, den Blödsinn auf „intellec-
tuellem Wege", also durch pädagogische, auf bestimmte
psychologische Grundsätze gestützte Behandlung zu heilen;
die von ihm begründete Anstalt besteht seit dem Jahre 1858
unter der Leitung des früheren Taubstummenlehrers, Dr. Heyer,
der sich für die Übernahme und Fortführung dieses Institutes
in einem schon vorgeschrittenen Lebensalter speziell vorberei-
tete durch das Studium der Medicin und Philosophie, die er
während seiner Lehramtswirksamkeit an der Berliner Universität absolvirte.

Die im Jahre 1847 auf dem Mariaberge in Württemberg
von dem Oberamtsarzte Dr. Rösch gegründete Idiotenanstalt
hat insofern einen nahen Zusammenhang mit dem Abendberge,
als ihr Begründer den Muth und die Begeisterung zu seinem

Unternehmen vorzugsweise aus seinem Besuche auf dem Abendberge schöpfte, nachdem er sich schon seit 1841 mit dem Gedanken einer Erziehungsanstalt für schwachsinnige und leiblich und geistig verkümmerte Kinder getragen hatte; von ihm sind gehaltvolle Berichte und eine Zeitschrift: „Beobachtungen über den Kretinismus" in den Jahren 1851, 1852 und 1853 herausgegeben worden. — Helferich, der Lehrer auf dem Abendberge und dem Mariaberge gewesen, und von dem im Jahre 1847 ein Buch über „das Seelenleben der Kretinen" erschienen ist, gründete eine Anstalt für schwachsinnige Kinder auf der Felgersburg bei Stuttgart, die er auf die Solitüde verlegte. — Zu Rieth in Württemberg besteht seit 1849 ebenfalls eine Anstalt für die Pflege und Erziehung schwachsinniger und zwar armer Kinder, die von der religiösen Gemeinschaft der „Brüder" unterhalten und in ihrem Geiste verwaltet wird.

In Sachsen, dessen Regierung auf Anregung des Freiberger Bezirksarztes Dr. Ettmüller sich in Deutschland der Blödlingserziehung zuerst annahm, wie sie denn auch mit der Errichtung der ersten deutschen Irrenanstalt, die sie zu Waldheim im Jahre 1787 eröffnete, ermuthigend vorangeschritten war, wurde eine Anstalt für die Erziehung blödsinniger Kinder auf der Hubertusburg eingerichtet und der dort bestehenden Straf- und Versorgungsanstalt annectirt. — Ausserdem bestehen in Sachsen zwei Privatanstalten: die des Dr. Kern, der sich in früheren Jahren dem Taubstummenunterrichte widmete, später Medicin studirte, ein Buch über die „pädagogisch-diätetische Behandlung Schwachsinniger und Blödsinniger" geschrieben und durch eine bittere Kritik Guggenbühls sich hervorgethan hat, — in Gohlis bei Leipzig, und die des Dr. Herz, der Magnetiseur ist und in seinen Bestrebungen durch seine Frau, die Somnambule und als Kindergärtnerin und pädagogische Schriftstellerin sich ausgezeichnet hat, wesentlich unterstützt wird — im Buschbade bei Dresden.

In Baiern bestehen trotz des Interesses, das König Ludwig und der jetzt regierende König Max der Idiotensache zugewendet und trotz der Forschungen, welche die Professoren

Virchow und Riehl im Staatsauftrage gemacht haben, bis jetzt
nur eine Privatanstalt zu Ecksberg bei Mühldorf am Inn, die
durch die aufopfernde Hingabe des Priesters Joseph Propst
im Jahre 1852 nothdürftig für neun Heilpfleglinge eröffnet
werden konnte; gegenwärtig kann die Anstalt sechzig Kinder
aufnehmen und erfreut sich seit vorigen Jahres eines herrli-
chen Anstaltsgebäudes.

Dr. Erlenmeyer hatte mit seiner Irrenanstalt zu Bendorf
bei Coblenz eine Anstalt für blödsinnige Kinder verbunden;
sie ist im Sommer 1859 als eine Vereinsanstalt für die Pro-
vinz Rheinpreussen auferstanden. —

Von den ausserdeutschen Idiotenanstalten entfalten die in
England durch die Anregung des Abendberges entstandenen
eine besonders energische Wirksamkeit, während die des Bicêtre
in Paris, die unter einem Pinel einen vielversprechenden Anfang genommen hat, abgestorben erscheint, ohne irgendwo in
Frankreich ersetzt worden zu sein.

Auf eine Kritik dieser verschiedenen Anstalten haben wir
gegenwärtig nicht einzugehen, da wir sie für den zweiten
Cyclus unserer Vorträge aufsparen müssen, und ich beschränke
mich daher auf einige Bemerkungen. Ausser Sägert und Dr.
Heyer ist auch Dr. Kern von der Taubstummenbildung ausgegangen und dieser Ausgangspunct macht sich durch die
vorzugsweise Rücksicht auf die Sprachentwicklung bemerkbar.
Dr. Erlenmeyer stellt die medicinische Einwirkung voran, indem er die pädagogische Behandlung als untergeordnet ansieht, legt aber, wie es auch in den Irrenanstalten immer mehr
geschieht, auf die Arbeit in Werkstätten und im Freien sehr
viel Gewicht und empfiehlt neuerdings die Vertheilung der
Blödsinnigen in abgesonderte Familienhäuschen nach holländi-
schem Muster. Ihm gegenüber werden wir die Berechtigung
der Pädagogik bei der Aufgabe der Idiotenheilung und Erziehung hervorzuheben haben, während wir den pädagogischen
Standpunct Sägert's und deren, die eine verwandte Richtung
vertreten, als einen einseitigen charakterisiren müssen.

Von den Ärzten, welche den Kretinismus eingehender
behandelt und die Theorie desselben gefördert haben, sind

Professor Virchow, Regierungsrath Knolz und Dr. Zillner ge-
legentlieh schon erwähnt worden und Dr. Troxler, Dr. Eulen-
burg und Dammerow vor Andern noch hervorzuheben. Der
Standpunkt, den die jetzige Medicin in der Idiotenfrage gewonnen hat, wird voraussichtlich und hoffentlich in der Beantwortung der von der „rheinischen Gesellschaft der Ärzte
für Psychiatrie und gerichtliche Psychologie" gestellte Preisfrage eine umfassende Darstellung finden. Dass wir aber die
Entscheidung der Fragen, welche die Aufgabe der Idiotenerziehung und Heilung hervorgerufen hat, nicht den Ärzten
allein anheim stellen können und wollen, haben wir in unsern
Vorträgen und durch sie bewiesen. Die in Österreich, woselbst
sich die Regierung mit dem Kretinismus schon seit längerer
Zeit ernstlich beschäftigt und zu beschäftigen Grund hat, ohne
dass es bis jetzt zu praktischen Maassnahmen und Einrichtungen
von Staatswegen gekommen wäre, auf diesen Gegenstand gerichtete Preisfrage, fasst nur die äussere Einrichtung von
Kretinenanstalten in das Auge, wie auch das von Dr. Erlenmeyer angekündigte und in der ersten Lieferung erschienene
Werk: „Die Idiotenanstalt in allen ihren Beziehungen" der
eigentlichen Erziehungsfrage, nach der Ankündigung zu ur-
theilen, verhältnissmässig einen sehr kleinen Raum widmen
zu wollen scheint. Wir unterschätzen die Wichtigkeit der
äusseren Einrichtungen nicht, finden aber, dass die Einrichtung von Idiotenanstalten nicht eben viel Specifisches hat oder
verlangt und es muss uns daher auffallen, dass man auf die
Hauptsache, die Methode der Behandlung, Fragen zu
stellen Bedenken zu tragen scheint. —

Wenn der Abbé de l'Epée der Erlöser der Taubstummen
genannt worden ist, so kann man das kaum eine rhetorische
Übertreibung nennen. Vor ihm galten die Taubstummen allgemein als von der Natur von der menschlichen Gemeinschaft
ausgeschlossene Wesen, was sie demgemäss auch blieben.
Der Abbé, ein frommer, mitleidsvoller Mann, selbständigen
Geistes — eine Selbständigkeit, die er mehrfach bewiesen hat
— wurde, wie bekannt, zuerst durch die Bekanntschaft mit
zwei taubstummen Schwestern, wohlgesitteten und wohlgebil-

deten Wesen, bei denen durch einen Geistlichen ein Versuch,
sie mittelst Bildern zu unterrichten, gemacht, aber ein Versuch geblieben war, so tief gerührt und ergriffen, dass er
den Willen fasste, der Gattung solcher Unglücklichen zu helfen, und schon auf dem Heimwege über das Mittel der Hülfe
brütend, bei dem Gedanken, dass eine Zeichensprache für das
Auge zum Ersatz der Sprache für das Gehör möglich und der
höchsten Ausbildung fähig sein müsse, sein Heureka ausrief.
Mit bewundernswerther Aufopferung, mit Geduld und Scharf-
sinn führte er seinen Plan aus und seitdem sind die Taubstummen nicht mehr für das höhere menschliche Leben verloren, d. h. sie dürfen es nicht mehr sein, wenn ihnen die
Theilnahme, die der Mensch vom Menschen zu beanspruchen
hat, nicht versagt wird.   Die Nachfolger des Abbé de l'Epée,
Sicard und Bébian, bildeten die Methode weiter aus, der eine,
die Gedankenentwicklung ins Auge fassend und auf glänzende
Resultate ausgehend, der zweite kritisch, die Gehörsprache
von der Zeichensprache bestimmt scheidend, die Methode ver-
einfachend.   Aber schon er hatte mit Hindernissen zu kämpfen, die ihm die Administrationssucht, das Ausbeutungssystem
in öffentlichen Anstalten, der Neid und die dilettantenhafte
Einmischung entgegenstellten, und musste sich endlich zurückziehen.   Die Pariser Anstalt hat seitdem fortgesetzt Rück-
schritte gemacht, was wir keineswegs einseitig darin, dass
zur Ausbildung der Gehörsprache nicht fortgegangen ist, documentirt sehen; denn dieser Fortschritt, der in den deutschen Anstalten allerdings gemacht worden ist, kann, wie
schon auseinandergesetzt wurde, nur als ein relativer gelten.
Eine grosse Anzahl von Taubstummenanstalten wurden schon
im vorigen Jahrhundert gegründet und gegenwärtig gibt es
keinen Staat einigen Umfanges, der keine solche besässe. Mit
den Schullehrerseminarien sind Curse im Taubstummenunterricht verbunden, um die Wohlthat desselben möglichst zu ver-
allgemeinern. Die Frage: ob geschlossene Institute oder Taubstummenschulen? wird lebhaft erörtert und in Preussen begünstigt der Staat die Taubstummenschulen.
     Die Erziehung und Ausbildung der Blinden hat keinen

epochemachenden Anfang, obgleich der Abbé Haüy mit seinem Zeitgenossen, dem Abbé de l'Epée, in Parallele gestellt wird. Sie hat von jeher bis zu einem gewissen Maasse stattgefunden und von jeher haben sich Blinde mit besonderen Anlagen und insbesondere auch mit grosser scharfsinniger Combinationsgabe, wie es viele unter ihnen sind, ausgestattet, autodidaktisch ausgebildet und selbständig gemacht. Hieraus folgt, dass sich das Loos der Blinden mit dem Fortschritte der Humanität und der Verbesserung des Unterrichts schlechthin bessern musste, da der Ersatz des mangelnden Sinnes nicht so schwer ist, obgleich auch in gewisser Beziehung nicht so vollständig erreicht wird, wie bei den Taubstummen. Weil aber die bei weitem meisten Blinden, wie auch der grössere Theil der Taubstummen, den armen Volksclassen angehören, so müssen allerdings auch hier die organisirte Wohlthätigkeit und der Staat eintreten, welcher letztere mindestens die Verpflichtung hat, die Central- und Musteranstalten zu schaffen, wobei sich die Combination mit den Waisenhäusern, die wir schon früher befürwortet, im Interesse der Blinden wie der Taubstummen deshalb empfiehlt, weil dieselben an den Verkehr mit Vollsinnigen, um ihr unbegründetes Misstrauen zu überwinden, aber sie auch zur nöthigen Vorsicht zu befähigen gewöhnt und gebildet werden müssen. Die Rücksicht auf die künftige Erwerbsfähigkeit, obgleich nicht in den Vordergrund zu stellen, ist eine unerlässliche, und glücklicherweise mit dem Zwecke, den mangelnden Sinn für das höhere menschliche Vermögen zu ersetzen, sehr wohl zu vereinbaren, wenn die Aufgabe der Arbeitsübung würdig und pädagogisch ergriffen wird.

Die Zahl der bestehenden Blindeninstitute ist bedeutend, scheint aber besonders in den südlichen Ländern hinter dem Bedürfnisse weit zurück zu bleiben, und wird es immer, wenn man nicht die Anstalten als Musterinstitute auffasst, welche für die Erziehung und Bildung der Blinden in den gewöhnlichen Schulen und durch Privatunterricht den Weg zeigen und die Mittel schaffen. — Für die Blindenerziehung in Deutschland hat Johann Wilhelm Klein, der Director des 1808 be-

gründeten, 1816 zur Staatsanstalt erhobenen Blindeninstituts
in Wien eine weithin wirkende Initiative gegeben, indem das
Wiener Institut lange als Musteranstalt gelten durfte und viele
eifrige Vertreter der Blindenerziehung hier die entschiedenste
und bestimmteste Anregung fanden. Mit der Anstalt ist seit
1826 eine Versorgnngsanstalt für Blinde verbunden, auf welche
Klein grossen Werth legte; die Frage der Beschäftigungs- und
Versorgungsanstalten indessen ist eine immer noch schwe-
bende, da sich viele Vertreter der Blindenerziehung dagegen
erklären. Für die Aufnahme der blinden Kinder in die Kin-
derwahranstalten schon im zartesten Alter hat sich Klein und
nach ihm viele Andere entschieden und warm ausgesprochen,
und vom Standpuncte der Bewahranstalt selbst aus lässt sich
offenbar gegen diese Aufnahme nicht das Mindeste einwenden,
während die von taubstummen und idiotischen Kindern bedenklich erscheinen könnte. Zu einer Erörterung der metho-
dischen Fragen des Blindenunterrichts, die wir verschiedentlich
zn berühren haben werden, bietet die ausgezeichnete Sammlung von Fachschriften und Modellen, die mit dem Wiener
Blindeninstitute verbunden, von Klein bis zu seinem Tode im
Jahre 1848 fortgeführt, ein ausgezeichnetes Material.

Die orthopädischen Anstalten haben sich eine allgemein
anerkannte Stellung noch kaum errungen. Hervorragende Anstalten in Deutschland. sind: als die älteste die Heine'sche in
Würzburg, die Wildberger'sche in Bamberg und die Schreber'sche in Leipzig. Von der Heine'schen Anstalt ist die Orthopädie nach Frankreich verpflanzt worden. Die Wildberger-
sche vertritt die Fortschritte der mechanischen Orthopädie und
Dr. Schreber, der Leiter der Leipziger Anstalt entwickelt eine
sehr lebhafte und eingreifende literarische Thätigkeit, indem
er insbesondere auch die Beziehung der Heilgymnastik zur
Pädagogik herausstellt. Auf die Streitfragen, welche zwischen
den Heilgymnastikern und den übrigen Medicinern, so wie
zwischen den entgegengesetzten Partheien der Orthopäden mit
grosser Heftigkeit geführt werden, werden auch wir gelegentlich eingehen müssen und das Verhältniss der Heilgymnastik
zur Pädagogik noch näher zu bestimmen haben als es schon

geschehen. Der Unterricht, welcher gegenwärtig in den orthopädischen Anstalten ertheilt wird, hat bis jetzt durchaus keinen specifischen Charakter, sondern ist durchgängig nur ein wegen Zweckmässigkeitsrücksichten in die orthopädischen Anstalten selbst verlegter und aus Schonungsrücksichten beschränkter Schulunterricht der gewöhnlichen Art. Dass die orthopädischen Anstalten, insbesondere diejenigen, in denen die Heilgymnastik vorherrscht, ihre Aufgabe erweitern und körperschwache, an chronischen Übeln in verschiedener Art leidende Kinder aufnehmen, liegt nahe, und eine solche Erweiterung würde ein gewisses historisches Recht für sich haben, welches den einzelpen unvermittelt hervortretenden Anstalten, die sich die bezeichnete Aufgabe stellen, nach unserer Ansicht nicht zukommt, wenigstens nicht denen, deren Begründer uns persönlich bekannt sind. —

Die ersten bedeutenden Anstalten für die Besserung verwahrloster Kinder wurden gleichfalls in der zweiten Hälfte des achtzehnten Jahrhunderts gegründet und das bis jetzt bestehende Falke'sche Institut in Weimar verdient, da der Begründer, zu den hervorragenden Persönlichkeiten Weimars in der Karl August'schen Zeit gehörend, sich durch seine vielseitige Wirksamkeit bekannt gemacht hat und mit dem Pietismus in keiner Weise zusammenhängt, sondern von dem rein humanen Interesse ausgeht, eine besondere Erwähnung. In neuerer Zeit hat sich in den protestantischen Ländern und Gegenden die innere Mission, deren Bestrebungen, wohl organisirt wie sie sind, vielfach einem selbstverschuldeten und wesentlich hemmenden Misstrauen begegnen, mit Vorliebe auf die Besserungsanstalten gelegt, und das „Rauhe Haus" in Hamburg, bis auf die neueste Zeit der Concentrationspunct des innern Missionswesens, gilt und galt als ein Musterbesserungshaus. Die Arbeit wird darin als ein Erziehungsmittel geübt, aber in einem Sinne und einer Art, der wir unsere Beistimmung wie der Auffassung des Besserungszweckes überhaupt versagen müssen. Der Gründer des rauhen Hauses, Wichern, ist gewiss einer der einflussreichsten unter allen gegenwärtigen Theologen gewesen, und es liegt nahe, ihn in Parallele mit dem Halle'schen Franke zu stellen, er kann aber durch eine solche Zusammenstellung nicht gewinnen. Die Erfolge der innern Mission sind durch eine ausgezeichnete Organisation, die sich mit der der Jesuiten, obgleich nicht auf derselben Unterlage fussend, vergleichen lässt, bedingt; trotz dieses Vorzuges und Vortheils aber möchte es doch zweifelhaft sein, ob die innere Mission eine so nachhaltige und wirklich fruchtbare Wirksamkeit entwickelt, als es der Pietismus, der ohne eigentliche Organisation blieb, seiner Zeit gethan hat. Die innere Mission steht den socialistischen Bestrebungen gewissermaassen rivalisirend gegenüber und beide erscheinen in einer gewissen Isolirtheit von der Gegenwart; der Vergangenheitsboden, den die innere Mission voraus hat, gibt ihr kaum einen grösseren Anspruch an die Zukunft.

Im Allgemeinen geht aus diesem kurzen historischen Überblicke hervor, dass die Heilpädagogik — ein nothwendiges Product und ein nothwendiges Erforderniss der gegenwärtigen Civilisation — bereits nach verschiedenen Seiten hin Wurzeln geschlagen hat, aber noch nicht zu einem Stamme, dessen Regulator und Correctiv die Volksschule sein muss, zusammen- und emporgewachsen ist. Dieses Wachsthum erwarten wir von der nächsten Zukunft, und wenn der Gedanke sich lässig zeigen, die Wissenschaft gegen die Aufgaben, die sich ihr auf diesem Gebiete eröffnen, ihre Indifferenz behaupten wollte, der Stachel und Trieb des wachsenden Bedürfnisses, der Noth, die immer eine Art von Zwang übt, werden nicht fehlen.

2.

Das ökonomische Elend als Wurzel der Übel und das Verhältniss desselben zum Luxus. — Die Schwäche und die Stärke der Wohlthätigkeit; ihre sociale und historische Bedeutung. — Die unzulängliche und die durchgreifende Triebkraft der Noth. — Die Auflösung der antiken Staaten und das Christenthum als die Religion der Wohlthätigkeit. — Der unchristliche und unpolitische Standpunct der Wohlthätigkeitsgegner. — Die Schwäche gegen den Luxus und der Imperativ der „Selbsthülfe". — Der Staat gegenüber der Aufgabe der Gewerbeorganisation und seine Pflicht der Fürsorge in Bezug auf die heilpädagogischen Anstalten. — Die Reform der öffentlichen Krankenanstalten und des Gefängnisswesens im Verhältniss zur Heilpädagogik. — Die Scheidung der Jugend von dem Alter und der Gesunden von den Kranken. — Die Ausscheidung und das Entwicklungsbedürfniss.

Für das Verhältniss der heilpädagogischen zu den übrigen pädagogischen Nothanstalten, wie ich es früher charakterisirt, liegt ein sachlicher Grund darin, dass die verschiedenen Arten der Mangelhaftigkeit und Entartung, mit denen es die Heilpädagogik zu thun hat, in den Nothzuständen, gegen welche die Wohlthätigkeit überhaupt und die pädagogische Wohlthätigkeit insbesondere ankämpfen, ihre nährenden und treibenden Wurzeln haben, dass also die letzteren Anstalten in Bezug auf die ersteren als „prophylaktische" angesehen werden können. Zwar gehören die Individuen von mangelhafter und entarteter Organisation keineswegs bloss der Sphäre der Noth und des Elends an, sie finden sich vielmehr in allen Gesellschaftssphären und insbesondere auch in derjenigen vor, welche sich durch die üppigste Entfaltung und die raffinirteste Gestalt des Luxus charakterisirt. Hieraus folgt aber zunächst nur, dass das ökonomische Elend, wie es sich innerhalb der Halbcivilisation und Civilisation entwickelt und ausbreitet, nicht der einzige und einfache Factor der individuellen Verkümmerung und Entartung ist und dass sich auch die übrigen Factoren unter Umständen als unmittelbar wirksam und das individuelle Leiden in seiner entschiedenen Ausprägung bedingend erweisen, während das ökonomische Elend dieselben Factoren — die in jeder Gesellschaftssphäre eine ihr entsprechende Form haben — einschliesst und sich als die concentrirte, im Kerne des socialen Organismus von unten nach oben fortschreitende Krankheit desselben darstellt. Weil sich dies so verhält, weil also in der Sphäre des ökonomischen Elends die Fälle der ausgeprägten Abnormität und Deformität nicht nur bei Weitem am zahlreichsten vorkommen, sondern auch am unmittelbarsten und unverkennbarsten ihren wachsenden Grund offenbaren, der eben das Elend als solches — abgesehen von absonderlichen Verhältnissen und Individualitäten — ist, so hat sich eine prophylaktische Thätigkeit, welche der Zunahme der Verkümmerungs- und Entartungsfälle entgegenwirken will, naturgemäss gegen das ökonomische Elend und die mit demselben zusammenhängenden Leidenszustände zu richten.

Man kann wohl daran zweifeln, ob die Wohlthätigkeit mit der grössten Anstrengung es vermöge, den Fortschritt des ökonomischen Elends aufzuhalten, oder es steht vielmehr ausser Zweifel, dass sie dies an und für sich auch bei der besten Organisation nicht vermag; eben so entschieden aber ist geltend zu machen, dass gegen das vorschreitende Übel zunächst die Reaction des Leidensgefühles, d. h. des Mitleides eintreten muss, wenn es sich nicht ungehemmt entwickeln soll, dass diese unmittelbare Reaction um so nothwendiger ist, je mehr sich die Organisation der Gesellschaft als eine lockere oder gelockerte in dem indifferenten Verhalten der bestehenden social-politischen Organe oder in der Unfähigkeit derselben, dem Übel entgegenzuwirken, offenbart, und dass hiernach die Organisation der Wohlthätigkeit der nothwendige Anfang der nothwendigen Neuorganisation der Gesellschaft ist. Wir haben diesen Gesichtspunct schon wiederholt hervorgehoben, und auch darauf hingewiesen, dass das ökonomische Elend mit dem Luxus oder der ökonomischen Möglichkeit einer Luxussphäre allerdings in einem inneren Zusammenhange steht, der das Verhältniss einer gegenseitigen Bedingtheit ist. Der Luxus aber und die Zustände, welche seine reale Möglichkeit und seine positive Unterlage ausmachen, lassen sich nicht direct angreifen und beseitigen, da dies selbst durch consequent durchgeführte politische Revolutionen immer nur einseitig

und so geschieht, dass die Basis der Luxusexistenzen eine
andere Form gewinnt, während die ausdrückliche sociale Reform, um gründlich zu sein, von unten ausgehen und die Befreiung und Stärkung der Arbeitsfähigkeit zu ihrer Aufgabe
machen muss — eine Aufgabe, bei welcher sich von dem
ökonomischen Elende, wie es besteht und sich fortgesetzt erzeugt, nicht abstrahiren lässt, wenn nicht ihre oberflächliche
Fassung oberflächliche Erfolge bedingen soll.

Demnach können die verschiedenen Zweige der organisirten Wohlthätigkeit zunächst als die Fühler betrachtet werden, welche der in der Gesellschaft lebendig gewordene und
zum Zweckbewusstsein gediehene Reformtrieb ausstreckt, um
seinen Zweck auseinanderzusetzen und seiner Mittel gewiss
zu werden. Insofern aber die Wohlthätigkeit eine prophylaktische wird — und sie wird es durch ihre pädagogische
Wirksamkeit — hat sie schon den Charakter der positiven,
d. h. der gestaltenden, das Übel durch Neubildungen abgrenzenden und absorbirenden Reaction. Ohne diese Reaction lässt
sich der Process der gesellschaftlichen Um- und Fortgestal-
tung nicht denken, wie es sich andrerseits von selbst versteht,
dass er nicht in ihr aufgehen, sondern der gleichzeitige und
allgemeine, die positive Reaction gegen den ausgeprägten Ent-
artungszustand bedingt und bedingend einschliessende Umbildungsprocess der relativ gesunden und in normaler Function
stehenden Organe sein muss. Weil sich dies aber von selbst
versteht, sind die Wohlthätigkeitsbestrebungen nicht als indifferent für den gesellschaftlichen „Fortschritt“, der Mittel-
und Kraftaufwand, den sie in Anspruch nehmen, nicht als ein
sich verlierender zu betrachten, d. h. es darf dieses Verhältniss oder Nichtverhältniss der Wohlthätigkeitsbestrebungen zu
den positiven Entwicklungsfactoren der Gesellschaft, wenn
und soweit es thatsächlich besteht, nicht als ein nothwendiges
gelten, sondern es gilt vielmehr, den nothwendigen Zusammenhang, insoweit er nicht vorhanden ist, herzustellen. Ist
es eine Illusion, die Leiden der Gesellschaft durch die Wohlthätigkeit heilen zu können, so ist es mindestens eine eben so
grosse, von der Beschleunigung eines Ernährungsprocesses,

dessen Art und Charakter die Ausdehnung des ökonomischen
Elends, weil er sie freilässt, bedingen muss, die sich „von
selbst" machende Beseitigung des Übels und die erhöhte Gesundheit und Kräftigkeit des socialen Organismus zu erwarten
— von welchem letzteren man keinen Begriff hat, wenn man
die Nothwendigkeit der gegen die hervortretenden Noth- und
Leidenszustände gerichtete Reaction und den nothwendigen
Zusammenhang dieser Reaction mit den productiven Functionen
und Thätigkeiten übersieht, die Erscheinung der Fülle aber
ohne Weiteres für eine Erscheinung der Kräftigkeit nimmt.

Dass die Noth ein unentbehrlicher Factor der geschichtlichen Entwicklung ist, darf als ein allgemein anerkannter Satz
ausgesprochen werden. Wollen wir aber bei der allgemeinen
Anerkennung dieser Wahrheit, welche die Geschichte auf jeder
Seite, und insbesondere anschaulich die Geschichte der antiken
Staaten beweist, nicht stehen bleiben, so haben wir einerseits die
Noth, welche in Folge der widernatürlich gehemmten und diejenige, welche in Folge der in einseitiger Richtung ungehemmt
fortgeschrittenen Entwicklung eintritt, also demgemäss die in der
Befreiung und die in der Reorganisation liegende Abhülfe zu
unterscheiden, und andrerseits festzustellen, dass die Noth
nicht triebkräftig ist, wo und so lange sie ignorirt wird, wo
und so lange sie also nicht als solche Abhülfe fordert und
erlangt. Näher bestimmt: die Noth nimmt keine Gestalt an
und kann zu keinem Entwicklungsfactor werden, so lange die
Ausscheidung der Nothleidenden — ihre Entfernung, Unter-
bringung und Entrechtung — möglich bleibt, hat sie aber Gestalt angenommen und setzt sich in dieser fort, ohne eine
positive Reaction hervorzurufen, so wird sie nothwendig statt
ein Factor der Entwicklung ein Factor der Auflösung. Vergleichen wir in dieser Beziehung den Auszug der Plebejer auf
den heiligen Berg — historisch, d. h. als einen vielfach vermittelten Vorgang aufgefasst — mit den gracchischen Unruhen,
so leitet jener politisch-sociale Umgestaltungen ein, durch welche
das Römerthum seinen geschichtlichen Charakter gewinnt, diese
aber als resultatlose Bewegung die Bürgerkriege, die den
römischen Staat allmählig zu einer volklosen Form aushöhlen.

Hierbei ist zu beachten, dass, so lange der Staat und die Gesellschaft unmittelbar eins sind, wie es im Alterthum der Fall
war, die irgendwie organisirte Privatthätigkeit, die sich socialer Aufgaben bemächtigen möchte, keinen Raum findet, und
dass daher, wo sich die Privatwohlthätigkeit selbständig
gestaltet und ausdehnt, jene Einheit aufgelöst, die Bevölkerung zu einer freigelassenen, der Staat zu einer ausser
und über ihr stehenden Macht geworden ist. Dieser Zustand
war der allgemeine, als die römische Republik zum Kaiser-
reiche wurde, und zwar der Art, dass die Völker und Bevölkerungen, welche das römische Weltreich umfasste, sich von
dem energischen Druck einer allgegenwärtigen Politik erlöst,
zugleich aber aufgelöst, gebrochen, des selbständigen politischen Vermögens beraubt fühlten. Bei diesem Zustande fand
das Christenthum, aus dem Volke des zähesten Zukunftsglau-
bens — dem einzigen, welches die tiefste Erniedrigung nicht
zur Resignation brachte — hervorgegangen und in der Form
einer frohen Botschaft des wundervoll Geschehenen die Idee
der inneren Erlösung und Wiedergeburt ausbreitend, einen
bereiten, wohlempfänglichen Boden. Die Zeit war reif, um
den Gedanken der von allen politischen, nationalen und gesellschaftlichen Verhältnissen unabhängigen, ursprünglich gegebenen und durch die innere Erhebung herzustellenden gött-
lichen Menschenwürde zu ertragen und aufzunehmen. Der
christliche Glaube aber hatte die ihm entsprechende, von der
Anerkennung der unvertilgbaren, jeder Verkümmerung, Ver-
unstaltung und Erniedrigung widerstehenden Menschlichkeit
ausgehende Praxis, und zwar charakterisirte sich das Christenthum nach der praktischen Seite bei seinem ersten Auftreten
wie in seiner späteren Entwicklung als die Religion der Wohlthätigkeit, welcher es einen Umfang und eine Nachhaltigkeit
des Triebes lieh, wie sie den vorchristlichen Zeiten und Völkern unbekannt waren. Hiernach trug und trägt das Christenthum ein Element in sich, welches zur Ausfüllung der Lücken
und Mängel, die durch die Scheidung der politischen, gesellschaftlichen und individuellen Zwecke und Aufgaben — eine
Scheidung, die sich durch die christlichen Jahrhunderte hin-

23*

durch in immer veränderten Formen fortsetzte — bedingt sind,
das specifische Mittel abgiebt, wobei bemerkt werden muss,
dass die christliche Kirchengestaltung wesentlich dazu mit-
wirkte, das Verhältniss der Einzelnen und der verschiedenen
Gesellschaftsclassen zum Staat wie das Verhältniss dieser Classen zu einander zu veräussern, dass folglich die Kirche die
Nothwendigkeit der Vermittlung, die sie übernahm, theilweise
selbst erzeugte.

Dass die kirchlich organisirte und die von bestimmten
religiösen Parteien exclusiv geübte Wohlthätigkeit in der gegenwärtigen Civilisationsepoche — d. h. gegenüber dem Elende,
das die gegenwärtige Civilisation entwickelt, ohne es abgren-
zen zu können, und gegenüber den Ansprüchen, die sie mit
sich bringt — durchaus unzulänglich ist, haben wir wiederholt hervorgehoben, und wenn dieser, theils sichtlich erschlaff-
ten, theils fieberhaft energischen Wohlthätigkeit die Kraft beigelegt wird, die Gesellschaft zu restauriren, so dürfen wir
nicht anstehen, sie nicht nur hierzu, sondern schon zu der zunächst bezweckten Restauration der Religiosität und Kirchlich-
keit als unfähig zu erklären. Andrerseits aber müssen wir
den Standpunct derjenigen, welche nicht nur die kirchliche
und exclusiv religiöse, sondern jede organisirte Wohlthätigkeit als vom Übel ansehen, sich also gegen die Wohlthätigkeitsorganisation negirend verhalten, während sie die unge-
regelte Privatwohlthätigkeit, von der sich eine bessere Wirksamkeit als von der organisirten unmöglich annehmen lässt, mindestens indirect beschränken möchten und insofern sie davon
absehen, ignoriren — diesen Standpunct, der allerdings eine
Consequenz der herrschenden nationalökonomischen Anschauung ist, als einen schlechthin unchristlichen, wie als
einen inhumanen und antisocialen Standpunct kennzeichnen,
so oft wir hierzu Gelegenheit finden. Solche Gelegenheiten
konnten uns bei unsern Vorträgen, deren Aufgabe es war, die
Nothwendigkeit der Wohlthätigkeitsbestrebungen überhaupt
und der pädagogischen Wohlthätigkeit insbesondere darzuthun,
nicht fehlen und wir haben sie benutzt, oder vielmehr in und mit
unsern Vorträgen, sofern die Ausführung hinter der Absicht

nicht zu weit zurückgeblieben ist, eine zusammenhängende Begründung der eben ausgesprochenen Anklage gegeben, ohne dass uns irgend eine Anklage als solche Zweck gewesen wäre und Zweck sein durfte. Indem ich aber jetzt den als inhuman und antisocial mehrfach charakterisirten Standpunct ausdrücklich als einen unchristlichen, obgleich nicht in dem Sinne einer exclusiven Christlichkeit, bezeichne, wofür die Berechtigung in dem liegt, was ich vorhin über den wesentlichen Charakter des praktischen Christenthums gesagt habe, bezeichne ich zugleich die Vereinbarungsversuche zwischen der christlichen Moral und dem quasi-nationalökonomischen Standpuncte, dem die Wohlthätigkeit als Kraft- und Mittelvergeudung gilt, Versuche, an denen es bei dem herrschenden Zwitterthum des Bewusstseins und der Bildung nicht fehlen kann, als schwächliche und heuchlerische, wobei entweder die Schwäche oder die Heuchelei das Hauptmerkmal ist.

Was diejenigen anbetrifft, welche den Vorwurf der Unchristlichkeit ignoriren, aber gegen den der Inhumanität nicht ganz gleichgültig bleiben, so pflegen dieselben in vielfachen Variationen den Satz zu wiederholen, dass die Almosen gewährende Wohlthätigkeit das Elend nähre, also verlängere und bei dem besten Willen eine Art von Grausamkeit sei. Wir können unsrerseits die relative Wahrheit, die dieser schon erwähnte Satz enthält, unbedenklich anerkennen, verlangen aber von dieser Anerkennung ausgehend, den Fortschritt zu der Wohlthätigkeitsorganisation überhaupt und zu der pädagogischen Wohlthätigkeit insbesondere, und haben nicht nur das Recht zu fragen, wie sich jene Nationalökonomen zu dieser Forderung verhalten, sondern auch das Recht, wenn ihr Verhalten nach dieser Seite ein indifferentes ist und bleibt, an der Humanität, die der Hintergrund ihrer Inhumanität sein soll, zu zweifeln. Über den gleichfalls viel benutzten Satz, dass es für die Heilung der krankhaften Gesellschaftszustände einzig und allein oder doch wesentlich auf die Stärkung der vorhandenen gesunden Elemente ankomme, ist jetzt so wenig wie über den vorerwähnten noch eine eingehende Discussion nöthig, da wir uns über die Correspondenz, das innere und nothwendige Verhältniss der Wohlthätigkeits- und der übrigen socialen Reformbestrebungen direct und indirect zur Genüge ausgesprochen haben. Die Wohlthätigkeit verliert sich fruchtlos, wenn sie nicht eine positiv schöpferische wird und sich als solche ausdehnt; die Stärkung der gesunden Elemente aber erfordert, da das in dem allgemeinen Zustande des Organismus begründete, durch den Charakter der normalen Functionen bedingte Übel nothwendig nicht nur ein um sich greifendes sondern auch ein schon verbreitetes, in Abstufungen und Abschwächungen sich fortsetzendes, also relativ allgemeines ist, mindestens die ausdrückliche und energische Ausscheidung — die negative Bekämpfung des Übels, die sich mit dem Ignoriren desselben nicht verträgt — und die einseitige Ausscheidung, d. h. diejenige, die nicht zugleich Resorption und Umbildung ist, wirkt auf die Länge erschöpfend, kann also nicht Stärkungsmittel bleiben, während die Stärkung ohne Ausscheidung — nicht nur des Krankhaften sondern auch des Abgenutzten — den Charakter der Wucherung hat. Dass die Inhumanität, welche mit den Leidenden kurzen Process macht, sich immer über kurz oder lang rächt, ist früher gesagt worden; ebenso aber rächt sich die Schwäche, welche sich scheut, dem Übel direct zu Leibe zu gehen, die Empfindlichkeit, welche statt zur Energie des Mitleidens zu werden, sich in einem forcirten Gesundheitsgefühle zu verbergen und aufzuheben strebt, die mehr oder weniger Selbsttäuschung voraussetzende Politik des Ignorirens, deren Triebfeder zwar nicht immer die mit zurückgebliebener Schamhaftigkeit versetzte und sich daher einhüllende und verhüllende Selbstsucht zu sein braucht, aber der humane Wille sicherlich nicht ist. Dass es nun nicht viel hilft, die humane Gesinnung zu predigen, wissen wir sehr wohl; es käme also auf den einleuchtenden Beweis an, dass die Politik, welche auf ein Verschwinden des Übels von sich selbst und in sich selbst speculirt oder es drakonisch — durch ein gesetzlich gewaltsames Unterbinden und Abschneiden der zeugenden Factoren — beseitigen will, höchst unpolitisch ist. Aber auch der klarste Beweis ist der Verblendung gegenüber verloren, wenn nicht drohende Thatsachen, d. h. solche, welche die Basen der sich einwiegenden oder hochmüthigen Sicherheit erschüttern, hinzukommen. Ein merkwürdiger Charakterzug der Schwäche, welche das Übel nicht sehen will, und ein frappanter Beweis der Inconsequenz, welche ihr beiwohnt, ist die optimistische Betrachtungsweise des Luxus. Es ist so angenehm, anzunehmen, dass sich im Luxus die Blüte des allgemeinen Wohlstandes zeigt, und dass diese Blüte der Canal ist, durch welchen der aufgesammelte Überfluss dem Bedürfniss — mittelst der Verdienstgewährung — wieder zugeführt wird. Die Arbeitsgewährung von Seiten des Staats und der Wohlthätigkeit ist verwerflich: eine Beeinträchtigung des laisser-faire und, da die Arbeit nicht durch das Bedürfniss hervorgerufen ist, ein unfruchtbarer Aufwand, die Arbeit aber, die dem überflüssigen Bedürfniss dient, folglich kein Bedürfniss befriedigt, ist dennoch kein Verlust für das allgemeine Vermögen, und von dem sonst entschieden hervorgekehrten Nützlichkeitsprincipe, dem stark betonten Grundsatze, dass das Nothwendige dem Angenehmen voraufgehen müsse, kann man wohl nachlassen, wo sich so augenscheinlich herausstellt, dass nicht nur der Gewinn, sondern auch der übertriebene Genuss des Einzelnen Allen zu Gute kommt, dass es also eine sich von selbst machende Solidarität der Befriedigung giebt! Gründlich genommen ist in der That der Aufwand, der für raffinirte, erkünstelte, also Scheinbedürfnisse gemacht wird, gar kein Widerspruch gegen das Nützlichkeitsprincip, da dieses zuletzt darauf hinausläuft, dass das Mittel, die Gütererzeugung, als ein Zweck gesetzt wird, über den die gesunde Nationalökonomie nicht hinaussehen soll, wenigstens was die Allgemeinheit der Befriedigung anbetrifft, welche gläubig anzunehmen ist. Da „Jeder, der sich selbst nützt, Andern am besten nützt", so genügt es, allen Ansprüchen an Hülfe den kategorischen Imperativ der „Selbsthülfe" entgegenzusetzen. Zu dieser Selbsthülfe den Weg zu zeigen oder gar die Initiative zu geben, liegt nicht in der Verpflichtung des wahren Nationalökonomen, welchem den Bestrebungen von Männern, welche die Selbsthülfe zu organisiren unternehmen — nämlich die

Selbsthülfe der verkommenden selbständigen Arbeiter — gegenüber nur eine kühle, reservirte Anerkennung und die
Warnung ansteht, der Association nicht mehr zuzutrauen als
sie leisten kann. Diese kühle Warnung ist um so mehr am
Platz, als es diese Männer sind — nicht nur ein Huber, sondern auch ein Schulze - Delitzsch — welche auf das Anschwel-
len des Proletariats von unten nach oben mehr als nöthig,
zulässig und insbesondere angenehm ist, hinweisen.

Es ist hier nicht der Ort, auf die eben wieder berührten
Fragen und Standpuncte näher einzugehen. Das aber kann
und muss gesagt werden, dass wir in der Wirksamkeit der
erwähnten Männer eine wirkliche Stärkung der gesunden Elemente, weil eine Organisationsthätigkeit sehen, die eine pädagogische im weiteren Sinne insofern ist, als sie die Ermög-
lichung der Selbsthülfe bezweckt, und deren Correspondenz mit
der Gestaltung der Arbeitsschulen innerhalb des eigentlich pädagogischen Gebietes, des Gebietes der Jugenderziehung sogleich
in die Augen fällt. Die noch selbständigen, aber mit dem
Untergange ins Proletariat bedrohten Arbeiter entsprechen den
Kindern, für welche die Arbeitsschule ein unmittelbar dring-
liches Bedürfniss, d. h. eine Nothanstalt ist, und hier wie dort
kommt es auf die gleichzeitige Entwicklung der Arbeits- und
Gemeinschaftsfähigkeit an. Wie wir aber die Arbeitsschule
nach den früheren Auseinandersetzungen in ein bestimmtes
Verhältniss zur Volksschule gestellt und die Aufgabe der
Gestaltung des Arbeitsunterrichtes gleichzeitig von dieser angegriffen, wenn auch nicht so unmittelbar, wie es in den
Arbeitsschulen geschehen muss, durchgeführt wollen, so dürfen wir das Verlangen, dass der beschränkten, durch die
Noth bedingten, den Charakter der unmittelbaren Selbsthülfe
an sich tragenden Organisation der Erwerbsarbeit, wie sie in
den Handwerker - Associationen begonnen hat, eine vom Staat
ausgehende, im Princip entsprechende, entgegentreten und
entgegenkommen müsse, nicht unterdrücken, obgleich wir
uns hierzu den Bureaukratismus gebrochen, die Selbstver-
waltung von unten auf entwickelt und formirt zu denken haben
— eine Voraussetzung, deren Verwirklichung noch lange Zeit

bedürfen möchte. Denn obgleich wir dem gegenwärtigen Staate
die Fähigkeit zu einer organisirenden Gewerbegesetzgebung
nicht zuerkennen können und es von diesem Gesichtspuncte
aus gerechtfertigt finden, wenn er sich entschliesst und damit
begnügt, die Gewerbefreiheit gesetzlich durchzuführen, so haben
wir doch zunächst den Grundsatz festzuhalten und geltend zu
machen, dass in dieser wie in jeder andern Beziehung die
Triebkraft der Noth zur Gestaltung des Nothwendigen nicht
ausreicht, sondern der zur Macht gewordene Gedanke, der
die Freiheit und Energie des Allgemeinbewusstsein vertretende
politische Wille hinzukommen muss, weiterhin aber darf nach
unserer Überzeugung auch der gegenwärtige Staat, so wenig
er zu einer umfassenden organisatorischen Thätigkeit als befähigt gelten kann, von den prophylaktischen Maassnahmen,
welche die Noth fordert, nicht absehen, er hat demnach die
Versuche der Arbeitsorganisation, welche da gemacht werden,
wo die Noth dazu drängt, seinerseits ebenso zu unterstützen,
wie es in seinem Berufe liegt, die heilpädagogischen Anstalten, die es mit dem schon ausgeprägten Übel zu thun haben,
mit der Volksschule zum Gegenstande seiner Fürsorge zu
machen.

Diese letztere Verpflichtung, die wir schon wiederholt
betont haben, ist der allgemein anerkannten und nicht abzuweisenden, für die öffentliche Gesundheit nicht nur polizeilich
zu sorgen, sondern auch die Mangelhaftigkeit der ärztlichen
Privatpraxis durch öffentliche Krankenhäuser zu ergänzen, und
der andern, selbstverständlichen, die Verbrecher jeder Art
von der Gesellschaft auszusondern und abzuschliessen, parallel
zu setzen. Man darf sich gewiss nicht bedenken zu sagen,
dass derjenige, der sich für die Reform des Gefängnisswesens
und der öffentlichen Krankenanstalten interessirt, sich vernünf-
tiger Weise ebenso oder noch entschiedener für die Reform
und Herstellung der heilpädagogischen Anstalten interessiren müsste, da die Heil- und Besserungsfähigkeit der Jugend
ohne Frage eine grössere ist wie die des Alters und die darauf gerichtete Praxis weiterreichende prophylaktische Gesichtspuncte ergiebt; dass es demnach auffallend gefunden werden

muss, wenn der Staat, während er auf die zeitgemässe Einrichtung der Gefängnisse und Krankenhäuser, beispielsweise
und insbesondere auch der Irrenhäuser, grosse Summen ver-
wendet, für die heilpädagogischen Anstalten möglichst wenig
thut. Die Erklärung für diese auffallende Thatsache kann man
nur darin finden, dass jene Einrichtungen dem Staate durch
den Strafzweck und das Schutzbedürfniss der Gesellschaft unmittelbar aufgedrungen waren und die Reformtendenz sich an
das Bestehende hielt, während gegenüber der jugendlichen
Entartung das Schutzbedürfniss nicht mit so unmittelbarer und
scharfer Nöthigung hervortrat, das pädagogische Interesse
aber im Allgemeinen ein zurückgebliebenes ist. Die Erklärung
hebt indessen das Missverhältniss nicht auf, und dieses kann
dadurch, dass der Reformeifer auf dem nicht pädagogischen
Gebiete theilweise eine pädagogische Form annahm und annimmt, nur verschärft werden. Denn die parallelen Gebiete
müssen ihrer Natur nach, d. h. weil sie sich entsprechen, bestimmt geschieden sein, und sind es hier dadurch, dass wie
die Erziehungsbedürftigkeit, so die Erziehungsfähigkeit mit dem
Alter abnimmt, und dass, obgleich diese Abnahme eine stufenweise ist, die Entwicklung des Individuums factisch zu
einem Abschlusse kommt, der nur noch Modificationen des
gegebenen Charakters zulässt, abgesehen davon aber, ob dieser Abschluss, der allerdings früher oder später stattfindet,
bei dem Einzelnen angenommen werden kann, eine formelle
Grenzlinie zwischen den Unerwachsenen und Erwachsenen,
den Unmündigen und Mündigen, also zwischen der Behandlung, die den Einen und den Andern zukommt, gezogen werden muss. Diese Grenzlinien zu verwischen und die Zwecke
und Mittel des einen Gebietes, auch wenn die letzteren er-
probt erscheinen, unvermittelt auf das andere zu übertragen,
ist ebenso unberechtigt, als es nach der Auseinandersetzung
meines vorigen Vortrages die Nichtbeachtung der Grenzlinie
zwischen der pädagogischen Behandlung der Gesunden und
der Kranken und die voreilige Verwerthung der durch die
Heilpädagogik herausgestellten Resultate und der durch sie
ausgebildeten Mittel für die normale Erziehung ist.

Was das Gefängnisswesen insbesondere betrifft, so besteht
allerdings die innere Reform desselben, wie früher auch von
uns gesagt wurde, darin, dass der Besserungszweck in den
Strafzweck aufgenommen wird. Aber diese Aufnahme des
Besserungszweckes hebt zunächst den Strafzweck nicht auf
oder darf ihn nicht aufheben, da die Besserungstheorie so
wenig wie die Abschreckungstheorie die Nothwendigkeit der
Strafe ausreichend motivirt, und man kann sagen, dass nicht
nur das Gerechtigkeitsgefühl, welches der öffentlichen Meinung
innewohnt, sondern auch das innerste Bedürfniss des Verbre-
chers selbst die wirkliche Strafe, jenes zur Genugthuung, dieses zur Sühnung, fordert. Wenn aber hiernach der Verbrecher selbst eine Art von Rechtsanspruch auf die Strafe
hat, so darf man ihm noch weniger den Anspruch streitig
machen, nicht als ein Kranker, der sich bewusst- und willen-
los den Heilungsversuchen, die an ihm gemacht werden, zu
unterwerfen hat, oder als ein unentwickeltes und ungestaltetes
Individuum, das der Umformung fähig wäre, behandelt zu
werden. Gegen eine solche Behandlung sträubt sich in dem
rohesten Verbrecher wie in dem, der den sogenannten gebildeten Ständen angehört, das natürliche Persönlichkeitsgefühl
und bedingt eine systematische Opposition, die schon als
solche beweist, dass das vorgebliche pädagogische oder seelen-
heilkundliche Verfahren, welches sie hervorruft, ein naturwid-
riges und unpädagogisches ist. Demnach muss bei dem erwachsenen Besserungsbedürftigen einerseits der Strafzweck
scharf hervorgekehrt und consequent festgehalten, andrerseits,
soweit es innerhalb der hiermit gesetzten Grenzen möglich
ist, die Persönlichkeit anerkannt und für jede Einwirkung der
freie Wille vorausgesetzt werden, während bei den jugendlichen Besserungsbedürftigen die Nothwendigkeit des durch-
gängigen Gehorsams in den Vordergrund gestellt, die Strafe
immer nur als momentan bedingte hervortreten und die Gemeinschaft mit ihren Genüssen, wie mit ihren Arbeiten ausdrücklich organisirt werden muss. Ein gleich wesentlicher
Unterschied besteht beispielsweise zwischen der Behandlung,
welche die Irren oder Wahnsinnigen und derjenigen, welche

die Idioten in Anspruch nehmen, überhaupt aber zwischen der
heilpädagogischen Behandlung der Unerwachsenen und derjenigen der Erwachsenen, und zwar ist dieser durchgehende
Unterschied einfach so auszudrücken, dass die Erwachsenen
im eigentlichen und strengen Sinne des Worts nicht mehr
heilpädagogisch behandelt werden können. Ist es nun schwer,
die an sich gegebene, in dem Gegensatze der unentwickelten
und der ausgeprägten Individualität wie in dem Rechte und
der Pflicht, welche die Gesellschaft der einen und der andern
gegenüber hat, begründete Grenzlinie des den Erwachsenen
und Unerwachsenen zukommenden Heil- und Besserungsver-
fahrens als theoretische so scharf zu ziehen und als praktische
so sicher einzuhalten wie es nöthig ist, so wird die Schwierigkeit zur Unmöglichkeit, wenn dieselben Persönlichkeiten
nach der einen und nach der andern Seite wirksam sein sollen
und die jugendlichen mit den erwachsenen Heil- und Besserungsbedürftigen in irgend welche Berührung kommen, so
vorübergehend diese sein mag. Während wir daher die Combination von noth- und heilpädagogischen, wie die verschiedener heilpädagogischer Anstalten zu befürworten hatten, können wir die Combination von Heil- und Besserungsanstalten
für Erwachsene und für Kinder kaum als eine traurige Nothwendigkeit anerkennen, müssen also fordern, dass solche
Combinationen, wo sie bestehen, je eher je besser aufgehoben
werden. Damit erklären wir beispielsweise die Abtheilungen
für kindliche Idioten in den allgemeinen Irrenhäusern, wie
sie im Pariser Bicêtre und sonst bestehen, als einen Noth-
behelf, über den hinaus zu gelangen dringendes Bedürfniss ist.

Dass die Jugend in gewisser Weise von den Erwachsenen
abgeschieden sei, ist auch bei den gesundesten Volkszuständen
nothwendig, also ein normales Verhältniss, das die Gesundheit
beweist, wo es als selbstverständlich gilt und ursprünglich
besteht. Eben deshalb muss eine solche Scheidung als allgemeine ausdrücklich durchgesetzt werden, wo die physische und
sittliche Volksgesundheit Bedenken erregt, und verlangt eine
besondere Schärfe oder einen abnormen Charakter in den Um-
kreisen und gegenüber einer bestimmten Entartung, die bei

der Jugend und den Erwachsenen gleichzeitig, obgleich in
unterschiedener Form hervortritt. Damit ist für die E man -
cipation und Ausdehnung der heilpädagogischen Anstalten
— denn die Ausdehnung ist eine unmittelbare Folge der Emancipation, die sich in ihr durchsetzt — ein Gesichtspunct hervorgehoben, der mit dem andern der für die Gesundheit nothwendigen Ausscheidung der krankhaften Elemente genau
zusammenhängt. Eine consequente Ausscheidung der entarteten Individuen kann nur in dem Gebiete der Jugenderziehung, nicht in dem der Gesellschaft stattfinden, wo sie mit
der Entrechtung gleichbedeutend ist, also rechtlich motivirt
sein muss, wobei das Schutzbedürfniss weder an sich — ein
humanes Recht vorausgesetzt — unbedingt maassgebend ist,
noch als die negative Form des Entwicklungsbedürfnisses gelten kann, wogegen die Wirksamkeit der öffentlichen Erziehung
von der reinen Darstellung ihres normalen Charakters abhängt und diese die Ausscheidung der krankhaften und widerstrebenden Elemente fordert. Das Schutzbedürfniss der Gesellschaft, das sich einseitig und einfach an die hervorgetretene Gefahr hält, hat keinen andern Hintergrund als das Bedürfniss der Stabilität, folglich ein Verhältniss zu dem so -
cialen Entwicklungsbedürfnisse erst und nur insoweit,
als es die beschränkte Rücksicht auf das unmittelbar Gefährliche überwindet und zu einer prophylaktisch organisirenden
Thätigkeit treibt. Da diese aber in der Gegenwart, um eine
gründliche zu sein, von der pädagogischen Wohlthätigkeit ausgehen muss, da ferner die Ausscheidung der Entarteten aus
der allgemeinen Schule, ohne dass dieselben von bestehenden
heilpädagogischen Anstalten in Empfang genommen werden
könnten, nicht zulässig ist, — wobei das Bedürfniss des gesunden
Elementes, weil es nicht zum Nachtheil der gesunden Kinder befriedigt werden darf, eine Schwierigkeit ergiebt, deren Lösung
wir noch besonders betrachten und als dankbar nachweisen
müssen — und da endlich die zur Darstellung des normalen
Erziehungswesens erforderliche positive Kraft nicht vorausgesetzt werden kann, so lange sich dieselbe nicht als übergrei-
fende, den Kampf mit der Noth unmittelbar aufnehmende ge-

zeigt und bewährt hat, so werden wir immer wieder darauf
zurückkommen und haben mit der Entschiedenheit der vollen
Überzeugung auszusprechen, dass der Fortschritt der Heilpädagogik in einem nothwendigen Verhältnisse zu der Neugestaltung der Schule, folglich zu dem gesellschaftlichen Ent-
wicklungs- und Gestaltungsbedürfnisse steht. Die Stimme des
Einzelnen verhallt und es muss ihm genügen, seine Pflicht
gethan und seine Überzeugung vertreten zu haben; es kann
ihn aber genügen, da die Noth immer deutlicher sprechen
wird und ihre Mahnungen sich auf die Länge nicht ignoriren
lassen, es müsste denn — was zu glauben wir nicht berechtigt sind — eine Apathie Platz gegriffen haben, wie sie der
historischen Auflösung, dem Zerfall der Culturen voraufgeht.
Einer solchen, also nicht bloss zeitweiligen und bedingten
Apathie gegenüber sind die Opfer, die der Einzelne bringt,
um das Nothwendige darzustellen und dafür zu gewinnen, verloren, und auch vom Standpuncte der strengsten Sittlichkeit
aus sind sich fortgesetzt verlierende Opfer kaum zu fordern;
so lange aber die Überzeugung, dass die vorhandene Apathie
mit der Zeit weichen wird, möglich ist, darf der im sittlichen
Geiste Wirkende die von ihm gebrachten Opfer nicht bereuen
und muss, im Vertrauen darauf, dass der Saame endlich zur
Frucht werde, die Förderung der Sache der persönlichen Befriedigung, insofern sie eine äusserliche und unmittelbare ist,
voranstellen.

Berichtigungen.

Seite 2, Zeile 13 v. o.: muss es heissen: die sich als der statt den Anbau.

„ 9, „ 19 v. o.: nach Anthropologie ein Komma.

„ 11, „ 12 v. u.: zwischen „willkürliche" und „also" muss ein Komma stehen.

„ 19, „ 13 v. o.: Anlage statt Anlagen.

„ 63, „ 7 v. u.: denselben statt derselben.

„ 69, „ 1 v. u.: wie statt wir.

„ 70, „ 8 v. o.: muss es heissen: in ihrer Entwicklung.

„ 110, „ 8 v. o.: nach innen statt noch immer.

„ 120, „ 15 v. u.: muss es heissen: ein sich statt in.

„ 123, „ 4 v. u.: Das Wissensbedürfniss.

„ 144, „ 18 v. o.: statt uno = und.

„ „ „ 5 v. u.: vor statt von.

„ 145, „ 15 v. u.: dass statt das.

„ 149, „ 10 v. u.: ab =;

„ 159, „ 16 v. u.: zu.

„ 166, „ 2 v. o.: worin nicht worauf.

„ „ „ 10 v. u.: Volksschule.

„ 173, „ 13 v. o.: anknüpfenden.

„ 178, „ 15 v. o.: gibt statt gilt.

„ 179, „ 4 v. o.: am wenigsten.

„ 180, „ 2 v. o.: Veränderlichkeit statt Unveränderlichkeit.

„ 181, „ 13 v. o.: Verhalten statt Verfallen.

„ „ „ 18 v. o.: und statt nun.

„ 192, „ 8 v. o.: zwischen „hervortreten" und „gegenüber" Komma.

„ 196, „ 17 v. u.: bezüglich.

„ 228, „ 7 v. u.: Saussure statt Saussune.

„ 231, oben: statt VIII = XI Vortrag.

„ 246, Zeile 10 v. u.: unverhältnissmässig statt verhältnissmässig.

„ 270, „ 1 v. o.: Verbrecher statt Verbrechen.

„ 272, „ 14 v. o.: einige statt einzige.

„ „ „ „ v. o.: Symptomatiker.

„ 317, „ 2 v. u.: nach aber das Komma weg.

„ 325, „ 11 v. u.: fehlt nach eine: Zunahme der.

„ 331, „ 8 v. o.: Diebsinn statt Diebessinn.

„ 340, „ 10 v. o.: nach auftrat ein Komma.

„ 342, „ 1 v. o.: genoss statt gewiss.

„ 348, „ 13 v. u.: Cannstadt statt Würzburg.

„ 349, „ 9 v. o.: fällt nach „Uebeln" das „in" hinweg.

„ 352, „ 18 v. o.: heisst es „Mitleidens."